ACCESO GRATIS *a la Lectura en la Nube + Actualizaciones*

Para visualizar el libro electrónico en la nube de lectura envíe junto a su nombre y apellidos una fotografía del código de barras situado en la contraportada del libro y otra del ticket de compra a la dirección:

ebooktirant@tirant.com

En un máximo de 72 horas laborables le enviaremos el código de acceso con sus instrucciones.

AF276735

REGISTRO CIVIL
Legislación básica y disposiciones complementarias

REGISTRO CIVIL

Legislación básica y disposiciones complementarias

2ª Edición

Con anotaciones sobre la gradual entrada en vigor
de la Ley 20/2011, del Registro civil

Texto redactado conforme a la Ley 6/2021, de 28 de
abril (con entrada en vigor el día 30 de abril de 2021)
y modificado por la Ley 8/2021, de 2 de junio (con
entrada en vigor el 3 de septiembre de 2021)

CRISTINA DOMÉNECH GARRET

tirant lo blanch
Valencia, 2026

En caso de erratas y actualizaciones, la Editorial Tirant lo Blanch publicará la pertinente corrección en la página web www.tirant.com incorporada a la ficha del libro. En www.tirant.com dispondrá de un servicio con los textos legales básicos y sectoriales actualizados como complemento de su libro.

Los textos jurídicos que aparecen se ofrecen con una finalidad informativa o divulgativa. Tirant lo Blanch intentará cuidar por la actualidad, exactitud y veracidad de los mismos, si bien advierte que no son los textos oficiales y declina toda responsabilidad por los daños que puedan causarse debido a las inexactitudes o incorrecciones de los mismos.

Los únicos textos considerados legalmente válidos son los que aparecen en las publicaciones oficiales de los correspondientes organismos autonómicos o nacionales.

© Cristina Doménech Garret

© TIRANT LO BLANCH
EDITA: TIRANT LO BLANCH
C/ Artes Gráficas, 14 - 46010 - Valencia
TELFS.: 96/361 00 48 - 50
FAX: 96/369 41 51
Email: tlb@tirant.com
www.tirant.com
Librería virtual: www.tirant.es
DEPÓSITO LEGAL: V-5320-2025
ISBN: 979-13-7021-330-5

Si tiene alguna queja o sugerencia, envíenos un mail a: *atencioncliente@tirant.com*. En caso de no ser atendida su sugerencia, por favor, lea en *www.tirant.net/index.php/empresa/politicas-de-empresa* nuestro procedimiento de quejas.

Responsabilidad Social Corporativa: http://www.tirant.net/Docs/RSCTirant.pdf

ÍNDICE

B) DISPOSICIONES COMPLEMENTARIAS

C) INSTRUCCIONES Y CIRCULARES DE INTERÉS

D) Convenios internacionales

OBSERVACIONES SOBRE LA GRADUAL ENTRADA EN VIGOR DE LA LEY 20/2011, DEL REGISTRO CIVIL

A) Los sucesivos aplazamientos y reformas

1. La entrada en vigor de la Ley 20/2011, de 21 de julio, del Registro Civil, derogatoria de la Ley del Registro Civil de 1957, estaba inicialmente prevista para el día 22 de julio de 2014, salvo en lo concerniente a las materias a que se referían las Disposiciones adicionales Séptima y Octava y las Disposiciones finales Tercera y Sexta, que entraron en vigor el día siguiente al de su publicación en el BOE (es decir, el día 23 de julio de 2011), según se establecía en su Disposición final Décima, en su redacción original.

2. El Gobierno, durante esos tres años de *vacatio*, debía adoptar las medidas y acometer los cambios normativos necesarios para que la organización y el funcionamiento de los Registros Civiles se ajustaran a las previsiones de la citada Ley 20/2011, pero las dificultades que ofrecía el desarrollo de las novedades introducidas por la nueva Ley del Registro Civil dieron lugar a que en la Disposición Adicional 19.ª del Real Decreto Ley 8/2014, de 4 de julio, de Aprobación de medidas urgentes para el crecimiento, la competitividad y la eficiencia, se pospusiera la fecha de entrada en vigor de aquella Ley hasta el día 15 de julio de 2015.

3. Mucho antes de que llegara esa fecha el Gobierno presentó ante las Cortes un Proyecto de Ley de Medidas de reforma administrativa en el ámbito de la Administración de Justicia y del Registro Civil en el que, además de modificar determinados artículos de la Ley 20/2011, del Registro Civil, se posponía nuevamente la fecha de su entrada en vigor. El citado Proyecto de Ley, una vez tramitado, dio lugar a la Ley 19/2015, de 13 de julio, de Medidas de reforma administrativa en el ámbito de la Administración de Justicia y del Registro Civil (BOE 14/7/2015), en la que se fijaba como fecha de entrada en vigor, en su totalidad, de la Ley 20/2011, el día 30 de junio de 2017, aunque determinados artículos de esta Ley, modificados por la citada Ley 19/2015, deberían entrar en vigor el día 15 de octubre de 2015, como así aconteció.

4. Por su parte, la Ley 15/2015, de 2 de julio, de Jurisdicción Voluntaria (BOE de 3/7/2015), llevó a cabo las siguientes modificaciones:

a) En su Disposición Final Cuarta dio nueva redacción a los artículos 58, 58 bis, 59, 60, 61, 67.3, 74 y 78 de la Ley 20/2011, del Registro Civil, así como a las Disposiciones Finales 5.ª y 10.ª de dicha Ley, añadiendo otra Disposición Final 5.ª bis y señalando como fecha de entrada en vigor de todas esas modificaciones el día 30 de junio de 2017 (Disp. Final 21.ª.3).

b) En su Disposición Transitoria Cuarta estableció un régimen transitorio para los expedientes de adopción y matrimoniales que se iniciaren antes de la completa entrada en vigor de la Ley 20/2011.

c) En sus Disposiciones Finales Quinta, Sexta y Séptima, modificó la redacción del artículo 7 de las Leyes 24/1992, 25/1992 y 26/1992, relativas a los acuerdos de cooperación con la Federación de entidades evangélicas de España, la Federación de comunidades israelitas de España y la Comisión islámica de España, respectivamente, en lo concerniente a la celebración del matrimonio en las formas previstas en dichas leyes, fijando como fecha de entrada en vigor de dichas Disposiciones Finales y de las modificaciones que en ellas se contenían el mismo día en que tuviera lugar la completa entrada en vigor de la Ley 20/2011 (Disp. Final 21.ª.4).

d) En su Disposición Transitoria Quinta establecía un régimen transitorio hasta la entrada en vigor de aquellas Disposiciones Finales Quinta, Sexta y Séptima.

5. La Ley 4/2017, de 28 de junio, de Modificación de la Ley 15/2015, de 2 de julio, de Jurisdicción Voluntaria (BOE de 29/6/2017) dio nueva redacción a diferentes preceptos de esta Ley (el párrafo primero del apartado 2 de la Disposición transitoria Cuarta; el apartado Nueve de la Disposición final Primera, que modifica el artículo 56 del Código Civil; el apartado Uno de la Disposición final Cuarta, en lo relativo al apartado 5 del artículo 58 de la Ley 20/2011, del Registro Civil; los puntos 3, 4 y 5 de la Disposición final Vigésima) y, en particular, al apartado Doce de la Disposición final Cuarta, modificando con ello el contenido de la Disposición final Décima de la Ley 20/2011, del Registro civil, en lo relativo a su entrada en vigor, que se fijó para el día 30 de junio de 2018, excepto: 1) Las Disposiciones adicionales Séptima y Octava y las Disposiciones finales Tercera y Sexta (que habían entrado en vigor el día siguiente al de la publicación de la Ley en el Boletín Oficial del Estado); 2) Los artículos 44, 45,

46, 47, 49.1 y 4, 64, 66, 67.3 y Disposición adicional Novena (que entraron en vigor el día 15 de octubre de 2015); y 3) Los artículos 49.2 y 53 (cuya entrada en vigor se había establecido para el día 30 de junio de 2017).

6. Ante la falta de desarrollo de las previsiones contenidas en la Ley 20/2011 y la imposibilidad de disponer a fecha 30 de junio de 2018 de la infraestructura necesaria para poner en funcionamiento el sistema de Registro civil previsto en la referida Ley, el legislador, pasados casi siete años desde su publicación, optó, una vez más, por aplazar su completa entrada en vigor. A tal fin, aprovechando la actividad legislativa desarrollada para modificar la Ley de Enjuiciamiento civil en materia de ocupación ilegal de viviendas, lo que daría lugar a la Ley 5/2018, de 11 de junio (BOE de 12/6/2018), decidió añadir en ella, por vía de una enmienda, una Disposición final primera en la que se daba nueva redacción al párrafo primero de la Disposición final décima de la Ley 20/2011, del Registro Civil, con el resultado de ampliar la *vacatio* de dicha Ley 20/2011 —en la gran parte de la misma que aún no había entrado en vigor— y fijar como fecha de su completa entrada en vigor el día 30 de junio de 2020.

7. Pero no fue así. Primero, el Real Decreto Ley 16/2020, de 28 de abril y, luego, la Ley 3/2020, de 18 de septiembre, de medidas procesales y organizativas para hacer frente al COVID-19 en el ámbito de la Administración de Justicia (que derogó el anterior Real Decreto Ley), tras declarar en su exposición de motivos la imposibilidad de abordar el cambio organizativo y de funcionamiento que requería la Ley 20/2011, del Registro Civil, optó, una vez más, por aplazar la entrada en vigor de dicha ley en su totalidad, y fijó a tal efecto, en su Disposición final quinta, el día 30 de abril de 2021.

8. Antes de que llegara esa fecha, como no se había llevado a cabo la implantación de los medios necesarios para poner en funcionamiento el sistema ideado por la Ley 20/2011 en su redacción original, el partido político que daba sustento principal al Gobierno de la Nación presentó, con fecha 9 de marzo de 2021, una proposición de Ley de modificación parcial de la Ley 20/2011 con el propósito de adecuar su contenido a la realidad del momento y tratar de llevar a cabo un proceso coherente que culmine con el cambio de modelo del Registro Civil de manera adecuada y eficaz y sin los inconvenientes que provocaría una súbita puesta en funcionamiento del mismo. Ello daría lugar, tras su tramitación parlamentaria, a la Ley 6/2021, de 28 de abril, que dio nueva redacción a los artículos 6, 7, 20, 21, 22, 27.4, 34, 53.4, 54, 55, 58.3, 61, 68.3, 86, 88.2 de la Ley 20/2011 del Registro Civil, a sus Disposiciones Adicionales, 1.ª, 2.ª, 5.ª y 6.ª, a sus Disposiciones Transitorias 2.ª, 3.ª, 4.ª, 5.ª.2, 8.ª, 10.ª y 11.ª y a sus Disposiciones Finales 2.ª y 7.ª.

9. La Disposición Final Décima de la Ley 20/2011, en su actual redacción (resultante de las modificaciones introducidas por las Leyes 15/2015, 19/2015, 4/2017, 5/2018 y 3/2020), establece lo siguiente:

> «La presente Ley entrará en vigor el 30 de abril de 2021, excepto las disposiciones adicionales séptima y octava y las disposiciones finales tercera y sexta, que entrarán en vigor al día siguiente de su publicación en el "Boletín Oficial del Estado", y excepto los artículos 49.2 y 53 del mismo texto legal, que entrarán en vigor el día 30 de junio de 2017.
>
> Lo dispuesto en el párrafo anterior se entiende sin perjuicio de la entrada en vigor el 15 de octubre de 2015 de los artículos 44, 45, 46, 47, 49.1 y 4, 64, 66 y 67.3, y la disposición adicional novena, en la redacción dada por el artículo 2 de la Ley 19/2015, de 13 de julio, de medidas de reforma administrativa en el ámbito de la Administración de Justicia y del Registro Civil.
>
> Asimismo, esta Ley entrará en vigor para las oficinas consulares del Registro Civil el día 1 de octubre de 2020, aplicándose de forma progresiva de conformidad con lo previsto en la disposición transitoria séptima y las disposiciones reglamentarias que se dicten al efecto.
>
> Hasta la completa entrada en vigor de esta Ley, el Gobierno adoptará las medidas y los cambios normativos necesarios que afecten a la organización y funcionamiento de los Registros Civiles.»

B) La gradual entrada en vigor de la Ley

En atención a todos estos aplazamientos y modificaciones, procede distinguir lo siguiente en cuanto al régimen vigente y a la gradual entrada en vigor de la nueva Ley del Registro Civil:

a) Ley 20/2011, de 21 de julio, del Registro Civil: entrada en vigor, en su totalidad, el día 30 de abril de 2021

La entrada en vigor, en su totalidad, de la Ley 20/2011, de 21 de julio, del Registro Civil, inicialmente prevista para el día 22 de julio de 2014 y pospuesta, primero, para el 15 de julio de 2015 (Disposición Adicional 19.ª del Real Decreto Ley 8/2014, de 4 de julio, de aprobación de medidas urgentes para el crecimiento, la competitividad y la eficiencia), después, para el 30 de junio de 2017 (art. 2.º, apartado 10, de la Ley 19/2015, de 13 de julio, de Medidas de reforma administrativa en el ámbito de la Administración de Justicia y del Registro Civil y D. Final 21.ª.4 de la Ley 15/2015, de Jurisdicción Voluntaria, en su redacción originaria), luego, para el 30 de junio de 2018 (Artículo Único, apartado cuarto de la Ley 4/2017, de 28 de junio, de Modificación de la Ley 15/2015, de la Jurisdicción Voluntaria), y más tarde para el día 30 de junio de 2020 (por la Ley 5/2018, de 11 de junio, de modificación de la Ley de Enjuiciamiento Civil), se fijó finalmente para el día 30 de abril de 2021 por la Disposición final quinta de la Ley 3/2020, de 18 de septiembre, de medidas procesales y organizativas para hacer frente al COVID-19 en el ámbito de la Administración de Justicia, que dio nueva redacción a la Disposición final Décima de la Ley 20/2011, del Registro Civil.

Como resulta del contenido de la citada Disposición final Décima de la Ley 20/2011, del Registro Civil, varios de sus preceptos han ido entrado gradualmente en vigor, como se expone a continuación.

b) Disposiciones adicionales Séptima y Octava y Disposiciones finales Tercera y Cuarta de la Ley 20/2011, del Registro Civil: en vigor desde el 23 de julio de 2011

Las Disposiciones adicionales Séptima (Puesta a disposición de los datos de identificación personal de nacionales y extranjeros) y Octava (Inscripción de defunción de desaparecidos durante la guerra civil y la dictadura) y las Disposiciones finales Tercera (Reforma del art. 30 del Código Civil) y Sexta (Adquisición de la nacionalidad española por los nietos de exiliados durante la guerra civil y la dictadura) de la Ley 20/2011, entraron en vigor el día siguiente al de su publicación en el Boletín Oficial del Estado (es decir, el día 23 de julio de 2011), según se ordenaba en la redacción original de la Disposición Final Décima, párrafo primero, de la citada Ley 20/2011 (cuyo contenido se ha mantenido, obviamente, en cuanto a este extremo, en las sucesivas redacciones que a dicha Disposición se ha dado por la Ley 19/2015, de Medidas de reforma administrativa en el ámbito de la Administración de Justicia y del Registro Civil, por la Ley 4/2017, de 28 de junio, por la Ley 5/2018, de 11 de junio y, finalmente, por la Ley 3/2020, de 18 de septiembre).

c) *Artículos 44, 45, 46, 47, 49.1 y 4, 64, 66 y 67.3 de la Ley 20/2011, del Registro Civil: en vigor desde el 15 de octubre de 2015*

Los artículos 44 (inscripción de nacimiento y filiación), 45 (obligados a promover la inscripción), 46 (comunicación del nacimiento por los centros sanitarios), 47 (inscripción de nacimiento por declaración de otras personas obligadas), 49.1 y 4 (contenido de la inscripción de nacimiento), 64 (comunicación de la defunción por los centros sanitarios), 66 (certificado médico de defunción) y 67.3 (supuestos especiales de inscripción de la defunción) de la Ley 20/2011, del Registro Civil, modificados por la Ley 19/2015, de Medidas de reforma administrativa en el ámbito de la Administración de Justicia y del Registro Civil, entraron en vigor el día 15 de octubre de 2015, según se establecía en el párrafo segundo de la Disposición Final Décima de la Ley 20/2011 (redactada por el art. 2.º.10 de la citada Ley 19/2015, y cuya redacción se ha mantenido hasta la actualidad).

Consecuentemente, a partir de aquella fecha (15 de octubre de 2015) deben entenderse derogados los artículos de la Ley del Registro Civil de 1957 y los de su Reglamento de 1958, relativos a la inscripción de nacimientos y de defunciones, en cuanto se opongan o en lo que sean incompatibles con lo dispuesto en aquellos artículos, ya en vigor, de la Ley 20/2011.

d) *Artículos 49.2 y 53 de la Ley 20/2011: en vigor a partir del 30 de junio de 2017*

Los arts. 49.2 (atribución de apellidos) y 53 (cambio de apellidos mediante declaración de voluntad) de la Ley 20/2011, del Registro Civil, entraron en vigor el día 30 de junio de 2017, según se establece en el párrafo primero, in fine, de la Disposición Final Décima de la citada Ley en la redacción dada a la misma por la Ley 4/2017, de 28 de junio de Modificación de la Ley de Jurisdicción Voluntaria (extremo que se ha mantenido, obviamente, en las sucesivas redacciones dadas a dicha Disposición Final por la Ley 5/2018, de 11 de junio, y la Ley 3/2020, de 10 de septiembre).

e) *Derogación de la Ley de Registro Civil de 1957 y del Reglamento del Registro Civil de 1958 y vigencia transitoria de algunos preceptos de la referida Ley*

La Ley de 8 de junio de 1957, del Registro Civil y el Reglamento del Registro Civil de 14 de noviembre de 1958 han quedado derogados por efecto de la completa entrada en vigor de la Ley 20/2011, de 21 de julio, del Registro Civil, lo que tuvo lugar el día 30 de abril de 2021 (Disposición Derogatoria Única y Disposición Final Décima de la Ley 20/2011, redactada por Ley 3/2020, de 10 de septiembre).

No obstante, algunos de los preceptos de aquella Ley de 1957 resultarán temporalmente de aplicación por efecto de lo establecido en las siguientes Disposiciones Transitorias de la Ley 20/2011, del Registro Civil:

«Disposición Transitoria Primera.- *Procedimientos en tramitación a la entrada en vigor de la presente ley.-* A los procedimientos y expedientes iniciados con anterioridad a la entrada en vigor de la presente Ley les será aplicable la Ley de 8 de junio de 1957, del Registro Civil, y las disposiciones dictadas en su desarrollo.

Disposición Transitoria Tercera (redactada por el apartado Veintidós del artículo Único de la Ley 6/2021, de 28 de abril).- *Libros de familia.-* A partir de la fecha de entrada en vigor de la presente Ley no se expedirán Libros de Familia.

Los Libros de Familia expedidos con anterioridad a la entrada en vigor de la presente Ley seguirán teniendo los efectos previstos en los artículos 8 y 75 de la Ley del Registro Civil de 8 de junio de 1957.

Disposición Transitoria Cuarta (redactada por el apartado Veintitrés del artículo Único de la Ley 6/2021, de 28 de abril).- *Extensión y práctica de asientos.-* Hasta que el Ministerio de Justicia apruebe, mediante resolución de la Dirección General de Seguridad Jurídica y Fe Pública, la entrada en servicio efectiva de las aplicaciones informáticas que permitan el funcionamiento del Registro Civil de forma íntegramente electrónica conforme a las previsiones contenidas en esta Ley, los Encargados de las Oficinas del Registro Civil practicarán en los libros y secciones correspondientes regulados por la Ley de 8 de junio de 1957 los asientos relativos a nacimientos, matrimonios, defunciones, tutelas y representaciones legales. No resultará de aplicación, en tales casos, lo previsto en esta Ley respecto del código personal.

A dichos fines, mantendrán sus tareas y funciones de registro civil según lo previsto en el artículo 2.2 de la Ley Orgánica 6/1985, de 1 de julio, del Poder Judicial, en relación con los artículos 10 a 22 de la Ley del Registro Civil de 8 de junio de 1957, los que hasta el momento de la completa entrada en vigor de esta Ley hubiesen venido ejerciendo en los Registros Civiles como encargados, encargados por delegación, letrados de la Administración de Justicia y personal funcionario de los Cuerpos Generales de la Administración de Justicia y continuará aplicándose el artículo 27 de la Ley 38/1988, de 28 de diciembre, de Demarcación y de Planta Judicial.

Para la tramitación de procedimientos, expedición de publicidad y práctica de asientos en los términos del párrafo anterior, en tanto no se produzca la referida entrada en servicio de las aplicaciones informáticas, serán competentes las Oficinas del Registro Civil que lo vinieran siendo conforme a las reglas previstas en los artículos 15, 16, 17, 18 y 19 de la Ley del Registro Civil de 8 de junio de 1957, que seguirán aplicándose transitoriamente a estos solos efectos.

A fin de facilitar y agilizar la entrada en servicio efectivo de las aplicaciones informáticas, así como para agilizar la incorporación de datos digitalizados a los registros individuales, conforme a lo dispuesto en la disposición transitoria segunda de esta Ley, el Ministerio de Justicia, en colaboración con las Comunidades Autónomas con competencias en materia de Justicia, desarrollarán y presentarán proyectos adecuados en el marco del Plan de Transformación, Recuperación y Resiliencia.

El Gobierno, a través del Ministerio de Justicia, informará periódicamente a las Cortes Generales sobre el proceso de implantación del nuevo modelo de Registro Civil.»

Disposición Transitoria Quinta.- *Publicidad formal del registro civil no digitalizado.-* 1. La publicidad formal de los datos incorporados a libros no digitalizados continuará rigiéndose por lo previsto en la Ley del Registro Civil de 8 de junio de 1957.

f) Oficinas consulares

La Ley 20/2011 entró en vigor para las oficinas consulares del Registro Civil (arts. 23 y 24) el día 1 de octubre de 2020, aplicándose de forma progresiva de conformidad con lo previsto en la disposición transitoria séptima y las disposiciones reglamentarias que se dicten al efecto (Disposición Final Décima, párrafo tercero, introducido por la Disposición Final Quinta de la Ley 3/2020, de 10 de septiembre).

g) Expedientes matrimoniales

Los expedientes matrimoniales que se hubieren iniciado antes de la fecha de la completa entrada en vigor de la Ley 20/2011, del Registro Civil (es decir, antes del 30 de abril de 2021) se seguirán tramitando por el Encargado del Registro Civil conforme a las disposiciones del Código Civil y de la Ley del Registro Civil de 8 de junio de 1957. Una vez entre en vigor la nueva ley (a partir del 30 de abril de 2021), resuelto favorablemente el expediente, se estará a lo establecido en la Disposición Transitoria Cuarta de la Ley 15/2015, de Jurisdicción Voluntaria en cuanto a su celebración (el texto de la citada Disposición puede consultarse en el parágrafo §3.2).

C) Régimen jurídico de las Oficinas, de los Asientos, de los Encargados y del personal del Registro Civil según la Ley 6/2021, de 28 de abril

a) Estructuración organizativa y funcional de la Oficina del Registro civil

Se entiende por oficina del Registro Civil aquella unidad que, sin estar integrada en la oficina judicial, se constituye en el ámbito de la organización de la Administración de Justicia para encargarse de la llevanza del referido servicio público, vinculándose funcionalmente para el desarrollo de dicho cometido al Ministerio de Justicia a través de la Dirección General de Seguridad Jurídica y Fe Pública.

Las Secretarías y las Oficinas judiciales de apoyo directo a los Juzgados de Paz prestarán la colaboración que, en materia de Registro Civil, se determine en la Ley de Registro Civil y su Reglamento de desarrollo.

Los puestos de trabajo de estas oficinas del Registro Civil, cuya determinación corresponderá al Ministerio de Justicia y a las comunidades autónomas con competencias asumidas, en sus respectivos ámbitos, serán cubiertos con personal de la Administración de Justicia, que reúnan los requisitos y condiciones establecidas en la respectiva relación de puestos de trabajo (art. 439 bis LOPJ, añadido por la LO 6/2021, de 28 de abril).

b) Ubicación y dotación de las Oficinas del Registro Civil (Disposición Adicional Primera de la Ley 20/2011, del Registro Civil, redactada conforme a la Ley 6/2021, de 28 de abril)

1) Las Oficinas Generales del Registro Civil se ubicarán en las mismas localidades que correspondan a las sedes de los actuales Registros Civiles Municipales Principales, existentes a la entrada en vigor de esta Ley en las sedes de la capital de un partido judicial. El Ministerio de Justicia, de oficio, previo informe de la Comunidad Autónoma afectada, o a iniciativa de la Comunidad Autónoma afectada, podrá modificar el número de Oficinas Generales del Registro Civil.

2) Los puestos de trabajo de las Oficinas del Registro Civil solo podrán ser cubiertos por personal de la Administración de Justicia, y se ordenarán de acuerdo con lo establecido en las correspondientes relaciones de puestos de trabajo.

3) Mediante el procedimiento previsto en la Ley Orgánica 6/1985, de 1 de julio, del Poder Judicial, para la ordenación e integración de las unidades que conforman las oficinas judiciales se determinarán las correspondientes relaciones de puestos de trabajo y las dotaciones del personal de la Administración de Justicia necesario para las Oficinas del Registro Civil. Las relaciones de puestos de trabajo podrán disponer la compatibilidad con funciones en oficina judicial en los casos en que así se prevea reglamentariamente.

c) *Oficinas colaboradoras del Registro Civil y punto de acceso en Ayuntamientos* (Disposición Adicional Quinta de la Ley 20/2011, del Registro Civil, redactada conforme a la Ley 6/2021, de 28 de abril)

Todas las secretarías de juzgados de paz o las unidades procesales de apoyo directo a juzgados de paz, o bien las oficinas de justicia en el municipio u otras del mismo tipo que se implanten en sustitución de las anteriores o como complemento de las mismas en virtud de ulteriores reformas legislativas, colaborarán con el Registro Civil desempeñando, en la forma que se desarrolle reglamentariamente, las funciones siguientes:

a) Recibirán por vía presencial y registrarán electrónicamente solicitudes, declaraciones o formularios, así como otros documentos necesarios para la tramitación de los procedimientos del Registro Civil.

b) Informarán a los ciudadanos en materias relacionadas con los procedimientos del Registro Civil.

c) Expedirán certificaciones de los asientos registrales obrantes en los libros físicos de Registro Civil que estén a su cargo y no puedan certificarse por medios electrónicos.

d) Expedirán certificaciones electrónicas de los asientos registrales, que se soliciten presencialmente en ellos.

e) Expedirán certificados de fe de vida.

f) Practicarán las actuaciones auxiliares no resolutivas que reglamentariamente se determinen.

g) Cualesquiera otras que determine la Dirección General de Seguridad Jurídica y Fe Pública.

En los municipios donde no se ubique una Oficina General, además de existir las Oficinas Colaboradoras con las funciones descritas anteriormente, los Ayuntamientos podrán solicitar al Ministerio de Justicia que les habilite las conexiones necesarias, conforme se regule reglamentariamente, para que los ciudadanos puedan presentar en dichos Ayuntamientos solicitudes y la documentación necesaria para las actuaciones ante el Registro Civil.

Las oficinas colaboradoras del Registro Civil no dispondrán de Encargado propio y para el desempeño de sus funciones se relacionarán con la Oficina General y el Encargado de su ámbito territorial. El Encargado de la Oficina General del ámbito territorial del que dependa una oficina colaboradora puede delegar funciones en el funcionario de los Cuerpos Generales de la Administración de Justicia de superior categoría que preste servicio en las oficinas colaboradoras o bien en el funcionario de la Administración local que sea expresamente designado por cada Ayuntamiento para atender dicha oficina de la localidad que no esté servida por funcionarios de la Administración de Justicia.

d) Uniformidad y dotación de los sistemas y aplicaciones informáticas en las Oficinas del Registro Civil (Disposición Adicional Sexta de la Ley 20/2011, del Registro Civil, redactada conforme a la Ley 6/2021, de 28 de abril)

Todas las Oficinas del Registro Civil utilizarán los mismos sistemas y aplicaciones informáticas. El Ministerio de Justicia proveerá, tanto en su desarrollo como en su explotación, el conjunto de aplicaciones que soportan la actividad de los procesos operativos que se tramitan en el Registro Civil.

El Ministerio de Justicia y las Comunidades Autónomas con competencias ejecutivas en la materia o transferidas en medios materiales de Administración de Justicia, establecerán los mecanismos de coordinación necesarios para proporcionar los servicios de acceso a los sistemas del Registro Civil, soporte microinformático, formación y atención a usuarios.

e) Registros individuales (Disposición transitoria segunda de la Ley 20/2011, del Registro Civil, redactada conforme a la Ley 6/2021, de 28 de abril)

El Ministerio de Justicia adoptará las disposiciones necesarias para la progresiva incorporación de los datos digitalizados que consten en la base de datos del Registro Civil a registros individuales.

A tal efecto, se incorporarán a los registros individuales todas las inscripciones de nacimiento practicadas en los Registros Civiles municipales, tanto principales como delegados, Consulares y Central, desde 1920, y todas las inscripciones de matrimonio, defunciones y tutelas y demás representaciones legales practicadas en los Registros Civiles municipales, tanto principales como delegados, Consulares y Central, desde 1950.

El Ministerio de Justicia procederá a la recuperación informática de los asientos relativos a inscripciones anteriores a dichos años progresivamente, en función de las posibilidades presupuestarias.

f) *Extensión y práctica de asientos* (Disposición transitoria cuarta de la Ley 20/2011, del Registro Civil, redactada conforme a la Ley 6/2021, de 28 de abril)

Hasta que el Ministerio de Justicia apruebe, mediante resolución de la Dirección General de Seguridad Jurídica y Fe Pública, la entrada en servicio efectiva de las aplicaciones informáticas que permitan el funcionamiento del Registro Civil de forma íntegramente electrónica conforme a las previsiones contenidas en esta Ley, los Encargados de las Oficinas del Registro Civil practicarán en los libros y secciones no digitalizados correspondientes regulados por la Ley de 8 de junio de 1957 los asientos relativos a nacimientos, matrimonios, defunciones, tutelas y representaciones legales. No resultará de aplicación, en tales casos, lo previsto en esta Ley respecto del código personal.

A dichos fines, mantendrán sus tareas y funciones de registro civil según lo previsto en el artículo 2.2 de la Ley Orgánica 6/1985, de 1 de julio, del Poder Judicial, en relación con los artículos 10 a 22 de la Ley del Registro Civil de 8 de junio de 1957, los que hasta el momento de la completa entrada en vigor de esta Ley hubiesen venido ejerciendo en los Registros Civiles como encargados, encargados por delegación, letrados de la Administración de Justicia y personal funcionario de los Cuerpos Generales de la Administración de Justicia y continuará aplicándose el artículo 27 de la Ley 38/1988, de 28 de diciembre, de Demarcación y de Planta Judicial.

Para la tramitación de procedimientos, expedición de publicidad y práctica de asientos en los términos del párrafo anterior, en tanto no se produzca la referida entrada en servicio de las aplicaciones informáticas, serán competentes las Oficinas del Registro Civil que lo vinieran siendo conforme a las reglas previstas en los artículos 15, 16, 17, 18 y 19 de la Ley del Registro Civil de 8 de junio de 1957, que seguirán aplicándose transitoriamente a estos solos efectos.

A fin de facilitar y agilizar la entrada en servicio efectivo de las aplicaciones informáticas, así como para agilizar la incorporación de datos digitalizados a los registros individuales, conforme a lo dispuesto en la disposición transitoria segunda de esta Ley, el Ministerio de Justicia, en colaboración con las Comunidades Autónomas con competencias en materia de Justicia, desarrollarán y presentarán proyectos adecuados en el marco del Plan de Transformación, Recuperación y Resiliencia.

El Gobierno, a través del Ministerio de Justicia, informará periódicamente a las Cortes Generales sobre el proceso de implantación del nuevo modelo de Registro Civil.

g) *Régimen jurídico de los Encargados del Registro Civil* (Disposición Adicional Segunda de la Ley 20/2011, del Registro Civil, redactada conforme a la Ley 6/2021, de 28 de abril)

1) En la forma y con los requisitos que reglamentariamente se determinen, las plazas de Encargados del Registro Civil se proveerán entre letrados de la Administración de Justicia. La convocatoria y resolución de los concursos para proveer las plazas corresponderá al Ministerio de Justicia. No obstante, las plazas de Encargados de la Oficina Central y de Encargados de aquellas Oficinas Generales que se ubiquen en las localidades donde se encontraban Registros Civiles Exclusivos se proveerán por el Ministerio de Justicia por el sistema de libre designación. El nombramiento y cese de las plazas provistas por el sistema de libre designación será a propuesta de las Comunidades Autónomas con competencias ejecutivas en Registro Civil o asumidas en materia de Justicia cuando dicha Oficina General esté situada en su ámbito territorial. El Encargado del Registro Civil recibirá la formación específica que determine el Ministerio de Justicia.

2) El ejercicio de esta función por los miembros del Cuerpo de letrados de la Administración de Justicia se considerará como situación de servicio activo en dicho Cuerpo y podrá ser compatible con funciones en oficina judicial en los casos en que así se prevea reglamentariamente y en la correspondiente Relación de Puestos de Trabajo.

3) El régimen de sustitución de los Encargados del Registro Civil se regulará reglamentariamente.

4) El incumplimiento o la inobservancia de las instrucciones, resoluciones y circulares de la Dirección General de Seguridad Jurídica y Fe Pública que derivasen de las facultades de supervisión e inspección de los registros civiles que corresponden a ese Centro Directivo o se pusieren de manifiesto por otra vía, se considerarán falta disciplinaria conforme a lo tipificado reglamentariamente.

h) Creación de Oficinas del Registro Civil. Encargados y régimen transitorio de los letrados de la Administración de Justicia. Continuidad del personal al servicio de la Administración de Justicia destinado en el Registro Civil **(Disposición transitoria octava de la Ley 20/2011, del Registro Civil, redactada conforme a la Ley 6/2021, de 28 de abril)**

1) A la entrada en servicio efectiva de las aplicaciones informáticas que permitan el funcionamiento del Registro Civil de forma íntegramente electrónica cuando así lo establezca la resolución o resoluciones que se dicten al amparo de la disposición transitoria cuarta, quedarán suprimidos los juzgados que, de forma exclusiva, hayan venido ejerciendo funciones de Registro Civil Exclusivo y de Registro Civil Central y, en su lugar, se crearán las Oficinas Generales de Registro Civil y la Oficina Central de Registro Civil.

En las demás poblaciones sedes de la capital de un partido judicial, a la entrada en servicio efectiva de las aplicaciones informáticas según lo indicado en el párrafo anterior, los Juzgados de Primera Instancia o de Primera Instancia e Instrucción que han venido realizando las funciones de Registro Civil continuarán realizándolas, igualmente en calidad de Oficinas Generales de Registro Civil.

2) Los letrados de la Administración de Justicia que, en el momento de la entrada en servicio efectiva de las aplicaciones informáticas que permitan el funcionamiento del Registro Civil de forma íntegramente electrónica conforme a las previsiones contenidas en esta Ley, estén prestando servicios con destino definitivo en el Registro Civil Central o en los Registros Civiles Exclusivos allá donde los hubiere, así como los que tengan asignadas funciones de Registro Civil en los Juzgados de Primera Instancia o de Primera Instancia e Instrucción, pasarán a desempeñar las funciones de Encargados del Registro Civil,

compatibilizándolas con las propias del cargo de letrado de la Administración de Justicia de la oficina judicial a la que hubiere estado adscrito el Registro Civil a la entrada en vigor de esta Ley. Las retribuciones serán las que se determinen en las relaciones de puestos de trabajo correspondientes, en atención a las funciones desarrolladas.

3) El personal funcionario al servicio de la Administración de Justicia que, en el momento de la entrada en servicio efectiva de las aplicaciones informáticas que permitan el funcionamiento del Registro Civil de forma íntegramente electrónica conforme a las previsiones contenidas en esta Ley, esté prestando servicios con destino definitivo en el Registro Civil Central y los Registros Civiles Exclusivos allá donde los hubiere o tenga asignadas funciones de registro en las oficinas judiciales con adscripción de Registro Civil, continuará desarrollando sus funciones respectivas de Registro Civil, compatibilizándolas, en su caso, con las que ejerza dentro de la Administración de Justicia en la oficina judicial a la que estuviera adscrito el Registro Civil, con abono de la totalidad de las retribuciones que viniese percibiendo.

4) En tanto no se implanten las estructuras y relaciones de puestos de trabajo oportunas en el ámbito del Registro Civil, se mantendrán los actuales centros de destino según lo previsto en la Ley Orgánica 6/1985, de 1 de julio, del Poder Judicial. Las nuevas Oficinas del Registro Civil que se implanten conforme a esta Ley se considerarán centro de destino para los funcionarios de la Administración de Justicia.

Las menciones que se realizan en el artículo 521 de la Ley Orgánica 6/1985, de 1 de julio, del Poder Judicial, al Registro Civil han de entenderse hechas a las Oficinas Generales, Central y colaboradoras del Registro Civil que se establezcan en el territorio del Estado en virtud de lo previsto en esta Ley.

5) Tanto la elaboración de las relaciones de puestos de trabajo, como los procesos de acoplamiento del personal funcionario que se acometan para la creación de oficinas del Registro Civil, se regirán por las normas que sobre implantación de oficina judicial se contienen en la Ley Orgánica 6/1985, de 1 de julio, del Poder Judicial, así como en la normativa de desarrollo.

i) Destino de los Jueces Encargados de los Registros Civiles Exclusivos y de los Encargados del Registro Civil Central (Disposición transitoria décima de la Ley 20/2011, del Registro Civil, redactada conforme a la Ley 6/2021, de 28 de abril)

1) Los jueces y magistrados que al momento de la entrada en servicio efectiva de las aplicaciones informáticas que permitan el funcionamiento del Registro Civil de forma íntegramente electrónica conforme a las previsiones de esta Ley, se encuentren prestando servicios con destino definitivo como Encargados de los Registros Civiles Exclusivos y del Registro Civil Central, podrán optar por mantenerse ejerciendo dichas funciones en situación de servicios especiales en la Carrera Judicial, siempre que hubieran accedido a dicha plaza antes del 22 de julio de 2011, fecha de publicación en el 'Boletín Oficial del Estado' de esta Ley. Estas plazas se declararán a extinguir, pero mantendrán transitoriamente las mismas retribuciones que se estuvieran percibiendo antes de cambiar a la situación de servicios especiales y se amortizarán cuando cesen los titulares que las ocupasen. Aquellos jueces que no desearan o no pudieran permanecer en esas funciones, quedarán en la situación que se prevé en los apartados finales de esta disposición.

2) Los asuntos jurisdiccionales pendientes de resolver se repartirán entre los juzgados de primera instancia o de primera instancia e instrucción según corresponda.

3) Las competencias jurisdiccionales atribuidas a jueces y magistrados por ostentar la condición de Encargados del Registro Civil, pasarán a corresponder a los juzgados de primera instancia o de primera instancia e instrucción conforme a las normas de competencia establecidas en las leyes procesales.

4) Los Jueces Encargados de los Registros Civiles exclusivos que con arreglo a lo dispuesto en esta Ley dejen de ostentar tal condición, quedarán provisionalmente a disposición del Presidente del Tribunal Superior de Justicia correspondiente, sin merma de las retribuciones que vinieren percibiendo. Mientras permanezcan en esta situación prestarán sus servicios en los puestos que determinen las respectivas Salas de Gobierno, devengando las indemnizaciones correspondientes por razón del servicio cuando éstos se prestaren en lugar distinto al del Registro Civil en el que estaban destinados, todo ello de conformidad con lo dispuesto en la Ley Orgánica del Poder Judicial. Estos Jueces serán destinados a los juzgados o tribunales del lugar y orden

jurisdiccional de su elección, en la primera vacante que se produzca en el órgano elegido, a no ser que se trate de plazas de Presidente, de nombramiento discrecional o legalmente reservadas a magistrados procedentes de pruebas selectivas, salvo que éstos tuvieran esa condición, siempre y cuando reúnan el resto de condiciones objetivas previstas en la Ley Orgánica del Poder Judicial para poder acceder a dichas plazas.

5) Los Encargados de los Registros Civiles Centrales que por virtud de esta Ley dejen de ostentar tal condición quedarán adscritos a disposición del Presidente del Tribunal Superior de Justicia de Madrid. Mientras permanezcan en esta situación prestarán sus servicios en los puestos que determine la Sala de Gobierno y serán destinados a la primera vacante que se produzca en cualesquiera secciones civiles de la Audiencia Provincial de Madrid, a determinar por el Presidente, a no ser que se trate de las plazas de Presidente o legalmente reservadas a magistrados procedentes de pruebas selectivas, y para las que no se reconozca especial preferencia o reserva a especialista.

6) No obstante lo anterior, el tiempo durante el cual los jueces y magistrados afectados pueden permanecer en situación de adscripción provisional a las Presidencias de los Tribunales Superiores de Justicia podrá extenderse, a petición del propio interesado, a dos años a contar del momento en que perdieron la condición de Encargados del Registro Civil.

NOTA INFORMATIVA DE LA SECRETARÍA GENERAL PARA LA INNOVACIÓN Y CALIDAD DEL SERVICIO PÚBLICO DE JUSTICIA SOBRE LA ENTRADA EN VIGOR DE LA LEY 6/2021, DE 28 DE ABRIL, DE REFORMA DE LA LEY 20/2011 (2021-04-30)

Ante las dudas que se han venido trasladando a este Centro Directivo, en cuanto a los efectos de la completa entrada en vigor de la Ley 20/2021, de 21 de julio, del Registro Civil (en adelante LRC2011), modificada por Ley 6/2021, de 28 de abril, este Centro Directivo considera conveniente aclarar estas cuestiones suscitadas en relación a dos aspectos, fundamentalmente. En este sentido, se significa lo siguiente:

– IMPLANTACIÓN PROGRESIVA

Si bien se ha producido la entrada en vigor la Ley el 30 de abril de 2021, no se aplicará hasta que:
- Las Oficinas cuenten con los medios y sistemas informáticos y las condiciones de funcionamiento adecuadas (vid Disposiciones transitorias cuarta y octava).
- Se dicte la Resolución por la DGSJFP para ordenar la puesta en marcha.

En relación con lo anterior, en cuanto a sus efectos sobre los cambios de Encargados, éstos se producirán en el momento en que lo disponga la referida Resolución de la DGSJFP (Disposiciones transitorias octava y décima); mientras tanto, seguirán actuando los mismos encargados, encargados delegados, letrados de la Administración de Justicia y personal tramitador que lo ha venido haciendo hasta ahora, siguiendo las reglas de la Ley del Registro Civil de 1957 (Disposición transitoria cuarta).

No obstante, la previsión de comienzo de despliegue actualmente gira en torno a que el Registro Civil Exclusivo de Madrid inicie su transformación a Oficina General y aplique la LRC2011 de manera efectiva a principios de julio de 2021. Le seguiría el Registro Civil Exclusivo de Barcelona, a mediados de noviembre de 2021.

– LIBROS DE FAMILIA

La propia LRC2011 prevé en sus disposiciones transitorias las medidas para trabajar con una implantación progresiva del nuevo modelo (vid Disposición transitoria cuarta) para que mientras no se cuente con los medios tecnológicos y se genere la capacidad, se sigan las pautas de la Ley de 1957.

En el caso concreto del Libro de Familia, la Disposición transitoria quinta, apartado 1º, dice que la publicidad formal de los datos incorporados a libros no digitalizados continuará rigiéndose por lo previsto en la Ley del Registro Civil de 8 de junio de 1957.

Por tanto, tratándose el Libro de Familia de un medio de publicidad del Registro Civil asimilable a certificación en extracto (cfr. artículo 36 del Reglamento del Registro Civil de 1958), mientras la oficina que practique la inscripción que dé lugar a expedición de Libro lo efectúe en los libros físicos tradicionales (manuscritos y de hojas móviles impresas mediante INFOREG) siguiendo las normas del modelo antiguo por no contar con DICIREG, habrá de seguir expidiéndolo.

No obstante, como excepción a lo anterior, en relación con la comunicación de nacimientos desde centros sanitarios, en vigor desde 2015 (artículo 46 de la LRC2011), se estará a lo dispuesto en el apartado Sexto, párrafo segundo, de la Instrucción DGRN de 9 de octubre de 2015 sobre comunicación electrónica de nacimientos desde centros sanitarios.

A) LEGISLACIÓN BÁSICA

§1. LEY 20/2011, DE 21 DE JULIO, DEL REGISTRO CIVIL[1]

(BOE 22/7/2011)
(Tol 2166566)

PREÁMBULO

I

La importancia del Registro Civil demanda la adopción de un nuevo modelo que se ajuste tanto a los valores consagrados en la Constitución de 1978 como a la realidad actual de la sociedad española.

Aunque la vigente Ley del Registro Civil, de 8 de junio de 1957, ha dado muestras de su calidad técnica y de su capacidad de adaptación a lo largo de estos años, es innegable que la relevancia de las transformaciones habidas en nuestro país exige un cambio normativo en profundidad que, recogiendo los aspectos más valiosos de la institución registral, la acomode plenamente a la España de hoy, cuya realidad política, social y tecnológica es completamente distinta a la de entonces.

La Constitución de 1978 sitúa a las personas y a sus derechos en el centro de la acción pública. Y ese inequívoco reconocimiento de la dignidad y la igualdad ha supuesto el progresivo abandono de construcciones jurídicas de

---

[1] La completa entrada en vigor de la Ley 20/2011, prevista inicialmente para el día 22 de julio de 2014, se pospuso, primero, al 15 de julio de 2015, luego, al 30 de junio de 2017, después, al 30 de junio de 2018, más tarde, al 30 de junio de 2020 y, finalmente al 30 de abril de 2021 (Disp. Final Décima de la Ley 20/2011, redactada por la Disposición final quinta de la Ley 3/2020, de 18 de septiembre).

Desde la fecha de su publicación han ido entrando en vigor:

1) Las Disposiciones adicionales Séptima y Octava y las Disposiciones finales Tercera y Sexta, el día siguiente al de su publicación en el BOE, es decir, el 23/7/2011 (D. Final 10.ª, I de la Ley 20/2011, redactada por la Ley 4/2017, de 28 de junio);

2) Los artículos 44, 45, 46, 47, 49.1, 49.4, 64, 66 y 67.3, el día 15 de octubre de 2015 (D. Final 10.ª, II de la Ley 20/2011, redactada por Ley 19/2015);

y 3) Los artículos 49.2 y 53, el día 30 de junio de 2017 (art. D. Final 10.ª, I, in fine, redactada por la Ley 4/2017, de 28 de junio).

épocas pasadas que configuraban el estado civil a partir del estado social, la religión, el sexo, la filiación o el matrimonio.

Un Registro Civil coherente con la Constitución ha de asumir que las personas —iguales en dignidad y derechos— son su única razón de ser, no sólo desde una perspectiva individual y subjetiva sino también en su dimensión objetiva, como miembros de una comunidad políticamente organizada.

Por este motivo, la Ley abandona la vieja preocupación por la constatación territorial de los hechos concernientes a las personas, sustituyéndola por un modelo radicalmente distinto que prioriza el historial de cada individuo, liberándolo de cargas administrativas y equilibrando la necesaria protección de su derecho fundamental a la intimidad con el carácter público del Registro Civil.

En este sentido, la Ley suprime el tradicional sistema de división del Registro Civil en Secciones —nacimientos, matrimonios, defunciones, tutelas y representaciones legales— y crea un registro individual para cada persona a la que desde la primera inscripción que se practique se le asigna un código personal[2].

Asimismo, en la presente Ley se incorpora tanto la Convención de los derechos del niño de 20 de noviembre de 1989, ratificada por España el 30 de noviembre de 1990, como la Convención sobre los derechos de las personas con discapacidad, de 13 de diciembre de 2006, ratificada por España el 23 de noviembre de 2007.

II

La modernización del Registro Civil también hace pertinente que su llevanza sea asumida por funcionarios públicos distintos de aquellos que integran el poder judicial del Estado, cuyo cometido constitucional es juzgar y ejecutar lo juzgado[3].

---

[2]   Véase, no obstante, lo establecido en la Disposición Transitoria Cuarta de la Ley del Registro Civil, redactada por la Ley 6/2021, de 28 de abril.

[3]   Véase, en cuanto al régimen actual de los Encargados del Registro Civil, la explicación ofrecida por la Exposición de Motivos de la Ley 6/2021, de 28 de abril, así como la Disposición Adicional Segunda y las Disposiciones Transitorias Octava y Décima de la Ley del Registro Civil, redactadas por la citada Ley 6/2021, de 28 de abril.

En efecto, la aplicación al Registro Civil de técnicas organizativas y de gestión de naturaleza administrativa permitirá una mayor uniformidad de criterios y una tramitación más ágil y eficiente de los distintos expedientes, sin merma alguna del derecho de los ciudadanos a una tutela judicial efectiva, pues todos los actos del Registro Civil quedan sujetos a control judicial.

Esta Ley deslinda con claridad las tradicionales funciones gubernativas y judiciales que por inercia histórica todavía aparecen entremezcladas en el sistema de la Ley de 1957, y aproxima nuestro modelo de Registro Civil al existente en otros países de nuestro entorno, en los que también se ha optado por un órgano o entidad de naturaleza administrativa con el fin de prestar un servicio público de mayor calidad, sin perjuicio de la garantía judicial de los derechos de los ciudadanos.

Puesto que la materia a la que el funcionamiento del Registro Civil se refiere es el estado civil de las personas y en ciertos aspectos, el derecho de familia, la jurisdicción competente es la civil. No obstante, se exceptúa la nacionalidad por residencia, respecto de la que persisten las razones que aconsejaron trasladar esta materia a la jurisdicción contencioso-administrativa con la entrada en vigor de la Ley 18/1990, de 17 de diciembre, de reforma del Código Civil.

III

Esa misma vocación modernizadora hace que en la Ley se diseñe un Registro Civil único para toda España, informatizado y accesible electrónicamente.

El Registro Civil se configura como una base de datos única que permite compaginar la unidad de la información con la gestión territorializada y la universalidad en el acceso. Este salto conceptual, que implica la superación del Registro físicamente articulado en libros custodiados en oficinas distribuidas por toda España, obliga a un replanteamiento de toda su estructura organizativa, que ahora ha de tener por objetivo principal eximir al ciudadano de la carga de tener que acudir presencialmente a las oficinas del Registro.

Un Registro Civil electrónico exige una estructura organizativa bien distinta de la actual. Estructura que, además, ha de tener presente a las Comunidades Autónomas.

A todo ello se dedica el título III de esta Ley, en el que se contempla una organización del Registro Civil mucho más sencilla que la anterior, diferencián-

§1

dose entre Oficinas Generales, Oficina Central y Oficinas Consulares, dotadas de funciones y competencias propias, aunque dependiendo de la Dirección General de los Registros y del Notariado en tanto que centro superior directivo, consultivo y responsable último del Registro Civil.

Existirá una Oficina General por cada Comunidad o Ciudad Autónoma y otra más por cada 500.000 habitantes, al frente de la cual se encontrará un Encargado al que se le asignan las funciones de recepción de declaraciones y solicitudes, la tramitación y resolución de expedientes, la práctica de inscripciones y, en su caso, la expedición de certificaciones. A la Oficina Central le corresponde, entre otras funciones, practicar las inscripciones derivadas de resoluciones dictadas por la Dirección General de los Registros y del Notariado en los expedientes que son de su competencia. En cuanto a las Oficinas Consulares, su régimen jurídico no difiere sustancialmente del vigente.

La unidad de actuación queda garantizada mediante el carácter vinculante de las instrucciones, resoluciones y circulares de la Dirección General de los Registros y del Notariado, así como por el establecimiento de un sistema de recursos que sigue las reglas generales de la Ley 30/1992, de 26 de noviembre, de Régimen Jurídico de las Administraciones Públicas y del Procedimiento Administrativo Común, con la previsión expresa de un recurso ante la mencionada Dirección General.

IV

La Ley concibe el Registro Civil como un registro electrónico, en el que se practican asientos informáticos, que organiza la publicidad y da fe de los hechos y actos del estado civil. Desde esta concepción se incorpora el uso de las nuevas tecnologías y de la firma electrónica.

El régimen de la publicidad del Registro Civil se articula a partir de dos instrumentos: la certificación electrónica y el acceso de la Administración, en el ejercicio de sus funciones públicas, a la información registral. Este último se concibe como el instrumento preferente de publicidad, de tal forma que sólo en casos excepcionales el ciudadano deberá presentar certificaciones de datos del Registro Civil.

El carácter electrónico del Registro Civil no significa alterar la garantía de privacidad de los datos contenidos en el mismo. Aunque el Registro Civil está excluido del ámbito de aplicación de la Ley Orgánica 15/1999, de 13 de diciembre, de Protección de Datos de Carácter Personal, se presta una especial protección a los datos, en tanto contengan información que afecta a la esfera de la intimidad de la persona. Lo relevante es que los datos protegidos sólo pertenecen a su titular y a él corresponde autorizar que sean facilitados a terceros.

§1

V

En relación con los aspectos sustantivos de la Ley, merece una mención especial el título VI, relativo a hechos y actos inscribibles. Respecto de la inscripción de nacimiento, se mantienen los criterios generales y se prevé la remisión de los datos del nacido a través de un documento oficial por los responsables de los centros sanitarios. A cada nacido se le abrirá un registro individual y le será asignado un código personal.

El nombre y apellidos se configura como un elemento de identidad del nacido derivado del derecho de la personalidad y como tal se incorpora a la inscripción de nacimiento. Con el fin de avanzar en la igualdad de género se prescinde de la histórica prevalencia del apellido paterno frente al materno permitiendo que ambos progenitores sean los que decidan el orden de los apellidos. Igualmente se sistematiza y agiliza el procedimiento de cambio de nombres y apellidos y se somete, como regla general, a la competencia del Encargado del Registro Civil. En cuanto a la filiación, se elimina toda referencia a la no matrimonial, con plena equiparación a la matrimonial.

La instrucción del expediente matrimonial y la celebración del matrimonio compete a los Ayuntamientos, los cuales deberán remitir de oficio la documentación preceptiva al Registro Civil. Los Cónsules autorizarán, celebrarán e inscribirán los matrimonios de españoles en el extranjero. No se modifica la comunicación al Registro Civil de los matrimonios celebrados en forma religiosa.

De modo similar a la del nacimiento se regula la inscripción de la defunción mediante la remisión del documento oficial, acompañado de parte médico, por los centros sanitarios. Se mantiene el requisito de la práctica previa de la inscripción de fallecimiento para proceder a la inhumación o incineración.

La descentralización introducida por la Constitución de 1978 está presente, no sólo desde el punto de vista territorial, sino también desde la perspectiva de la distribución de competencias. Así, se contempla el acceso al Registro Civil de actos regulados en algunos Derechos civiles especiales como,

§1

por ejemplo, las autotutelas, apoderamientos preventivos o especialidades en materia de régimen económico del matrimonio. Igualmente, se prevé la utilización de las lenguas cooficiales, tanto en la inscripción como en la expedición de certificaciones. Además, la Ley garantiza la adecuada coexistencia de la competencia estatal sobre Registro Civil y las de carácter ejecutivo que corresponden a las Comunidades Autónomas.

VI

La normativa de Derecho internacional privado se contiene en el título X de la Ley con una actualización de las soluciones jurídicas influidas por el avance de la legislación europea y la creciente importancia del elemento extranjero con acceso al Registro Civil. La coherencia del modelo exige a este respecto mantener la unidad, dentro de las particularidades inherentes a cada sector.

Una de las mayores novedades se centra en la inscripción de documentos judiciales extranjeros. De este modo, se permite no sólo la inscripción previo exequatur sino también la posibilidad de que el Encargado del Registro Civil realice la inscripción tras proceder a un reconocimiento incidental.

La complejidad inherente a las situaciones internacionales justifica que la inscripción de documentos extranjeros judiciales y no judiciales, así como de certificaciones extranjeras, corresponda con carácter exclusivo a la Oficina Central del Registro. La Oficina Central se configura además como la autoridad encargada en materia de cooperación internacional en todas aquellas materias sometidas a la Ley.

VII

El articulado se completa con disposiciones adicionales, transitorias y finales, así como con una disposición derogatoria.

Se deroga la Ley de Registro Civil de 8 de junio de 1957 que, no obstante, seguirá siendo aplicada en tanto quede extinguido el complejo régimen transitorio previsto en la Ley. De este modo se prevé un régimen de incorporación progresiva de los registros individuales y se mantienen temporalmente los efectos que el ordenamiento vigente atribuye al Libro de Familia. Igualmente se derogan expresamente los preceptos del Código civil que resultan incompatibles con las previsiones de la presente Ley.

En efecto, puesto que se prescindirá del Libro de Familia —que pierde sentido dentro del modelo moderno que se ha configurado en la presente Ley— se ha previsto que en cada registro individual conste una hoja o extracto en la que figuren los datos personales de la vida del individuo. Consecuentemente con este diseño de la hoja individual, y en la búsqueda de una mayor simplicidad y eficiencia del sistema, la Ley distingue entre las inscripciones, las anotaciones registrales y, por último, el asiento de cancelación.

Se modifica la Ley 1/2000, de 7 de enero, de Enjuiciamiento Civil, a fin de determinar el órgano judicial y el procedimiento para conocer de los recursos frente a las resoluciones de la Dirección General de los Registros y del Notariado en materia de estado civil. Dichas previsiones no serán de aplicación a los recursos frente a resoluciones relativas a la adquisición de nacionalidad por residencia, cuya regulación y competencia judicial no se modifica.

La desjudicialización del Registro Civil impone la derogación del artículo 86 de la Ley Orgánica 6/1985, de 1 de julio, del Poder Judicial —que se lleva a cabo a través de Ley Orgánica complementaria—, y de lo previsto en la Ley 38/1998, de 28 de diciembre, de Planta y Demarcación Judicial, respecto a los Registros Civiles.

La complejidad de la Ley y el cambio radical respecto al modelo anterior aconsejan un extenso plazo de *vacatio legis*, que se ha fijado en tres años, para permitir la progresiva puesta en marcha del nuevo modelo, evitando disfunciones en el tratamiento de la información registral y la implementación de la nueva estructura organizativa.

TÍTULO I. El registro civil. Disposiciones generales

CAPÍTULO PRIMERO. Naturaleza, contenido y competencias del registro civil

Art. 1. *Objeto de la ley.* La presente Ley tiene por objeto la ordenación jurídica del Registro Civil.

En particular, tiene como finalidad regular la organización, dirección y funcionamiento del Registro Civil, el acceso de los hechos y actos que se hacen constar en el mismo y la publicidad y los efectos que se otorgan a su contenido.

§1

Art. 2. *Naturaleza y contenido del registro civil.* 1. El Registro Civil es un registro público dependiente del Ministerio de Justicia. Todos los asuntos referentes al Registro Civil están encomendados a la Dirección General de los Registros y del Notariado.

Los Encargados del Registro Civil deben cumplir las órdenes, instrucciones, resoluciones y circulares del Ministerio de Justicia y de la Dirección General de los Registros y del Notariado.

2. El Registro Civil tiene por objeto hacer constar oficialmente los hechos y actos que se refieren al estado civil de las personas y aquellos otros que determine la presente Ley.

3. El contenido del Registro Civil está integrado por el conjunto de registros individuales de las personas físicas y por el resto de las inscripciones que se practiquen en el mismo conforme a lo previsto en la presente Ley.

Art. 3. *Elementos definitorios del registro civil.* 1. El Registro Civil es único para toda España[4].

2. El Registro Civil es electrónico. Los datos serán objeto de tratamiento automatizado y se integrarán en una base de datos única cuya estructura, organización y funcionamiento es competencia del Ministerio de Justicia conforme a la presente Ley y a sus normas de desarrollo.

3. Serán de aplicación al Registro Civil las medidas de seguridad establecidas en la normativa vigente en materia de protección de datos de carácter personal.

Art. 4. *Hechos y actos inscribibles.* Tienen acceso al Registro Civil los hechos y actos que se refieren a la identidad, estado civil y demás circunstancias de la persona. Son, por tanto, inscribibles:

1.º El nacimiento.
2.º La filiación.
3.º El nombre y los apellidos y sus cambios.
4.º El sexo y el cambio de sexo.
5.º La nacionalidad y la vecindad civil.

---

[4]   No obstante, el Registro Civil de la Familia Real (que fue restablecido por el Decreto-Ley 17/1975, de 20 de noviembre), se rige por el Real Decreto 2917/1981, de 27 de noviembre *(Tol 115555)*.

§1

6.º La emancipación y el beneficio de la mayor edad.

7.º El matrimonio. La separación, nulidad y divorcio.

8.º El régimen económico matrimonial legal o pactado.

9.º Las relaciones paterno-filiales y sus modificaciones.

10.º Los poderes y mandatos preventivos, la propuesta de nombramiento de curador y las medidas de apoyo previstas por una persona respecto de sí misma o de sus bienes.

11.º Las resoluciones judiciales dictadas en procedimientos de provisión de medidas judiciales de apoyo a personas con discapacidad.

12.º Los actos relativos a la constitución y régimen del patrimonio protegido de las personas con discapacidad.

13.º La tutela del menor y la defensa judicial del menor emancipado.

14.º Las declaraciones de concurso de las personas físicas y la intervención o suspensión de sus facultades.

15.º Las declaraciones de ausencia y fallecimiento.

16.º La defunción

Apartados 10º a 14º redactados por la Ley 8/2021, de 2 de junio.

Art. 5. *Registro individual.* 1. Cada persona tendrá un registro individual en el que constarán los hechos y actos relativos a la identidad, estado civil y demás circunstancias en los términos de la presente Ley.

2. El registro individual se abrirá con la inscripción de nacimiento o con el primer asiento que se practique.

3. En dicho registro se inscribirán o anotarán, continuada, sucesiva y cronológicamente, todos los hechos y actos que tengan acceso al Registro Civil.

Art. 6. *Código personal.* A cada registro individual abierto con el primer asiento que se practique se le asignará un código personal constituido por la secuencia alfanumérica generada por el Registro Civil, que será única e invariable en el tiempo.

Redactado por la Ley 6/2021, de 28 de abril.

Art. 7. *Firma electrónica.* 1. Los Encargados del Registro Civil dispondrán de certificados electrónicos cualificados. Mediante dichos certificados electrónicos se firmarán los asientos del Registro Civil con firma electrónica avanzada. Las certificaciones de las inscripciones electrónicas, o las que se expidan

§1

por medios electrónicos, serán selladas directamente por el sistema, con sello electrónico avanzado basado en un certificado de sello electrónico cualificado, salvo en los supuestos en que esta opción no sea posible, en cuyo caso serán firmadas por el Encargado con firma electrónica avanzada mediante su certificado electrónico cualificado.

Asimismo, el personal del Registro Civil que se determine reglamentariamente podrá disponer de certificado electrónico cualificado con firma electrónica avanzada.

2. Se garantizará la verificabilidad de las firmas y sellos electrónicos de dichos asientos, incluso una vez haya caducado o se haya revocado el certificado con el cual se practicó el asiento, mediante la utilización de formatos o servicios que preserven la longevidad de firmas y sellos electrónicos durante el tiempo exigido por la legislación vigente.

3. Las personas podrán identificarse electrónicamente ante el Registro Civil a través de cualquiera de los sistemas previstos en el artículo 9 de la Ley 39/2015, de 1 de octubre, del Procedimiento Administrativo Común de las Administraciones Públicas, así como en la normativa vigente en materia de identificación y firma electrónica.

Redactado por la Ley 6/2021, de 28 de abril

Art. 8. *Comunicación entre las oficinas del registro civil y con las administraciones públicas.* 1. Las Oficinas del Registro Civil se comunicarán entre sí a través de medios electrónicos.

2. Todas las Administraciones y funcionarios públicos, en el ejercicio de sus competencias y bajo su responsabilidad, tendrán acceso a los datos que consten en el Registro Civil único con las excepciones relativas a los datos especialmente protegidos previstas en esta Ley. Dicho acceso se efectuará igualmente mediante procedimientos electrónicos con los requisitos y prescripciones técnicas que sean establecidas dentro del Esquema Nacional de Interoperabilidad y del Esquema Nacional de Seguridad.

Art. 9. *Competencias generales del registro civil.* En el Registro Civil constarán los hechos y actos inscribibles que afectan a los españoles y los referidos a extranjeros, acaecidos en territorio español.

Igualmente, se inscribirán los hechos y actos que hayan tenido lugar fuera de España, cuando las correspondientes inscripciones sean exigidas por el Derecho español.

§1

Art. 10. *Reglas de competencia.* 1. La solicitud de inscripción y la práctica de la misma se podrán efectuar en cualquiera de las Oficinas Generales del Registro Civil con independencia del lugar en el que se produzcan los hechos o actos inscribibles. Si se producen en el extranjero, la inscripción se solicitará y, en su caso, se practicará en la Oficina Consular de la circunscripción correspondiente. En este último caso, la inscripción también se podrá solicitar y practicar en cualquiera de las Oficinas Generales.

2. Los ciudadanos podrán solicitar en cualquiera de las Oficinas del Registro Civil o por medios electrónicos el acceso a la información contenida en el mismo a través de los medios de publicidad previstos en esta Ley.

Párrafo 2 redactado por la Ley 6/2021, de 28 de abril

CAPÍTULO SEGUNDO. Derechos y deberes ante el registro civil

Art. 11. *Derechos ante el registro civil.* Son derechos de las personas ante el Registro Civil:

a) El derecho a un nombre y a ser inscrito mediante la apertura de un registro individual y la asignación de un código personal.

b) El derecho a la inscripción de los hechos y actos que se refieren a su identidad, estado civil y demás circunstancias personales que la Ley prevea.

c) El derecho a acceder a la información que solicite sobre el contenido del Registro, con las limitaciones previstas en la presente Ley.

d) El derecho a obtener certificaciones.

e) El derecho a la intimidad en relación con datos especialmente protegidos sometidos a régimen de publicidad restringida.

f) El derecho a acceder a los servicios del Registro Civil en cualquiera de las Oficinas Generales o Consulares del Registro Civil.

g) El derecho a utilizar ante el Registro Civil cualquiera de las lenguas oficiales en el lugar donde radique la Oficina.

h) El derecho a la igualdad de género y al pleno reconocimiento del principio de igualdad, en todas sus manifestaciones, en materia de Derecho del Registro Civil.

§1

i) El derecho a promover la inscripción de determinados hechos y actos dirigidos a la protección de los menores, las personas mayores y otras personas respecto de las cuales la inscripción registral supone una particular garantía de sus derechos.

Apartado i) redactado por la Ley 8/2021, de 2 de junio.

j) El derecho a promover la rectificación o modificación de los asientos registrales en los casos legal o reglamentariamente previstos.

k) El derecho a interponer recursos en los términos previstos en la presente Ley.

l) El derecho a acceder a los servicios del Registro Civil con garantía de los principios de accesibilidad universal y diseño para todas las personas.

Art. 12. *Deberes ante el registro civil.* Son deberes de las personas ante el Registro Civil:

a) El deber de promover la práctica de los asientos registrales en los casos previstos en la presente Ley.

b) El deber de instar la inscripción cuando ésta tenga carácter constitutivo en los casos legalmente previstos.

c) El deber de comunicar los hechos y actos inscribibles conforme a lo previsto en la presente Ley.

d) El deber de presentar la documentación necesaria cuando los datos correspondientes no obren en poder de las Administraciones Públicas.

e) El deber de suministrar datos veraces y exactos en las solicitudes de inscripción o en cumplimiento de los deberes a los que se refieren los números anteriores.

f) El deber de cooperar en el buen funcionamiento del Registro Civil como servicio público.

TÍTULO II. Principios de funcionamiento del registro civil

Art. 13. *Principio de legalidad.* Los Encargados del Registro Civil comprobarán de oficio la realidad y legalidad de los hechos y actos cuya inscripción se pretende, según resulte de los documentos que los acrediten y certifiquen, examinando en todo caso la legalidad y exactitud de dichos documentos.

Art. 14. *Principio de oficialidad.* Los Encargados del Registro Civil deberán practicar la inscripción oportuna cuando tengan en su poder los títulos necesarios.

Las personas físicas y jurídicas y los organismos e instituciones públicas que estén obligados a promover las inscripciones facilitarán a los Encargados del Registro Civil los datos e información necesarios para la práctica de aquéllas.

Art. 15. *Principio de publicidad.* 1. Los ciudadanos tendrán libre acceso a los datos que figuren en su registro individual.

2. El Registro Civil es público. Las Administraciones y funcionarios públicos, para el desempeño de sus funciones y bajo su responsabilidad, podrán acceder a los datos contenidos en el Registro Civil.

3. También podrá obtenerse información registral, por los medios de publicidad previstos en los artículos 80 y siguientes de la presente Ley, cuando se refieran a persona distinta del solicitante, siempre que conste la identidad del solicitante y exista un interés legítimo.

4. Quedan exceptuados del régimen general de publicidad los datos especialmente protegidos, que estarán sometidos al sistema de acceso restringido al que se refieren los artículos 83 y 84 de la presente Ley.

Art. 16. *Presunción de exactitud.* 1. Los Encargados del Registro Civil están obligados a velar por la concordancia entre los datos inscritos y la realidad extraregistral.

2. Se presume que los hechos inscritos existen y los actos son válidos y exactos mientras el asiento correspondiente no sea rectificado o cancelado en la forma prevista por la ley.

3. Cuando se impugnen judicialmente los actos y hechos inscritos en el Registro Civil, deberá instarse la rectificación del asiento correspondiente.

Art. 17. *Eficacia probatoria de la inscripción.* 1. La inscripción en el Registro Civil constituye prueba plena de los hechos inscritos.

2. Sólo en los casos de falta de inscripción o en los que no fuera posible certificar del asiento, se admitirán otros medios de prueba.

§1 En el primer caso, será requisito indispensable para su admisión la acreditación de que previa o simultáneamente se ha instado la inscripción omitida o la reconstrucción del asiento, y no su mera solicitud.

Art. 18. *Eficacia constitutiva de la inscripción en el registro civil.* La inscripción en el Registro Civil sólo tendrá eficacia constitutiva en los casos previstos por la Ley.

Art. 19. *Presunción de integridad. Principio de inoponibilidad.* 1. El contenido del Registro Civil se presume íntegro respecto de los hechos y actos inscritos.

2. En los casos legalmente previstos, los hechos y actos inscribibles conforme a las prescripciones de esta Ley serán oponibles a terceros desde que accedan al Registro Civil.

TÍTULO III. Estructura y dependencia del registro civil

CAPÍTULO PRIMERO. Oficinas del registro civil

Art. 20. *Estructura del registro civil.* 1. El Registro Civil depende del Ministerio de Justicia y se organiza en:

1.º Oficina Central.

2.º Oficinas Generales.

3.º Oficinas Consulares.

2. Las inscripciones y demás asientos registrales serán practicados por los Encargados de las Oficinas del Registro Civil.

Bajo su responsabilidad y en los términos y con los límites que reglamentariamente se determinen, el Encargado podrá delegar funciones en el personal al servicio de la Oficina del Registro Civil.

3. Los ciudadanos podrán presentar la solicitud y la documentación requerida ante cualquier Oficina del Registro Civil o remitirla electrónicamente. Igualmente, podrán presentar en las Oficinas Colaboradoras la solicitud y la documentación necesaria para las actuaciones ante el Registro Civil.

Al párrafo 3, inciso segundo, se le dio nueva redacción por la Ley 6/2021, de 28 de abril

Art. 21. *Oficina central del registro civil.* 1. El Ministerio de Justicia designará a los Encargados de la Oficina Central del Registro Civil.

2. La Oficina Central del Registro Civil desempeña las siguientes funciones:

1.ª Practicar las inscripciones que se deriven de resoluciones dictadas por la Dirección General de los Registros y del Notariado, referidas a hechos o actos susceptibles de inscripción en el Registro Civil.

2.ª Practicar la inscripción de los documentos auténticos extranjeros judiciales y extrajudiciales y certificaciones de asientos extendidos en Registros extranjeros, salvo aquellos cuya competencia pueda corresponder a las Oficinas Generales o Consulares del Registro Civil.

3.ª Practicar la inscripción de fallecimiento de las personas de nacionalidad extranjera al servicio de las Fuerzas Armadas y de las Fuerzas y Cuerpos de Seguridad, siempre que dicho fallecimiento hubiera ocurrido durante una misión u operación fuera de España y que el sistema registral del Estado donde se produjo el hecho no practicare la pertinente inscripción. Lo anterior será sin perjuicio de trasladar la inscripción realizada al Registro del Estado del cual fuere nacional la persona fallecida.

4.ª También desempeñará todas aquellas funciones que le sean atribuidas por las leyes.

Párrafo 2 redactado por la Ley 6/2021, de 28 de abril

3. La Oficina Central es la autoridad encargada en materia de cooperación internacional sobre Registro Civil en los términos previstos por los instrumentos internacionales aplicables en España y la presente Ley.

Art. 22. *Oficinas Generales del Registro Civil.* 1. Existirá una Oficina General del Registro Civil en todas las poblaciones que sean sede de la capital de un partido judicial[5].

2. Al frente de cada Oficina General del Registro Civil estará un Encargado del Registro Civil[6], que ejercerá sus cometidos bajo la dependencia funcional de la Dirección General de Seguridad Jurídica y Fe Pública. Por necesidades del servicio se podrá designar más de un Encargado en una Oficina, en cuyo caso se incluirá en la correspondiente relación de puestos de trabajo la consideración

---

[5]   Véase la Disposición Adicional Primera de esta Ley, redactada por la Ley 6/2021, de 28 de abril.

[6]   Véanse la Disposición Adicional Segunda y las Disposiciones Transitorias Octava y Décima de esta Ley, redactadas por la Ley 6/2021, de 28 de abril.

§1 de uno de los puestos de encargado como Encargado coordinador sin releva-ción de funciones, a efectos de organización interna y distribución de tareas conforme a las instrucciones o protocolos que apruebe la Dirección General de Seguridad Jurídica y Fe Pública.

3. Son funciones de las Oficinas Generales del Registro Civil:

a) Recibir y documentar declaraciones de conocimiento y de voluntad en materias propias de su competencia, así como expedir certificaciones.

b) Recibir por vía electrónica o presencial solicitudes o formularios, así como otros documentos que sirvan de título para practicar un asiento en el Registro Civil.

c) Tramitar y resolver los expedientes de Registro Civil que les atribuya el ordenamiento jurídico.

d) Practicar las inscripciones y demás asientos de su competencia.

e) Expedir certificaciones de los asientos registrales.

f) Cualesquiera otras funciones que les atribuya la Dirección General de Seguridad Jurídica y Fe Pública.

Redactado por la Ley 6/2021, de 28 de abril

Art. 23. *Oficinas Consulares del Registro Civil.* Las Oficinas Consulares del Registro Civil estarán a cargo de los Cónsules de España o, en su caso, de los funcionarios diplomáticos encargados de las Secciones consulares de la Misión Diplomática.

Art. 24. *Funciones de las Oficinas Consulares del Registro Civil.*

Son funciones de los Registros Consulares:

1.ª Inscribir los hechos y actos relativos a españoles acaecidos en su circunscripción consular, así como los documentos extranjeros judiciales y no judiciales y certificaciones de Registros Civiles extranjeros que sirvan de título para practicar la inscripción.

2.ª Expedir certificaciones de los asientos registrales.

3.ª Recibir y documentar declaraciones de conocimiento y de voluntad en materias propias de su competencia.

4.ª Instruir el expediente previo de matrimonio, así como expedir los certi-ficados de capacidad necesarios para su celebración en el extranjero.

5.ª Comunicar a la Dirección General de los Registros y del Notariado la le-gislación extranjera vigente en materia vinculada al estado civil de las personas.

CAPÍTULO SEGUNDO. La Dirección General de los Registros y del Notariado

Art. 25. *La Dirección General de los Registros y del Notariado.* La Dirección General de los Registros y del Notariado es el centro directivo y consultivo del Registro Civil de España.

Art. 26. *Funciones de la Dirección General de los Registros y del Notariado en el Registro Civil.* En materia de Registro Civil, son funciones de la Dirección General de los Registros y del Notariado las siguientes:

1.ª Promover la elaboración de disposiciones de carácter general.

2.ª Dictar las instrucciones, resoluciones y circulares que estime procedentes en los asuntos de su competencia, que tendrán carácter vinculante.

3.ª Supervisar y coordinar el cumplimiento de las normas registrales por el Encargado y demás personal al servicio de las Oficinas del Registro Civil.

4.ª Resolver los recursos legalmente previstos y atender las consultas que se planteen acerca de la interpretación y ejecución de la legislación en materia de Registro Civil.

5.ª Resolver los expedientes de su competencia en materia de Registro Civil.

6.ª Ordenar la planificación estratégica, y coordinar las actuaciones en esta materia con otras Administraciones e instituciones públicas o privadas.

7.ª Implantar y elaborar programas de calidad del servicio público que presta el Registro Civil.

8.ª Cualesquiera otras que le atribuyan las leyes.

TÍTULO IV. Títulos que acceden al Registro Civil. Control de legalidad

CAPÍTULO PRIMERO. Títulos que acceden al Registro Civil

Art. 27. *Documentos auténticos para practicar inscripciones.* 1. El documento auténtico, sea original o testimonio, sea judicial, administrativo, notarial o registral, es título suficiente para inscribir el hecho o acto que accede al Registro Civil.

También es título suficiente para practicar la inscripción el documento extranjero que cumpla los requisitos establecidos en los artículos 96 y 97 de la presente Ley.

§1

2. Las resoluciones judiciales firmes son títulos suficientes para inscribir el hecho o acto que constituyen o declaran. Si contradicen hechos inscritos, debe practicarse la rectificación correspondiente.

3. Los documentos a los que se refieren los dos apartados anteriores podrán presentarse en cualquier soporte, incluido el electrónico, siempre que cumplan los requisitos, formato y eficacia previstos en sus respectivas normas reguladoras.

4. Los documentos presentados en las Oficinas del Registro Civil y en las Oficinas Colaboradoras se custodiarán y conservarán en los términos establecidos por la normativa reguladora de esta materia para las Administraciones Públicas.

Párrafo 4 redactado por la Ley 6/2021, de 28 de abril

Art. 28. *Certificaciones de registros extranjeros.* Para practicar inscripciones sin expediente, en virtud de certificación de Registro extranjero, será necesario el cumplimiento de los requisitos establecidos en la normativa aplicable para que tenga eficacia en España.

Art. 29. *Declaraciones de las personas obligadas.* 1. Las declaraciones en virtud de las cuales hayan de practicarse los asientos se consignarán en acta firmada por el funcionario competente de la Oficina General o Consular y por los declarantes, o bien mediante la cumplimentación del formulario oficialmente aprobado.

2. La verificación de las declaraciones comprenderá la capacidad e identidad del declarante.

CAPÍTULO SEGUNDO. Control de legalidad

Art. 30. *Control de legalidad de los documentos.* 1. Los obligados a promover la inscripción sólo tendrán que aportar los documentos exigidos por la ley cuando los datos incorporados a los mismos no constaren en el Registro Civil o no pudieran ser facilitados por otras Administraciones o funcionarios públicos.

2. El Encargado de la Oficina del Registro Civil ante el que se solicita la inscripción deberá controlar la legalidad de las formas extrínsecas del documento, la validez de los actos y la realidad de los hechos contenidos en éste.

La calificación de las sentencias y resoluciones judiciales recaerá sobre la competencia y clase del procedimiento seguido, formalidades extrínsecas de los documentos presentados y asientos del propio Registro.

3. Si el Encargado de la Oficina del Registro Civil tuviere fundadas dudas sobre la legalidad de los documentos, sobre la veracidad de los hechos o sobre la exactitud de las declaraciones, realizará antes de extender la inscripción, y en el plazo de diez días, las comprobaciones oportunas.

Si de la verificación de los documentos y declaraciones efectuadas se dedujera una contradicción esencial entre el Registro y la realidad, el Encargado del Registro Civil lo pondrá en conocimiento del Ministerio Fiscal y lo advertirá a los interesados.

Art. 31. *Examen de las solicitudes de inscripción y de las declaraciones.* En el examen de las solicitudes y de las declaraciones que se formulen, la Oficina Consular o General del Registro Civil verificará la identidad y capacidad de los solicitantes o declarantes y, en su caso, comprobará la autenticidad de la firma.

Art. 32. *Constancia de solicitudes y declaraciones efectuadas en las Oficinas del Registro Civil.* 1. Las solicitudes y declaraciones que formulen los ciudadanos a través de cualquiera de los medios previstos en esta Ley ante las Oficinas del Registro Civil quedarán debidamente registradas en la forma que reglamentariamente se determine.

En todo caso, deberá quedar constancia de la identidad y domicilio del solicitante o declarante, del Documento nacional de identidad o Número de identificación del extranjero, de la fecha en la que se ha formulado la solicitud o declaración, del contenido de ésta y de la actuación del funcionario de la oficina a la que se haya dirigido.

2. A esta información deberán acceder todas las Oficinas del Registro Civil, que denegarán al interesado la inscripción solicitada o la recepción de la declaración sobre la que el funcionario o funcionarios competentes de una oficina ya se hubiera pronunciado o hubiese sido requerida para hacerlo.

TÍTULO V. Los asientos registrales

CAPÍTULO PRIMERO. Competencia para efectuar los asientos

Art. 33. *Regla general para la práctica de los asientos.* 1. El Encargado de la Oficina del Registro Civil ante el que se presente el título o se formule la declaración practicará los asientos correspondientes de oficio o dictará resolución denegándolos en el plazo de cinco días. La inscripción de la defunción, no existiendo obstáculo legal, se practicará en el mismo día de la presentación de la documentación. En las Oficinas Consulares del Registro Civil, para las inscripciones referentes a nacionalidad y matrimonio, los asientos se practicarán en el plazo más breve posible.

2. Sin perjuicio de lo dispuesto en el apartado anterior, el Encargado de la Oficina Central practicará los asientos a los que den lugar las resoluciones dictadas en los expedientes para cuya tramitación y resolución sea competente el Ministerio de Justicia.

Art. 34. *Asientos de resoluciones judiciales.* El letrado de la Administración de Justicia del órgano judicial que haya dictado una resolución cuyo contenido deba causar asiento en el Registro Civil por afectar al estado civil de las personas, deberá remitir por medios electrónicos a la Oficina del Registro Civil testimonio o copia electrónica de la resolución judicial referida.

Redactado por la Ley 6/2021, de 28 de abril

Art. 35. *Inscripción de documentos notariales.* Los Notarios, dentro de su ámbito de competencias, remitirán por medios electrónicos a la Oficina General del Registro Civil los documentos públicos que den lugar a asiento en el Registro Civil.

CAPÍTULO SEGUNDO. Reglas generales para la práctica de asientos[7]

Art. 36. *Asientos electrónicos.* 1. En el Registro Civil todos los asientos se extenderán en soporte y formato electrónico. Dichos asientos deberán ajustarse a los modelos aprobados por la Dirección General de los Registros y del Notariado.

2. En circunstancias excepcionales y cuando no sea posible practicar asientos electrónicos, el asiento podrá efectuarse en soporte papel. En este caso, se trasladará al formato electrónico con la mayor celeridad posible.

3. Los asientos en el Registro Civil deben archivarse después de su cierre en un registro electrónico de seguridad.

---

[7]   Véase la Disposición Transitoria Cuarta, redactada por la Ley 6/2021, de 28 de abril.

Art. 37. *Lenguas oficiales.* Los ciudadanos que insten la inscripción de un hecho o acto en el Registro Civil, podrán solicitar que la misma se practique en cualquiera de las lenguas oficiales del lugar donde radique la Oficina General del Registro Civil.

§1

CAPÍTULO TERCERO. Clases de asientos

Art. 38. *Clases de asientos.* Los asientos del Registro Civil son las inscripciones, las anotaciones y las cancelaciones.

Art. 39. *Inscripciones.* 1. La inscripción es la modalidad de asiento a través de la cual acceden al Registro Civil los hechos y actos relativos al estado civil de las personas y aquellos otros determinados por esta Ley.

2. Los efectos de la inscripción son los previstos en los artículos 17 y 18 de la presente Ley.

Art. 40. *Anotaciones registrales.* 1. Las anotaciones registrales son la modalidad de asiento que en ningún caso tendrá el valor probatorio que proporciona la inscripción. Tendrán un valor meramente informativo, salvo los casos en que la Ley les atribuya valor de presunción.

2. Las anotaciones registrales se extenderán a petición del Ministerio Fiscal o de cualquier interesado.

3. Pueden ser objeto de anotación los siguientes hechos y actos:

1.º El procedimiento judicial, administrativo o registral en trámite que pueda afectar al contenido del Registro Civil.

2.º El hecho cuya inscripción no pueda extenderse por no resultar, en alguno de sus extremos, legalmente acreditado.

3.º Las declaraciones con valor de presunción.

4.º El hecho o acto relativo a españoles o acaecido en España que afecte a su estado civil, según la ley extranjera.

5.º La sentencia o resolución extranjera que afecte al estado civil, en tanto no se obtenga el exequatur o el reconocimiento incidental en España.

6.º La sentencia o resolución canónica cuya ejecución en cuanto a efectos civiles no haya sido decretada aún por el Tribunal correspondiente.

7.º La desaparición.

§1

8.º Las actuaciones tutelares y de otras figuras tuitivas previstas en la Ley, en los casos que reglamentariamente se determinen.

9.º El acogimiento, la guarda administrativa y la guarda de hecho.

10.º Aquellos otros hechos o actos cuya anotación se prevea en esta u otra ley.

Art. 41. *Cancelaciones.* Los asientos de cancelación privan de eficacia, total o parcial, al asiento registral de cualquier clase por nulidad del propio asiento, por ineficacia o inexistencia del hecho o del acto o por cualquier otra causa establecida por la ley.

La cancelación se practicará en virtud de título adecuado, ya sea de oficio o a solicitud del interesado.

CAPÍTULO CUARTO. Promoción de la inscripción y de otros asientos

Art. 42. *Personas obligadas a promover la inscripción.* 1. Están obligados a promover sin demora la inscripción:

1.º Los designados en cada caso por la ley.

2.º Aquellos a quienes se refiere el hecho inscribible, sus herederos o representantes legales.

3.º El Ministerio Fiscal en el ejercicio de sus funciones con arreglo a las previsiones de esta Ley.

2. Las autoridades y funcionarios no comprendidos en el número anterior, a quienes consten por razón de sus cargos los hechos no inscritos, están obligados a comunicarlos al Ministerio Fiscal.

Art. 43. *Comunicación de hechos y actos al Registro Civil.* Las personas obligadas a promover la inscripción deberán comunicar los hechos y actos inscribibles, bien mediante la presentación de los formularios oficiales debidamente cumplimentados, bien mediante su remisión por medios electrónicos en la forma que reglamentariamente se determine, acompañando los documentos acreditativos que en cada caso se establezca.

También procederá la inscripción a instancia de cualquier persona que presente título suficiente.

TÍTULO VI. Hechos y actos inscribibles

CAPÍTULO PRIMERO. Inscripción de nacimiento

§1

SECCIÓN 1.ª *Hecho inscribible y personas obligadas a promover la inscripción*[8]

Art. 44. *Inscripción de nacimiento y filiación.* 1. Son inscribibles los nacimientos de las personas, conforme a lo previsto en el artículo 30 del Código Civil.

2. La inscripción hace fe del hecho, fecha, hora y lugar del nacimiento, identidad, sexo y, en su caso, filiación del inscrito.

3. La inscripción de nacimiento se practicará en virtud de declaración formulada en documento oficial debidamente firmado por el o los declarantes, acompañada del parte facultativo. A tal fin, el médico, el enfermero especialista en enfermería obstétrico-ginecológica o el enfermero que asista al nacimiento, dentro o fuera del establecimiento sanitario, comprobará, por cualquiera de los medios admitidos en derecho, la identidad de la madre del recién nacido a los efectos de su inclusión en el parte facultativo. Los progenitores realizarán su declaración mediante la cumplimentación del correspondiente formulario oficial, en el que se contendrán las oportunas advertencias sobre el valor de tal declaración conforme a las normas sobre determinación legal de la filiación.

En defecto del parte facultativo, deberá aportarse la documentación acreditativa en los términos que reglamentariamente se determinen.

El Encargado del Registro Civil, una vez recibida y examinada la documentación, practicará inmediatamente la inscripción de nacimiento. Tal inscripción determinará la apertura de un nuevo registro individual, al que se asignará un código personal en los términos previstos en el artículo 6.

---

[8]   Los artículos 44, 45, 46, y 47, redactados por la Ley 19/2015, de 13 de julio, de medidas de reforma administrativa en el ámbito de la Administración de Justicia y del Registro Civil, entraron en vigor el día 15 de octubre de 2015 (conforme a lo establecido en la Disposición Final Décima, párrafo segundo de la Ley 20/2011, redactada por el art. 2.º.10 de la citada Ley 19/2015).

§1

4. La filiación se determinará, a los efectos de la inscripción de nacimiento, de conformidad con lo establecido en las leyes civiles y en la Ley 14/2006, de 26 de mayo, sobre técnicas de reproducción humana asistida.

Salvo en los casos a que se refiere el artículo 48, en toda inscripción de nacimiento ocurrida en España se hará constar necesariamente la filiación materna, aunque el acceso a la misma será restringido en los supuestos en que la madre por motivos fundados así lo solicite y siempre que renuncie a ejercer los derechos derivados de dicha filiación. En caso de discordancia entre la declaración y el parte facultativo o comprobación reglamentaria, prevalecerá este último.

La filiación del padre o de la madre no gestante en el momento de la inscripción del hijo, se hará constar:

a) Cuando conste debidamente acreditado el matrimonio con la madre gestante y resulte conforme con las presunciones de paternidad del marido establecidas en la legislación civil o, aun faltando aquellas y también si la madre estuviere casada con otra mujer, en caso de que concurra el consentimiento de ambos cónyuges, aunque existiera separación legal o de hecho.

b) Cuando el padre o la madre no gestante manifieste su conformidad a la determinación de tal filiación, siempre que la misma no resulte contraria a las presunciones establecidas en la legislación civil y no existiere controversia. Deberán cumplirse, además, las condiciones previstas en la legislación civil para su validez y eficacia.

En los supuestos en los que se constate que la madre tiene vínculo matrimonial con persona distinta de la que figura en la declaración o sea de aplicación la presunción prevista en el artículo 116 del Código Civil se practicará la inscripción de nacimiento de forma inmediata solo con la filiación materna y se procederá a la apertura de un expediente registral para la determinación de la filiación paterna.

5. En los casos de filiación adoptiva se hará constar, conforme a la legislación aplicable, la resolución judicial o administrativa que constituya la adopción, quedando sometida al régimen de publicidad restringida previsto en la presente ley.

6. El reconocimiento de la filiación no matrimonial con posterioridad a la inscripción de nacimiento podrá hacerse en cualquier tiempo con arreglo a las formas establecidas en la legislación civil aplicable. Si se realizare mediante declaración del padre o madre no gestante ante el encargado del Registro Civil,

§1

se requerirá el consentimiento expreso de la madre o persona trans gestante y del representante legal si fuera menor de edad o de la persona a la que se reconoce si fuera mayor. Si se tratare de personas con discapacidad respecto de las cuales se hubiesen establecido medidas de apoyo, se estará a lo que resulte de la resolución judicial que las haya establecido o del documento notarial en el que se hayan previsto o acordado. Para que sea posible la inscripción deberán concurrir, además, los requisitos para la validez o eficacia del reconocimiento exigidos por la legislación civil.

Podrá inscribirse la filiación mediante expediente aprobado por el Encargado del Registro Civil, siempre que no haya oposición del Ministerio Fiscal o de parte interesada notificada personal y obligatoriamente, si concurre alguna de las siguientes circunstancias:

1.ª Cuando exista escrito indubitado del padre o de la madre en que expresamente reconozca la filiación.

2.ª Cuando el hijo se halle en la posesión continua del estado de hijo del padre o de la madre, justificada por actos directos del mismo padre o de su familia.

3.ª Respecto de la madre o persona trans gestante, siempre que se pruebe cumplidamente el hecho del parto y la identidad del hijo.

Formulada oposición, la inscripción de la filiación solo podrá obtenerse por el procedimiento regulado en la Ley de Enjuiciamiento Civil.

7. En los supuestos de controversia y en aquellos otros que la ley determine, para hacer constar la filiación paterna se requerirá previa resolución judicial dictada conforme a las disposiciones previstas en la legislación procesal.

8. Una vez practicada la inscripción, el Encargado expedirá certificación literal electrónica de la inscripción de nacimiento y la pondrá a disposición del declarante o declarantes.

Redactado por la Ley 4/2023, de 28 de febrero.

Art. 45. *Obligados a promover la inscripción de nacimiento.* Están obligados a promover la inscripción de nacimiento:

1. La dirección de hospitales, clínicas y establecimientos sanitarios.

2. El personal médico o sanitario que haya atendido el parto, cuando éste haya tenido lugar fuera de establecimiento sanitario.

§1

3. Los progenitores. No obstante, en caso de renuncia al hijo en el momento del parto, la madre no tendrá esta obligación, que será asumida por la Entidad Pública correspondiente.

4. El pariente más próximo o, en su defecto, cualquier persona mayor de edad presente en el lugar del alumbramiento al tiempo de producirse.

Redactado por la Ley 19/2015, de 13 de julio, de medidas de reforma administrativa en el ámbito de la Administración de Justicia y del Registro Civil. En vigor desde el 15 de octubre de 2015.

Art. 46. *Comunicación del nacimiento por los centros sanitarios.* La dirección de hospitales, clínicas y establecimientos sanitarios comunicará en el plazo de setenta y dos horas a la Oficina del Registro Civil que corresponda cada uno de los nacimientos que hayan tenido lugar en el centro sanitario, excepto aquellos casos que exijan personarse ante el Encargado del Registro Civil. El personal sanitario que asista al nacimiento deberá adoptar, bajo su responsabilidad, las cautelas necesarias para asegurar la identificación del recién nacido y efectuará las comprobaciones que establezcan de forma indubitada la relación de filiación materna, incluyendo, en su caso, las pruebas biométricas, médicas y analíticas que resulten necesarias para ello conforme a la legislación reguladora de las historias clínicas. En todo caso se tomarán las dos huellas plantares del recién nacido junto a las huellas dactilares de la madre para que figuren en el mismo documento. En la inscripción que del nacimiento se practique en el Registro Civil se hará constar la realización de dichas pruebas y el centro sanitario que inicialmente conserve la información relacionada con las mismas, sin perjuicio del traslado de esta información a los archivos definitivos de la administración correspondiente cuando proceda.

Cumplidos los requisitos, la comunicación se realizará mediante la remisión electrónica del formulario oficial de declaración debidamente cumplimentado por el centro sanitario y firmado por la persona o personas que tengan la obligación de comunicar el nacimiento, que comprenderá la identificación y nacionalidad de los declarantes, y sus declaraciones relativas al nombre elegido para el recién nacido, el orden de sus apellidos y su filiación paterna. A este formulario se incorporará el parte acreditativo del nacimiento firmado por el facultativo que hubiese asistido al parto. Dicha remisión será realizada por personal del centro sanitario, que usará para ello mecanismos seguros de identificación y firma electrónicos.

§1

Simultáneamente a la presentación de los citados formularios oficiales, se remitirán al Instituto Nacional de Estadística los datos requeridos a efectos de las competencias asignadas por la Ley a dicho Instituto.

Los firmantes estarán obligados a acreditar su identidad ante el personal sanitario que hubiere asistido al nacimiento, bajo la responsabilidad del mismo, por los medios admitidos en Derecho.

Redactado por la Ley 19/2015, de 13 de julio, de medidas de reforma administrativa en el ámbito de la Administración de Justicia y del Registro Civil. En vigor desde el 15 de octubre de 2015.

Art. 47. *Inscripción de nacimiento por declaración de otras personas obligadas.* 1. Respecto de los nacimientos que se hayan producido fuera de establecimiento sanitario, o cuando por cualquier causa no se haya remitido el documento en el plazo y condiciones previstos en el artículo anterior, los obligados a promover la inscripción dispondrán de un plazo de diez días para declarar el nacimiento ante la Oficina del Registro Civil o las Oficinas Consulares de Registro Civil.

2. La declaración se efectuará presentando el documento oficial debidamente cumplimentado acompañado del certificado médico preceptivo firmado electrónicamente por el facultativo o, en su defecto, del documento acreditativo en los términos que reglamentariamente se determinen.

3. Para inscribir la declaración, cuando haya transcurrido desde el nacimiento el plazo previsto, se precisará resolución dictada en expediente registral.

Redactado por la Ley 19/2015, de 13 de julio, de medidas de reforma administrativa en el ámbito de la Administración de Justicia y del Registro Civil. En vigor desde el 15 de octubre de 2015.

Art. 48. *Menores abandonados y menores no inscritos.* 1. Las entidades públicas de las Comunidades Autónomas competentes en materia de protección de menores deberán promover sin demora la inscripción de menores en situación de desamparo por abandono, sea o no conocida su filiación, así como la inscripción de la tutela administrativa que, en su caso, asuman, sin perjuicio de la anotación de la guarda que deban asumir.

2. El Ministerio Fiscal promoverá igualmente la inscripción de menores no inscritos.

§1

SECCIÓN 2.ª *Contenido de la inscripción de nacimiento*

Art. 49. *Contenido de la inscripción de nacimiento y atribución de apellidos.*
1. En la inscripción de nacimiento constarán los datos de identidad del nacido consistentes en el nombre que se le impone y los apellidos que le correspondan según su filiación. Constarán asimismo el lugar, fecha y hora del nacimiento y el sexo del nacido.

2. La filiación determina los apellidos.

Si la filiación está determinada por ambas líneas, los progenitores acordarán el orden de transmisión de su respectivo primer apellido, antes de la inscripción registral.

En caso de desacuerdo o cuando no se hayan hecho constar los apellidos en la solicitud de inscripción, el Encargado del Registro Civil requerirá a los progenitores, o a quienes ostenten la representación legal del menor, para que en el plazo máximo de tres días comuniquen el orden de apellidos. Transcurrido dicho plazo sin comunicación expresa, el Encargado acordará el orden de los apellidos atendiendo al interés superior del menor.

En los supuestos de nacimiento con una sola filiación reconocida, ésta determina los apellidos. El progenitor podrá determinar el orden de los apellidos.

El orden de los apellidos establecido para la primera inscripción de nacimiento determina el orden para la inscripción de los posteriores nacimientos con idéntica filiación. En esta primera inscripción, cuando así se solicite, podrán constar la preposición «de» y las conjunciones «y» o «i»entre los apellidos, en los términos previstos en el artículo 53 de la presente Ley.

3. También se incorporará a la inscripción el código personal asignado.

4. Constarán, además, y siempre que fuera posible, las siguientes circunstancias de los progenitores: nombre y apellidos, Documento Nacional de Identidad o Número de identificación y pasaporte del extranjero, en su caso, lugar y fecha de nacimiento, estado civil, domicilio y nacionalidad, así como cualquier otro dato necesario para el cumplimiento del objeto del Registro Civil al que se refiere el artículo 2 que se haya incluido en los modelos oficialmente aprobados. Si la madre hubiera renunciado a su hijo en el momento del parto el domicilio de la misma estará sujeto al régimen de publicidad restringida, y no figurará a efectos estadísticos.

5. En el caso de que el parte facultativo indicara la condición intersexual del nacido, los progenitores, de común acuerdo, podrán solicitar que la men-

ción del sexo figure en blanco por el plazo máximo de un año. Transcurrido dicho plazo, la mención al sexo será obligatoria y su inscripción habrá de ser solicitada por los progenitores.

§1

Redactado por la Ley 4/2023, de 28 de febrero.

Art. 50. *Derecho al nombre.* 1. Toda persona tiene derecho a un nombre desde su nacimiento.

2. Las personas son identificadas por su nombre y apellidos.

3. El Encargado impondrá un nombre y unos apellidos de uso corriente al nacido cuya filiación sea desconocida. Igualmente impondrá, tras haberles apercibido y transcurrido un plazo de tres días, un nombre de uso corriente cuando los obligados a su fijación no lo señalaren.

4. A petición del interesado o de su representante legal, el encargado del Registro sustituirá el nombre propio de aquél por su equivalente en cualquiera de las lenguas españolas.

Art. 51. *Principio de libre elección del nombre propio.* El nombre propio será elegido libremente y solo quedará sujeto a las siguientes limitaciones, que se interpretarán restrictivamente:

1.º No podrán consignarse más de dos nombres simples o uno compuesto.

2.º No podrán imponerse nombres que sean contrarios a la dignidad de la persona, ni los que hagan confusa la identificación. A efectos de determinar si la identificación resulta confusa no se otorgará relevancia a la correspondencia del nombre con el sexo o la identidad sexual de la persona.

3.º No podrá imponerse al nacido nombre que ostente uno de sus hermanos o hermanas con idénticos apellidos, a no ser que hubiera fallecido.

Redactado por la Ley 4/2023, de 28 de febrero.

Art. 52. *Cambio de nombre.* El Encargado del Registro Civil, mediante procedimiento registral, podrá autorizar el cambio de nombre previa declaración del interesado, que deberá probar el uso habitual del nuevo nombre, y siempre que concurran las demás circunstancias exigidas en la legislación del Registro Civil.

Art. 53. *Cambio de apellidos mediante declaración de voluntad.* El Encargado puede, mediante declaración de voluntad del interesado, autorizar el cambio de apellidos en los casos siguientes:

§1

1.º La inversión del orden de apellidos.

2.º La anteposición de la preposición «de» al primer apellido que fuera usualmente nombre propio o empezare por tal, así como las conjunciones «y» o «i» entre los apellidos.

3.º La acomodación de los apellidos de los hijos mayores de edad o emancipados al cambio de apellidos de los progenitores cuando aquellos expresamente lo consientan.

4.º La regularización ortográfica de los apellidos a cualquiera de las lenguas oficiales correspondiente al origen o domicilio del interesado y la adecuación gráfica a dichas lenguas de la fonética de apellidos también extranjeros.

5-º Cuando sobre la base de una filiación rectificada con posterioridad, el hijo o sus descendientes pretendieran conservar los apellidos que vinieren usando antes de la rectificación. Dicha conservación de apellidos deberá instarse dentro de los dos meses siguientes a la inscripción de la nueva filiación o, en su caso, a la mayoría de edad.

5.º Cuando sobre la base de una filiación rectificada con posterioridad, el hijo o sus descendientes pretendieran conservar los apellidos que vinieren usando antes de la rectificación. Dicha conservación de apellidos deberá instarse dentro de los dos meses siguientes a la inscripción de la nueva filiación o, en su caso, a la mayoría de edad.

Redactado por la Ley 4/2023, de 28 de febrero.

Art. 54. *Cambio de apellidos o de identidad mediante expediente.*

1. El Encargado del Registro puede autorizar el cambio de apellidos, previo expediente instruido en forma reglamentaria.

2. Son requisitos necesarios de la petición de cambio de apellidos:

a) que el apellido en la forma propuesta constituya una situación de hecho, siendo utilizado habitualmente por el interesado.

b) que el apellido o apellidos que se tratan de unir o modificar pertenezcan legítimamente al peticionario.

c) que los apellidos que resulten del cambio no provengan de la misma línea.

Podrá formularse oposición fundada únicamente en el incumplimiento de los requisitos exigidos.

3. Bastará que concurra el requisito del uso habitual del apellido propuesto, sin que se cumplan los requisitos b) y c) del apartado 2, si el apellido o

apellidos solicitados correspondieran a quien tuviere acogido al interesado, siempre que aquél o, por haber fallecido, sus herederos den su consentimiento al cambio. En todo caso se requiere que, por sí o sus representantes legales, asientan al cambio el cónyuge y descendientes del titular del apellido.

4. No será necesario que concurra el uso habitual del apellido propuesto, bastando que se cumplan los requisitos b) y c) previstos en el apartado 2, para cambiar o modificar un apellido contrario a la dignidad o que ocasione graves inconvenientes.

5. Cuando se trate de víctimas de violencia de género o de sus descendientes que estén o hayan estado integrados en el núcleo familiar de convivencia, podrá autorizarse el cambio de apellidos sin necesidad de cumplir con los requisitos previstos en el apartado 2, de acuerdo con el procedimiento que se determine reglamentariamente.

En estos casos, podrá autorizarse por razones de urgencia o seguridad el cambio total de identidad sin necesidad de cumplir con los requisitos previstos en el apartado 2, de acuerdo con el procedimiento que se determine reglamentariamente.

Redactado por la Ley 6/2021, de 28 de abril

Art. 55. *Autorización del cambio de apellidos o identidad en circunstancias excepcionales.* Cuando razones de urgencia o seguridad no contempladas en el artículo 54.5 u otras circunstancias excepcionales lo requieran, podrá autorizarse el cambio de apellidos o el cambio total de identidad, por Orden del Ministerio de Justicia, en los términos fijados reglamentariamente.

Redactado por la Ley 6/2021, de 28 de abril

Art. 56. *Apellidos con elemento extranjero.* El que adquiere la nacionalidad española conservará los apellidos que ostente en forma distinta de la legal, siempre que así lo declare en el acto de adquirirla o dentro de los dos meses siguientes a la adquisición o a la mayoría de edad, y que los apellidos que se pretenden conservar no resulten contrarios al orden público internacional.

En caso de ciudadanos españoles que tengan igualmente la nacionalidad de otro Estado miembro de la Unión Europea, los cambios de apellidos voluntarios realizados de conformidad con las reglas relativas a la determinación de apellidos aplicables en este último Estado serán reconocidos en España, salvo cuando dicho cambio sea contrario al orden público español, o bien cuando

§1

habiendo sido dicho cambio resultado de una resolución judicial ésta no haya sido reconocida en España.

Art. 57. *Reglas comunes al cambio de nombre y apellidos.* 1. El cambio de apellidos alcanza a todas las personas sujetas a la patria potestad y también a los demás descendientes que expresamente lo consientan.

2. El cambio de nombre y apellidos se inscribirá en el registro individual del interesado. Dicha inscripción tiene carácter constitutivo.

3. Los cambios señalados en los párrafos anteriores podrán ser solicitados por el propio interesado si es mayor de dieciséis años.

CAPÍTULO SEGUNDO. Inscripciones relativas al matrimonio

Art. 58. *Procedimiento de autorización matrimonial.* 1. El matrimonio en forma civil se celebrará ante el o la Alcalde o Concejal en quien este delegue, letrado o letrada de la Administración de Justicia, notario o notaria, o personal funcionario diplomático o consular Encargado o Encargada del Registro Civil.

2. La celebración del matrimonio requerirá la previa tramitación o instrucción de un acta o expediente a instancia de los contrayentes para acreditar el cumplimiento de los requisitos de capacidad y la inexistencia de impedimentos o su dispensa, o cualquier otro obstáculo, de acuerdo con lo previsto en el Código Civil. La tramitación del acta competerá al notario del lugar del domicilio de cualquiera de los contrayentes. La instrucción del expediente corresponderá al letrado o letrada de la Administración de Justicia, o encargado o encargada del Registro Civil del domicilio de uno de los contrayentes.

3. El procedimiento finalizará con una resolución en la que se autorice o deniegue la celebración del matrimonio. La denegación deberá ser motivada y expresar, en su caso, con claridad la falta de capacidad o el impedimento en el que se funda la denegación.

4. Contra esta resolución cabe recurso ante el encargado o encargada del Registro Civil, cuya resolución se someterá al régimen de recursos ante la Dirección General de Seguridad Jurídica y Fe Pública previsto por esta ley.

5. El letrado o letrada de la Administración de Justicia, notario o notaria, o encargado o encargada del Registro Civil oirá a ambos contrayentes reservadamente y por separado para cerciorarse de su capacidad y de la inexistencia de cualquier impedimento. Asimismo, se podrán solicitar los informes y practicar las diligencias pertinentes, sean o no propuestas por los requirentes, para

acreditar el estado, capacidad o domicilio de los contrayentes o cualesquiera otros extremos necesarios para apreciar la validez de su consentimiento y la veracidad del matrimonio.

§1

El letrado o la letrada de la Administración de Justicia, notario o notaria, encargado encargada del Registro Civil o personal funcionario que tramite el acta o expediente, cuando sea necesario, podrá recabar de las Administraciones o entidades de iniciativa social de promoción y protección de los derechos de las personas con discapacidad, la provisión de apoyos humanos, técnicos y materiales que faciliten la emisión, interpretación y recepción del consentimiento del o los contrayentes. Solo en el caso excepcional de que alguno de los contrayentes presentare una condición de salud que, de modo evidente, categórico y sustancial, pueda impedirle prestar el consentimiento matrimonial pese a las medidas de apoyo, se recabará dictamen médico sobre su aptitud para prestar el consentimiento.

De la realización de todas estas actuaciones se dejará constancia en el acta o expediente, archivándose junto con los documentos previos a la inscripción de matrimonio.

Pasado un año desde la publicación de los anuncios o de las diligencias sustitutorias sin que se haya contraído el matrimonio, no podrá celebrarse este sin nueva publicación o diligencias.

6. Realizadas las anteriores diligencias, el letrado o letrada de la Administración de Justicia, notario o notaria, encargado o encargada del Registro Civil que haya intervenido finalizará el acta o dictará resolución haciendo constar la concurrencia o no en los contrayentes de los requisitos necesarios para contraer matrimonio, así como la determinación del régimen económico matrimonial que resulte aplicable y, en su caso, la vecindad civil de los contrayentes, entregando copia a estos. La actuación o resolución deberá ser motivada y expresar, en su caso, con claridad la falta de capacidad o el impedimento que concurra.

7. Si el juicio del letrado o letrada de la Administración de Justicia, notario o notaria, encargado o encargada del Registro Civil fuera desfavorable se procederá al cierre del acta o expediente y los interesados podrán recurrir ante la Dirección General de Seguridad Jurídica y Fe Pública, sometiéndose al régimen de recursos previsto por esta ley.

8. Resuelto favorablemente el expediente por el letrado o letrada de la Administración de Justicia, el matrimonio se podrá celebrar ante el mismo u

otro letrado o letrada de la Administración de Justicia, Alcalde o Concejal en quien este delegue, a elección de los contrayentes. Si se hubiere tramitado por el encargado o la encargada del Registro Civil, el matrimonio deberá celebrarse ante el Alcalde o Concejal en quien este delegue, que designen los contrayentes. Finalmente, si fuera el notario quien hubiera extendido el acta matrimonial, los contrayentes podrán otorgar el consentimiento, a su elección, ante el mismo notario u otro distinto del que hubiera tramitado el acta previa, el Alcalde o Concejal en quien éste delegue. La prestación del consentimiento deberá realizarse en la forma prevista en el Código Civil.

El matrimonio celebrado ante Alcalde o Concejal en quien este delegue o ante el letrado o letrada de la Administración de Justicia se hará constar en acta; el que se celebre ante notario o notaria constará en escritura pública. En ambos casos deberá ser firmada, además de por aquel ante el que se celebra, por los contrayentes y dos testigos.

Extendida el acta o autorizada la escritura pública, se entregará a cada uno de los contrayentes copia acreditativa de la celebración del matrimonio y se remitirá por el autorizante, en el mismo día y por medios telemáticos, testimonio o copia autorizada electrónica del documento al Registro Civil para su inscripción, previa calificación del Encargado del Registro Civil.

9. La celebración del matrimonio fuera de España corresponderá al funcionario consular o diplomático encargado o encargada del Registro Civil en el extranjero. Si uno o los dos contrayentes residieran en el extranjero, la tramitación del expediente previo podrá corresponder al funcionario diplomático o consular encargado o encargada del registro civil competente en la demarcación consular donde residan. El matrimonio así tramitado podrá celebrarse ante el mismo funcionario u otro distinto, o ante el Alcalde o Concejal en quien este delegue, a elección de los contrayentes.

10. Cuando el matrimonio se hubiere celebrado sin haberse tramitado el correspondiente expediente o acta previa, si éste fuera necesario, el letrado o letrada de la Administración de Justicia, notario o notaria, o el funcionario o funcionaria Encargado del Registro Civil que lo haya celebrado, antes de realizar las actuaciones que procedan para su inscripción, deberá comprobar si concurren los requisitos legales para su validez, mediante la tramitación del acta o expediente al que se refiere este artículo.

Si la celebración del matrimonio hubiera sido realizada ante autoridad o persona competente distinta de las indicadas en el párrafo anterior, el acta de aquella se remitirá al encargado o encargada del Registro Civil del lugar de celebración para que proceda a la comprobación de los requisitos de validez, mediante el expediente correspondiente. Efectuada esa comprobación, el encargado o la encargada del Registro Civil procederá a su inscripción.

11. Si los contrayentes hubieran manifestado su propósito de contraer matrimonio en el extranjero, con arreglo a la forma establecida por la ley del lugar de celebración o en forma religiosa y se exigiera la presentación de un certificado de capacidad matrimonial, lo expedirá el letrado o letrada de la Administración de Justicia, notario o notaria, encargado o encargada del Registro Civil o personal funcionario consular o diplomático del lugar del domicilio de cualquiera de los contrayentes, previo expediente instruido o acta que contenga el juicio del autorizante acreditativo de la capacidad matrimonial de los contrayentes.

Redactado conforme a la Ley Orgánica 1/2025, de 2 de enero (en vigor desde el 3/4/2025).

Art. 58 bis. *Matrimonio celebrado en forma religiosa.* 1. Para la celebración del matrimonio en la forma religiosa prevista en el Acuerdo entre el Estado español y la Santa Sede sobre Asuntos Jurídicos y en los Acuerdos de cooperación del Estado con las confesiones religiosas se estará a lo dispuesto en los mismos.

2. En los supuestos de celebración del matrimonio en la forma religiosa prevista por las iglesias, confesiones, comunidades religiosas o federaciones de las mismas que, inscritas en el Registro de Entidades Religiosas, hayan obtenido el reconocimiento de notorio arraigo en España, requerirán la tramitación de un acta o expediente previo de capacidad matrimonial conforme al artículo anterior. Cumplido este trámite, el Secretario judicial, Notario, Encargado del Registro Civil o funcionario diplomático o consular Encargado del Registro Civil que haya intervenido expedirá dos copias del acta o resolución, que incluirá, en su caso, el juicio acreditativo de la capacidad matrimonial de los contrayentes, que éstos deberán entregar al ministro de culto encargado de la celebración del matrimonio.

El consentimiento deberá prestarse ante un ministro de culto y dos testigos mayores de edad. En estos casos, el consentimiento deberá prestarse antes de que hayan transcurrido seis meses desde la fecha del acta o resolución que contenga el juicio de capacidad matrimonial. A estos efectos se consideran ministros de culto a las personas físicas dedicadas, con carácter estable, a las funciones de culto o asistencia religiosa y que acrediten el cumplimiento de estos requisitos mediante certificación expedida por la iglesia, confesión o comunidad religiosa que haya obtenido el reconocimiento de notorio arraigo en España, con la conformidad de la federación que en su caso hubiera solicitado dicho reconocimiento.

Una vez celebrado el matrimonio, el oficiante extenderá certificación expresiva de la celebración del mismo, con los requisitos necesarios para su inscripción y las menciones de identidad de los testigos y de las circunstancias del expediente o acta previa que necesariamente incluirán el nombre y apellidos del Secretario judicial, Notario, Encargado del Registro Civil o funcionario diplomático o consular que la hubiera extendido, la fecha y número de protocolo en su caso. Esta certificación se remitirá por medios electrónicos, en la forma que reglamentariamente se determine, junto con la certificación acreditativa de la condición de ministro de culto, dentro del plazo de cinco días al Encargado del Registro Civil competente para su inscripción. Igualmente extenderá en las dos copias del acta o resolución previa de capacidad matrimonial diligencia expresiva de la celebración del matrimonio entregando una a los contrayentes y conservará la otra como acta de la celebración en el archivo del oficiante o de la entidad religiosa a la que representa como ministro de culto.

Artículo añadido por la DF 4.ª.2 de la Ley 15/2015, de Jurisdicción Voluntaria, con entrada en vigor el 30 de abril de 2021.

Art. 59. *Inscripción del matrimonio.* 1. El matrimonio cuyos requisitos se hayan constatado y celebrado según el procedimiento previsto en el artículo 58 se inscribirá en los registros individuales de los contrayentes.

2. El matrimonio celebrado ante autoridad extranjera accederá al Registro Civil español mediante la inscripción de la certificación correspondiente, siempre que tenga eficacia con arreglo a lo previsto en la presente Ley.

3. El matrimonio celebrado en España en forma religiosa accederá al Registro Civil mediante la inscripción de la certificación emitida por el ministro de culto, conforme a lo previsto en el artículo 63 del Código Civil.

4. Practicada la inscripción, el Encargado del Registro Civil pondrá a disposición de cada uno de los contrayentes certificación de la inscripción del matrimonio.

5. La inscripción hace fe del matrimonio y de la fecha y lugar en que se contrae y produce el pleno reconocimiento de los efectos civiles del mismo frente a terceros de buena fe.

Redactado por la DF 4.ª.3 de la Ley 15/2015, de Jurisdicción Voluntaria, con entrada en vigor el 30 de abril de 2021.

Art. 60. *Inscripción del régimen económico del matrimonio.* 1. Junto a la inscripción de matrimonio se inscribirá el régimen económico matrimonial legal o pactado que rija el matrimonio y los pactos, resoluciones judiciales o demás hechos que puedan afectar al mismo.

2. Cuando no se presenten escrituras de capitulaciones se inscribirá como régimen económico matrimonial legal el que fuera supletorio de conformidad con la legislación aplicable. Para hacer constar en el Registro Civil expresamente el régimen económico legal aplicable a un matrimonio ya inscrito cuando aquél no constase con anterioridad y no se aporten escrituras de capitulaciones será necesaria la tramitación de un acta de notoriedad.

Otorgada ante Notario escritura de capitulaciones matrimoniales, deberá éste remitir en el mismo día copia autorizada electrónica de la escritura pública al Encargado del Registro Civil correspondiente para su constancia en la inscripción de matrimonio. Si el matrimonio no se hubiera celebrado a la fecha de recepción de la escritura de capitulaciones matrimoniales, el Encargado del Registro procederá a su anotación en el registro individual de cada contrayente.

3. En las inscripciones que en cualquier otro Registro produzcan las capitulaciones y demás hechos que afecten al régimen económico matrimonial, se expresarán los datos de su inscripción en el Registro Civil.

4. Sin perjuicio de lo previsto en el artículo 1333 del Código Civil, en ningún caso el tercero de buena fe resultará perjudicado sino desde la fecha de la inscripción del régimen económico matrimonial o de sus modificaciones.

Redactado por la DF 4.ª.4 de la Ley 15/2015, de Jurisdicción Voluntaria, con entrada en vigor el 30 de abril de 2021.

Art. 61. *Inscripción de la separación, nulidad y divorcio.* El Letrado de la Administración de Justicia del Juzgado o Tribunal que hubiera dictado la resolución judicial firme de separación, nulidad o divorcio deberá remitir en el mismo día o al siguiente hábil y por medios electrónicos testimonio de la misma a la Oficina General del Registro Civil, la cual practicará de forma inmediata la correspondiente inscripción. Las resoluciones judiciales que resuelvan sobre la nulidad, separación y divorcio podrán ser objeto de anotación hasta que adquieran firmeza.

La misma obligación tendrá el Notario que hubiera autorizado la escritura pública formalizando un convenio regulador de separación o divorcio.

§1

Las resoluciones judiciales o las escrituras públicas que modifiquen las inicialmente adoptadas o convenidas también deberán ser inscritas en el Registro Civil.

Las resoluciones sobre disolución de matrimonio canónico, dictadas por autoridad eclesiástica reconocida, se inscribirán si cumplen los requisitos que prevé el ordenamiento jurídico.

Redactado por la DF 4.ª.5 de la Ley 15/2015, de Jurisdicción Voluntaria, con entrada en vigor el 30 de abril de 2021.
El párrafo primero fue nuevamente redactado por la Ley 6/2021, de 28 de abril.

CAPÍTULO TERCERO. Inscripción de la defunción

Art. 62. *Inscripción de la defunción.* 1. La inscripción en el Registro Civil de la defunción es obligatoria. La inscripción hace fe de la muerte de una persona y de la fecha, hora y lugar en que se produce. En la inscripción debe figurar asimismo la identidad del fallecido.

2. La inscripción de la defunción se practicará en virtud de declaración documentada en el formulario oficial, acompañado del certificado médico de la defunción. En defecto de certificado, cuando éste sea incompleto o si, a juicio del Encargado, debe complementarse la documentación acreditativa del fallecimiento, se requerirá dictamen médico del facultativo.

3. El funcionario competente, una vez recibida y examinada la documentación, practicará inmediatamente la inscripción y expedirá el certificado de la defunción.

El Encargado, una vez practicada la inscripción, expedirá la licencia para el entierro o incineración en el plazo que reglamentariamente se establezca.

4. La inscripción de la defunción cerrará el registro individual. En ningún caso, el código personal podrá volver a ser asignado.

Art. 63. *Obligados a promover la inscripción de fallecimiento.* Están obligados a promover la inscripción de fallecimiento:

1.º La dirección de hospitales, clínicas y establecimientos sanitarios donde se produzca el fallecimiento.

2.º El personal médico que certifica el fallecimiento, cuando éste haya tenido lugar fuera del establecimiento sanitario.

3.º Los parientes del difunto o persona a quien éstos autoricen.

4.º El director del establecimiento, cualquier habitante de la casa donde se hubiera producido el fallecimiento o, en su caso, la autoridad que corresponda.

5.º Cualquier persona que tenga conocimiento de un fallecimiento lo comunicará a la autoridad competente, que vendrá obligada a promover la inscripción de la defunción.

Art. 64. *Comunicación de la defunción por los centros sanitarios.* La dirección de hospitales, clínicas y establecimientos sanitarios comunicará a la Oficina del Registro Civil competente y al Instituto Nacional de Estadística cada uno de los fallecimientos que hayan tenido lugar en su centro sanitario. La comunicación se remitirá por medios electrónicos en el plazo que se establezca reglamentariamente mediante el envío del formulario oficial debidamente cumplimentado, acompañado del certificado médico firmado por el facultativo. Dicha remisión será realizada por personal del centro sanitario, que usará para ello mecanismos seguros de identificación y firma electrónicos.

Redactado conforme al art. 2.6 de la Ley 19/2015, de 13 de julio, de medidas de reforma administrativa en el ámbito de la Administración de Justicia y del Registro Civil. En vigor desde el 15 de octubre de 2015.

Art. 65. *Inscripción de la defunción por declaración de los obligados.* Respecto de los fallecimientos que se hayan producido fuera de establecimiento sanitario, los obligados a promover la inscripción informarán de la defunción a la mayor brevedad posible a la autoridad pública, que la comunicará inmediatamente a la Oficina del Registro Civil.

Art. 66. *Certificado médico de defunción.* En ningún caso podrá efectuarse la inscripción de defunción sin que se haya presentado ante el Registro Civil el certificado médico de defunción. En el certificado, además de las circunstancias necesarias para la práctica de la inscripción, deberán recogerse aquellas que se precisen a los fines del Instituto Nacional de Estadística y, en todo caso, la existencia o no de indicios de muerte violenta y, en su caso, la incoación o no de diligencias judiciales por el fallecimiento si le fueran conocidas o cualquier motivo por el que, a juicio del facultativo, no deba expedirse la licencia de enterramiento.

Las circunstancias mencionadas en el segundo inciso del párrafo anterior no serán incorporadas a la inscripción de defunción ni serán objeto del régimen de publicidad establecido en esta Ley, siendo su única finalidad la establecida en este artículo.

Redactado por el art. 2.7 de la Ley 19/2015, de 13 de julio, de medidas de reforma administrativa en el ámbito de la Administración de Justicia y del Registro civil. En vigor desde el 15 de octubre de 2015.

Art. 67. *Supuestos especiales de inscripción de la defunción.* 1. Cuando el cadáver hubiera desaparecido o se hubiera inhumado antes de la inscripción, será necesaria resolución del Secretario judicial declarando el fallecimiento u orden de la autoridad judicial en la que se acredite legalmente el fallecimiento.

Redactado por la DF 4.ª.6 de la Ley 15/2015, de Jurisdicción Voluntaria. En vigor desde el 30 de abril de 2021.

2. Si hubiera indicios de muerte violenta o en cualquier caso en que deban incoarse diligencias judiciales, la inscripción de la defunción no supondrá por sí misma la concesión de licencia de enterramiento o incineración. Dicha licencia se expedirá cuando se autorice por el órgano judicial competente.

3. Cuando el fallecimiento hubiere ocurrido con posterioridad a los seis primeros meses de gestación, antes del nacimiento, y siempre que el recién nacido hubiera fallecido antes de recibir el alta médica, después del parto, el certificado médico deberá ser firmado, al menos, por dos facultativos, quienes afirmarán, bajo su responsabilidad que, del parto y, en su caso, de las pruebas realizadas con el material genético de la madre y el hijo, no se desprenden dudas razonables sobre la relación materno filial; haciéndose constar en la inscripción, o en el archivo a que se refiere la disposición adicional cuarta en su caso, la realización de dichas pruebas y el centro sanitario que inicialmente conserve la información relacionada con las mismas, sin perjuicio del traslado de esta información a los archivos definitivos de la Administración correspondiente cuando proceda.

Apartado 3 añadido por la Ley 19/2015, de 13 de julio, de medidas de reforma administrativa en el ámbito de la Administración de Justicia y del Registro Civil. En vigor desde el 15 de octubre de 2015.

CAPÍTULO CUARTO. Otras inscripciones

Art. 68. *Inscripción de la nacionalidad y de la vecindad civil.* 1. La adquisición de la nacionalidad española por residencia, carta de naturaleza y opción, así como su recuperación y las declaraciones de voluntad relativas a la vecindad, se inscribirán en el registro individual. Estas inscripciones tendrán carácter constitutivo.

§1

No podrá inscribirse la nacionalidad española adquirida por cualquiera de las vías que reconoce el ordenamiento jurídico si no se ha efectuado la inscripción previa de nacimiento.

La inscripción de la pérdida de la nacionalidad tendrá carácter meramente declarativo.

2. Para efectuar las inscripciones relativas a la nacionalidad y a la vecindad civil será título suficiente aquél a través del cual se haya reconocido la nacionalidad española o la vecindad civil que corresponda.

3. Las declaraciones de voluntad relativas a la adquisición de la nacionalidad española por residencia, carta de naturaleza y opción, así como su recuperación, conservación o pérdida, y las declaraciones de voluntad relativas a la vecindad, podrán realizarse ante el Encargado del Registro Civil, notario, o funcionario diplomático o consular encargado del Registro Civil.

Párrafo 3 añadido por la Ley 6/2021, de 28 de abril

Art. 69. *Presunción de nacionalidad española.* Sin perjuicio de lo dispuesto en el Código Civil y en tanto no conste la extranjería de los progenitores, se presumen españoles los nacidos en territorio español de progenitores también nacidos en España.

La misma presunción rige para la vecindad.

Redactado por la Ley 4/2023, de 28 de febrero.

Art. 70. *Emancipación y beneficio de la mayor edad.* 1. En el registro individual se inscribirán la emancipación y el beneficio de la mayor edad.

2. La emancipación por concesión de los que ejercen la patria potestad se inscribe en virtud de escritura pública o por comparecencia ante el Encargado.

3. La emancipación por concesión judicial y el beneficio de la mayor edad se inscriben en virtud de resolución judicial.

4. La emancipación tácita o por vida independiente podrá inscribirse mediante la acreditación documental de la situación de independencia y el consentimiento de quienes ejercen la patria potestad.

La concesión de emancipación y la emancipación por vida independiente, así como el beneficio de la mayor edad, no producirán efectos frente a terceros mientras no se inscriban en el Registro Civil.

§1

Art. 71. *Inscripción de la patria potestad y sus modificaciones.* 1. Los hechos que afecten a las relaciones paterno-filiales se inscribirán en el registro individual de la persona sujeta a patria potestad y en el de su progenitor o en los de sus progenitores.

Son inscribibles las resoluciones judiciales que afecten a la titularidad, al ejercicio y a las modificaciones de la patria potestad. En particular, las que se produzcan como consecuencia de la nulidad, separación y divorcio de los progenitores.

2. También se inscribirá la extinción, privación, suspensión y recuperación de la patria potestad.

Apartado 2 redactado por la Ley 8/2021, de 2 de junio.

3. En idénticos términos se inscribirá todo lo relativo a las figuras similares o asimilables a la patria potestad, que sean de Derecho civil propio de las Comunidades Autónomas.

Art. 72. *Resolución judicial de provisión de apoyos y declaración del concurso de persona física.* 1. La resolución judicial dictada en un procedimiento de provisión de apoyos, así como la que la deje sin efecto o la modifique, se inscribirán en el registro individual de la persona con discapacidad. La inscripción expresará la extensión y límites de las medidas judiciales de apoyo.

Asimismo, se inscribirá cualquier otra resolución judicial sobre las medidas de apoyo a personas con discapacidad.

Apartado 1 redactado por la Ley 8/2021, de 2 de junio.

2. Se inscribirán en el Registro Civil la declaración de concurso, la intervención o, en su caso, la suspensión de las facultades de administración y disposición, así como el nombramiento de los administradores concursales.

Art. 73. *Oponibilidad de las resoluciones.* Las resoluciones a que se refiere el artículo anterior solo serán oponibles frente a terceros cuando se hayan practicado las oportunas inscripciones.

Artículo redactado por la Ley 8/2021, de 2 de junio.

Art. 74. *Inscripción de determinadas representaciones legales.* 1. Tienen acceso al registro individual la representación del ausente y la designación de defensor judicial en el caso previsto en el artículo 299 bis del Código Civil.

Redactado por la DF 4.ª.7 de la Ley 15/2015, de Jurisdicción Voluntaria.

2. Igualmente, podrá tener acceso al Registro Civil cualquier representación que se otorgue mediante nombramiento especial y comprenda la administración y guarda de un patrimonio.

Art. 75. *Inscripción de tutela automática o administrativa.* Se inscribirá en el registro individual del menor en situación de desamparo la sujeción a la tutela por la entidad pública a la que, en el respectivo territorio, esté encomendada la protección de los menores por la legislación que resulte aplicable.

Redactado por la Ley 8/2021, de 2 de junio.

Art. 76. *Inscripción de actos relativos al patrimonio protegido de las personas con discapacidad.* Es inscribible en el registro individual de la persona con discapacidad el documento público o resolución judicial relativos a la constitución y demás circunstancias relativas al patrimonio protegido y a la designación y modificación de administradores de dicho patrimonio.

Art. 77. *Inscripción de medidas de apoyo voluntarias.* Es inscribible en el registro individual del interesado el documento público que contenga las medidas de apoyo previstas por una persona respecto de sí misma o de sus bienes.

Redactado por la Ley 8/2021, de 2 de junio.

Art. 78. *Inscripciones de declaración de ausencia y fallecimiento.* 1. Las declaraciones judiciales de ausencia y fallecimiento se inscribirán en el registro individual del declarado ausente o fallecido.

2. En la inscripción de la declaración de fallecimiento se expresará la fecha a partir de la cual se entiende ocurrida la muerte.

3. En las inscripciones de la declaración de ausencia y fallecimiento se hará constar cuanto se previene en el artículo 198 del Código Civil.

Apartado 3 añadido por la DF 4.ª.8 de la Ley 15/2015, de 2 de julio, de Jurisdicción Voluntaria

CAPÍTULO QUINTO. Inscripciones en circunstancias excepcionales

Art. 79. *Inscripciones en circunstancias excepcionales.* Cuando por circunstancias excepcionales imputables al funcionamiento del Registro Civil no sea posible practicar la inscripción, se levantará acta de nacimiento, matrimonio o defunción con los requisitos del asiento correspondiente por las autoridades o funcionarios que señale el Reglamento.

Dicha acta será título suficiente para proceder a la inscripción del hecho o acto a que se refiere el párrafo anterior con independencia del tiempo transcurrido desde el hecho y sin necesidad de incoar un expediente de inscripción fuera de plazo.

TÍTULO VII. Publicidad del Registro Civil

CAPÍTULO PRIMERO. Instrumentos de publicidad registral

Art. 80. *Medios de publicidad del Registro Civil.* 1. La publicidad de los datos que constan en el Registro Civil se realizará de las siguientes formas:

1.ª Mediante el acceso de las Administraciones y funcionarios públicos, en el ejercicio de sus funciones y bajo su responsabilidad, a los datos que consten en el Registro Civil.

También se podrá tener conocimiento de los datos que constan en el Registro Civil mediante los procedimientos especiales que se acuerden por la Dirección General de los Registros y del Notariado, cuando la información deba ser suministrada de forma periódica y automatizada para el cumplimiento de fines públicos, o cuando sea precisa para comprobar por las entidades de certificación reguladas en la Ley 59/2003, de 19 de diciembre, de firma electrónica, que no se ha producido la extinción de los certificados electrónicos por las causas contempladas en el artículo 8, apartado 1, letra e), de dicha Ley.

2.ª Mediante certificación.

2. Las Administraciones y funcionarios públicos en el ejercicio de sus competencias sólo podrán exigir a los ciudadanos la presentación de certificados del Registro Civil cuando los datos objeto del certificado no obren en poder de aquéllas, o cuando fuere imposible su obtención directamente por medios electrónicos.

3. Lo dispuesto en este artículo se entiende sin perjuicio del régimen de publicidad restringida al que se refieren los artículos 83 y 84 de la presente Ley.

4. Con carácter excepcional y con fines de investigación familiar, histórica o científica, se podrá autorizar el acceso a la información registral en los términos que reglamentariamente se establezcan.

Art. 81. *Expedición de certificaciones.* 1. Son competentes para expedir certificaciones de los datos que consten en los asientos del Registro Civil los Encargados de las Oficinas del Registro Civil.

2. Las certificaciones se expedirán por medios electrónicos. Excepcionalmente, también se podrán expedir por medios no electrónicos. A petición del interesado, las certificaciones podrán ser bilingües.

3. Las certificaciones previstas en el apartado anterior se presumen exactas y constituyen prueba plena de los hechos y actos inscritos en el Registro Civil.

4. Cuando por circunstancias excepcionales la certificación no fuese conforme con los datos que consten en el Registro Civil, se estará a lo que de éste resulte, sin perjuicio de la responsabilidad que proceda.

Art. 82. *Clases de certificaciones.* 1. Las certificaciones podrán ser literales o en extracto. Salvo solicitud expresa en sentido contrario, se expedirá certificación en extracto. Si no constara ningún asiento, la certificación será negativa.

2. Las certificaciones literales comprenderán la totalidad del contenido del asiento o asientos a que se refieran.

3. Las certificaciones en extracto contendrán los datos que se determinen reglamentariamente.

CAPÍTULO SEGUNDO. Datos sometidos a régimen de protección especial

Art. 83. *Datos con publicidad restringida.* 1. A los efectos de la presente Ley, se considerarán datos especialmente protegidos:

a) La filiación adoptiva y la desconocida.

b) La discapacidad y las medidas de apoyo.

Apartado b) añadido por la Ley 8/2021, de 2 de junio.

c) Los cambios de apellido autorizados por ser víctima de violencia de género o su descendiente, así como otros cambios de identidad legalmente autorizados.

d) La rectificación del sexo.

e) Las causas de privación o suspensión de la patria potestad.

f) El matrimonio secreto.

§1

2. Estarán sometidos al mismo régimen de protección los documentos archivados por contener los extremos citados en el apartado anterior o que estén incorporados a expedientes que tengan carácter reservado.

3. Los asientos que contengan información relativa a los datos relacionados en el apartado anterior serán efectuados del modo que reglamentariamente se determine con el fin de que, salvo el propio inscrito, solo se pueda acceder a ellos con la autorización expresada en el artículo siguiente.

Art. 84. *Acceso a los asientos que contengan datos especialmente protegidos.* Sólo el inscrito o sus representantes legales, quien ejerza el apoyo y que esté expresamente autorizado, el apoderado preventivo general o el curador en el caso de una persona con discapacidad podrán acceder o autorizar a terceras personas la publicidad de los asientos que contengan datos especialmente protegidos en los términos que reglamentariamente se establezcan. Las Administraciones Públicas y los funcionarios públicos podrán acceder a los datos especialmente protegidos del apartado 1.b) del artículo 83 cuando en el ejercicio de sus funciones deban verificar la existencia o el contenido de medidas de apoyo.

Párrafo redactado por la Ley 8/2021, de 2 de junio.

Si el inscrito ha fallecido, la autorización para acceder a los datos especialmente protegidos sólo podrá efectuarla el Juez de Primera Instancia del domicilio del solicitante, siempre que justifique interés legítimo y razón fundada para pedirlo.

En el supuesto del párrafo anterior, se presume que ostenta interés legítimo el cónyuge del fallecido, pareja de hecho, ascendientes y descendientes hasta el segundo grado.

TÍTULO VIII. Régimen de recursos

Art. 85. *Recursos contra las decisiones adoptadas por los Encargados de las Oficinas del Registro Civil.* 1. Contra las decisiones adoptadas por los Encargados de las Oficinas Central, Generales y Consulares del Registro Civil en el ámbito de las competencias atribuidas por esta Ley, los interesados sólo podrán interponer recurso ante la Dirección General de los Registros y del Notariado, en el plazo de un mes.

2. En el caso de denegación de inscripción de sentencias y otras resoluciones judiciales extranjeras cuya competencia corresponde a la Oficina Central del Registro Civil, el interesado sólo podrá instar procedimiento judicial de exequátur.

Art. 86. *Presentación del recurso y plazo de resolución.* 1. El recurso se dirigirá a la Dirección General de Seguridad Jurídica y Fe Pública y se formulará en los términos previstos en la Ley 39/2015, de 1 de octubre, del Procedimiento Administrativo Común de las Administraciones Públicas.

El interesado podrá presentar el recurso en cualquiera de los lugares previstos para la presentación de escritos y solicitudes haciendo uso de los medios que prevé el ordenamiento jurídico.

2. La Dirección General resolverá el recurso en el plazo de seis meses siguientes a la recepción del escrito de interposición.

Transcurrido este plazo sin que la Dirección General de Seguridad Jurídica y Fe Pública haya dictado y notificado resolución expresa, se entenderá desestimada la pretensión, quedando expedita la vía jurisdiccional correspondiente.

Redactado por la Ley 6/2021, de 28 de abril

Art. 87. *Órgano jurisdiccional competente.* 1. Las resoluciones y actos de la Dirección General de los Registros y del Notariado podrán ser impugnados ante el Juzgado de Primera Instancia de la capital de provincia del domicilio del recurrente, de conformidad con lo previsto en el artículo 781 bis de la Ley 1/2000, de 7 de enero, de Enjuiciamiento Civil. En estos procesos será emplazada la citada Dirección General a través de su representación procesal.

2. Quedan exceptuados del número anterior las resoluciones y actos de la Dirección General de los Registros y del Notariado relativos a la solicitud de nacionalidad por residencia que en aplicación del artículo 22.5 del Código civil se someten a la jurisdicción contencioso-administrativa.

3. La Dirección General de los Registros y del Notariado podrá impugnar ante el Juzgado de Primera Instancia competente las decisiones adoptadas por los Encargados de las Oficinas por ser las mismas contrarias a la doctrina establecida por el Centro Directivo. En estos procesos serán emplazados los interesados.

§1

TÍTULO IX. Los procedimientos registrales

CAPÍTULO PRIMERO. Reglas generales de los procedimientos registrales

Art. 88. *Tramitación de los procedimientos registrales.* 1. Los procedimientos registrales serán tramitados y resueltos por el Encargado del Registro Civil de la Oficina donde se pretendiera efectuar el asiento. Los procedimientos de rectificación de asientos se tramitarán por el Encargado de la Oficina que los hubiese practicado.

2. La tramitación del procedimiento se ajustará a las reglas previstas en la Ley 39/2015, de 1 de octubre, del Procedimiento Administrativo Común de las Administraciones Públicas, en los términos que reglamentariamente se dispongan. El silencio administrativo en los procedimientos registrales será negativo.

Párrafo 2 redactado por Ley 6/2021, de 28 de abril

Art. 89. *Legitimación para promover los procedimientos registrales.* Además del Ministerio Fiscal, pueden promover los procedimientos registrales quienes estuvieran obligados a promover la inscripción y cualquier persona que tenga interés en los asientos.

CAPÍTULO SEGUNDO. Rectificación de los asientos del Registro Civil

Art. 90. *Rectificación judicial de los asientos.* Los asientos están bajo la salvaguarda de los Tribunales y su rectificación se efectuará en virtud de resolución judicial firme de conformidad con lo previsto en el artículo 781 bis de la Ley 1/2000, de 7 de enero, de Enjuiciamiento Civil.

Art. 91. *Rectificación de los asientos por procedimiento registral.* 1. No obstante lo previsto en el artículo anterior, pueden rectificarse a través de un procedimiento registral:

a) Las menciones erróneas de los datos que deban constar en la inscripción.

b) Los errores que proceden de documento público o eclesiástico ulteriormente rectificado.

c) Las divergencias que se aprecien entre la inscripción y los documentos en cuya virtud se haya practicado.

§1

2. Las menciones registrales relativas al nombre y sexo de las personas cuando se cumplan los requisitos de la Ley para la igualdad real y efectiva de las personas trans y para la garantía de los derechos de las personas LGTBI, se rectificarán mediante el procedimiento registral previsto en dicha norma. En tales casos, la inscripción tendrá eficacia constitutiva.

Redactado por la Ley 4/2023, de 28 de febrero.

CAPÍTULO TERCERO. Declaraciones con valor de simple presunción

Art. 92. *Declaraciones con valor de simple presunción.* 1. Previo procedimiento registral, puede declararse con valor de simple presunción:

a) Que no ha ocurrido hecho determinado que pudiera afectar al estado civil.

b) La nacionalidad, vecindad civil o cualquier estado, si no consta en el Registro Civil.

c) El domicilio de los apátridas.

d) La existencia de los hechos mientras por fuerza mayor sea imposible el acceso a la información contenida en el Registro Civil.

e) El matrimonio cuya celebración conste y que no pueda ser inscrito por no haberse acreditado debidamente los requisitos exigidos para su validez por el Código Civil.

2. La acreditación de las circunstancias referidas en el apartado anterior se efectuará en los términos que reglamentariamente se determinen.

Art. 93. *Carácter, anotación y publicidad de las declaraciones con valor de simple presunción.* 1. Las declaraciones con valor de simple presunción tienen la consideración de una presunción legal iuris tantum.

2. La anotación de las declaraciones es obligatoria y precisará la fecha a que éstas se refieren.

3. El testimonio, literal o en extracto, de las declaraciones expresará siempre su valor de simple presunción.

La publicidad de las anotaciones y declaraciones queda sujeta a las mismas restricciones que la presente Ley prevé para las inscripciones.

TÍTULO X. Normas de Derecho internacional privado

Art. 94. *Primacía del Derecho convencional y de la Unión Europea.* Las normas del presente Título se aplicarán sin perjuicio de lo que dispongan la normativa de la Unión Europea y los tratados e instrumentos internacionales vigentes en España.

Art. 95. *Traducción y legalización.* 1. Los documentos no redactados en una de las lenguas oficiales españolas o escritos en letra antigua o poco inteligible, deberán acompañarse de traducción efectuada por órgano o funcionario competentes. No obstante, si al Encargado del Registro le constare el contenido del documento podrá prescindir de la traducción.

2. Todo documento expedido por funcionario o autoridad extranjera se presentará con la correspondiente legalización. No obstante, quedan eximidos de legalización los documentos cuya autenticidad le constare al Encargado del Registro y aquéllos que llegaren por vía oficial o por diligencia bastante.

3. El Encargado que dude de la autenticidad de un documento, realizará las comprobaciones oportunas en el menor tiempo posible.

Art. 96. *Resoluciones judiciales extranjeras.* 1. Sólo procederá la inscripción en el Registro Civil español de las sentencias y demás resoluciones judiciales extranjeras que hayan adquirido firmeza. Tratándose de resoluciones de jurisdicción voluntaria, éstas deberán ser definitivas. En el caso de que la resolución carezca de firmeza o de carácter definitivo, únicamente procederá su anotación registral en los términos previstos en el ordinal 5.º del apartado 3 del artículo 40 de la presente Ley.

2. La inscripción de las resoluciones judiciales extranjeras se podrá instar:

1.º Previa superación del trámite del exequátur contemplado en la Ley de Enjuiciamiento Civil de 1881. Hasta entonces sólo podrán ser objeto de anotación en los términos previstos en el ordinal 5.º del apartado 3 del artículo 40 de la presente Ley.

2.º Ante el Encargado del Registro Civil, quien procederá a realizarla siempre que verifique:

a) La regularidad y autenticidad formal de los documentos presentados.

b) Que el Tribunal de origen hubiera basado su competencia judicial internacional en criterios equivalentes a los contemplados en la legislación española.

c) Que todas las partes fueron debidamente notificadas y con tiempo suficiente para preparar el procedimiento.

§1

d) Que la inscripción de la resolución no resulta manifiestamente incompatible con el orden público español.

El Encargado del Registro Civil deberá notificar su resolución a todos los interesados y afectados por la misma. Contra la resolución del Encargado del Registro Civil los interesados y los afectados podrán solicitar exequátur de la resolución judicial o bien interponer recurso ante la Dirección General de los Registros y del Notariado en los términos previstos en la presente Ley. En ambos casos se procederá a la anotación de la resolución en los términos previstos en el ordinal 5.º del apartado 3 del artículo 40, si así se solicita expresamente.

3. El régimen jurídico contemplado en el presente artículo para las resoluciones judiciales extranjeras será aplicable a las resoluciones pronunciadas por autoridades no judiciales extranjeras en materias cuya competencia corresponda, según el Derecho español, al conocimiento de Jueces y Tribunales.

Art. 97. *Documento extranjero extrajudicial.* Un documento público extranjero no judicial es título para inscribir el hecho o acto de que da fe siempre que cumpla los siguientes requisitos:

1.º Que el documento ha sido otorgado por autoridad extranjera competente conforme a la legislación de su Estado.

2.º Que la autoridad extranjera haya intervenido en la confección del documento desarrollando funciones equivalentes a las que desempeñan las autoridades españolas en la materia de que se trate.

3.º Que el hecho o acto contenido en el documento sea válido conforme al ordenamiento designado por las normas españolas de Derecho internacional privado.

4.º Que la inscripción del documento extranjero no resulte manifiestamente incompatible con el orden público español.

Art. 98. *Certificación de asientos extendidos en Registros extranjeros.* 1. La certificación de asientos extendidos en Registros extranjeros es título para la inscripción en el Registro Civil español siempre que se verifiquen los siguientes requisitos:

a) Que la certificación ha sido expedida por autoridad extranjera competente conforme a la legislación de su Estado.

§1

b) Que el Registro extranjero de procedencia tenga, en cuanto a los hechos de que da fe, análogas garantías a las exigidas para la inscripción por la ley española.

c) Que el hecho o acto contenido en la certificación registral extranjera sea válido conforme al ordenamiento designado por las normas españolas de Derecho internacional privado.

d) Que la inscripción de la certificación registral extranjera no resulta manifiestamente incompatible con el orden público español.

2. En el caso de que la certificación constituya mero reflejo registral de una resolución judicial previa, será ésta el título que tenga acceso al Registro. Con tal fin, deberá reconocerse la resolución judicial de acuerdo a alguno de los procedimientos contemplados en el artículo 96 de la presente Ley.

3. Se completarán por los medios legales o convencionales oportunos los datos y circunstancias que no puedan obtenerse directamente de la certificación extranjera, por no contenerlos o por defectos formales que afecten a la autenticidad o a la realidad de los hechos que incorporan.

Art. 99. *Declaración de conocimiento o voluntad.* 1. Los hechos y actos que afecten al estado civil de las personas y cuyo acceso al Registro Civil se realice mediante declaración de conocimiento o voluntad, deberán ajustarse a su correspondiente ordenamiento aplicable, determinado conforme a las normas españolas de Derecho internacional privado.

2. Sin perjuicio de lo contenido en el número anterior, el acceso al Registro de hechos y actos relativos al estado de las personas a través de declaración de conocimiento o voluntad se llevará a cabo en los casos, formas, procedimientos y modalidades establecidos en esta Ley.

Art. 100. *Acreditación del contenido y vigencia de la ley aplicable a los hechos y actos relativos al estado civil.* 1. El contenido y vigencia del Derecho extranjero en relación con la adecuación a éste de un hecho o acto, la observancia de las formas y solemnidades extranjeras y la aptitud y capacidad legal necesarias para el acto, se podrán acreditar, entre otros medios, mediante la aseveración o informe de un Notario o Cónsul español, o de un Diplomático, Cónsul o autoridad competente del país cuya legislación resulte aplicable.

El Encargado del Registro podrá prescindir de dichos medios cuando conociere suficientemente la legislación extranjera de que se trate.

2. La falta de acreditación del contenido y vigencia del ordenamiento extranjero supondrá la denegación de la inscripción.

DISPOSICIONES ADICIONALES

Disposición adicional primera. *Ubicación y dotación de las Oficinas del Registro Civil.* 1. Las Oficinas Generales del Registro Civil se ubicarán en las mismas localidades que correspondan a las sedes de los actuales Registros Civiles Municipales Principales, existentes a la entrada en vigor de esta Ley en las sedes de la capital de un partido judicial.

El Ministerio de Justicia, de oficio o a iniciativa de la Comunidad Autónoma afectada, podrá modificar el número de Oficinas Generales del Registro Civil.

2. Los puestos de trabajo de las Oficinas del Registro Civil solo podrán ser cubiertos por personal de la Administración de Justicia, y se ordenarán de acuerdo con lo establecido en las correspondientes relaciones de puestos de trabajo.

3. Mediante el procedimiento previsto en la Ley Orgánica 6/1985, de 1 de julio, del Poder Judicial, para la ordenación e integración de las unidades que conforman las oficinas judiciales se determinarán las correspondientes relaciones de puestos de trabajo y las dotaciones del personal de la Administración de Justicia necesario para las Oficinas del Registro Civil. Las relaciones de puestos de trabajo podrán disponer la compatibilidad con funciones en oficina judicial en los casos en que así se prevea reglamentariamente.

Redactada por la Ley 6/2021, de 28 de abril

Disposición adicional segunda. *Régimen jurídico de los Encargados del Registro Civil.* 1. En la forma y con los requisitos que reglamentariamente se determinen, las plazas de Encargados del Registro Civil se proveerán entre letrados de la Administración de Justicia. La convocatoria y resolución de los concursos para proveer las plazas corresponderá al Ministerio de Justicia. No obstante, las plazas de Encargados de la Oficina Central y de Encargados de aquellas Oficinas Generales que se ubiquen en las localidades donde se encontraban Registros Civiles Exclusivos se proveerán por el Ministerio de Justicia por el sistema de libre designación. El nombramiento y cese de las plazas provistas por el sistema de libre designación será a propuesta de las Comunidades Autónomas con competencias ejecutivas en Registro Civil o asumidas en materia de Justicia cuando dicha Oficina General esté situada en su ámbito territorial. El Encargado del Registro Civil recibirá la formación específica que determine el Ministerio de Justicia.

2. El ejercicio de esta función por los miembros del Cuerpo de letrados de la Administración de Justicia se considerará como situación de servicio activo en dicho Cuerpo y podrá ser compatible con funciones en oficina judicial en los casos en que así se prevea reglamentariamente y en la correspondiente Relación de Puestos de Trabajo.

3. El régimen de sustitución de los Encargados del Registro Civil se regulará reglamentariamente.

4. El incumplimiento o la inobservancia de las instrucciones, resoluciones y circulares de la Dirección General de Seguridad Jurídica y Fe Pública que derivasen de las facultades de supervisión e inspección de los registros civiles que corresponden a ese Centro Directivo o se pusieren de manifiesto por otra vía, se considerarán falta disciplinaria conforme a lo tipificado reglamentariamente.

Redactada por la Ley 6/2021, de 28 de abril

Disposición adicional tercera. *Expedientes de nacionalidad por residencia.* Las solicitudes de adquisición de nacionalidad española por residencia se iniciarán y tramitarán por los órganos de la Administración General del Estado que determine el Gobierno mediante Real Decreto.

Disposición adicional cuarta. *Constancia en el Registro Civil de los fallecimientos con posterioridad a los seis meses de gestación.* Figurarán en un archivo del Registro Civil, sin efectos jurídicos, los fallecimientos que se produzcan con posterioridad a los seis meses de gestación y no cumplieran las condiciones previstas en el artículo 30 del Código Civil, pudiendo los progenitores otorgar un nombre.

Este archivo quedará sometido al régimen de publicidad restringida.

Disposición adicional quinta. *Oficinas colaboradoras del Registro Civil y punto de acceso en Ayuntamientos.* Todas las secretarías de juzgados de paz o las unidades procesales de apoyo directo a juzgados de paz, o bien las oficinas de justicia en el municipio u otras del mismo tipo que se implanten en sustitución de las anteriores o como complemento de las mismas en virtud de ulteriores reformas legislativas, colaborarán con el Registro Civil desempeñando, en la forma que se desarrolle reglamentariamente, las funciones siguientes:

§1

a) Recibirán por vía presencial y registrarán electrónicamente solicitudes, declaraciones o formularios, así como otros documentos necesarios para la tramitación de los procedimientos del Registro Civil.

b) Informarán a los ciudadanos en materias relacionadas con los procedimientos del Registro Civil.

c) Expedirán certificaciones de los asientos registrales obrantes en los libros físicos de Registro Civil que estén a su cargo y no puedan certificarse por medios electrónicos.

d) Expedirán certificaciones electrónicas de los asientos registrales, que se soliciten presencialmente en ellos.

e) Expedirán certificados de fe de vida.

f) Practicarán las actuaciones auxiliares no resolutivas que reglamentariamente se determinen.

g) Cualesquiera otras que determine la Dirección General de Seguridad Jurídica y Fe Pública.

En los municipios donde no se ubique una Oficina General, además de existir las Oficinas Colaboradoras con las funciones descritas anteriormente, los Ayuntamientos podrán solicitar al Ministerio de Justicia que les habilite las conexiones necesarias, conforme se regule reglamentariamente, para que los ciudadanos puedan presentar en dichos Ayuntamientos solicitudes y la documentación necesaria para las actuaciones ante el Registro Civil.

Las oficinas colaboradoras del Registro Civil no dispondrán de Encargado propio y para el desempeño de sus funciones se relacionarán con la Oficina General y el Encargado de su ámbito territorial. El Encargado de la Oficina General del ámbito territorial del que dependa una oficina colaboradora puede delegar funciones en el funcionario de los Cuerpos Generales de la Administración de Justicia de superior categoría que preste servicio en las oficinas colaboradoras o bien en el funcionario de la Administración local que sea expresamente designado por cada Ayuntamiento para atender dicha oficina de la localidad que no esté servida por funcionarios de la Administración de Justicia.

Redactada por la Ley 6/2021, de 28 de abril

Disposición adicional sexta. *Uniformidad y dotación de los sistemas y aplicaciones informáticas en las Oficinas del Registro Civil.* Todas las Oficinas del

§1

Registro Civil utilizarán los mismos sistemas y aplicaciones informáticas. El Ministerio de Justicia proveerá, tanto en su desarrollo como en su explotación, el conjunto de aplicaciones que soportan la actividad de los procesos operativos que se tramitan en el Registro Civil.

El Ministerio de Justicia y las Comunidades Autónomas con competencias ejecutivas en la materia o transferidas en medios materiales de Administración de Justicia, establecerán los mecanismos de coordinación necesarios para proporcionar los servicios de acceso a los sistemas del Registro Civil, soporte microinformático, formación y atención a usuarios.

Redactada por la Ley 6/2021, de 28 de abril

Disposición adicional séptima. *Puesta a disposición de los datos de identificación personal de nacionales y extranjeros.* Para la adecuada elaboración del código personal al que hace mención el artículo 6 de la presente Ley, así como para su uso en las aplicaciones informáticas en que sea preciso, el Ministerio del Interior pondrá a disposición del Ministerio de Justicia las respectivas secuencias alfanuméricas que atribuya el sistema informático vigente para el documento nacional de identidad y el número de identificación de extranjeros, así como los demás datos personales identificativos que consten en las bases de datos de ambos documentos.

De igual manera, el Ministerio de Justicia pondrá a disposición del Ministerio del Interior los datos personales identificativos inscritos en el Registro Civil que deban constar en el documento nacional de identidad o número de identificación de extranjeros.

Disposición adicional octava. *Inscripción de defunción de desaparecidos durante la guerra civil y la dictadura.* El expediente registral, resuelto favorablemente, será título suficiente para practicar la inscripción de la defunción de las personas desaparecidas durante la Guerra Civil y la represión política inmediatamente posterior, siempre que, de las pruebas aportadas, pueda inferirse razonablemente su fallecimiento, aunque no sean inmediatas a éste. En la valoración de las pruebas se considerará especialmente el tiempo transcurrido, las circunstancias de peligro y la existencia de indicios de persecución o violencia.

Disposición adicional novena. *Obtención de datos del Instituto Nacional de Estadística.* Para facilitar la tramitación telemática a los Registros Civiles, el Instituto Nacional de Estadística dará acceso telemático a los datos de domicilio relativos al Padrón municipal que guarden relación con los hechos inscribibles, así como, si fuera necesario para la correcta identificación de los citados hechos, a los datos de identificación que figuren en las inscripciones padronales, sin precisar para todo ello del consentimiento del interesado.

También se utilizarán los datos padronales para la actualización de la información obrante en las bases de datos de los Registros Civiles, en idénticas condiciones que en el párrafo anterior.

La DA Novena fue añadida por el art. 2.9 de la Ley 19/2015, de 13 de julio, de medidas de reforma administrativa en el ámbito de la Administración de Justicia y del Registro Civil.

Disposición adicional décima. *Terminología.* En las parejas del mismo sexo registral, las referencias hechas a la madre se entenderán hechas a la madre o progenitor gestante y las referencias hechas al padre se entenderán referidas al padre o progenitor no gestante.

Añadida por la Ley 4/2023, de 28 de febrero.

DISPOSICIONES TRANSITORIAS

Disposición transitoria primera. *Procedimientos en tramitación a la entrada en vigor de la presente Ley.* A los procedimientos y expedientes iniciados con anterioridad a la entrada en vigor de la presente Ley les será aplicable la Ley de 8 de junio de 1957, del Registro Civil, y las disposiciones dictadas en su desarrollo.

Disposición transitoria segunda. *Registros individuales.* El Ministerio de Justicia adoptará las disposiciones necesarias para la progresiva incorporación de los datos digitalizados que consten en la base de datos del Registro Civil a registros individuales.

A tal efecto, se incorporarán a los registros individuales todas las inscripciones de nacimiento practicadas en los Registros Civiles municipales, tanto principales como delegados, Consulares y Central, desde 1920, y todas las inscripciones de matrimonio, defunciones y tutelas y demás representaciones legales practicadas en los Registros Civiles municipales, tanto principales como delegados, Consulares y Central, desde 1950.

§1

El Ministerio de Justicia procederá a la recuperación informática de los asientos relativos a inscripciones anteriores a dichos años progresivamente, en función de las posibilidades presupuestarias.

Redactada por la Ley 6/2021, de 28 de abril

Disposición transitoria tercera. *Libros de familia.* A partir de la fecha de entrada en vigor de la presente Ley no se expedirán Libros de Familia.

Los Libros de Familia expedidos con anterioridad a la entrada en vigor de la presente Ley seguirán teniendo los efectos previstos en los artículos 8 y 75 de la Ley del Registro Civil de 8 de junio de 1957.

Redactada por la Ley 6/2021, de 28 de abril

Disposición transitoria cuarta. *Extensión y práctica de asientos.* Hasta que el Ministerio de Justicia apruebe, mediante resolución de la Dirección General de Seguridad Jurídica y Fe Pública, la entrada en servicio efectiva de las aplicaciones informáticas que permitan el funcionamiento del Registro Civil de forma íntegramente electrónica conforme a las previsiones contenidas en esta Ley, los Encargados de las Oficinas del Registro Civil practicarán en los libros y secciones correspondientes regulados por la Ley de 8 de junio de 1957 los asientos relativos a nacimientos, matrimonios, defunciones, tutelas y representaciones legales. No resultará de aplicación, en tales casos, lo previsto en esta Ley respecto del código personal.

A dichos fines, mantendrán sus tareas y funciones de registro civil según lo previsto en el artículo 2.2 de la Ley Orgánica 6/1985, de 1 de julio, del Poder Judicial, en relación con los artículos 10 a 22 de la Ley del Registro Civil de 8 de junio de 1957, los que hasta el momento de la completa entrada en vigor de esta Ley hubiesen venido ejerciendo en los Registros Civiles como encargados, encargados por delegación, letrados de la Administración de Justicia y personal funcionario de los Cuerpos Generales de la Administración de Justicia y continuará aplicándose el artículo 27 de la Ley 38/1988, de 28 de diciembre, de Demarcación y de Planta Judicial.

Para la tramitación de procedimientos, expedición de publicidad y práctica de asientos en los términos del párrafo anterior, en tanto no se produzca la referida entrada en servicio de las aplicaciones informáticas, serán competentes las Oficinas del Registro Civil que lo vinieran siendo conforme a las reglas previstas en los artículos 15, 16, 17, 18 y 19 de la Ley del Registro Civil de

§1

8 de junio de 1957, que seguirán aplicándose transitoriamente a estos solos efectos.

A fin de facilitar y agilizar la entrada en servicio efectivo de las aplicaciones informáticas, así como para agilizar la incorporación de datos digitalizados a los registros individuales, conforme a lo dispuesto en la disposición transitoria segunda de esta Ley, el Ministerio de Justicia, en colaboración con las Comunidades Autónomas con competencias en materia de Justicia, desarrollarán y presentarán proyectos adecuados en el marco del Plan de Transformación, Recuperación y Resiliencia.

El Gobierno, a través del Ministerio de Justicia, informará periódicamente a las Cortes Generales sobre el proceso de implantación del nuevo modelo de Registro Civil.

Redactada por la Ley 6/2021, de 28 de abril

Disposición transitoria quinta. *Publicidad formal del Registro Civil no digitalizado.* 1. La publicidad formal de los datos incorporados a libros no digitalizados continuará rigiéndose por lo previsto en la Ley del Registro Civil de 8 de junio de 1957.

2. Se adecuarán los formatos y modelos de certificaciones al fin de posibilitar el uso de las lenguas oficiales.

Apartado 2 redactado por la Ley 6/2021, de 28 de abril

Disposición transitoria sexta. *Valor histórico de los libros y documentos que obran en los archivos del Registro Civil.* Los libros y documentos que a la fecha de la entrada en vigor de esta Ley obren en los archivos del Registro Civil se considerarán patrimonio documental con valor histórico en los términos previstos por la Ley 16/1985, de 25 de junio, del Patrimonio Histórico Español, y por consiguiente no podrán ser destruidos.

Disposición transitoria séptima. *Oficinas Consulares de Registro Civil.* Lo dispuesto en esta Ley se aplicará a las Oficinas Consulares de Registro Civil atendiendo a los medios y sistemas informáticos, los canales electrónicos y las condiciones de funcionamiento disponibles.

Disposición transitoria octava. *Creación de Oficinas del Registro Civil. Encargados y régimen transitorio de los letrados de la Administración de Justicia.*

§1

Continuidad del personal al servicio de la Administración de Justicia destinado en el Registro Civil. 1. A la entrada en servicio efectiva de las aplicaciones informáticas que permitan el funcionamiento del Registro Civil de forma íntegramente electrónica cuando así lo establezca la resolución o resoluciones que se dicten al amparo de la disposición transitoria cuarta, quedarán suprimidos los juzgados que, de forma exclusiva, hayan venido ejerciendo funciones de Registro Civil Exclusivo y de Registro Civil Central y, en su lugar, se crearán las Oficinas Generales de Registro Civil y la Oficina Central de Registro Civil.

En las demás poblaciones sedes de la capital de un partido judicial, a la entrada en servicio efectiva de las aplicaciones informáticas según lo indicado en el párrafo anterior, los Juzgados de Primera Instancia o de Primera Instancia e Instrucción que han venido realizando las funciones de Registro Civil continuarán realizándolas, igualmente en calidad de Oficinas Generales de Registro Civil.

2. Los letrados de la Administración de Justicia que, en el momento de la entrada en servicio efectiva de las aplicaciones informáticas que permitan el funcionamiento del Registro Civil de forma íntegramente electrónica conforme a las previsiones contenidas en esta Ley, estén prestando servicios con destino definitivo en el Registro Civil Central o en los Registros Civiles Exclusivos allá donde los hubiere, así como los que tengan asignadas funciones de Registro Civil en los Juzgados de Primera Instancia o de Primera Instancia e Instrucción, pasarán a desempeñar las funciones de Encargados del Registro Civil, compatibilizándolas con las propias del cargo de letrado de la Administración de Justicia de la oficina judicial a la que hubiere estado adscrito el Registro Civil a la entrada en vigor de esta Ley. Las retribuciones serán las que se determinen en las relaciones de puestos de trabajo correspondientes, en atención a las funciones desarrolladas.

3. El personal funcionario al servicio de la Administración de Justicia que, en el momento de la entrada en servicio efectiva de las aplicaciones informáticas que permitan el funcionamiento del Registro Civil de forma íntegramente electrónica conforme a las previsiones contenidas en esta Ley, esté prestando servicios con destino definitivo en el Registro Civil Central y los Registros Civiles Exclusivos allá donde los hubiere o tenga asignadas funciones de registro en las oficinas judiciales con adscripción de Registro Civil, continuará desarrollando sus funciones respectivas de Registro Civil, compatibilizándolas, en su caso, con las que ejerza dentro de la Administración de Justicia en la oficina

§1

judicial a la que estuviera adscrito el Registro Civil, con abono de la totalidad de las retribuciones que viniese percibiendo.

4. En tanto no se implanten las estructuras y relaciones de puestos de trabajo oportunas en el ámbito del Registro Civil, se mantendrán los actuales centros de destino según lo previsto en la Ley Orgánica 6/1985, de 1 de julio, del Poder Judicial. Las nuevas Oficinas del Registro Civil que se implanten conforme a esta Ley se considerarán centro de destino para los funcionarios de la Administración de Justicia.

Las menciones que se realizan en el artículo 521 de la Ley Orgánica 6/1985, de 1 de julio, del Poder Judicial, al Registro Civil han de entenderse hechas a las Oficinas Generales, Central y colaboradoras del Registro Civil que se establezcan en el territorio del Estado en virtud de lo previsto en esta Ley.

5. Tanto la elaboración de las relaciones de puestos de trabajo, como los procesos de acoplamiento del personal funcionario que se acometan para la creación de oficinas del Registro Civil, se regirán por las normas que sobre implantación de oficina judicial se contienen en la Ley Orgánica 6/1985, de 1 de julio, del Poder Judicial, así como en la normativa de desarrollo.

Redactada por la Ley 6/2021, de 28 de abril

Disposición transitoria novena. *Aplicación de la disposición adicional cuarta.* Lo dispuesto en la disposición adicional cuarta resultará de aplicación a todas aquellas defunciones acaecidas con anterioridad a su entrada en vigor, siempre que así lo soliciten los progenitores en el plazo de dos años desde su publicación en el «Boletín Oficial del Estado».

Disposición transitoria décima. *Destino de los Jueces Encargados de los Registros Civiles Exclusivos y de los Encargados del Registro Civil Central.* 1. Los jueces y magistrados que al momento de la entrada en servicio efectiva de las aplicaciones informáticas que permitan el funcionamiento del Registro Civil de forma íntegramente electrónica conforme a las previsiones de esta Ley, se encuentren prestando servicios con destino definitivo como Encargados de los Registros Civiles Exclusivos y del Registro Civil Central, podrán optar por mantenerse ejerciendo dichas funciones en situación de servicios especiales en la Carrera Judicial, siempre que hubieran accedido a dicha plaza antes del 22 de julio de 2011, fecha de publicación en el 'Boletín Oficial del Estado' de esta Ley. Estas plazas se declararán a extinguir, pero mantendrán transitoriamente las mismas retribuciones que se estuvieran percibiendo antes de cambiar a la situación de servicios especiales y se amortizarán cuando cesen los titulares que las ocupasen. Aquellos jueces que no desearan o no pudieran permanecer en esas funciones, quedarán en la situación que se prevé en los apartados finales de esta disposición.

2. Los asuntos jurisdiccionales pendientes de resolver se repartirán entre los juzgados de primera instancia o de primera instancia e instrucción según corresponda.

3. Las competencias jurisdiccionales atribuidas a jueces y magistrados por ostentar la condición de Encargados del Registro Civil, pasarán a corresponder a los juzgados de primera instancia o de primera instancia e instrucción conforme a las normas de competencia establecidas en las leyes procesales.

4. Los Jueces Encargados de los Registros Civiles exclusivos que con arreglo a lo dispuesto en esta Ley dejen de ostentar tal condición, quedarán provisionalmente a disposición del Presidente del Tribunal Superior de Justicia correspondiente, sin merma de las retribuciones que vinieren percibiendo. Mientras permanezcan en esta situación prestarán sus servicios en los puestos que determinen las respectivas Salas de Gobierno, devengando las indemnizaciones correspondientes por razón del servicio cuando éstos se prestaren en lugar distinto al del Registro Civil en el que estaban destinados, todo ello de conformidad con lo dispuesto en la Ley Orgánica del Poder Judicial. Estos Jueces serán destinados a los juzgados o tribunales del lugar y orden jurisdiccional de su elección, en la primera vacante que se produzca en el órgano elegido, a no ser que se trate de plazas de Presidente, de nombramiento discrecional o legalmente reservadas a magistrados procedentes de pruebas selectivas, salvo que éstos tuvieran esa condición, siempre y cuando reúnan el resto de condiciones objetivas previstas en la Ley Orgánica del Poder Judicial para poder acceder a dichas plazas.

5. Los Encargados de los Registros Civiles Centrales que por virtud de esta Ley dejen de ostentar tal condición quedarán adscritos a disposición del Presidente del Tribunal Superior de Justicia de Madrid. Mientras permanezcan en esta situación prestarán sus servicios en los puestos que determine la Sala de Gobierno y serán destinados a la primera vacante que se produzca en cualesquiera secciones civiles de la Audiencia Provincial de Madrid, a determinar por el Presidente, a no ser que se trate de las plazas de Presidente o legalmente

reservadas a magistrados procedentes de pruebas selectivas, y para las que no se reconozca especial preferencia o reserva a especialista.

6. No obstante lo anterior, el tiempo durante el cual los jueces y magistrados afectados pueden permanecer en situación de adscripción provisional a las Presidencias de los Tribunales Superiores de Justicia podrá extenderse, a petición del propio interesado, a dos años a contar del momento en que perdieren la condición de Encargados del Registro Civil.

Redactada por la Ley 6/2021, de 28 de abril

Disposición transitoria undécima. *Referencias a resoluciones judiciales en los expedientes en tramitación.* Las menciones existentes en otras normas a autos y providencias que pudieran dictarse en los expedientes que se hallaren en tramitación en los Registros Civiles con arreglo a lo dispuesto en la Ley de 8 de junio de 1957, sobre el Registro Civil, y en el Decreto de 14 de noviembre de 1958, por el que se aprueba el Reglamento de la Ley del Registro Civil, se entenderán referidas a resoluciones del Encargado del Registro Civil.

Añadida por la Ley 6/2021, de 28 de abril

DISPOSICIÓN DEROGATORIA

Única. *Ley de 8 de junio de 1957 del Registro Civil, Ley 38/1988, de 28 de diciembre, de Demarcación y de Planta Judicial, y Código Civil.*

Quedan derogadas cuantas normas se opongan a lo previsto en la presente Ley y, en particular, las siguientes:

1.ª Ley de 8 de junio de 1957, del Registro Civil, salvo en lo dispuesto en las disposiciones transitorias tercera, cuarta y quinta de esta Ley.

2.ª Los números 1 y 2 del artículo 27 de la Ley 38/1988, de 28 de diciembre, de Demarcación y de Planta Judicial, salvo en lo dispuesto en la disposición transitoria cuarta de esta Ley.

3.ª Los artículos 325 a 332 del Código Civil.

Redactada por la Ley 6/2021, de 28 de abril

DISPOSICIONES FINALES

Disposición final primera. *Derecho supletorio.* En todo lo no previsto en relación con la tramitación administrativa de los procedimientos regulados en

§1 la presente Ley se aplicará la Ley 39/2015, de 1 de octubre, del Procedimiento Administrativo Común de las Administraciones Públicas.

Disposición final segunda. *Referencias a los Encargados del Registro Civil y a los Alcaldes.* 1. Las referencias que se encuentren en cualquier norma referidas a Jueces o Magistrados encargados del Registro Civil se entenderán hechas al Encargado del Registro Civil, de conformidad con lo previsto en esta Ley.

2. Las referencias que se encuentren en cualquier norma al juez, jueza, Alcalde, Alcaldesa o personal funcionario que haga sus veces competentes para autorizar el matrimonio civil, deben entenderse referidas al notario o notaria, encargado o encargada del Registro Civil o personal funcionario diplomático o consular encargado del Registro Civil, para acreditar el cumplimiento de los requisitos de capacidad y la inexistencia de impedimentos o su dispensa; y al Alcalde, Alcaldesa, Concejal o Concejala en quien éste delegue, encargado o encargada del Registro Civil, notario o notaria, o personal funcionario diplomático o consular encargado del Registro Civil, para la celebración ante ellos del matrimonio en forma civil.

Redactado conforme a la Ley Orgánica 1/2025, de 2 de enero (en vigor desde el 3/4/2025).

Disposición final tercera. *Reforma del Código Civil.* Se modifica el artículo 30 del Código Civil, que queda redactado en los siguientes términos:

«Artículo 30. La personalidad se adquiere en el momento del nacimiento con vida, una vez producido el entero desprendimiento del seno materno.»

Disposición final cuarta. *Reforma de la Ley 1/2000, de 7 de enero, de Enjuiciamiento Civil.* Se añade un nuevo párrafo 17.º al apartado 1 del artículo 52, se modifica la rúbrica del capítulo V del título I del libro IV y se añade un nuevo artículo 781 bis a la Ley 1/2000, de 7 de enero, de Enjuiciamiento Civil, en los siguientes términos:

Uno. Se añade un nuevo párrafo 17.º al apartado 1 del artículo 52 con la siguiente redacción:

«17.º En los procesos contra las resoluciones y actos que dicte la Dirección General de los Registros y del Notariado en materia de Registro Civil, a excepción de las solicitudes de nacionalidad por residencia, será competente el Juzgado de Primera Instancia de la capital de provincia del domicilio del recurrente.»

Dos. Se modifica la rúbrica del capítulo V del título I del libro IV, que pasa a tener la siguiente redacción:

«De la oposición a las resoluciones administrativas en materia de protección de menores, del procedimiento para determinar la necesidad de asentimiento en la adopción y de la oposición a determinadas resoluciones y actos de la Dirección General de los Registros y del Notariado en materia de Registro Civil.»

Tres. Se añade un nuevo artículo 781 bis con la siguiente redacción:

«Artículo 781 bis. Oposición a las resoluciones y actos de la Dirección General de los Registros y del Notariado en materia de Registro Civil.

1. La oposición a las resoluciones de la Dirección General de los Registros y del Notariado en materia de Registro Civil, a excepción de las dictadas en materia de nacionalidad por residencia, podrá formularse en el plazo de dos meses desde su notificación, sin que sea necesaria la formulación de reclamación administrativa previa.

2. Quien pretenda oponerse a las resoluciones presentará un escrito inicial en el que sucintamente expresará su pretensión y la resolución a que se opone.

3. El secretario judicial reclamará a la Dirección General de los Registros y del Notariado un testimonio completo del expediente, que deberá ser aportado en el plazo de veinte días.

4. Recibido el testimonio del expediente administrativo, el secretario judicial emplazará al actor por veinte días para que presente la demanda, que se tramitará con arreglo a lo previsto en el artículo 753.»

Disposición final quinta. *Tasas municipales.* Se añade un apartado 5 al artículo 20 del texto refundido de la Ley reguladora de las Haciendas Locales, aprobado por Real Decreto Legislativo 2/2004, de 5 de marzo, con la siguiente redacción:

«5. Los Ayuntamientos podrán establecer una tasa para la celebración de los matrimonios en forma civil.»

Redactada por la DF 4.ª.10 de la Ley 15/2015, de 2 de julio, de Jurisdicción Voluntaria.

Disposición final quinta bis. *Aranceles notariales.* El Gobierno aprobará los aranceles correspondientes a la intervención de los Notarios en la tramitación de las actas matrimoniales previas y por la celebración de matrimonios en forma civil con la autorización de las escrituras públicas correspondientes.

§1

Añadida por la DF 4.ª.11 de la Ley 15/2015, de 2 de julio, de Jurisdicción Voluntaria. En vigor a partir de la fecha de completa entrada en vigor de la Ley 20/2011, de 21 de julio, del Registro Civil, según establece la disposición final 21.3 de la citada Ley 15/2015.

Disposición final sexta. *Adquisición de la nacionalidad española por los nietos de exiliados durante la guerra civil y la dictadura.* El derecho de opción previsto en la disposición adicional séptima de la Ley 52/2007, de 26 de diciembre, por la que se reconocen y amplían derechos y se establecen medidas en favor de quienes padecieron persecución o violencia durante la guerra civil y la dictadura, podrán también ejercerlo los nietos de las exiliadas españolas que conservaron la nacionalidad española tras haber contraído matrimonio con un extranjero con posterioridad al 5 de agosto de 1954, fecha de entrada en vigor de la Ley de 15 julio de 1954, siempre que no transmitiesen la nacionalidad española a sus hijos, por seguir éstos la del padre, y formalicen su declaración en tal sentido en el plazo de un año desde la entrada en vigor de la presente disposición.

Disposición final séptima. *Competencias de las Comunidades Autónomas en materia de Registro Civil.* Las Comunidades Autónomas tendrán participación en este ámbito ejerciendo las competencias ejecutivas en materia de Registro Civil o las que se deriven de competencias asumidas en materia de medios materiales y personales de la Administración de Justicia; de acuerdo con sus Estatutos de Autonomía, la Ley Orgánica 6/1985, de 1 de julio, del Poder Judicial y esta Ley, así como las demás disposiciones normativas.

Redactada por la Ley 6/2021, de 28 de abril

Disposición final octava. *Título competencial.* La presente Ley se dicta al amparo del artículo 149.1.5.ª y 8.ª de la Constitución Española, con excepción de la disposición final cuarta, que lo hace con base en el artículo 149.1.6.ª de la Constitución Española, que atribuye al Estado competencia exclusiva para dictar la legislación procesal.

Disposición final novena. *Desarrollo reglamentario.* Se faculta al Gobierno para dictar cuantas disposiciones de aplicación y desarrollo de la presente Ley sean necesarias.

Disposición final décima. *Entrada en vigor.* La presente Ley entrará en vigor el 30 de abril de 2021, excepto las disposiciones adicionales séptima y octava y las disposiciones finales tercera y sexta, que entrarán en vigor al día siguiente de su publicación en el «Boletín Oficial del Estado», y excepto los artículos 49.2 y 53 del mismo texto legal, que entrarán en vigor el día 30 de junio de 2017.

§1

La fecha de 30 de abril de 2021 para la completa entrada en vigor de la Ley 20/2011, del Registro Civil se fijó por la DF 5.ª de la Ley 3/2020, de 18 de septiembre.
La entrada en vigor de las Disposiciones adicionales Séptima y Octava y de las Disposiciones finales Tercera y Sexta de la Ley 20/2011, del Registro Civil se estableció en la redacción original de su Disposición Final Décima para el día siguiente al de su publicación en el «Boletín Oficial del Estado» (el 23/7/2011).
La entrada en vigor de los artículos 49.2 y 53 de la Ley 20/2011, del Registro Civil, se fijó para el día 30 de junio de 2017 por la Ley 4/2017, de 28 de junio.

Lo dispuesto en el párrafo anterior se entiende sin perjuicio de la entrada en vigor el 15 de octubre de 2015 de los artículos 44, 45, 46, 47, 49.1 y 4, 64, 66 y 67.3, y la disposición adicional novena, en la redacción dada por el artículo 2 de la Ley 19/2015, de 13 de julio, de medidas de reforma administrativa en el ámbito de la Administración de Justicia y del Registro Civil.

Párrafo redactado por la Ley 19/2015, de 13 de julio, de medidas de reforma administrativa en el ámbito de la Administración de Justicia y del Registro Civil.

Asimismo, esta Ley entrará en vigor para las oficinas consulares del Registro Civil el día 1 de octubre de 2020, aplicándose de forma progresiva de conformidad con lo previsto en la disposición transitoria séptima y las disposiciones reglamentarias que se dicten al efecto.

Párrafo añadido por la DF 5.ª de la Ley 3/2020, de 10 de septiembre.

Hasta la completa entrada en vigor de esta Ley, el Gobierno adoptará las medidas y los cambios normativos necesarios que afecten a la organización y funcionamiento de los Registros Civiles.

§2. NORMAS TRANSITORIAMENTE APLICABLES DE LA LEY DE 8 DE JUNIO DE 1957, DEL REGISTRO CIVIL

§2.1. Disposición Transitoria Primera de la Ley 20/2011, del Registro Civil

Procedimientos en tramitación a la entrada en vigor de la presente Ley. A los procedimientos y expedientes iniciados con anterioridad a la entrada en vigor de la presente Ley les será aplicable la Ley de 8 de junio de 1957, del Registro Civil, y las disposiciones dictadas en su desarrollo.

Ley de 8 de junio de 1957, del Registro Civil:

Art. 97. Los expedientes gubernativos a que se refiere esta Ley se sujetarán a las reglas siguientes:

1.ª Puede promoverlos o constituirse en parte cualquier persona que tenga interés legítimo en los mismos. Están obligados a ello los que, en su caso, deben promover la inscripción.

2.ª Siempre será oído el Ministerio Fiscal.

3.ª La incoación del expediente se comunicará a los interesados, los cuales podrán hacer las manifestaciones que estimen oportunas.

4.ª En última instancia, cabe apelación contra las resoluciones ante la Dirección General.

No obstante, los expedientes de fe de vida, soltería o viudez se ajustarán a especiales normas reglamentarias.

Decreto de 14 de noviembre de 1958, por el que se aprueba el Reglamento para la aplicación de la Ley del Registro Civil

Art. 341. Los expedientes gubernativos, a que se refiere esta legislación, se sujetarán a falta de reglas especiales, a lo establecido en este capítulo.

§2.1

Art. 342. Es competente el Juez Encargado a que correspondiere el Registro donde deba inscribirse la resolución pretendida. Si la inscripción hubiera de practicarse en los Registros Consular y Central la competencia será del primero si el promotor está domiciliado en el extranjero, y del segundo, en otro caso.

Art. 343. El expediente será instruido por el propio Encargado, quién oído el Ministerio fiscal, dictará en forma de auto la resolución que proceda.

Art. 344. El Ministerio fiscal conocerá los expedientes y recursos desde su iniciación para velar por la instrucción y tramitación adecuada, y emitirá informe como último trámite previo a la resolución del Juez correspondiente.

El Ministerio fiscal, antes de su informe definitivo, puede proponer las diligencias o pruebas oportunas. Igualmente puede ampliar, modificar u oponerse a la pretensión deducida, sobre lo cual se oirá a los interesados. Aunque a su juicio haya alguna razón procesal bastante para la oposición, ésta deberá incluir, a la vez, todas aquéllas, procedimentales o de fondo, que impidan acceder a lo solicitado.

Los Fiscales de Paz sólo pueden actuar en las diligencias encomendadas a los Jueces de Paz.

Art. 345. Los expedientes de la competencia de órganos judiciales y del Registro Civil Central se tramitan con la intervención del Secretario respectivo.

Art. 346. Tienen interés legítimo en un expediente los que por él pueden resultar afectados directamente en su estado, bienes o derechos o sus herederos.

Para promover un expediente basta el interés en confirmar un asiento vigente o el estado que ya se tiene.

Art. 347. Los expedientes para los que es competente un mismo órgano pueden ser acumulados de oficio, si así se estima conveniente, o a petición fundada de parte.

La parte que no la haya pedido puede solicitar la tramitación separada, si la acumulación no está fundada en causa legal.

Art. 348. La solicitud para iniciar al expediente se dirigirá al órgano que ha de resolver, contendrá las menciones conocidas de identidad del promotor y de quienes tengan interés legítimo, expondrá sucinta y numeradamente los hechos, las pruebas y diligencias que acompañe y proponga y los fundamentos de derecho, y fijará con claridad y precisión lo que se pida.

Las solicitudes que tiendan a concordar el Registro con la realidad, aunque sean defectuosas, deberán admitirse y se informará a los interesados sobre el modo de subsanar los defectos.

§2.1

Formulada solicitud ante el Registro del domicilio del promotor, el Encargado instruirá las diligencias oportunas con intervención del Ministerio fiscal, quien emitirá informe y, en unión del suyo propio, dará al expediente el curso reglamentario.

Para la recepción de la solicitud y práctica de las diligencias de auxilio son competentes los Jueces de paz.

Tanto los Procuradores como los Abogados podrán asistir con el carácter de apoderados o con el de auxiliares de los interesados, cuando éstos quieran valerse espontáneamente de ellos.

Art. 349. La incoación se notificará a quienes tengan interés legítimo. Se investigará de oficio si hay más interesados que los mencionados en la solicitud y el paradero de todos ellos.

En lo no previsto en esta legislación, toda notificación se ajustará a lo establecido en las leyes procesales. Sin embargo, y salvo cuando se exija notificación personal, las notificaciones podrán hacerse también mediante carta certificada, telegrama o cualquier otro medio que permita tener constancia de la recepción, de la fecha y de la identidad del acto notificado, y se dirigirán al domicilio del interesado o al lugar señalado por éste para las notificaciones.

En su caso, la cédula de notificación será fechada y sellada por el funcionario de correos antes de ser certificada y se unirá al expediente el resguardo del certificado.

Cuando no conste el paradero de algún interesado, se hará la notificación por anuncio general de la incoación mediante edictos fijados en el tablón de anuncios del Registro y en el de las oficinas que se juzgue oportuno. En expediente relativo a numerosos asientos, basta que el anuncio determine la Sección y fecha de los hechos de que dan fe las inscripciones principales afectadas.

Si se estima conveniente por la índole de la cuestión, cabe que, además de las notificaciones, se haga también anuncio general de la incoación por edictos

§2.1

o cualquier otro medio de publicidad; la inserción en periódicos oficiales u otros medios de información general sólo cabe si la causa es grave y lo ordena la autoridad que haya de resolver el expediente. No obstante, a petición y costa del interesado, se ordenará la publicidad que proponga, si no hubiera en ello afrenta a personas u otro inconveniente.

Art. 350. La citación a los infractores de disposiciones sobre Registro Civil en los expedientes motivados por la infracción se rige por las reglas del artículo anterior; las diligencias sobre imposición de costas no suspenden el curso y resolución del expediente.

Art. 351. La certeza de los hechos será investigada de oficio sin perjuicio de la carga de la prueba que incumba a los particulares; los infractores tienen esta carga en el expediente motivado por la infracción.

La prueba se practicará con intervención libre y directa del órgano competente, y si comparecieran, del Ministerio fiscal y de las partes. Antes de tomar declaración se advertirá al declarante la especial responsabilidad en que puede incurrir.

Art. 352. Hay tres días hábiles:

1. Para que los notificados en domicilio situado en la población donde se sigue el expediente se personen o, sin constituirse en parte, hagan sus alegaciones: para los demás interesados residentes en la población, el plazo será de diez días, a partir del último de la publicación del anuncio.

2. Para que los constituidos en parte, visto el expediente, hagan sus alegaciones.

3. Para citar después al Ministerio fiscal y también a las partes para la práctica de la prueba, y a fin de que éstas en el mismo acto conozcan lo instruido y expongan cuanto a su derecho conduzca. A esta comparecencia podrá concurrir, para hablar en su nombre, la persona que cada parte elija.

4. Para cualquier diligencia dentro de la población.

5. Para que el Ministerio fiscal evacue sus informes.

6. Para dictar, tras el último informe, auto resolviendo el expediente y para ulterior notificación de éste al Ministerio fiscal y a las partes.

En los casos primero, segundo y cuarto el plazo podrá ampliarse hasta diez días hábiles si lo exigen la gravedad o las circunstancias de la causa.

También podrá disponerse que, practicada la prueba, se concedan hasta diez días hábiles a cada parte para que, sucesivamente, puedan conocer lo instruido y exponer cuanto a su derecho conduzca.

Para personarse los no residentes en la población y para hacer sus alegaciones o para las diligencias fuera de aquélla se señalarán plazos adecuados.

§2.1

Art. 353. Mientras no recaiga resolución definitiva de un expediente o recurso, los promotores o partes pueden desistir de sus pretensiones por escrito u oralmente mediante comparecencia debidamente diligenciada.

El desistimiento de una parte será comunicado a las demás y al Ministerio fiscal, quienes podrán instar la continuación del expediente dentro de los diez días hábiles siguientes a la notificación.

Art. 354. La práctica de una diligencia no paralizará las demás que sean compatibles.

Se evitará toda dilación o trámite superfluo o desproporcionado con la causa. En otro caso, las partes podrán recurrir en queja ante el Presidente del Tribunal Superior de Justicia, y, si éste no lo corrige, ante la Dirección General.

Igualmente cabrán quejas por omisión de trámites que puedan subsanarse antes de la resolución definitiva.

El Ministerio fiscal o el órgano de oficio suplirá la pasividad de las partes en el cumplimiento de sus deberes, sin perjuicio de las multas que procedan conforme a la Ley. Transcurridos tres meses desde que un expediente o recurso se paralice por culpa del promotor o promotores, el Ministerio fiscal y las demás partes, unánimemente, podrán pedir que se declare su caducidad, previa citación al promotor o promotores.

En el despacho de los expedientes se guardará el orden riguroso de incoación en asuntos de homogénea naturaleza, salvo que se dé orden motivada y escrita en contrario por el inmediato superior.

Los interesados tendrán derecho a ser informados en cualquier momento del estado de la tramitación.

§2.2. Disposición Transitoria Tercera de la Ley 20/2011, del Registro Civil

§2.3

Libros de familia. A partir de la fecha de entrada en vigor de la presente Ley no se expedirán Libros de Familia.

Los Libros de Familia expedidos con anterioridad a la entrada en vigor de la presente Ley seguirán teniendo los efectos previstos en los artículos 8 y 75 de la Ley del Registro Civil de 8 de junio de 1957.

Ley de 8 de junio de 1957, del Registro Civil:

Art. 8. En el Libro de Familia se certificará, a todos los efectos, gratuitamente, de los hechos y circunstancias que determine el Reglamento, inmediatamente de la inscripción de los mismos.

Art. 75. El mismo funcionario que autorice el acto de matrimonio entregará a los contrayentes, inmediatamente, un ejemplar del Libro de Familia en el que conste con valor de certificación la realidad del matrimonio.

§2.3. Disposición Transitoria Cuarta de la Ley 20/2011, del Registro Civil

Extensión y práctica de asientos. Hasta que el Ministerio de Justicia apruebe, mediante resolución de la Dirección General de Seguridad Jurídica y Fe Pública, la entrada en servicio efectiva de las aplicaciones informáticas que permitan el funcionamiento del Registro Civil de forma íntegramente electrónica conforme a las previsiones contenidas en esta Ley, los Encargados de las Oficinas del Registro Civil practicarán en los libros y secciones no digitalizados correspondientes regulados por la Ley de 8 de junio de 1957 los asientos relativos a nacimientos, matrimonios, defunciones, tutelas y representaciones legales. No resultará de aplicación, en tales casos, lo previsto en esta Ley respecto del código personal.

A dichos fines, mantendrán sus tareas y funciones de registro civil según lo previsto en el artículo 2.2 de la Ley Orgánica 6/1985, de 1 de julio, del Poder Judicial, en relación con los artículos 10 a 22 de la Ley del Registro Civil de 8 de junio de 1957, los que hasta el momento de la completa entrada en vigor de esta Ley hubiesen venido ejerciendo en los Registros Civiles como encargados, encargados por delegación, letrados de la Administración de Justicia y personal funcionario de los Cuerpos Generales de la Administración de Justicia y continuará aplicándose el artículo 27 de la Ley 38/1988, de 28 de diciembre, de Demarcación y de Planta Judicial.

§2.3

Para la tramitación de procedimientos, expedición de publicidad y práctica de asientos en los términos del párrafo anterior, en tanto no se produzca la referida entrada en servicio de las aplicaciones informáticas, serán competentes las Oficinas del Registro Civil que lo vinieran siendo conforme a las reglas previstas en los artículos 15, 16, 17, 18 y 19 de la Ley del Registro Civil de 8 de junio de 1957, que seguirán aplicándose transitoriamente a estos solos efectos.

Ley de 8 de junio de 1957, del Registro Civil:

Art. 10. El Registro Civil está integrado:

1.º Por los Registros Municipales, a cargo del juez municipal o comarcal asistido del secretario, salvo lo dispuesto en el artículo siguiente.

(De conformidad con lo dispuesto en los arts. 86 y 100.1 y en la DT 3.ª LOPJ, el Registro Civil estará a cargo de los Jueces de Primera Instancia y, por delegación de estos, de los de Paz).

2.º Por los Registros Consulares, a cargo de los cónsules de España en el extranjero.

3.º Por el Registro Central, a cargo de un funcionario de la Dirección General.

Art. 11. Existirá, cuando menos, un Registro para cada término municipal, salvo la Sección 4.ª, que será única para toda la circunscripción del Juzgado Municipal o Comarcal correspondiente.

(Todas las referencias a los Jueces y Juzgados Municipales o Comarcales deben entenderse hechas a los Jueces y Juzgados de Primera Instancia, de conformidad con lo establecido en la DT 3.ª.2 de la LOPJ).

En las poblaciones en las que haya más de un Juzgado Municipal, los Registros seguirán a cargo de los jueces municipales, asistidos por los secretarios de la Justicia Municipal en la forma que establezca el Reglamento.

Los jueces de Paz, en los Registros Municipales respectivos, actuarán asistidos de los secretarios, por delegación del juez municipal o comarcal correspondiente.

(Véase la nota al número 1.º del artículo anterior).

Art. 12. Los cónsules extenderán por duplicado las inscripciones que abren folio en el Registro a su cargo, uno de cuyos ejemplares será remitido al Registro Central para su debida incorporación. En uno y otro Registro se extenderán en virtud de parte, enviado por conducto reglamentario, todas las inscripciones marginales que se practiquen en cualquiera de ellos.

Art. 13. La inspección superior del Registro Civil corresponde exclusivamente al Ministerio de Justicia, ejerciéndola bajo su inmediata dependencia la Dirección General en la forma que en el Reglamento se disponga.

La inspección ordinaria de los Registros Municipales se ejerce por el correspondiente juez de 1.ª instancia.

Art. 14. Las infracciones relativas al Registro que no constituyan delito o falta serán corregidas, según su importancia, con multa que no exceda de 2.000 pesetas, sin perjuicio, en su caso, de las correcciones administrativas a que hubiere lugar.

El ministro puede imponer multas en la máxima cuantía; las que impongan la dirección, el juez de 1.ª instancia o el encargado del Registro no podrán exceder, respectivamente, de 1.500, 1.000 o 500 pesetas.

Art. 15. En el Registro constarán los hechos inscribibles que afectan a los españoles y los acaecidos en territorio español, aunque afecten a extranjeros.

En todo caso se inscribirán los hechos ocurridos fuera de España, cuando las correspondientes inscripciones deban servir de base a inscripciones exigidas por el derecho español.

Art. 16. 1. Los nacimientos, matrimonios y defunciones se inscribirán en el Registro Municipal o Consular del lugar en que acaecen.

Si se desconoce dicho lugar, la inscripción de nacimiento o defunción se hará en el Registro correspondiente a aquel en que se encuentre el niño abandonado o el cadáver.

Será Registro competente para la inscripción de los ocurridos en el curso de un viaje, el del lugar en que se dé término al mismo. Si se tratare de fallecimiento, el del lugar donde haya de efectuarse el enterramiento o, en su defecto, el de primera arribada.

En caso de naufragio, el Registro competente será el del lugar donde se instruyan las primeras diligencias.

2. No obstante lo dispuesto en el apartado anterior, los nacimientos acaecidos en territorio español, cuando su inscripción se solicite dentro del plazo, podrán inscribirse en el Registro Civil Municipal correspondiente al domicilio del progenitor o progenitores legalmente conocidos.

La solicitud se formulará, de común acuerdo, por los representantes legales del nacido o, en su caso, por el único representante legal de éste, acompañándose a la petición la documentación que reglamentariamente se establezca para justificar el domicilio común de los padres o del solo progenitor conocido.

En las inscripciones de nacimiento extendidas como consecuencia de lo establecido en este apartado, se considerará a todos los efectos legales que el lugar del nacimiento del inscrito es el municipio en el que se haya practicado el asiento. Las certificaciones en extracto sólo harán mención de este término municipal.

3. En los casos de adopción internacional, el adoptante o los adoptantes de común acuerdo, pueden solicitar directamente en el Registro Civil de su domicilio que se extienda la inscripción principal de nacimiento y la marginal de adopción, así como la extensión en el folio que entonces corresponda, de una nueva inscripción de nacimiento en la que constarán solamente, además de los datos del nacimiento y del nacido, las circunstancias personales de los padres adoptivos, la oportuna referencia al matrimonio de éstos y la constancia de su domicilio como lugar de nacimiento del adoptado.

4. Igualmente, en las inscripciones de nacimiento que sean consecuencia de la adquisición de la nacionalidad española por ciudadanos cuyo lugar de nacimiento sea un país extranjero, los interesados podrán solicitar, en el momento de levantarse el acta de juramento o promesa de fidelidad al Rey y obediencia a la Constitución y a las Leyes, que se extienda la inscripción de

§2.3

nacimiento en el Registro Civil Municipal correspondiente al domicilio en el que se haya instruido el oportuno expediente registral.

5. El Registro Civil en el que se practique la inscripción de nacimiento acaecido en el extranjero conforme a lo dispuesto en los apartados 3 y 4 de este artículo, comunicará dicha inscripción al Registro Civil Central, que seguirá siendo competente para todos los demás actos de estado civil que afecten al inscrito.

Art. 17. El juez encargado del Registro que tenga competencia para la inscripción la tiene también para los actos previos gubernativos o de jurisdicción voluntaria atribuidos a la Justicia Municipal.

Art. 18. En el Registro Central se inscribirán los hechos para cuya inscripción no resulte competente ningún otro Registro y aquellos que no puedan inscribirse por concurrir circunstancias excepcionales de guerra u otras cualesquiera que impidan el funcionamiento del Registro correspondiente.

Igualmente se llevarán en el Registro Civil Central los libros formados con los duplicados de las inscripciones consulares y de las inscripciones de nacimiento practicadas en los Registros Municipales del domicilio conforme a lo dispuesto en el apartado 5 del artículo 16.

También se inscribirá en el Registro Civil Central el fallecimiento de las personas de nacionalidad extranjera al servicio de las Fuerzas Armadas y de las Fuerzas de Seguridad españolas, siempre que dicho fallecimiento hubiera ocurrido durante una misión u operación fuera de España y que el sistema registral del Estado donde hubiera ocurrido el hecho no practicare la pertinente inscripción, sin perjuicio de trasladar la inscripción realizada al Registro del Estado del cual fuere nacional la persona fallecida.

Asimismo se llevarán en el Registro Central los libros formados con los duplicados de las inscripciones sobre modificaciones judiciales de la capacidad de obrar, constitución y modificación de cargos tutelares, prórroga o rehabilitación de la patria potestad, medidas judiciales sobre guarda o administración de presuntos incapaces o menores no sujetos a patria potestad, vigilancia o control de tales cargos, y constitución de patrimonios protegidos y designación y modificación de administradores de patrimonios protegidos practicadas en los distintos Registros Municipales, bajo la denominación de «Libro de Incapacitaciones, cargos tutelares y administradores de Patrimonios Protegidos».

Art. 19. La inscripción de nacimiento, matrimonio o defunción ocurridos en el curso de un viaje marítimo o aéreo, en campaña o en las circunstancias excepcionales a que se refiere el párrafo primero del artículo anterior; en lazareto, cárcel, hospital u otro establecimiento público análogo, en lugar incomunicado o en determinados núcleos de población distantes de la oficina del Registro, podrá practicarse, cualquiera que sea el tiempo transcurrido, en virtud del acta levantada, con los requisitos del asiento correspondiente, por las autoridades o funcionarios que señale el Reglamento.

§2.3

Los reconocimientos hechos en dichas actas de nacimiento tienen el mismo valor que los hechos en la inscripción.

En caso de viaje o de circunstancias que impidieran la demora, el acta de nacimiento puede levantarse antes de las veinticuatro horas del hecho, pero entonces será necesario demostrar, para practicar la inscripción, la supervivencia del nacido a dicho plazo.

Art. 20. Las inscripciones principales con sus asientos marginales serán trasladadas a petición de las personas que tengan interés cualificado en ello, en los casos siguientes:

1.º Las de nacimiento, al Registro del domicilio del nacido o de sus representantes legales. En caso de adopción internacional, el adoptante o adoptantes de común acuerdo podrán solicitar que en la nueva inscripción conste su domicilio en España como lugar de nacimiento del adoptado. A las inscripciones así practicadas les será de aplicación lo dispuesto en el párrafo final del artículo 16.

2.º Las de matrimonio, al Registro del domicilio de los cónyuges.

3.º Las referentes a defunciones acaecidas en el curso de un viaje, al Registro del último domicilio conocido del difunto.

4.º Las practicadas en el Registro Central por imposibilidad del Registro competente, a este último Registro, una vez desaparecida la imposibilidad.

En todo caso, realizado el traslado, quedarán sin vigencia los asientos de procedencia, que serán cancelados, haciendo referencia a los nuevos asientos.

Art. 21. Los funcionarios del Registro Civil no podrán extender asientos, expedir certificaciones ni intervenir con tal carácter en ningún acto, diligencia o expediente a que se refiera a su persona o a la de su cónyuge, parientes o afines en línea recta o en la colateral hasta el segundo grado.

§2.4

Art. 22. La invalidez de las actuaciones realizadas por quien sin estar legítimamente encargado del Registro hubiere públicamente ejercido sus funciones, sólo perjudica a quienes obraron de mala fe.

(...)

Art. 33. El Registro Civil se divide en cuatro Secciones, denominadas: la primera, «Nacimientos y general»; la segunda, «Matrimonios»; la tercera, «Defunciones», y, la cuarta, «Tutelas y representaciones legales».

Cada una de las Secciones se llevará en libros distintos, formados con las cautelas y el visado reglamentarios.

Art. 34. Los asientos se extenderán sin dejar folios o espacios en blanco, ni usar otras abreviaturas o guarismos que los reglamentariamente permitidos. Serán nulas las adiciones, apostillas, interlineados, raspaduras, testados o enmiendas que no se salven al pie del asiento antes de firmarlo.

§2.4. Disposición Transitoria Quinta de la Ley 20/2011, del Registro Civil

Publicidad formal del Registro Civil no digitalizado. 1. La publicidad formal de los datos incorporados a libros no digitalizados continuará rigiéndose por lo previsto en la Ley del Registro Civil de 8 de junio de 1957.

Ley de 8 de junio de 1957, del Registro Civil:

Art. 7. Las certificaciones son documentos públicos. Cuando la certificación no fuese conforme con el asiento a que se refiere, se estará a lo que de éste resulte, sin perjuicio de la responsabilidad que proceda.

Art. 8. En el Libro de Familia se certificará, a todos los efectos, gratuitamente, de los hechos y circunstancias que determine el Reglamento, inmediatamente de la inscripción de los mismos.

§2.5. Disposición Transitoria Cuarta de la Ley 15/2015, de 2 de julio, de Jurisdicción Voluntaria

§2.5

Disposición transitoria cuarta. *Expedientes de adopción y matrimoniales.*
(...)
2. Los expedientes matrimoniales que se inicien antes de la completa entrada en vigor de la Ley 20/2011, de 21 de julio, del Registro Civil se seguirán tramitando por el Encargado del Registro Civil conforme a las disposiciones del Código Civil y de la Ley del Registro Civil de 8 de junio de 1957.

Resuelto favorablemente el expediente matrimonial por el Encargado del Registro Civil, el matrimonio se podrá celebrar, a elección de los contrayentes, ante:

1.º El Juez Encargado del Registro Civil y los Jueces de Paz por delegación de aquél.

2.º El Alcalde del municipio donde se celebre el matrimonio o concejal en quien éste delegue.

3.º El Secretario judicial o Notario libremente elegido por ambos contrayentes que sea competente en el lugar de celebración.

4.º El funcionario diplomático o consular Encargado del Registro Civil en el extranjero.

La prestación del consentimiento deberá realizarse en la forma prevista en el Código Civil y en la Ley del Registro Civil de 8 de junio de 1957, con las especialidades que se establecen en esta disposición.

El matrimonio celebrado ante el Encargado del Registro Civil, Juez de Paz, Alcalde o Concejal en quien este delegue o ante el Secretario judicial se hará constar en acta; el que se celebre ante Notario constará en escritura pública.

En ambos casos deberá ser firmada, además de por aquel ante el que se celebra, por los contrayentes y dos testigos.

Extendida el acta o autorizada la escritura pública, se entregará a cada uno de los contrayentes copia acreditativa de la celebración del matrimonio y se remitirá por el autorizante, en el mismo día y por medios telemáticos, testimonio o copia autorizada electrónica del documento al Registro Civil para su inscripción, previa calificación del Encargado del Registro Civil.

§3. MODIFICACIONES DE LA LEY 20/2011, DE 21 DE JULIO, DEL REGISTRO CIVIL

a) Realizadas antes de su completa entrada en vigor

§3.1. RDL 8/2014, de 4 de julio, de aprobación de medidas urgentes para el crecimiento, la competitividad y la eficiencia

(Todas las disposiciones que a continuación se relacionan han sido posteriormente derogadas)

Disposición adicional decimonovena. *Prórroga de la entrada en vigor de la Ley 20/2011, de 21 de julio, del Registro Civil.-* La Ley 20/2011, de 21 de julio, en la parte que al día de la publicación de este Real Decreto-ley no hubiera entrado en vigor, lo hará el día 15 de julio de 2015.

Esta Disposición quedó sin efecto por las sucesivas prórrogas acordadas por las Leyes 19/2015, 4/2017, 5/2018 y 3/2020.

Disposición adicional vigésima. *Llevanza del Registro Civil.-* A partir de la entrada en vigor en su totalidad de la Ley 20/2011, de 21 de julio, el Registro Civil estará encomendado a los Registradores de la Propiedad y Mercantiles que en cada momento tengan a su cargo las oficinas del Registro Mercantil, por razón de su competencia territorial. Dichas oficinas se denominarán Oficinas del Registro Civil y Mercantil.

Disposición adicional vigesimoprimera. *Gratuidad del servicio público.-* A partir de la entrada en vigor en su totalidad de la Ley 20/2011, de 21 de julio, la prestación del servicio público que constituye el Registro Civil continuará siendo gratuita, sin excepción de ningún tipo.

Disposición adicional vigesimosegunda. *Otras modificaciones de la Ley 20/2011, de 21 de julio.-* El Gobierno promoverá, en el plazo más breve posible, las modificaciones de la Ley 20/2011, de 21 de julio, necesarias para su adecuación a la llevanza del Registro Civil por los Registradores de la Propiedad y Mercantiles que en cada momento tengan a su cargo las oficinas del Registro Mercantil, incluyendo las reglas de competencia para la inscripción de los hechos y actos que deban acceder al Registro Civil y el régimen del personal al servicio de la Administración de Justicia destinado actualmente en el Registro Civil.

§3.1

Disposición adicional vigesimotercera. *Uniformidad de los sistemas y aplicaciones informáticas en las Oficinas del Registro Civil.-* 1. Todas las oficinas del Registro Civil, incluidas las Consulares, utilizarán un único sistema informático y una misma aplicación, que estará en funcionamiento antes del 15 julio de 2015, y que serán aprobados por la Dirección General de los Registros y del Notariado.

El indicado sistema y aplicación estará sujeto al cumplimiento de los niveles máximos de seguridad y demás requisitos establecidos por la Ley Orgánica 15/1999, de 13 de diciembre, de Protección de Datos de Carácter Personal, los Esquemas Nacionales de Seguridad e Interoperabilidad y demás normativa de seguridad que les sea aplicable atendiendo a la confidencialidad, integridad, disponibilidad, trazabilidad y autenticidad de los datos.

2. La contratación que tenga por objeto la creación, mantenimiento, posterior gestión y seguridad del sistema informático único y de la aplicación de llevanza en formato electrónico del Registro Civil y su red de comunicaciones se realizará por la Corporación de Derecho Público que se crea por esta disposición.

Dentro de los tres meses siguientes a la publicación de este Real Decreto-ley, la referida Corporación formalizará los contratos relativos al sistema informático necesario para la gestión integrada y completa del Registro Civil, realizando con posterioridad la contratación de las necesarias adaptaciones o actualizaciones del mismo.

No obstante, la Dirección General de los Registros y del Notariado encomendará a la empresa pública «Ingeniería de Sistemas para la Defensa de España, S.A.» u otro medio propio o unidad administrativa que determine el Ministerio de Justicia:

a) El inicio del expediente y la elaboración de los pliegos de cláusulas administrativas particulares y de prescripciones técnicas que hayan de regir los referidos contratos.

b) Seleccionar los contratistas y adjudicar los contratos.

El abono del precio, incluido el derivado de la prestación de los servicios permanentes que correspondan, será satisfecho íntegramente por la Corporación de Derecho Público a que esta disposición se refiere.

A los efectos de esta disposición, los registradores que en cada momento resulten responsables de la llevanza de los Registros Civiles y Mercantiles quedarán integrados en la indicada Corporación de Derecho Público, encargada de la contratación del sistema y su posterior gestión, mantenimiento, conservación y actualización; dicha Corporación, tendrá personalidad jurídica propia y plena capacidad jurídica para el cumplimiento de sus fines, administrando a tal fin su propio patrimonio separado. A estos efectos, los aranceles que perciban los registradores quedarán afectados a la cobertura directa de los gastos que imponga la creación y gestión de la Corporación, como parte de los generales de funcionamiento y conservación de las oficinas. Reglamentariamente se determinarán la estructura y órganos de la Corporación a la que se refiere la presente disposición, así como el régimen de aportación, por los registradores integrados en la misma, de las cuotas necesarias para el adecuado sostenimiento de la misma, sobre el principio de distribución de los gastos entre los citados registradores, en proporción al número de operaciones registrales realizadas por los mismos.

Disposición adicional vigesimocuarta. *Funciones de los Juzgados y Tribunales en materia de Registro Civil.* Hasta que las funciones en materia del Registro Civil sean asumidas, de conformidad con la ley, por los Registradores de la Propiedad y Mercantiles que en cada momento tengan a su cargo las oficinas del Registro Mercantil, la competencia para la práctica de los asientos, así como para expedir certificaciones y, en general, para las demás actuaciones a realizar en el Registro Civil corresponderá a los Jueces y Magistrados que hasta ese momento tuvieran la condición de Encargados del Registro Civil, o a los Secretarios, por delegación de aquellos de la capacidad de certificación, y se llevará a cabo conforme a la Ley de 8 de junio de 1957, del Registro Civil, en las oficinas en las que actualmente se prestan.

Las anteriores Disposiciones adicionales 20.ª a 24.ª fueron derogadas por la Disposición Derogatoria Única de la Ley 19/2015, de 13 de julio, de medidas de reforma administrativa en el ámbito de la Administración de Justicia y del Registro Civil.

§3.2. Ley 15/2015, de 2 de julio, de Jurisdicción Voluntaria
(modificada por Ley 4/2017, de 28 de junio)
(BOE 3/7/2015)
(Tol 5189143)

§3.2

Disposición final cuarta. *Modificación de la ley 20/2011, de 21 de julio, de registro civil.* Uno. Los apartados 1, 2, 5, 6, 7, 8, 9, 10 y 12 del artículo 58 quedan redactados de la forma siguiente:...

Dos. El apartado 1 del artículo 58 bis queda redactado del siguiente modo:...

Tres. El artículo 59 pasa a tener la siguiente redacción:...

Cuatro. Se modifica el artículo 60...

Cinco. El artículo 61 queda redactado del siguiente modo:...

Seis. Artículo 67. Supuestos especiales de inscripción de la defunción...

Siete. El apartado 1 del artículo 74 queda redactado del siguiente modo:...

Ocho. Se añade un nuevo apartado 3 al artículo 78:...

Nueve. El apartado 2 de la disposición final segunda queda redactado como sigue:...

Diez. La disposición final quinta de la Ley del Registro Civil queda redactada como sigue:...

Once. Se añade una disposición final quinta bis, con la siguiente redacción:
...

Doce. La disposición final décima queda redactada del siguiente modo:...

El apartado Doce fue nuevamente redactado por la Ley 4/2017, de 28 de junio.

Disposición final quinta. *Modificación de ley 24/1992, de 10 de noviembre, por la que se aprueba el acuerdo de cooperación del estado con la federación de entidades religiosas evangélicas de España.* Los apartados 2 y 5 del artículo 7 quedan redactados de la forma siguiente:...

Disposición final sexta. *Modificación de la ley 25/1992, de 10 de noviembre, por la que se aprueba el acuerdo de cooperación del estado con la federación de comunidades israelitas de España.* Uno. Se modifica el Título de esta Ley que pasa a ser «Ley 25/1992, de 10 de noviembre, por la que se aprueba el Acuerdo de Cooperación del Estado con la Federación de Comunidades Judías de España».

Dos. Los apartados 2 y 5 del artículo 7 quedan redactados de la forma siguiente:...

Disposición final séptima. Modificación de la ley 26/1992, de 10 de noviembre, por la que se aprueba el acuerdo de cooperación del estado con la comisión islámica de España. Los apartados 2 y 3 del artículo 7 quedan redactados de la forma siguiente:...

(…)

Disposición final vigésima primera. *Entrada en vigor.* La presente ley entrará en vigor a los veinte días de su publicación oficial en el «Boletín Oficial del Estado» excepto:

(…)

3. Las modificaciones de los artículos 49, 51, 52, 53, 55, 56, 57, 58, 62, 65 y 73 del Código Civil contenidas en la Disposición final primera, así como las modificaciones de los artículos 58, 58 bis, disposición final segunda y disposición final quinta bis de la Ley 20/2011, de 21 de julio, del Registro Civil, incluidas en la disposición final cuarta, relativas a la tramitación y celebración del matrimonio civil, que lo harán en la fecha de la completa entrada en vigor la Ley 20/2011, de 21 de julio, del Registro Civil.

4. Las modificaciones del artículo 7 del Acuerdo de Cooperación del Estado con la Federación de Entidades Religiosas Evangélicas de España, aprobado por la Ley 24/1992, de 10 de noviembre; las del artículo 7 del Acuerdo de Cooperación del Estado con la Federación de Comunidades Israelitas de España, aprobado por la Ley 25/1992, de 10 de noviembre; y las del artículo 7 del Acuerdo de Cooperación del Estado con la Comisión Islámica de España, aprobado por la Ley 26/1992, de 10 de noviembre, contenidas en las disposiciones finales quinta, sexta y séptima respectivamente, que lo harán en la fecha de la completa entrada en vigor la Ley 20/2011, de 21 de julio, del Registro Civil.

5. Las disposiciones de la Sección 1.ª del Capítulo II del Título VII de la Ley de 28 de mayo de 1862, del Notariado, contenidas en la disposición final undécima, que establecen las normas reguladoras del acta matrimonial y de la

escritura pública de celebración del matrimonio, que lo harán en la fecha de la completa entrada en vigor la Ley 20/2011, de 21 de julio, del Registro Civil.

Apartados 3, 4 y 5 redactados por la Ley 4/2017, de 28 de junio.

§3.3. Ley 19/2015, de 13 de julio, de medidas de reforma administrativa en el ámbito de la Administración de Justicia y del Registro Civil
(BOE 14/7/2015)
(Tol 5200857)

Artículo segundo. *Modificación de la Ley 20/2011, de 21 de julio, del Registro Civil.* La Ley 20/2011, de 21 de julio, del Registro Civil, queda modificada como sigue:

Uno. El artículo 44 queda redactado del siguiente modo: (...)

Dos. El artículo 45 queda redactado del siguiente modo: (...)

Tres. El artículo 46 queda redactado del siguiente modo: (...)

Cuatro. El artículo 47 queda redactado del siguiente modo: (...)

Cinco. Los apartados 1 y 4 del artículo 49 quedan redactados del siguiente modo: (...)

Seis. El artículo 64 queda redactado del siguiente modo: (...)

Siete. El artículo 66 queda redactado del siguiente modo: (...)

Ocho. Se añade un número 3 al artículo 67 del siguiente tenor literal (...)

Nueve. Se añade una Disposición Adicional Novena, que queda redactada del siguiente modo (...)

Diez. La Disposición Final Décima queda redactada del siguiente modo (...)

Disposición adicional tercera. *Actualización del Libro de Familia.* No será necesario actualizar el contenido del Libro de Familia cuando se acompañe de la certificación literal electrónica acreditativa del nacimiento a que se refiere el artículo 44.9 de la Ley 20/2011, de 21 de julio, del Registro Civil.

Disposición adicional cuarta. *Medios.* Las medidas incluidas en esta norma no podrán suponer incremento de dotaciones ni de retribuciones ni de otros gastos de personal.

(...)

Disposición transitoria segunda. *Régimen transitorio hasta la entrada en vigor de la Ley 20/2011, de 21 de julio, del Registro Civil.* Hasta la completa entrada en vigor de la Ley 20/2011, de 21 de julio, del Registro Civil, las disposiciones del artículo segundo de la presente Ley se aplicarán a los Registros Civiles regulados en la Ley de 8 de junio de 1957, sobre el Registro Civil, practicándose las inscripciones correspondientes en las secciones de nacimientos y defunciones previstas en dicha Ley.

§3.3

Disposición transitoria tercera. *Firma electrónica reconocida del facultativo y del personal del establecimiento sanitario.* Hasta tanto los facultativos a que se refieren los artículos 46 y 64 de la Ley 20/2011, de 21 de julio, del Registro Civil, no dispongan de certificados de firma electrónica reconocida, podrán firmar manuscritamente los partes y certificados médicos a los que se refieren dichos artículos, si bien en todo caso el envío de tales documentos, junto con los demás que sean necesarios en cada caso, deberá realizarse electrónicamente.

Además de la firma electrónica reconocida del personal del establecimiento sanitario podrán también utilizarse certificados electrónicos que identifiquen a dicho establecimiento.

Reglamentariamente podrán fijarse otros procedimientos tecnológicos alternativos que garanticen igualmente la autenticidad del documento, su integridad, confidencialidad y no repudio.

Disposición derogatoria única. 1. Quedan derogadas las disposiciones adicionales vigésima, vigesimoprimera, vigesimotercera, vigesimocuarta y vigesimoquinta de la Ley 18/2014, de 15 de octubre, de aprobación de medidas urgentes para el crecimiento, la competitividad y la eficiencia.

§3.4. Ley 5/2018, de 11 de junio, de modificación de la ley 1/2000, de 7 de enero, de Enjuiciamiento Civil, en relación a la ocupación ilegal de viviendas
(BOE 12/6/2018)
(Tol 6632464)

Disposición final primera. Se modifica la disposición final décima de la Ley 20/2011, de 21 de julio, del Registro Civil, que pasará a tener la siguiente redacción:

«Disposición final décima. *Entrada en vigor.* La presente ley entrará en vigor el 30 de junio de 2020, excepto las disposiciones adicionales séptima y octava y las disposiciones finales tercera y sexta, que entrarán en vigor el día siguiente al de su publicación en el «Boletín Oficial del Estado», y excepto los artículos 49.2 y 53 del mismo texto legal, que entrarán en vigor el día 30 de junio de 2017.

Lo dispuesto en el párrafo anterior se entiende sin perjuicio de la entrada en vigor el 15 de octubre de 2015 de los artículos 44, 45, 46, 47, 49.1 y 4, 64, 66, 67.3 y disposición adicional novena, en la redacción dada por el artículo segundo de la Ley 19/2015, de 13 de julio, de medidas de reforma administrativa en el ámbito de la Administración de Justicia y del Registro Civil. Hasta la completa entrada en vigor de esta ley, el Gobierno adoptará las medidas y los cambios normativos necesarios que afecten a la organización y funcionamiento de los Registros Civiles.»

La fecha de entrada en vigor establecida por la redacción que esta Ley dio a la DF 1.ª de la Ley 20/2011, quedó sin efecto por lo dispuesto en la Ley 3/2020, de 18 de septiembre, que la fijó para el día 30 de abril de 2021.

§3.5. Ley 3/2020, de 18 de septiembre, de medidas procesales y organizativas para hacer frente al COVID-19 en el ámbito de la Administración de Justicia
(BOE 19/9/2020)
(Tol 8078369)

§3.5

Disposición final quinta. *Modificación de la disposición final décima de la ley 20/2011, de 21 de julio, del registro civil.* Se modifica la disposición final décima de la Ley 20/2011, de 21 de julio, del Registro Civil, que pasará a tener la siguiente redacción:

«Disposición final décima. *Entrada en vigor.* La presente Ley entrará en vigor el 30 de abril de 2021, excepto las disposiciones adicionales séptima y octava y las disposiciones finales tercera y sexta, que entrarán en vigor al día siguiente de su publicación en el «Boletín Oficial del Estado», y excepto los artículos 49.2 y 53 del mismo texto legal, que entrarán en vigor el día 30 de junio de 2017.

Lo dispuesto en el párrafo anterior se entiende sin perjuicio de la entrada en vigor el 15 de octubre de 2015 de los artículos 44, 45, 46, 47, 49.1 y 4, 64, 66 y 67.3, y la disposición adicional novena, en la redacción dada por el artículo 2 de la Ley 19/2015, de 13 de julio, de medidas de reforma administrativa en el ámbito de la Administración de Justicia y del Registro Civil.

Asimismo, esta Ley entrará en vigor para las oficinas consulares del Registro Civil el día 1 de octubre de 2020, aplicándose de forma progresiva de conformidad con lo previsto en la disposición transitoria séptima y las disposiciones reglamentarias que se dicten al efecto.

Hasta la completa entrada en vigor de esta Ley, el Gobierno adoptará las medidas y los cambios normativos necesarios que afecten a la organización y funcionamiento de los Registros Civiles.»

§3.6. Ley 6/2021, de 28 de abril, por la que se modifica la Ley 20/2011, de 21 de julio, del Registro Civil
(BOE 29/4/2021)
(Tol 8405784)

PREÁMBULO

En este año 2021 se cumplen 150 años de la creación del Registro Civil con implantación en toda España, pues el Decreto de 13 de diciembre de 1870 determinó que la Ley Provisional del Registro Civil y su reglamento, aprobado por dicho Decreto, serían aplicables a partir del 1 de enero de 1871.

La Ley 20/2011, de 21 de julio, del Registro Civil, implica la implantación de un nuevo modelo de Registro Civil único para toda España, informatizado, accesible electrónicamente, cuya llevanza corresponderá a funcionarios públicos distintos de aquellos que integran el poder judicial del Estado y con una estructura organizativa formada por una Oficina Central, Oficinas Generales y Oficinas Consulares, que conlleva la reestructuración de la organización actual del Registro Civil en todo el territorio nacional. A ellas cabe añadir las funciones de las Oficinas Colaboradoras que surgirán de la modernización tecnológica y procedimental de los actuales Registros Civiles Municipales Delegados en Juzgados de Paz; lo que conlleva el despliegue del nuevo modelo del Registro Civil en todo el territorio nacional, aprovechando la organización actual como punto de partida.

Dada la complejidad de la Ley y el cambio absoluto respecto al modelo anterior del Registro Civil, se precisa necesariamente de un periodo de implementación desde el punto de vista tecnológico, estructural y organizativo, a los efectos de dotación de medios digitales y materiales, provisión de plazas y formación de personal. Fundamentalmente, desde el punto de vista tecnológico, ese periodo de vacatio legis amplio ha posibilitado el adecuado desarrollo de la plataforma digital adaptada al nuevo modelo, sobre la cual se inscribirán todos los hechos relativos al estado civil de las personas que deban acceder al Registro, se organizará la publicidad de la información registral en formato digital y se posibilitará el acceso telemático al mismo, respecto de los ciudadanos, mediante su identificación electrónica. Todo ello se ha estructurado con la simultánea utilización de la información procedente del antiguo Registro Civil, que está digitalizada en su mayor parte, pero que presenta una estructura de datos diferente, lo que ha exigido un cuidadoso análisis para evitar disfunciones en el tratamiento de la información registral y la implantación de la nueva estructura organizativa.

Durante el periodo transcurrido desde la publicación de la Ley se han mantenido diferentes enfoques en cuanto al modelo de Registro Civil. A partir de abril de 2015, el Ministerio de Justicia decidió revisar la reforma del Registro Civil con el objetivo de alcanzar un consenso que cuente con los apoyos necesarios, tanto de los afectados como de los trabajadores, los sindicatos y los partidos políticos, reafirmándose así la voluntad de mejorar la gestión del Registro Civil para conseguir un servicio público de calidad, gratuito y cercano a los ciudadanos.

§3.6

En la actualidad, este cambio se justifica en el sentido de redefinir algunos aspectos de la Ley para, en primer lugar, preservar la naturaleza del Registro Civil como un servicio público y gratuito. Además, la intención de la reforma es garantizar el acceso a todos los ciudadanos, con una red de oficinas dotada de servicios electrónicos y adecuadamente capilarizada en todo el territorio nacional, para proporcionar la necesaria cercanía a los usuarios del servicio registral; aprovechar la experiencia de los empleados públicos a cargo de su llevanza para la implementación del nuevo modelo del Registro Civil y la culminación del mismo en la fecha de entrada en vigor y, muy especialmente, respetar de forma escrupulosa y completa sus derechos y sus expectativas profesionales durante el periodo de implantación del nuevo Registro y una vez concluido el mismo.

Por tanto, este nuevo modelo debe respetar en todo momento los principios de un Registro Civil orientado a las personas y de carácter público, gratuito y gestionado por empleados públicos. Un Registro Civil desjudicializado, pero incardinado organizativamente dentro de la Administración de Justicia. Dotando, a través de sus disposiciones, de la flexibilidad necesaria que permita poder acometer su implantación efectiva desde una perspectiva posibilista. En cualquier caso, este nuevo modelo garantizará la plena accesibilidad territorial al Registro Civil y la continuidad de los puestos de trabajo que actualmente prestan el servicio. Además, el nuevo modelo procurará avanzar hacia la exclusividad de funciones del personal dedicado al servicio del Registro Civil.

Entre las novedades que cabe destacar, se establece de manera clara una decidida apuesta por la figura del letrado de la Administración de Justicia como Encargado, al tratarse de un cuerpo superior jurídico de dilatada experiencia en este campo. La reforma también perfila de forma más cuidadosa el marco de colaboración entre las diferentes administraciones públicas concurrentes en este servicio público, de forma que las Comunidades Autónomas participen en el diseño, medios y ejecución de la prestación del mismo, en virtud de su atribución de competencias y dentro de la estrategia de cogobernanza.

§3.6

Además, conviene efectuar una serie de mejoras técnicas en determinados preceptos que, con el paso del tiempo o por anteriores reformas, han quedado desajustados a la realidad actual o cuya necesidad ha surgido en el proceso de desarrollo de la aplicación informática. Así, se ha visto que constituye el sustento de la institución registral que se preconiza la asignación del código personal, de forma que sea un número invariable que se atribuye a cada persona. La regulación inicial, no demasiado clara en este aspecto, parecía asignar directamente el número del Documento Nacional de Identidad (DNI) a los nacidos, como número personal que ya permanecería invariable. Sin embargo, se ha observado que ese sistema no era el adecuado, debido a que en el frecuente supuesto en que personas con nacionalidad extranjera sean objeto de alguna inscripción en el Registro Civil (sea en el momento de su nacimiento o sea posteriormente, en el momento de su matrimonio, de su defunción, etc.) no disponen de DNI, por lo que la asignación debía contar con todos los supuestos existentes en la realidad. Por ello, se prevé la asignación de código personal por el sistema informático del Registro Civil con la colaboración del Ministerio del Interior en su confección, al cual se asociará de forma inmediata el número del DNI cuando la persona tenga nacionalidad española, o cualquier otro documento identificativo oficial en otro caso, siendo invariable durante toda la vida del sujeto.

También se ha considerado necesario modificar la regulación de la firma electrónica empleada en el funcionamiento del Registro Civil. Por un lado, ha de considerarse que los Encargados y el resto de personal funcionario deben contar con certificados de autentificación para poder acceder de forma segura al sistema informático. Y por otro, en cuanto a la firma electrónica que se incorpore a dicho certificado, se distingue la que se emplea para la práctica de asientos, que será la propia del Encargado que firme el asiento, y la que se empleará para la expedición de certificaciones, que se podrá automatizar con base en la previa identificación digital del solicitante, y que por ello se deberá verificar con un sello cualificado de sistema. A la vez, se debe recoger en el texto de la Ley la modificación del sistema introducida por la Ley 39/2015, de 1 de octubre, del Procedimiento Administrativo Común de las Administraciones Públicas. Es necesario también actualizar algunos términos o cuestiones técnicas, que han quedado desfasadas en el transcurso del tiempo.

Otra cuestión importante que se introduce en esta reforma es la agilización de los procedimientos de cambios de apellidos e incluso de identidad, en supuestos de violencia machista, al incorporarlos en el artículo 54 que regula los procesos que resuelve el propio Encargado del Registro Civil.

§3.6

La entrada en vigor de la Ley fue sufriendo sucesivos aplazamientos, ya que, si inicialmente se estableció que la misma se produciría a los tres años de su publicación en el «Boletín Oficial del Estado», es decir el 22 de julio de 2014, posteriormente han sido necesarios periodos adicionales por las diferentes vicisitudes acaecidas a lo largo de este tiempo. Ahora se pretende que la entrada en vigor se produzca en la última fecha prevista de 30 de abril de 2021, sin ulteriores aplazamientos, ya que una institución de la importancia del Registro Civil para todo el Estado y que con su organización más moderna y eficiente va a presentar una enorme utilidad práctica para todos los ciudadanos y para la mejor prestación de los servicios públicos, justifica sobradamente el gran esfuerzo organizativo, tecnológico y económico que su implantación va a exigir.

No obstante, ello requiere la adecuada racionalización del proceso. La puesta en funcionamiento de forma simultánea de todas las nuevas oficinas del Registro Civil constituiría una forma de organización enormemente ineficiente que, ante la escasez de recursos públicos y a la luz de los principios sobre el funcionamiento de las administraciones públicas y los órganos del sector público, se considera inadecuada (en particular, de acuerdo con el artículo 3 de la Ley 40/2015, de 1 de octubre, de Régimen Jurídico del Sector Público, los principios de racionalización y agilidad de los procedimientos administrativos y de las actividades materiales de gestión, responsabilidad por la gestión pública, planificación y dirección por objetivos y control de la gestión y evaluación de los resultados de las políticas públicas, eficacia en el cumplimiento de los objetivos fijados, economía, adecuación estricta de los medios a los fines institucionales y eficiencia en la asignación y utilización de los recursos públicos). Es imprescindible el diseño de un proceso coherente de implantación de las nuevas oficinas, con el máximo ahorro y rentabilización de los medios a emplear.

Para propiciar todo ello, en esta reforma se busca que el juego de las disposiciones transitorias cuarta, octava y décima, más la adicional segunda, permita la implantación progresiva aludida, con tres escenarios: el previo a la transformación, la implantación del sistema informático con la aplicación de la Ley 20/2011 y, finalmente, la aprobación de las relaciones de puestos de trabajo en cada oficina o grupo de oficinas completando la transformación.

§3.6

Para hacer realidad lo anterior, es preciso aglutinar el consenso político y social necesario alrededor de un proyecto de transformación del Registro Civil con visos de permanencia en el futuro, que permitirá hacer realidad el cambio de modelo. La modificación parcial de algunos aspectos de la Ley 20/2011 tiene por objeto adaptar la norma legal al definitivo modelo de Registro Civil concebido, sin desnaturalizar su espíritu, permitiendo con ello su implantación. Ello justifica el cambio propugnado, en el sentido de redefinir algunos aspectos de la Ley, pero sin romper los ejes fundamentales de aquélla tal como fue promulgada y que han sido anteriormente reseñados.

Artículo único. *Modificación de la Ley 20/2011, de 21 de julio, del Registro Civil.* Los preceptos de la Ley 20/2011, de 21 de julio, del Registro Civil, que a continuación se relacionan quedan modificados en los siguientes términos:

Uno. El artículo 6 queda redactado del siguiente modo: ...

Dos. El artículo 7 queda redactado como sigue: ...

Tres. El apartado 2 del artículo 10 queda redactado del siguiente modo: ...

Cuatro. El artículo 20 queda redactado como sigue: ...

Cinco. El apartado 2 del artículo 21 queda redactado del siguiente modo: ...

Seis. El artículo 22 queda redactado como sigue: ...

Siete. Se modifica el apartado 4 del artículo 27, quedando redactado como sigue: ...

Ocho. Se modifica el artículo 34, quedando redactado como sigue: ...

Nueve. Se modifica el ordinal 4.º del artículo 53, que queda redactado como sigue: ...

Diez. Se modifica el artículo 54, que queda redactado como sigue: ...

Once. Se modifica el artículo 55, que queda redactado como sigue: ...

Doce. Se modifican la rúbrica y el apartado 3 del artículo 58, que quedan redactados como sigue: ...

Trece. Se modifica el artículo 61, quedando redactado como sigue: ...

Catorce. Se añade un nuevo apartado 3 al artículo 68, con la siguiente redacción: ...

Quince. Se modifica el artículo 86, quedando redactado como sigue: ...

Dieciséis. Se modifica el apartado 2 del artículo 88, que queda redactado como sigue: ...

Diecisiete. La disposición adicional primera queda redactada del siguiente modo: ...

Dieciocho. La disposición adicional segunda queda redactada del siguiente modo: ...

§3.6

Diecinueve. Se modifica la disposición adicional quinta, quedando redactada como sigue: ...

Veinte. La disposición adicional sexta queda redactada del siguiente modo:

Veintiuno. La disposición transitoria segunda queda redactada del siguiente modo: ...

Veintidós. La disposición transitoria tercera queda redactada del siguiente modo: ...

Veintitrés. La disposición transitoria cuarta queda redactada del siguiente modo: ...

Veinticuatro. Se modifica el apartado 2 de la disposición transitoria quinta, quedando redactado como sigue: ...

Veinticinco. La disposición transitoria octava queda redactada del siguiente modo: ...

Veintiséis. La disposición transitoria décima queda redactada del siguiente modo: ...

Veintisiete. Se introduce una nueva disposición transitoria undécima con la siguiente redacción: ...

Veintiocho. La disposición derogatoria queda redactada del siguiente modo: ...

Veintinueve. La disposición final primera queda redactada del siguiente modo: ...

Treinta. Se modifica el apartado 2 de la disposición final segunda, quedando redactado como sigue: ...

Treinta y uno. La disposición final séptima queda redactada del siguiente modo: ...

Disposición adicional única. *Modificación del plazo previsto en la Ley 16/1985, de 25 de junio, del Patrimonio Histórico Español, en relación con el Inventario de Bienes Muebles de la Iglesia.* Se amplía por cinco años el plazo previsto en la Ley 16/1985, de 25 de junio, del Patrimonio Histórico Español, en relación con el Inventario de Bienes Muebles de la Iglesia, y en relación a su vez con la disposición adicional segunda de la Ley 4/2004, de 29 de diciembre, de modificación de tasas y de beneficios fiscales de acontecimientos de excepcional interés público, con la disposición transitoria primera de la Ley 42/1994, de 30 de diciembre, de medidas fiscales, administrativas y del orden social, y con la disposición transitoria quinta de la propia Ley 16/1985, de 25 de junio.

§3.7

Disposición final primera. *Título competencial.* La presente Ley se dicta al amparo del artículo 149.1.8.ª de la Constitución, que atribuye al Estado la competencia exclusiva en materia de ordenación de los registros e instrumentos públicos.

Disposición final segunda. *Entrada en vigor.* La presente Ley entrará en vigor el día siguiente al de su publicación en el 'Boletín Oficial del Estado.

b) Modificaciones posteriores

§3.7. Ley 8/2021, de 2 de junio, por la que se reforma la legislación civil y procesal para el apoyo a las personas con discapacidad en el ejercicio de su capacidad jurídica (BOE 3/6/2021)
(Tol 8447402)

(...)

Artículo sexto. *Modificación de la Ley 20/2011, de 21 de julio, del Registro Civil.* La Ley 20/2011, de 21 de julio, del Registro Civil, queda modificada como sigue:

Uno. Se modifica la redacción de los ordinales 10.º a 14.º del artículo 4 con el tenor que se indica, pasando a identificarse con el ordinal 15.º el actual supuesto 14.º y con el ordinal 16.º el actual supuesto 15.º...

Dos. La letra i) del artículo 11 se redacta como se indica a continuación: ...

Tres. Se modifica la redacción del primer párrafo del artículo 44.7 con el siguiente texto: ...

Cuatro. Se modifica el apartado 2 del artículo 71, que queda redactado como sigue: ...

Cinco. Se modifica el título y el apartado 1 del artículo 72: ...

Seis. El artículo 73 queda redactado del siguiente modo: ...

Siete. Se modifica el texto del artículo 75 con el tenor que se indica a continuación: ...

Ocho. El artículo 77 queda modificado como sigue: ...

Nueve. Se introduce un nuevo literal b) en el apartado 1 del artículo 83 con la siguiente redacción, pasando las actuales letras b) a e) a ser c) a f): ...

Diez. El primer párrafo del artículo 84 queda modificado como sigue: ...

(...)

Disposición final tercera. *Entrada en vigor.* La presente Ley entrará en vigor a los tres meses de su publicación en el «Boletín Oficial del Estado».

§3.8. Ley 4/2023, de 28 de febrero, para la igualdad real y efectiva de las personas trans y para la garantía de los derechos de las personas LGTBI

(BOE 1/3/2023)

(Tol 9421382)

PREÁMBULO

I

El objetivo de la presente ley es desarrollar y garantizar los derechos de las personas lesbianas, gais, bisexuales, trans e intersexuales (en adelante, LGTBI) erradicando las situaciones de discriminación, para asegurar que en España se pueda vivir la orientación sexual, la identidad sexual, la expresión de género, las características sexuales y la diversidad familiar con plena libertad.

(...)

La igualdad y no discriminación es un principio jurídico universal proclamado en diferentes textos internacionales sobre derechos humanos, reconocido además como un derecho fundamental en nuestro ordenamiento jurídico. El artículo 2 de la Declaración Universal de Derechos Humanos declara que toda persona tiene los derechos y libertades proclamados en ella, sin distinción alguna de raza, color, sexo, idioma, religión, opinión política o de cualquier otra índole, origen nacional o social, posición económica, nacimiento o cualquier otra condición.

(...)

En el ámbito de la Unión Europea, el Tratado de la Unión Europea establece en sus artículos 2 y 3 la no discriminación como uno de los principales valores comunitarios. Asimismo, el artículo 19 del Tratado de Funcionamiento de la Unión Europea habilita al Consejo a adoptar acciones adecuadas para luchar contra la discriminación por motivos de sexo, origen racial o étnico, religión o convicciones, discapacidad, edad u orientación sexual. Por último, el artículo 21 de la Carta de Derechos Fundamentales de la Unión Europea prohíbe la discriminación por razón de orientación sexual.

Por su parte, el Tribunal Europeo de Derechos Humanos ha señalado que la prohibición de discriminación contemplada en el artículo 14 del Convenio Europeo de Derechos Humanos comprende cuestiones relacionadas con la identidad de género y ha instado a que se garantice el cambio registral del sexo sin el requisito previo de sufrir procedimientos médicos tales como una operación de reasignación sexual o una terapia hormonal.

En el ámbito nacional, el artículo 14 de la Constitución Española proclama el derecho a la igualdad de trato y a la no discriminación por razón de nacimiento, raza, sexo, religión, opinión o cualquier otra condición o circunstancia personal o social. Y tal reconocimiento se vincula al artículo 10 de la misma, que establece la dignidad de la persona y el libre desarrollo de la personalidad como fundamentos del orden político y de la paz social. Además, la Constitución establece en su artículo 9.2 la obligación de los poderes públicos de promover las condiciones para que la libertad y la igualdad del individuo y de

§3.8

los grupos en que se integra sean reales y efectivas, y también de remover los obstáculos que impidan o dificulten su plenitud.

El derecho al cambio registral de la mención al sexo se basa en el principio de libre desarrollo de la personalidad (artículo 10.1 de la Constitución) y constituye igualmente una proyección del derecho fundamental a la intimidad personal consagrado en artículo 18.1 de la Constitución. A este respecto, el Tribunal Constitucional, en su STC 99/2019, de 18 de julio, estableció que «con ello está permitiendo a la persona adoptar decisiones con eficacia jurídica sobre su identidad. La propia identidad, dentro de la cual se inscriben aspectos como el nombre y el sexo, es una cualidad principal de la persona humana. Establecer la propia identidad no es un acto más de la persona, sino una decisión vital, en el sentido que coloca al sujeto en posición de poder desenvolver su propia personalidad».

Asimismo, el fallo de dicha sentencia declara inconstitucional el artículo 1.1 de la Ley 3/2007, de 15 de marzo, reguladora de la rectificación registral de la mención relativa al sexo de las personas, en la medida en que no incluye entre los legitimados a las personas menores de edad con «suficiente madurez» y que se encuentren en una «situación estable de transexualidad».

Por su parte, también en nuestro país, el Tribunal Supremo, en su sentencia número 685/2019, de 17 de diciembre de 2019, se ha pronunciado en el mismo sentido.

II

(...)

La disposición transitoria primera establece el régimen aplicable a los procedimientos administrativos y judiciales iniciados con anterioridad a la entrada en vigor de la ley, que será el dispuesto en la normativa anterior, sin perjuicio de lo establecido en la disposición transitoria segunda.

(...)

Mediante la disposición derogatoria única se deroga la Ley 3/2007, de 15 de marzo, reguladora de la rectificación registral de la mención relativa al sexo de las personas.

Las disposiciones finales recogen las diversas modificaciones de preceptos de leyes vigentes necesarias para su acomodación a las exigencias y previsiones derivadas de esta ley.

La disposición final primera modifica el Código Civil, procediendo a la implementación del lenguaje inclusivo. Lejos de consistir en una modificación meramente formal, la sustitución del término «padre» en el artículo 120.1.º por la expresión «padre o progenitor no gestante» supone la posibilidad, para las parejas de mujeres, y parejas de hombres cuando uno de los miembros sea un hombre trans con capacidad de gestar, de proceder a la filiación no matrimonial por declaración conforme en los mismos términos que en el caso de parejas heterosexuales, en coherencia con las modificaciones operadas sobre la Ley 20/2011, de 21 de julio, del Registro Civil por la disposición final undécima.

§3.8

La disposición final segunda modifica la Ley 21/1987, de 11 de noviembre, por la que se modifican determinados artículos del Código Civil y de la Ley de Enjuiciamiento Civil en materia de adopción con el fin de especificar que las disposiciones sobre la capacidad de los cónyuges para adoptar simultáneamente a una persona menor de edad serán también aplicables a los integrantes de una pareja unida de forma permanente por relación de afectividad análoga a la conyugal, incluyendo también, por ende, a las parejas homosexuales, pues hasta ahora se contemplaba únicamente a las parejas formadas por un hombre y una mujer.

(...)

La disposición final quinta modifica la Ley 1/2000, de 7 de enero, de Enjuiciamiento Civil. Además de proceder, como en el caso del orden contencioso administrativo, a ampliar la legitimación en los procesos para la defensa de los derechos LGTBI, se añade un nuevo artículo 15 quater sobre publicidad e intervención en procesos para la defensa del derecho a la igualdad de trato y no discriminación por razón de orientación e identidad sexual, expresión de género o características sexuales.

(...)

La disposición final undécima modifica la Ley 20/2011, de 21 de julio, del Registro Civil. En coherencia con los cambios operados por la disposición final primera, las principales novedades se introducen sobre el artículo 44, con el fin de permitir la filiación no matrimonial en parejas de mujeres lesbianas, puesto que, hasta ahora, solo se preveía la matrimonial. Asimismo, se modifica el artículo 49 para prever que, en el caso de que el parte facultativo indicara la condición intersexual de la persona nacida, los progenitores, de común acuerdo, podrán solicitar que la mención del sexo figure en blanco por el plazo máximo de un año.

(...)

La disposición final decimotercera modifica la Ley 15/2015, de 2 de julio, de la Jurisdicción Voluntaria. Se introduce un nuevo Capítulo I bis en el Título II, «De la aprobación judicial de la modificación de la mención registral del sexo de personas mayores de doce años y menores de catorce», para adaptar la citada ley a los cambios operados por esta norma en el caso de las personas menores de edad mayores de doce y menores de catorce años, disponiéndose que podrán promover el expediente de modificación de la mención registral del sexo asistidas por sus representantes legales. En el supuesto de desacuerdo de los progenitores o representante legal, entre sí o con la persona menor de edad, se procederá al nombramiento de un defensor judicial.

§3.8

Se introduce asimismo un nuevo Capítulo I ter a dicho Título, «De la aprobación judicial de la modificación de la mención registral relativa al sexo con posterioridad a la tramitación de un procedimiento registral de rectificación de dicha mención inicial», con el fin de permitir revertir la rectificación registral anteriormente producida, en coherencia con lo previsto en esta ley.

(...)

Disposición final undécima. *Modificación de la Ley 20/2011, de 21 de julio, del Registro Civil.*

La Ley 20/2011, de 21 de julio, del Registro Civil, queda modificada del siguiente modo:

Uno. Se modifica el artículo 44, que queda redactado en los siguientes términos: ...

Dos. Se añade un nuevo apartado 5 al artículo 49 con la siguiente redacción: ...

Tres. El artículo 51 queda redactado en los siguientes términos: ...

Cuatro. El artículo 53 queda redactado en los siguientes términos: ...

Cinco. El artículo 69 queda redactado en los siguientes términos: ...

Seis. El apartado 2 del artículo 91 queda redactado en los siguientes términos: ...

Siete. Se añade una disposición adicional décima, en los siguientes términos: ...

§4. LEY ORGÁNICA 6/2021, DE 28 DE ABRIL, COMPLEMENTARIA DE LA LEY 6/2021, DE 28 DE ABRIL POR LA QUE SE MODIFICA LA LEY 20/2011, DE 21 DE JULIO, DEL REGISTRO CIVIL, DE MODIFICACIÓN DE LA LEY ORGÁNICA 6/1985, DE 1 DE JULIO, DEL PODER JUDICIAL Y DE MODIFICACIÓN DE LA LEY ORGÁNICA 10/1995, DE 23 DE NOVIEMBRE, DEL CÓDIGO PENAL
(BOE 29/4/2021)
(Tol 8405780)

§4

Preámbulo

La Ley 20/2011, de 21 de julio, del Registro Civil, implica la implantación de un nuevo modelo de Registro Civil único para toda España, informatizado y accesible electrónicamente. El despliegue de este nuevo modelo en todo el territorio nacional toma como punto de partida la organización actual del Registro Civil.

Por tanto, el cambio de modelo registral, procedimental y tecnológico exige un ajuste de la Ley Orgánica 6/1985, de 1 de julio, del Poder Judicial. En esta Ley se revisan las mínimas previsiones legales necesarias para adaptarla a este nuevo modelo. La Ley consta de un artículo primero de modificación de la citada Ley Orgánica del Poder Judicial y de un artículo segundo que modifica el Código Penal, con el objetivo de completar la transposición de la Directiva (UE) 2018/1673 del Parlamento Europeo y del Consejo, de 23 de octubre de 2018, relativa a la lucha contra el blanqueo de capitales mediante el Derecho penal.

En cuanto al artículo primero, el primer objetivo es determinar que la Oficina del Registro Civil que se encargará de su llevanza, será una oficina vinculada funcionalmente al Ministerio de Justicia y gerencialmente incardinada en la organización de la Administración de Justicia, siendo esta Oficina del Registro Civil distinta de la oficina judicial.

Asimismo, se ha de tener en cuenta que en este nuevo modelo los Encargados del Registro Civil serán los letrados de la Administración de Justicia en servicio activo. Por ello, es necesario suprimir en el artículo 445.1 de la Ley Orgánica la posibilidad que contemplaba de que los letrados de la Administración de Justicia que fueran designados Encargados del Registro Civil pasaran a la situación administrativa de servicios especiales. En este sentido, se establece de manera clara una decidida apuesta por la figura del letrado de la Administración de Justicia como Encargado, al tratarse de un cuerpo superior jurídico de contrastada experiencia en este campo.

§4

Por último, se adaptan dos preceptos más a la introducción de esta nueva Oficina del Registro Civil dentro del ámbito de la Administración de Justicia, para facilitar mayor seguridad jurídica en cuanto a la cobertura exclusiva de plazas por el personal de los Cuerpos Generales de la Administración de Justicia.

(…)

Artículo primero. *Modificación de la Ley Orgánica 6/1985, de 1 de julio, del Poder Judicial.*

Se añade un artículo 439 bis y se modifican los artículos 445, 520 y 522 de la Ley Orgánica 6/1985, de 1 de julio, del Poder Judicial, en los siguientes términos:

Uno. Se añade un nuevo artículo 439 bis con la siguiente redacción:

«Artículo 439 bis.

A los efectos de esta Ley, se entiende por oficina del Registro Civil aquella unidad que, sin estar integrada en la oficina judicial, se constituye en el ámbito de la organización de la Administración de Justicia para encargarse de la llevanza del referido servicio público según lo establecido por la Ley y el Reglamento del Registro Civil, vinculándose funcionalmente para el desarrollo de dicho cometido al Ministerio de Justicia a través de la Dirección General de Seguridad Jurídica y Fe Pública.

Las Secretarías y las Oficinas judiciales de apoyo directo a los Juzgados de Paz prestarán la colaboración que, en materia de Registro Civil, se determine en la Ley de Registro Civil y su Reglamento de desarrollo.

Los puestos de trabajo de estas oficinas del Registro Civil, cuya determinación corresponderá al Ministerio de Justicia y a las comunidades autónomas con competencias asumidas, en sus respectivos ámbitos, serán cubiertos con personal de la Administración de Justicia, que reúnan los requisitos y condiciones establecidas en la respectiva relación de puestos de trabajo.»

Dos. Se modifica el artículo 445, que queda con la siguiente redacción:

«Artículo 445.

1. Las situaciones administrativas en que se puedan hallar los letrados de la Administración de Justicia, así como su jubilación, serán iguales y procederá su declaración en los supuestos y con los efectos establecidos en esta Ley Orgánica para Jueces y Magistrados.

No obstante, los letrados de la Administración de Justicia que se presenten como candidatos para acceder a cargos públicos representativos en el Parlamento Europeo, Congreso de los Diputados, Senado, Asambleas Legislativas de las Comunidades Autónomas o Corporaciones locales, podrán ser dispensados, previa solicitud, de la prestación del servicio en sus respectivas oficinas judiciales, durante el tiempo de duración de la campaña electoral. Este permiso podrá ser concedido por el Secretario General de la Administración de Justicia.

2. Estarán sujetos a las mismas incapacidades, incompatibilidades y prohibiciones con excepción de las previstas en el artículo 395.»

Tres. Se modifica el artículo 520, que queda con la siguiente redacción:

«Artículo 520.

1. Los funcionarios de los Cuerpos a que se refiere este libro desempeñarán los puestos de trabajo de las unidades en que se estructuren las oficinas judiciales, las oficinas del Registro Civil y, en su caso, en los correspondientes a las unidades administrativas a que se refiere el artículo 439, los de los Institutos de Medicina Legal, los del Instituto de Toxicología y sus departamentos.

2. Además podrán prestar servicios en el Consejo General del Poder Judicial, en el Tribunal Constitucional y en el Tribunal de Cuentas en los términos y con las condiciones previstas en la normativa reguladora del personal al servicio de los citados órganos constitucionales, y en la Mutualidad General Judicial en los puestos que se determinen en la relación de puestos de trabajo del citado organismo público.

3. También podrán acceder a puestos de trabajo de otras Administraciones públicas en tanto las relaciones de puestos de trabajo contengan expresa previsión al efecto. Les será de aplicación, mientras se mantengan en dichos puestos, la legislación en materia de función pública de la Administración en que se encuentren destinados y permanecerán en servicio activo en su Administración de origen.»

§4

Cuatro. Se modifica el apartado 4 del artículo 522, que queda con la siguiente redacción:

«4. Para la elaboración y aprobación de las relaciones de puestos de trabajo correspondientes a las unidades administrativas y a las oficinas del Registro Civil a que se refieren los artículos 439 y 439 bis, serán competentes el Ministerio de Justicia y las comunidades autónomas con competencias asumidas en sus respectivos ámbitos territoriales.»

(...)

§4.1

Disposición final. *Entrada en vigor.*

Esta Ley Orgánica entrará en vigor el día siguiente al de su publicación en el «Boletín Oficial del Estado».

§4.1. Ley Orgánica 1/2025, de 2 de enero, de medidas en materia de eficiencia del Servicio Público de Justicia. Disposición final decimoctava. Modificación de la Ley 20/2011, de 21 de julio, del Registro Civil

Preámbulo

(...)

La disposición final octava, dividida en dieciocho apartados, afronta la reforma de la Ley 38/1988, de 28 de diciembre, de Demarcación y de Planta Judicial, para adaptarla a la nueva organización judicial, dejando sin contenido aquellos artículos que ya no resultan de aplicación por haberse agotado la situación que regulan.

(...)

Se modifica la Ley 20/2011, de 21 de julio, del Registro Civil, en los siguientes términos:

Uno. Se modifica el artículo 58, que queda redactado como sigue:

«Artículo 58. Procedimiento de autorización matrimonial.

1. El matrimonio en forma civil se celebrará ante el o la Alcalde o Concejal en quien este delegue, letrado o letrada de la Administración de Justicia, notario o notaria, o personal funcionario diplomático o consular Encargado o Encargada del Registro Civil.

2. La celebración del matrimonio requerirá la previa tramitación o instrucción de un acta o expediente a instancia de los contrayentes para acreditar el cumplimiento de los requisitos de capacidad y la inexistencia de impedimentos o su dispensa, o cualquier otro obstáculo, de acuerdo con lo previsto en el Código Civil. La tramitación del acta competerá al notario del lugar del domicilio de cualquiera de los contrayentes. La instrucción del expediente corresponderá al letrado o letrada de la Administración de Justicia, o encargado o encargada del Registro Civil del domicilio de uno de los contrayentes.

§4.1

3. El procedimiento finalizará con una resolución en la que se autorice o deniegue la celebración del matrimonio. La denegación deberá ser motivada y expresar, en su caso, con claridad la falta de capacidad o el impedimento en el que se funda la denegación.

4. Contra esta resolución cabe recurso ante el encargado o encargada del Registro Civil, cuya resolución se someterá al régimen de recursos ante la Dirección General de Seguridad Jurídica y Fe Pública previsto por esta ley.

5. El letrado o letrada de la Administración de Justicia, notario o notaria, o encargado o encargada del Registro Civil oirá a ambos contrayentes reservadamente y por separado para cerciorarse de su capacidad y de la inexistencia de cualquier impedimento. Asimismo, se podrán solicitar los informes y practicar las diligencias pertinentes, sean o no propuestas por los requirentes, para acreditar el estado, capacidad o domicilio de los contrayentes o cualesquiera otros extremos necesarios para apreciar la validez de su consentimiento y la veracidad del matrimonio.

El letrado o la letrada de la Administración de Justicia, notario o notaria, encargado encargada del Registro Civil o personal funcionario que tramite el acta o expediente, cuando sea necesario, podrá recabar de las Administraciones o entidades de iniciativa social de promoción y protección de los derechos de las personas con discapacidad, la provisión de apoyos humanos, técnicos y materiales que faciliten la emisión, interpretación y recepción del consentimiento del o los contrayentes. Solo en el caso excepcional de que alguno de los contrayentes presentare una condición de salud que, de modo evidente, categórico y sustancial, pueda impedirle prestar el consentimiento matrimonial pese a las medidas de apoyo, se recabará dictamen médico sobre su aptitud para prestar el consentimiento.

De la realización de todas estas actuaciones se dejará constancia en el acta o expediente, archivándose junto con los documentos previos a la inscripción de matrimonio.

Pasado un año desde la publicación de los anuncios o de las diligencias sustitutorias sin que se haya contraído el matrimonio, no podrá celebrarse este sin nueva publicación o diligencias.

§4.1

6. Realizadas las anteriores diligencias, el letrado o letrada de la Administración de Justicia, notario o notaria, encargado o encargada del Registro Civil que haya intervenido finalizará el acta o dictará resolución haciendo constar la concurrencia o no en los contrayentes de los requisitos necesarios para contraer matrimonio, así como la determinación del régimen económico matrimonial que resulte aplicable y, en su caso, la vecindad civil de los contrayentes, entregando copia a estos. La actuación o resolución deberá ser motivada y expresar, en su caso, con claridad la falta de capacidad o el impedimento que concurra.

7. Si el juicio del letrado o letrada de la Administración de Justicia, notario o notaria, encargado o encargada del Registro Civil fuera desfavorable se procederá al cierre del acta o expediente y los interesados podrán recurrir ante la Dirección General de Seguridad Jurídica y Fe Pública, sometiéndose al régimen de recursos previsto por esta ley.

8. Resuelto favorablemente el expediente por el letrado o letrada de la Administración de Justicia, el matrimonio se podrá celebrar ante el mismo u otro letrado o letrada de la Administración de Justicia, Alcalde o Concejal en quien este delegue, a elección de los contrayentes. Si se hubiere tramitado por el encargado o la encargada del Registro Civil, el matrimonio deberá celebrarse ante el Alcalde o Concejal en quien este delegue, que designen los contrayentes. Finalmente, si fuera el notario quien hubiera extendido el acta matrimonial, los contrayentes podrán otorgar el consentimiento, a su elección, ante el mismo notario u otro distinto del que hubiera tramitado el acta previa, el Alcalde o Concejal en quien éste delegue. La prestación del consentimiento deberá realizarse en la forma prevista en el Código Civil.

El matrimonio celebrado ante Alcalde o Concejal en quien este delegue o ante el letrado o letrada de la Administración de Justicia se hará constar en acta; el que se celebre ante notario o notaria constará en escritura pública. En ambos casos deberá ser firmada, además de por aquel ante el que se celebra, por los contrayentes y dos testigos.

Extendida el acta o autorizada la escritura pública, se entregará a cada uno de los contrayentes copia acreditativa de la celebración del matrimonio y se remitirá por el autorizante, en el mismo día y por medios telemáticos, testimonio o copia autorizada electrónica del documento al Registro Civil para su inscripción, previa calificación del Encargado del Registro Civil.

9. La celebración del matrimonio fuera de España corresponderá al funcionario consular o diplomático encargado o encargada del Registro Civil en el extranjero. Si uno o los dos contrayentes residieran en el extranjero, la tramitación del expediente previo podrá corresponder al funcionario diplomático o consular encargado o encargada del registro civil competente en la demarcación consular donde residan. El matrimonio así tramitado podrá celebrarse ante el mismo funcionario u otro distinto, o ante el Alcalde o Concejal en quien este delegue, a elección de los contrayentes.

§4.1

10. Cuando el matrimonio se hubiere celebrado sin haberse tramitado el correspondiente expediente o acta previa, si éste fuera necesario, el letrado o letrada de la Administración de Justicia, notario o notaria, o el funcionario o funcionaria Encargado del Registro Civil que lo haya celebrado, antes de realizar las actuaciones que procedan para su inscripción, deberá comprobar si concurren los requisitos legales para su validez, mediante la tramitación del acta o expediente al que se refiere este artículo.

Si la celebración del matrimonio hubiera sido realizada ante autoridad o persona competente distinta de las indicadas en el párrafo anterior, el acta de aquella se remitirá al encargado o encargada del Registro Civil del lugar de celebración para que proceda a la comprobación de los requisitos de validez, mediante el expediente correspondiente. Efectuada esa comprobación, el encargado o la encargada del Registro Civil procederá a su inscripción.

11. Si los contrayentes hubieran manifestado su propósito de contraer matrimonio en el extranjero, con arreglo a la forma establecida por la ley del lugar de celebración o en forma religiosa y se exigiera la presentación de un certificado de capacidad matrimonial, lo expedirá el letrado o letrada de la Administración de Justicia, notario o notaria, encargado o encargada del Registro Civil o personal funcionario consular o diplomático del lugar del domicilio de cualquiera de los contrayentes, previo expediente instruido o acta que

contenga el juicio del autorizante acreditativo de la capacidad matrimonial de los contrayentes».

Dos. Se modifica el apartado 2 de la disposición final segunda, que queda redactado como sigue:

«2. Las referencias que se encuentren en cualquier norma al juez, jueza, Alcalde, Alcaldesa o personal funcionario que haga sus veces competentes para autorizar el matrimonio civil, deben entenderse referidas al notario o notaria, encargado o encargada del Registro Civil o personal funcionario diplomático o consular encargado del Registro Civil, para acreditar el cumplimiento de los requisitos de capacidad y la inexistencia de impedimentos o su dispensa; y al Alcalde, Alcaldesa, Concejal o Concejala en quien éste delegue, encargado o encargada del Registro Civil, notario o notaria, o personal funcionario diplomático o consular encargado del Registro Civil, para la celebración ante ellos del matrimonio en forma civil».

§4.1

B) DISPOSICIONES COMPLEMENTARIAS

§5. INFORMATIZACIÓN DE LOS REGISTROS CIVILES[1]

§5.1. Orden de 19 de julio de 1999, del Ministerio de Justicia, sobre informatización de los Registros Civiles

La Recomendación número 8 de la Comisión Internacional de Estado Civil aprobada por la Asamblea General de Estrasburgo de 21 de marzo de 1991 reconoció la necesidad del tratamiento informatizado de los Registros Civiles. En el plano nacional, el artículo 105 del Reglamento del Registro Civil, redactado por el Real Decreto 1917/1986, de 29 de agosto, habilitó al Ministerio de Justicia para decidir, sin perjuicio de la conservación de los libros, la informatización de los Registros y la expedición de certificaciones por ordenador. Posteriormente, la Ley Orgánica 7/1992, de 20 de noviembre, reiteró el reconocimiento de la necesidad de informatización disponiendo que las inscripciones registrales podrán ser objeto de tratamiento automatizado (vid. artículo 6 de la Ley del Registro Civil), y la disposición final 30 de esta última establece que reglamentariamente se determinarán los requisitos y la forma de practicar los asientos y expedir las certificaciones.

En base a ello, el Ministerio de Justicia aprobó la Orden de 30 de noviembre de 1995 por la que se establecía un proyecto piloto de informatización del Registro Civil de Murcia y en la que, reconociendo la trascendencia práctica del establecimiento de los nuevos sistemas informáticos en los Registros civiles, se partía de la premisa de su implantación gradual y progresiva por razones de prudencia, comenzando con la citada experiencia piloto, y previendo que en atención a las conclusiones alcanzadas por tal experiencia se introducirían las modificaciones aconsejadas por la práctica, con carácter previo a la extensión del sistema a otros Registros civiles.

---

[1] Las disposiciones que se transcriben son anteriores a la entrada en vigor en su totalidad de la Ley 20/2011, del Registro Civil y conservarán vigencia mientras no sean sustituidas por otras que se dicten en desarrollo de la mencionada Ley y establezcan nuevos sistemas informáticos sobre funcionamiento y organización de los Registros Civiles.

Posteriormente, la Ley 66/1997, de 30 de diciembre, sobre Medidas Fiscales, Administrativas y del Orden Social dispuso en su artículo 35 que «Por los Registros civiles, dependientes de la Dirección General de los Registros y del Notariado, en colaboración con los correspondientes del Ministerio de Economía y Hacienda, se facilitarán a las entidades gestoras de la Seguridad Social, responsables de la gestión de las prestaciones económicas, y dentro del plazo de tres meses, a partir de la fecha en que acaezcan los hechos respectivos, los datos personales informatizados de todas las defunciones, así como de los matrimonios de las personas viudas». En la misma línea se han elaborado convenios de colaboración entre el Ministerio de Justicia y el Ministerio de Trabajo y Asuntos Sociales sobre transferencia a este último en soporte informático de información procedente de los Registros civiles. Además de ello, el propio Reglamento del Registro Civil impone a los encargados la obligación de remitir al Instituto Nacional de Estadística los correspondientes boletines sobre nacimientos, abortos, matrimonios, defunciones u otros hechos inscribibles (cfr. artículo 20).

§5.1

Finalmente, en el mes de abril de 1998 la Ministra de Justicia aprobó el «Plan de Informatización de los Registros civiles» en el que se fija como objetivo la íntegra informatización de todos los Registros civiles de España en un plazo de ejecución máximo de cuatro años con arreglo a los medios técnicos, personales y presupuestarios previstos a tal fin. En una segunda fase se acometerá, en tanto lo permita su viabilidad técnica y económica, la implantación de la técnica de captura y archivo de las imágenes de los asientos registrales una vez autorizados con las firmas legalmente exigidas al tiempo de la práctica de aquellos y su reproducción posterior con ocasión de la expedición de certificaciones.

Éste es el marco normativo y programático en el que ha de actuar la presente Orden, sin que resulten aplicables en este ámbito las reglas relativas a la documentación electrónica contenidas en la Ley 30/1992, de 26 de noviembre, de Régimen Jurídico y Procedimiento Administrativo Común, y en el Real Decreto de 16 de febrero de 1996, de aplicación exclusiva respecto de los procedimientos administrativos.

Por ello, y atendiendo a los principios de seguridad jurídica, consagrado por el artículo 9 número 13 de la Constitución Española, de protección a la intimidad personal y familiar, recogido en el artículo 18 número 1 de la Constitución y desarrollado por la Ley Orgánica 5/1992, de 29 de octubre, de regulación del tratamiento automatizado de los datos de carácter personal y de eficacia y coordinación administrativa establecido por el artículo 3 de la Ley 30/1992, de 26 de noviembre, de Régimen Jurídico de las Administraciones Públicas y del Procedimiento Administrativo Común, y tomando en consideración las experiencias obtenidas hasta la fecha de la implantación del sistema informático en el Registro Civil de Murcia, como Registro piloto, y las nuevas necesidades resultantes de las disposiciones y convenios mencionados, ha parecido necesario y conveniente impulsar el proceso de informatización de los Registros civiles con las modificaciones y actualizaciones imprescindibles.

En su virtud, a propuesta de la Dirección General de los Registros y del Notariado, dispongo:

§5.1

Art. 1. *Finalidades de la informatización.*- La informatización de los Registros Civiles deberá garantizar la consecución de los siguientes objetivos:

1. Permitir la utilización de tratamientos de textos en la redacción de los asientos registrales, facilitando la legibilidad de los mismos.

2. Permitir el almacenamiento de los datos, con objeto de hacer viable en la práctica la emisión de publicidad formal relativa a tales datos de forma ágil y facilitar el cumplimiento de la norma reglamentaria que establece como regla general el criterio de que la publicidad formal debe expedirse en extracto y no literal, así como facilitar el efectivo control del cumplimiento de las normas sobre publicidad restringida.

3. Permitir la conexión de los datos sobre hechos relativos a una misma persona inscritos en Secciones diferentes de diversos Registros civiles, coadyuvando a la cognoscibilidad de los datos registrales que requiere la posibilidad de un conocimiento real y efectivo de los mismos.

4. Facilitar la transmisión masiva de datos de utilidad pública a los organismos públicos que tengan interés en ellos, con pleno respeto a los límites legales sobre publicidad restringida, protección de datos personales y al derecho a la intimidad personal y familiar.

5. Mejorar la gestión y llevanza ordinaria de las labores y funciones propias de los Registros civiles.

Art. 2. *Objeto y contenido de la informatización.*- 1. Las inscripciones de nacimiento, matrimonio, defunción y tutelas, así como las inscripciones, anotaciones y notas marginales, a excepción de las de mera referencia, que hayan de practicarse en los Registros civiles que se incorporen al proceso de informatización, con arreglo a las previsiones del Plan de informatización aprobado por este departamento en abril de 1998, serán objeto de tratamiento informatizado, sin perjuicio de la conservación de los libros, cuyos asientos son documentos públicos que constituyen la prueba de los hechos inscritos, conforme al artículo 2 de la Ley del Registro Civil y 327 del Código Civil.

2. En caso de discrepancia entre los datos que consten en las bases informatizadas de los Registros Civiles y los asientos extendidos en sus libros, prevalecerán en todo caso éstos sobre aquéllos, debiendo rectificarse los primeros para lograr su concordancia con los segundos.

§5.1

Art. 3. *Organización, funcionamiento y garantías documentales de los Registros civiles informatizados.*- La informatización de los Registros Civiles no representa una alteración en la organización y funcionamiento de los mismos desde el punto de vista de su regulación legal (Ley del Registro Civil y su Reglamento), que responde a criterios de seguridad jurídica, que en ningún caso se han de ver menoscabados por el proceso de informatización. En particular se conservan dos características básicas del sistema:

a) El carácter documental librario del Registro Civil, es decir, que siendo un Registro jurídico de personas su llevanza se organiza por libros ordenados correlativamente por secciones, cuyos libros se garantizan desde el punto de vista de su valor documental y probatorio, dados los importantes efectos jurídicos que se atribuyen a sus asientos, mediante un conjunto de prevenciones relativas a su legalización, su foliado correlativo, sus diligencias de apertura y cierre, etc. (vid. artículos 105 y siguientes del Reglamento del Registro Civil), y b) El carácter de documento auténtico y original a todos los efectos legales de los asientos extendidos en los libros de soporte papel autorizados con todas las garantías legales. Lo anterior se entiende sin perjuicio del valor que pueda atribuirse a las transmisiones telemáticas de información relativa a las actas del Registro Civil en el ámbito de los convenios internacionales que se puedan alcanzar en el marco de la Comisión Internacional del Estado Civil.

Art. 4. *Llevanza de los libros en los Registros Civiles informatizados.*- 1. No obstante, lo establecido en el artículo anterior, los libros de los Registros civiles estarán compuestos de hojas móviles, las cuales, con anterioridad a la utilización del libro correspondiente, serán foliadas y selladas, consignándose en ellos la sección, el tomo y el nombre del Registro, siendo seguidamente visado el libro conforme a las disposiciones vigentes (cfr. artículos 105 y siguientes del Reglamento del Registro Civil).

2. Las hojas móviles de los libros tendrán en todo caso la consistencia necesaria para garantizar su conservación, y se encuadernarán mediante un sistema de carpetas de anillas practicables que llevarán preimpreso el encabezamiento siguiente: Escudo. Ministerio de Justicia. Registro Civil.

En el lomo de los libros deberá existir un espacio reservado para fijar etiquetas que permitan identificarlo mediante la consignación de la sección (tomo) y el número de libro correlativo que le corresponda. La confección de las hojas móviles corresponderá a la Fábrica Nacional de Moneda y Timbre con arreglo a las indicaciones que en cada caso establezca la Dirección General de los Registros y del Notariado.

§5.1

3. [...]

4. [...]

Apartados 3 y 4 derogados por la Disp. Derog. única de la Orden de 1 de junio de 2001 sobre libros y modelos de los Registros Civiles Informatizados

Art. 5. *Redacción y ordenación de los asientos registrales extendidos en los libros de hojas móviles.-* 1. La redacción de los asientos extendidos en los libros de hojas móviles se ajustará a los modelos actualmente aprobados, con las siguientes modificaciones:

a) En las respectivas inscripciones principales de matrimonio y defunción se consignará el Documento Nacional de Identidad del inscrito y en la de nacimiento el de sus progenitores.

Respecto de los ciudadanos extranjeros se hará constar su Número de Identidad de Extranjero (NIE), incluso en la inscripción de nacimiento y, en caso de adquisición de la nacionalidad española no originaria, se expresará en el apartado de «Observaciones» de la inscripción de nacimiento el nombre y apellidos que legalmente le correspondían conforme a su anterior estatuto personal y que haya sido acreditado en las actuaciones o expedientes registrales que hayan determinado dicha adquisición.

b) Cada campo de información irá precedido del código que corresponda según lo establecido en los anexos I y II del Convenio número 25 de la Comisión Internacional del Estado Civil relativo a la codificación de las enunciaciones que figuran en los documentos de estado civil hecho en Bruselas el 6 de septiembre de 1995.

Apartados a) y b redactados por Orden/JUS/1468/2007, de 17 de mayo

c) En las respectivas inscripciones principales de matrimonio y defunción se consignará el documento nacional de identidad del inscrito y en la de nacimiento el de sus progenitores.

d) Cada campo de información irá precedido del código que corresponda según lo establecido en los anexos I y II del Convenio número 25 de la Comisión Internacional del Estado Civil relativo a la codificación de las enunciaciones que figuran en los documentos de estado civil hecho en Bruselas el 6 de septiembre de 1995.

§5.1

2. No obstante lo dispuesto en el número anterior, en la cara del reverso de cada una de las hojas móviles el espacio del tercio izquierdo se utilizará tan sólo para la extensión de notas de mera referencia, utilizando el espacio central para la extensión correlativa, por el orden de sus respectivas fechas, de los restantes asientos cualquiera sea su tipología y naturaleza.

3. La utilización de los modernos tratamientos de textos o de otros medios informáticos de redacción y reproducción de textos o imágenes será preceptiva no sólo para la extensión de las inscripciones principales, sino también para las inscripciones, anotaciones y notas marginales, así como para las cancelaciones. Quedan exceptuadas de esta regla las notas marginales de mera referencia, para las que se podrá seguir utilizando el método de estampilla en tinta.

Art. 6. *Expedición de certificaciones.*- 1. Las certificaciones, tanto literales como en extracto, se expedirán directamente a partir de los datos almacenados en las bases informatizadas, previo cotejo de los mismos, en su caso, con los que figuren en los libros y bajo la firma y responsabilidad de quien la expida.

2. Las certificaciones literales de los asientos correspondientes a libros registrales manuales que hayan sido objeto de digitalización y de integración de sus datos de indexación y localización e imágenes en el aplicativo informático Inforeg, podrán consistir en una reproducción gráfica de tales imágenes almacenadas en el sistema. Si la certificación comprendiese asientos correspondientes a libros manuales digitalizados y otros generados por medio del programa Inforeg, la certificación podrá incorporar hojas de reproducción

gráfica de imágenes y otras que respondan al formato normalizado de Inforeg, en función de la naturaleza de la base de datos del sistema de que procedan.

3. En caso de discrepancia entre los datos de los libros y los que figuren almacenados en las bases informatizadas, hayan sido estos generados por Inforeg o procedan de la digitalización de los libros manuscritos, prevalecerán los que figuren en los libros y se practicarán las correspondientes rectificaciones en las bases informáticas para su debida concordancia con los de los libros.

Artículo redactado por Orden/JUS/1468/2007, de 17 de mayo.

Art. 7. *Creación de la base central de datos.*- 1. Se crea la base central de datos de las personas inscritas en los Registros civiles, previsto en el Plan de Informatización de abril de 1998, que tendrá carácter público y naturaleza auxiliar de aquéllos.

§5.1

2. La citada base central de datos dependerá orgánicamente de la Dirección General de los Registros y del Notariado, que podrá establecerlo como una sección diferenciada del Registro Civil central, y se formará con los datos contenidos en las fichas remitidas por todos los Registros civiles españoles (municipales, consulares y central), cuyo contenido será determinado por el mismo centro directivo. La transmisión de los datos podrá tener lugar en soporte informático o por vía telemática.

3. La gestión y tratamiento de la información de la base central de datos deberá realizarse, en todo caso, con pleno respeto a la legislación europea y nacional sobre protección de datos, secreto estadístico y del derecho constitucional a la intimidad personal y familiar.

4. La base central de datos a que se refiere este artículo tendrán las siguientes funciones:

a) Elaborar la estadística nacional de los Registros civiles.

b) Facilitar la ejecución de los acuerdos o Convenios de colaboración entre el Ministerio de Justicia y otros Ministerios, organismos autónomos y entes públicos y el cumplimiento de las disposiciones legales vigentes sobre transferencia de información procedente de los Registros civiles.

c) Proporcionar información sobre los datos registrales obrantes en cualquier sección y Registro Civil de España en relación a persona o personas determinadas, facilitando así el conocimiento de todos los asientos registrales relativos a una misma persona. Esta información se proporcionará a solicitud de persona o entidad interesada y se dará con carácter de nota informativa que no requiere ser autorizada mediante firma del encargado o Secretario, e incluirá los datos del nombre del Registro Civil, sección, tomo, página y fecha del asiento.

Art. 8. *Llevanza informatizada de los índices y ficheros de los Registros civiles.*- 1. Los ficheros de los Registros civiles a que se refiere el artículo 117 del Reglamento del Registro Civil así como los índices de folios registrales regulados por el artículo 107 del mismo Reglamento se llevarán en todo caso por procedimientos informáticos.

2. También podrán llevarse por los mismos procedimientos el libro diario y cualquier otro libro auxiliar, a petición del encargado y previa autorización de la Dirección General de los Registros y del Notariado.

§5.1

Art. 9.

Artículo derogado por Orden/JUS/1468/2007, de 17 de mayo.

Art. 10. *Adaptación de los programas al contenido de la presente Orden.*- En el plazo más breve posible, y nunca más tarde de seis meses, la Subdirección General de Informática del Ministerio de Justicia procederá a realizar las modificaciones pertinentes en el programa piloto actualmente en funcionamiento para permitir el cumplimiento de los objetivos y normas contenidas en la presente Orden, para lo que actuará en coordinación con la Subdirección General de Nacionalidad y Estado civil, y bajo la supervisión de la Dirección General de los Registros y del Notariado.

DISPOSICIÓN ADICIONAL

Única. *Creación de la Comisión Nacional de Informatización de los Registros Civiles.*- 1. Se crea la Comisión Nacional de Informatización de los Registros Civiles, prevista en el apartado número 3 A) del Plan de Informatización aprobado por este departamento en abril de 1998.

2. La Comisión estará presidida por el Director general de los Registros y del Notariado e integrada, además, por el Subdirector general de Nacionalidad y Estado Civil, el Subdirector general de Informática, un representante de la Dirección General de Relaciones con la Administración de Justicia con categoría de Subdirector general, uno de los Magistrados Encargados del Registro

Civil Central y tres encargados de sendos Registros civiles designados por el Presidente de la Comisión, uno de los cuales actuará de Secretario. Además, podrá participar con carácter regular en las sesiones de trabajo de la Comisión un miembro designado por el Consejo General del Poder Judicial.

3. La Comisión Nacional de Informatización de los Registros Civiles tendrá las siguientes funciones:

a) Supervisar la implantación y desarrollo del Plan de Informatización, con arreglo al calendario y previsiones del mismo.

b) Conocer de las incidencias y problemas que surjan en la aplicación práctica de esta Orden.

c) Supervisar la ejecución de las partidas presupuestarias destinadas al proceso de informatización de los Registros civiles.

d) Auxiliar e informar en la preparación de los cursos de formación y en las jornadas informativas previstas en el plan de informatización.

e) Elaborar una Memoria anual sobre sus actuaciones y experiencias y proponer las reformas y modificaciones en el plan, en esta Orden o en la Ley del Registro Civil y su Reglamento en orden a la mejor y más completa ejecución de los objetivos indicados en el precedente artículo.

f) Participar e informar en la elaboración de Convenios entre el Ministerio de Justicia y otros departamentos, organismos autónomos y entes públicos que tengan por objeto la transferencia de información a los mismos procedente de los Registros civiles informatizados.

DISPOSICIONES FINALES

Primera. Se faculta a la Dirección General de los Registros y del Notariado para dictar las instrucciones necesarias para la ejecución de la presente Orden.

Segunda. 1. Esta Orden entrará en vigor al mes de su publicación en el «Boletín Oficial del Estado».

2. El calendario previsto en el Plan de Informatización de los Registros Civiles, que se publica como anexo a la presente Orden, comenzará a contar sus plazos desde la finalización del período de pruebas de las modificaciones introducidas en el programa piloto a que se refiere el artículo 9 de esta Orden, pudiendo adaptarse el ritmo de su implantación a la previsión de dotación presupuestaria que se contiene en la Memoria económica de la presente Orden.

3. El citado calendario se entiende sin perjuicio de abordar en una cuarta fase, y en función de las disponibilidades presupuestarias, la informatización de los Registros civiles delegados a cargo de los Juzgados de Paz, en los que resultará prioritaria la recuperación y llevanza automatizada de los índices y ficheros a que se refieren los artículos 107 y 117 del Reglamento del Registro Civil, así como la dotación a los mismos de telefax u otros medios telemáticos para facilitar la comunicación con los Registros Civiles principales de que dependen.

4. Sin perjuicio de lo anterior, la Dirección General de los Registros y del Notariado podrá disponer mediante instrucción la forma en que los Registros Civiles delegados hayan de comunicar los datos correspondientes a la base central de datos a que se refiere el artículo 7 de esta Orden.

§5.2

DISPOSICIÓN DEROGATORIA

Quedan derogadas todas aquellas disposiciones de igual o inferior rango en lo que resulten contradictorias con el contenido de esta Orden.

§5.2. Orden de 1 de junio de 2001 sobre libros y modelos de los Registros Civiles Informatizados

El artículo 105 del Reglamento del Registro Civil, redactado por el Real Decreto 1917/1986, de 29 de agosto, habilitó al Ministerio de Justicia para decidir, sin perjuicio de la conservación de los libros, la informatización de los Registros y la expedición de certificaciones por ordenador. Posteriormente la Ley Orgánica 7/1992, de 20 de noviembre, reiteró el reconocimiento de la necesidad de informatización disponiendo que las inscripciones registrales podrán ser objeto de tratamiento automatizado, dando nueva redacción al artículo 6 de la Ley del Registro Civil, y la disposición final tercera de esta última establece que reglamentariamente se determinarán los requisitos y la forma de practicar los asientos y expedir las certificaciones. La Orden del Ministerio de Justicia, de 19 de julio de 1999, en aplicación y desarrollo de las citadas previsiones fijó el marco jurídico general a que debería ajustarse la organización y funcionamiento de los Registros Civiles Informatizados, estableciendo las finalidades y objetivos de la informatización, su contenido, sus repercusiones en citada organización y funcionamiento de los Registros civiles, el modo de llevanza de sus libros, la ordenación de los asientos extendidos en los mismos, la forma de expedición de las certificaciones de tales asientos y la creación de la Comisión Nacional de Informatización de los Registros Civiles, como órgano consultivo en la materia, además de otras disposiciones relativas a la creación de una base central de datos, llevanza informatizada de índices y ficheros y recuperación de los archivos anteriores a la informatización de los Registros Civiles. Con ello se puso en marcha el proceso de informatización de los Registros Civiles de España que, a fecha de hoy, ha dado lugar a la elaboración, bajo la supervisión de la Comisión Nacional de Informatización de los Registros Civiles, creada en virtud de la disposición adicional única de la citada Orden, de una aplicación informática especialmente diseñada a tal efecto, denominada INFOREG, que en estos momentos se encuentra técnicamente culminada y que ha sido objeto de un amplio período de experimentación. Desde la creación de la mencionada Comisión Nacional se han llevado a cabo un conjunto muy diverso de actuaciones exigidas por las necesidades derivadas de un proceso de gran complejidad técnica, jurídica y presupuestaria, como es el de la informatización de la totalidad de los Registros Civiles a cargo de Jueces y Magistrados de toda España, que incluyen, entre otras diversas actuaciones de muy distinta naturaleza, además de las relativas al análisis y elaboración de la programación, fijando sus necesidades y requisitos, la elección de un nuevo diseño de libro de hojas móviles y la elaboración de un repertorio totalmente actualizado, y adaptado a un contexto de trabajo informatizado, de los modelos de inscripciones y demás asientos registrales. El Plan de Actuación diseñado para abordar el despliegue efectivo y la implantación práctica del proceso de informatización, de conformidad con las previsiones de la disposición final segunda de la Orden de 19 de julio de 1999, viene integrada por una primera fase consistente en la instalación del cableado apropiado para red, provisión de equipamiento hardware necesario y primera instalación de elementos. La segunda fase prevista consiste en impartir la formación necesaria a los funcionarios del Registro Civil, a cuyo objeto la Subdirección General de Informática de este Ministerio de Justicia ha procedido a la preparación de los técnicos-formadores, de acuerdo con las exigencias de la aplicación diseñada. A punto de ultimar esta segunda fase en el primer grupo de Registros Informatizados se

§5.2

hace necesario dictar esta Orden a fin de investir de fuerza normativa a la aplicación informática elaborada y de aprobación oficial a los nuevos diseños de libros y a los nuevos modelos de asientos propuestos por la Comisión Nacional de Informatización de los Registros Civiles, así como para fijar las reglas imprescindibles para dar fluidez y seguridad al tránsito del sistema tradicional al nuevo sistema informático en la llevanza de los Registros Civiles, y garantizar un adecuado seguimiento de todo el proceso. En su virtud, dispongo:

Art. 1. *Aprobación de la aplicación informática de los Registros Civiles.*- 1. Queda aprobada la aplicación que para la informatización de los Registros Civiles de España ha sido diseñada y elaborada por el Ministerio de Justicia, bajo la supervisión de la Dirección General de los Registros y del Notariado, y que será identificada con la denominación de INFOREG (versión 1.0), cuyas características técnicas se especifican en el anexo de esta Orden.

§5.2

La Resolución de 25 de enero de 2005, cf. *infra*, ha aprobado la versión 2.0 del programa INFOREG y nuevos modelos de asientos para los Registros Civiles informatizados.

2. Los códigos fuente de dicha aplicación informática obran depositados, bajo la indicada denominación, en la Subdirección General de Informática de este Departamento, a quien corresponde su custodia y conservación.

Art. 2. *Aprobación de los modelos de asientos de los Registros Civiles Informatizados.*- 1. Quedan aprobados los modelos de asientos (inscripciones, anotaciones y notas) elaborados por la Comisión Nacional de Informatización de los Registros Civiles para su extensión en los libros mecanizados de los Registros Civiles Informatizados, los cuales figurarán incorporados a la propia aplicación informática INFOREG aprobada.

2. Dichos modelos serán cargados al tiempo de realizarse la instalación de la misma aplicación informática en cada Registro Civil, y su uso tendrá carácter obligatorio, salvo cuando razones de modificaciones normativas, o de alteraciones en la organización registral, o de las particularidades del caso u otras de interés público lo impidan o desaconsejen. Los textos matrices de dichos modelos serán publicados en el Boletín Informativo del Ministerio de Justicia, a efectos divulgativos e informativos, en el plazo de tres meses desde la entrada en vigor de esta Orden.

Art. 3. *De los libros de los Registros Civiles Informatizados.*- Los libros de los Registros Civiles Informatizados y sus hojas móviles se ajustarán a las siguientes reglas:

1ª Los libros que conforme a la Ley han de llevarse en cada una de las cuatro secciones serán uniformes en todos los Registros Civiles Informatizados. Igual regla de uniformidad regirá respecto de los «Libros Complementarios de Inscripciones Marginales».

Redactada por Orden/JUS/568/2006, de 8 de febrero

2ª Dichos libros estarán compuestos de hojas móviles en cuyo margen superior izquierdo figurará preimpreso, y encerrado en un círculo, el escudo de España y una leyenda que diga en la parte superior Ministerio de Justicia, y en la inferior Dirección General de los Registros y del Notariado. El tercio izquierdo del anverso de cada hoja estará separado por una columna vertical que contendrá en impresión codificada la leyenda Ministerio de Justicia. Cada hoja llevará marcas de aguas con el escudo constitucional, e impresa por la aplicación informática en la primera línea la palabra «tomo» seguida de un espacio en blanco y, a continuación, la paginación que le corresponda dentro del libro. En la parte inferior de la hoja, separada por una línea horizontal y en su margen izquierdo, figurará preimpresa la letra «L», seguida de la indicación de las respectivas secciones mediante las iniciales «N», «M», «D» o «T», y continuando con la numeración seriada asignada por la Fábrica Nacional de la Moneda y Timbre a cada libro. El resto del espacio central y margen de la hoja irá en blanco.

Redactada por Orden/JUS/1468/2007, de 17 de mayo

§5.2

3ª El tamaño y formato de las hojas será el correspondiente al estándar DIN-A4. En su confección se utilizará papel de gramaje y composición adecuadas para garantizar una larga conservación y durabilidad, e incorporará elementos de seguridad como marcas de aguas, textos en microimpresión u otros que aseguren la autenticidad de los asientos que en los mismos se extiendan.

4ª Los libros de las cuatro secciones se compondrán de 200 hojas, paginadas de la 1 a la 400, todas válidas para la extensión de inscripciones principales, salvo las veinticinco últimas en la sección de nacimientos, las diez últimas en las de matrimonio y defunciones y las cien últimas en la de tutelas y representaciones legales, que tendrán el carácter de complementarias, destinadas a continuar el historial registral correspondiente a las hojas cuyo espacio se haya agotado. Estas hojas vendrán identificadas con la leyenda impresa complementaria, que las atravesará. Además, cada libro contiene una hoja de apertura y otra de cierre, con el único literal Diligencia de Apertura y Diligencia de Cierre, respectivamente.

5ª Todas las hojas se sellarán con el del Juzgado respectivo, lo que deberá hacerse inmediatamente después de extendida la Diligencia de Apertura del libro, dejando nota acreditativa de haberse efectuado a continuación de aquella diligencia, que será firmada por el Encargado.

6ª Cada hoja de los libros de las secciones de nacimientos, matrimonios y tutelas, abarcando sus dos páginas (anverso y reverso), contendrá una sola inscripción. Las inscripciones de defunción comprenderán una sola página. La impresión de los libros de las tres primeras secciones se hará con arreglo a los modelos que acompañen la aplicación informática aprobada y que aparecen incorporados a la misma, en el propio Registro y a medida de la extensión de los asientos respectivos.

7ª El lomo o canto de los libros podrá figurar en distintos colores por secciones, para facilitar el manejo del archivo.

Art. 4. *De las certificaciones expedidas por los Registros Civiles Informatizados.*- 1. El tamaño y formato de las certificaciones de los asientos extendidos en los Registros Civiles mediante el empleo de la aplicación informática a que se refiere el artículo 1 de esta Orden será el correspondiente al estándar DIN-A4. En su confección se utilizará papel de gramaje y composición adecuadas para garantizar una larga conservación y durabilidad, e incorporará elementos de seguridad como marcas de aguas, textos en microimpresión u otros que aseguren su autenticidad.

2. El papel empleado en tales certificaciones se encabezará con el escudo de España y la leyenda Ministerio de Justicia, que figurará en su margen superior izquierdo, y a la misma altura y en su margen derecho la de Registro Civil. España, que aparecerán preimpresos. En el margen izquierdo de la última línea figurará la numeración seriada que le sea asignada por la Fábrica Nacional de la Moneda y Timbre. El resto del papel figurará en blanco hasta su efectiva utilización.

3. Los citados certificados responderán a los modelos oficiales aprobados por las disposiciones vigentes, e incluirán, a continuación de la cita de éstas, una referencia a la presente Orden.

4. En la certificación deberá figurar su carácter de literal o en extracto, o bien literal a los exclusivos efectos de obtención del Documento Nacional de Identidad. Antes de la reproducción del contenido de los asientos certificados deberá figurar el número total de hojas de que consta el certificado y el número correlativo de cada una, sellándose todas ellas con el sello del Registro en forma que se garantice la integridad y unidad documental de la certificación.

Redactado por Orden/JUS/1468/2007, de 17 de mayo

Art. 5. *De la puesta en marcha de la informatización de los Registros Civiles.-* 1. Una vez le sea comunicada oficialmente por el Ministerio de Justicia al Encargado o Encargados de un Registro Civil su incorporación efectiva al proceso de informatización, de acuerdo con el Plan de Actuación diseñado al efecto, y tras la adecuada instalación de equipos y programas, aquéllos deberán adoptar las disposiciones de organización necesarias para permitir que los funcionarios a su cargo, adscritos a funciones registrales, puedan recibir la formación necesaria para el manejo de los equipos y programas informáticos, ateniéndose para ello a las indicaciones que, bajo la supervisión de la Dirección General de los Registros y del Notariado, reciban de la Subdirección General de Informática de este Departamento.

2. Ultimada la fase de formación de los funcionarios usuarios del sistema, los equipos y la aplicación informática instalados deberán entrar en un período de pruebas y prácticas, que no podrá exceder de un mes, durante el cual el Registro Civil deberá funcionar en paralelo, extendiendo los asientos y certificaciones por el sistema tradicional y, además, por el nuevo sistema informático, si bien los libros de hojas móviles empleados durante tal período no serán legalizados ni firmados sus asientos. 3. Concluido dicho período de pruebas, el Encargado o los respectivos Encargados, actuando en este último caso colegiadamente, y no concurriendo causa justificada que lo impida, deberán adoptar el acuerdo de cerrar los libros tradicionales mediante la correspondiente diligencia, como última actuación registral del día fijado para ello, dentro del plazo máximo señalado en el apartado anterior. El siguiente día hábil a aquel en que haya tenido lugar dicho cierre, procederán dichos Encargados a extender como primera actuación registral Diligencia de Apertura en los nuevos libros de

§5.2

hojas móviles que vayan a emplear. El citado acuerdo y las diligencias que en su ejecución se extiendan deberán referirse necesariamente a los libros de las cuatro secciones. 4. De dichas Diligencias de Cierre y Apertura darán cuenta los Encargados, a través del correspondiente oficio, a la Dirección General de los Registros y del Notariado, a efectos del seguimiento y puntual ejecución del Plan de Actuación de la informatización de los Registros Civiles.

Art. 6. *Seguimiento de incidencias, informes y consultas relativas al proceso de informatización de los Registros Civiles.-* **1.** Los Encargados de los Registros Civiles que hayan ejecutado las actuaciones a que se refiere el artículo anterior, deberán dar cuenta al Ministerio de Justicia, a través de la Subdirección General de Informática, de cuantas incidencias se planteen relativas a la aplicación informática INFOREG instalada en los respectivos Registros Civiles a su cargo.

§5.2

2. La Subdirección General de Informática elevará un informe trimestral a la Dirección General de los Registros y del Notariado sobre la evolución del Plan de Actuación y de las incidencias detectadas durante el correspondiente trimestre durante el período a que se extienda la efectiva implantación del sistema informático en la totalidad de los Registros Civiles principales de España, pudiendo someterle las consultas que estime necesarias. La Dirección General de los Registros y del Notariado podrá, antes de resolver sobre estas últimas, someterlas a la consideración no vinculante de la Comisión Nacional de Informatización de los Registros Civiles.

DISPOSICIÓN TRANSITORIA

Única. *De la subsistencia de los libros y modelos de asientos y certificados tradicionales en los Registros Informatizados.-* **1.** Continuará en vigor la Orden de este Ministerio, de 24 de diciembre de 1958, y demás disposiciones vigentes en materia de libros y modelos del Registro Civil, respecto de los asientos que hayan de extenderse en el futuro en los Registros Civiles hasta la fecha de su informatización, entendiendo por tal aquélla en que tenga lugar el cumplimiento de las diligencias a que se refiere el artículo 5 de esta Orden. A partir de dicha fecha, sólo se podrán extender en tales libros los correspondientes asientos al margen de las inscripciones principales ya practicadas. **2.** En tanto no se dicten nuevas instrucciones por parte de la Dirección General de los Registros y del Notariado, seguirán en vigor las normas actuales en materia de solicitud, suministro y comunicación de la recepción de los libros de los Registros Civiles.

DISPOSICIONES ADICIONALES

Primera. *Cooperación entre el Ministerio de Justicia y las Comunidades Autónomas.*- En el ámbito de la presente Orden el Ministerio de Justicia cooperará con las Comunidades Autónomas que hayan recibido traspasos en materia de medios al servicio de la Administración de Justicia, prestando su colaboración en lo relativo a las actuaciones que, en su caso y en ejercicio de sus competencias, éstas desarrollen en cuanto a la instalación de los equipos informáticos, formación en su manejo y seguimiento de las incidencias que en su funcionamiento se produzcan.

§5.2

Segunda. *Actas de las declaraciones de nacimiento.*- En los casos de delegación a que se refieren las reglas 3 y 4 del artículo 44 del Reglamento del Registro Civil, en el ámbito de las inscripciones ordinarias de nacimiento, se faculta a los funcionarios delegados para que puedan convertir en acta el propio cuestionario oficial de la declaración del nacimiento, mediante la incorporación de una diligencia de autenticación, autorizada bajo firma de aquel, que recoja la ratificación del contenido del cuestionario por parte del declarante, previa constatación fehaciente de su identidad y capacidad, así como el lugar y momento de su ratificación y subsiguiente firma por el mismo o, en su caso, por dos testigos a su ruego.

DISPOSICIONES FINALES

Primera. *Habilitación de desarrollo y ejecución.*- 1. Se faculta a la Dirección General de los Registros y del Notariado para dictar las resoluciones e instrucciones de desarrollo necesarias para la ejecución de la presente Orden. 2. Se faculta a la Dirección General de los Registros y del Notariado para autorizar las modificaciones en las sucesivas versiones de la aplicación INFOREG aprobada, en los modelos de asientos o en la confección de los libros que vengan exigidas por reformas normativas, por cambios en la organización registral o aconsejadas por la experiencia alcanzada, por razones de interés y conveniencia pública o de mejor llevanza de los Registros, a propuesta de la Comisión Nacional de Informatización de los Registros Civiles o de propia iniciativa. 3. Se faculta a la

Dirección General de los Registros y del Notariado para dictar las instrucciones necesarias en materia de pedido y suministro de los libros y papel para las certificaciones, y respecto de las comunicaciones de su recepción, por parte de los respectivos Registros Civiles.

Segunda. *Entrada en vigor.-* La presente Orden entrará en vigor el día siguiente de su publicación en el Boletín Oficial del Estado.

DISPOSICIÓN DEROGATORIA

Única. 1. Queda derogada la Orden de 24 de diciembre de 1958 sobre libros y modelos del Registro Civil, a salvo lo que se indica en la precedente disposición transitoria.

2. Quedan derogados los apartados 3 y 4 del artículo 4 y las letras a) y b) del artículo 5 de la Orden de 19 de julio de 1999, sobre informatización de los Registros Civiles, así como cuantas disposiciones de igual o inferior rango resulten contradictorias con el contenido de esta Orden.

§5.3. Orden JUS/1468/2007, de 17 de mayo, sobre Impulso a la informatización de los Registros Civiles y digitalización de sus archivos

I

El Registro Civil es un instrumento fundamental en la vida de los ciudadanos que requieren sus servicios para la realización de numerosos trámites y procedimientos.

La incorporación de las Tecnologías de la Información y la Comunicación al Registro Civil es sin duda indispensable para conseguir un Registro capaz de satisfacer las necesidades de los ciudadanos de la sociedad actual, que requieren la exigencia de Registros públicos accesibles que permitan obtener la información contenida en los asientos registrales de forma fácil y rápida.

El proyecto de informatización de los Registros Civiles se puso en marcha a partir de 1999 fecha en la que se aprobó la Orden del Ministerio de Justicia de 19 de julio sobre Informatización de los Registros Civiles dictada al amparo de la disposición final tercera de la Ley del Registro Civil de 1957.

II

Entre los antecedentes normativos del proceso de informatización, se debe destacar el art. 105 del Reglamento del Registro Civil, redactado por el Real Decreto 1917/1986, de 29 de agosto, habilitó al Ministerio de Justicia para decidir, sin perjuicio de la conservación de los libros, la informatización de los Registros y la expedición de certificaciones por ordenador.

Posteriormente, la Ley Orgánica 7/1992, de 20 de noviembre, teniendo en cuenta el volumen de certificaciones y actuaciones registrales existentes, y partiendo de la idea de que la aplicación a la gestión del Registro Civil de las nuevas técnicas de tratamiento automatizado de datos hacía necesario crear en la Ley del Registro Civil, de 8 de julio de 1957, la base jurídica para superar la forma de documentación tradicional, estableció la previsión legal para proceder a la informatización efectiva del Registro Civil como medio de coadyuvar a hacer realidad su modernización en beneficio de los administrados.

§5.3

Para ello introdujo tres previsiones normativas. La primera consistió en añadir un párrafo cuarto al art. 6 de la Ley del Registro Civil de 8 de junio de 1957 con la siguiente redacción: «Las inscripciones registrales podrán ser objeto de tratamiento automatizado». La segunda incorporó una disposición adicional a la Ley del Registro Civil de 8 de junio de 1957 con la siguiente redacción: «A los efectos establecidos en el art. 6 de la presente Ley, las referencias que en la misma se realizan a los libros y asientos registrales, podrán entenderse referidas a los ficheros automatizados de datos registrales y al tratamiento de éstos». Finalmente, la tercera introdujo una disposición final tercera a la Ley del Registro Civil de 8 de junio de 1957 con el siguiente tenor: «Reglamentariamente se establecerán los requisitos, la forma de practicar los asientos y expedir certificaciones y las demás condiciones que afecten al establecimiento y gestión de los ficheros automatizados de datos registrales».

En desarrollo de esta última previsión la Orden del Ministerio de Justicia de 19 de julio de 1999, sobre informatización de los Registros Civiles, fijó el marco jurídico general a que debería ajustarse la organización y funcionamiento de los Registros civiles informatizados, estableciendo las finalidades y objetivos de la informatización, su contenido, sus repercusiones en la citada organización, el modo de llevanza de sus libros, la creación de una base central de datos y la recuperación de los archivos anteriores a la informatización de los Registros civiles.

La ejecución de las previsiones de dicha Orden dio lugar a la elaboración de una aplicación informática especialmente diseñada al efecto, denominada INFOREG, la cual se encuentra en estos momentos implantada y en plena explotación en la mayor parte de los Registros civiles principales, a cargo de Jueces y Magistrados, de España, cuyas funcionalidades principales van dirigidas a permitir la utilización de tratamientos de textos en la redacción de los asientos registrales, el almacenamiento electrónico de los datos, permitir la conexión de los datos sobre una misma persona inscritos en Secciones diferentes de diversos Registros civiles y facilitar la transmisión masiva de datos de utilidad pública a los organismos públicos que tengan interés en ellos, con pleno respeto a los límites legales sobre publicidad restringida, protección de datos personales y al derecho a la intimidad personal y familiar.

III

Pero, además de los objetivos anteriores, el art. 9 n° 1 de la Orden de 19 de julio de 1999 fijaba una finalidad adicional consistente en la recuperación informática de los archivos anteriores a la informatización de los Registros civiles. En particular dicha disposición preveía que la recuperación informática de los asientos relativos a inscripciones anteriores a la implantación de la aplicación informática se realizaría progresivamente en función de las posibilidades presupuestarias y abarcaría todas las inscripciones de nacimiento, matrimonio y defunción practicadas en los Registros civiles desde 1950.

Sin embargo, esta funcionalidad no estaba incorporada a la aplicación INFOREG antes mencionada. Para cubrir esta laguna el Ministerio de Justicia ha suscrito junto con la Entidad Pública Empresarial Red.es un Convenio marco de Colaboración para la puesta en marcha del programa «Registro Civil en Línea», firmado el 17 de mayo de 2006, que contempla, entre otras actuaciones, un proyecto de digitalización y grabación de los libros manuscritos de los Registros Civiles principales, a cargo de Jueces y Magistrados, y de los Registros Civiles delegados, a cargo de los Jueces de Paz.

§5.3

La recuperación informática de los asientos relativos a inscripciones anteriores a la implantación de la aplicación informática Inforeg, que constan en los tradicionales libros manuscritos, se ha de realizar progresivamente en el calendario contemplado en el Convenio marco antes citado y debe abarcar todas las inscripciones de nacimiento, matrimonio, defunciones y tutelas y demás representaciones legales practicadas en los Registros Civiles municipales, tanto principales como delegados, desde 1950. Esta recuperación informática consiste en la digitalización de las páginas de los libros registrales, consistente en su escaneo e indexación, y en la grabación informática básica de los datos de los asientos registrales que permitan la búsqueda y consulta de la página y tomo digitalizado en que se encuentren.

A fin de permitir la ejecución práctica de la recuperación informática de los archivos integrados por los tradicionales libros manuscritos de los Registros Civiles anteriores a su informatización, se hace preciso aprobar las modificaciones de la aplicación informática actualmente utilizada en los Registros Civiles de España, dotar de cobertura normativa y definir los procedimientos y características esenciales del proceso de digitalización de los libros registrales manuscritos, así como adaptar las reglas por las que se rige la organización y llevanza de los libros que forman el archivo de los Registros Civiles informatizados a las necesidades impuestas por el proceso de informatización, y a las exigencias que se derivan de instrumentos internacionales como el Convenio nº 31 de la Comisión Internacional del Estado Civil relativo a la Comunicación Internacional por vía electrónica, hecho en Atenas el 17 de septiembre de 2001.

A este objetivo prioritario se encamina la presente Orden ministerial que responde a la necesidad de dotar de un nuevo impulso a la informatización de los Registros Civiles en coherencia con los nuevos hitos que han hecho de las Nuevas Tecnologías de la Información y de la Comunicación una prioridad para el Gobierno, en el contexto de la Unión Europea, como el Plan Avanza aprobado por el Consejo de Ministros de 4 de noviembre de 2005, que, a su vez se enmarca en los ejes estratégicos del Programa Nacional de Reformas diseñado por el Gobierno para cumplir con la Estrategia de Lisboa, y que pretende entre otros objetivos impulsar la puesta a disposición de nuevos servicios públicos en línea más accesibles y eficientes.

§5.3

En su virtud, previo informe de la Agencia Española de Protección de Datos y de la Comisión Ministerial de Administración Electrónica del Ministerio de Justicia, dispongo:

Art. 1. *Objeto.* Esta Orden tiene por objeto impulsar la informatización de los Registros Civiles y para ello:

a) Se aprueba la versión de la aplicación informática Inforeg (4.0) de los Registros Civiles.

b) Se crea el Libro Complementario de Inscripciones Marginales que existirá respecto de las Secciones primera o «De nacimientos y general», segunda o «De matrimonios», tercera o «De defunciones» y cuarta o «De tutelas y representaciones legales».

c) Se regula el proceso de recuperación digital de los archivos manuscritos anteriores a la informatización de los Registros así como la gestión de las incidencias relativas a este proceso.

d) Se modifican las reglas por las que se rige la organización y llevanza de los libros que forman el archivo de los Registros Civiles Informatizados.

e) Se regula la posibilidad de la gestión informática de los expedientes tramitados en los Registros Civiles.

Art. 2. *Aprobación de la versión 4.0 de la aplicación informática de los Registros Civiles. Nuevas funcionalidades del sistema.* 1. Queda aprobada la nueva versión de la aplicación para los Registros Civiles informatizados de España elaborada por el Ministerio de Justicia, bajo la supervisión de la Dirección General de los Registros y del Notariado, que será identificada con la denominación de «INFOREG» (versión 4.0), cuyas características técnicas se especifican en el anexo I de esta Orden.

2. El aplicativo informático Inforeg (versión 4.0), además de cumplir todas las funcionalidades prestadas por las versiones anteriores, incorporará las siguientes:

a) Lengua de redacción de los asientos: permitir el cumplimiento de lo dispuesto en el párrafo final del art. 23 de la Ley del Registro Civil, facilitando que los asientos registrales puedan redactarse en lengua castellana o en la lengua oficial propia de la Comunidad Autónoma en que radique el Registro Civil en los casos en que así proceda de acuerdo con la legislación vigente;

§5.3

b) Firma electrónica: se incorporarán los equipos y programas necesarios a fin de permitir a los Encargados, Secretarios y demás funcionarios adscritos al Registro Civil, con funciones de firma de asientos o certificaciones, el uso de firma electrónica reconocida, en los términos establecidos en la Ley 59/2003, de 19 de diciembre, de Firma Electrónica satisfaciendo las características de autenticación, confidencialidad, integridad, no repudio y sellado de tiempo.

Se habilita a la Dirección General de los Registros y del Notariado para determinar los grupos de usuarios que serán autorizados para el uso de la firma electrónica de entre los antes citados, momento en que tal autorización deba ser efectiva y relación de actuaciones y comunicaciones que podrán realizarse mediante el empleo de la firma electrónica, entre las que podrá figurar la remisión de partes y duplicados de inscripciones entre los Registros Civiles Consulares y el Registro Civil Central, y entre los Registros Civiles Municipales y el Central, respectivamente, en los términos establecidos en el art. 18 de la Ley del Registro Civil, en su redacción dada por la Ley 24/2005, de 18 de noviembre, de Reformas para el Impulso de la Productividad, así como los partes comunicando la inscripción de un matrimonio, tutela o defunción para la extensión de la correspondiente nota en la inscripción de nacimiento, conforme a lo previsto en los arts. 39 de la Ley del Registro Civil y 159 de su Reglamento.

c) Asientos digitalizados: integración de las imágenes de los asientos obrantes en los libros digitalizados y de los datos grabados procedentes de tales asientos en la aplicación informática de forma operativa, permitiendo cumplir todas las funcionalidades propias de la misma.

Art. 3. *Depósito de códigos fuente, administración del sistema y protección de datos.* 1. Los códigos fuente de la nueva versión 4.0 de la aplicación informática «Inforeg» deberán permanecer depositados, bajo la indicada denominación, en la Subdirección General de Nuevas Tecnologías, adscrita a la Dirección General de Relaciones con la Administración de Justicia de este Departamento, a quien corresponde su custodia y conservación.

2. Igualmente corresponde a la citada Subdirección General la responsabilidad de la realización de las tareas necesarias de administración del sistema que garanticen el correcto funcionamiento, la custodia y la seguridad del mismo.

§5.3

3. Lo establecido en la presente Orden ministerial se aplicará en todo caso de conformidad con lo dispuesto en la Ley Orgánica 15/1999, de 13 de diciembre, de Protección de Datos de Carácter Personal y su normativa de desarrollo.

Art. 4. *Modificación de la Orden del Ministerio de Justicia de 1 de junio de 2001 sobre libros y modelos de los Registros Civiles Informatizados.* La Orden del Ministerio de Justicia de 1 de junio de 2001 sobre libros y modelos de los Registros Civiles Informatizados, se modifica en los siguientes términos:

Uno. Las reglas 1ª y 2ª del art. 3 relativo a «Los libros de los Registros Civiles Informatizados» quedan redactados del siguiente modo: ...

Dos. Se modifica el apartado 3 y se introduce un nuevo apartado 4 en el art. 4 con la siguiente redacción: ...

§5.3

Art. 5. *Modificación de la Orden del Ministerio de Justicia de 19 de julio de 1999 sobre informatización de los Registros civiles.* La Orden del Ministerio de Justicia de 19 de julio de 1999 sobre informatización de los Registros Civiles, se modifica en los siguientes términos: ...

Dos. El art. 6 queda redactado del siguiente modo:

Art. 6. *Creación del Libro Complementario de Inscripciones Marginales.* 1. Se crea el «Libro Complementario de Inscripciones Marginales» respecto de las Secciones primera o «De nacimientos y general», segunda o «De matrimonios», tercera o «De defunciones» y cuarta o «De tutelas y representaciones legales», debiendo existir en todo momento uno abierto por cada una de las citadas Secciones de cada Registro Civil, con una numeración seriada y diferenciada por Secciones.

2. El objeto de dichos Libros es el de permitir la extensión en los mismos de las sucesivas inscripciones, anotaciones y notas marginales que se hayan de practicar en relación con los hechos o actos relativos al estado civil de las personas cuya inscripción principal, con la que esté relacionada por conexión conforme al art. 46 de la Ley del Registro Civil, conste extendida en libros registrales manuscritos abiertos con anterioridad a la informatización del correspondiente Registro Civil y que hayan sido objeto del proceso de digitalización a que se refiere el art. 7 de esta Orden ministerial.

3. Los libros a que se refiere el presente artículo se encuentran sujetos a la regla de unidad documental respecto de los libros ordinarios de las Secciones

primera, segunda, tercera y cuarta de cada Registro a que respectivamente complementan, de forma que, a fin de salvaguardar este principio, antes de practicarse en cada una de sus hojas la primera inscripción, anotación o nota marginal se consignará referencia al tomo, página, Sección y, en su caso, Distrito de procedencia en que conste practicada la correlativa inscripción principal a la que se encuentre vinculada por identidad de la persona o matrimonio a que se refiera, formando conjuntamente un único folio registral o registro particular de cada persona o vínculo matrimonial.

4. Una vez extendida en el anverso de cada hoja la primera inscripción, anotación o nota marginal, los sucesivos asientos se extenderán correlativamente por su orden cronológico, irán identificados individualmente por una letra del alfabeto en orden sucesivo y encabezados por la indicación de su respectiva naturaleza de «inscripción marginal», «anotación marginal» o «nota marginal», las cuales, en su caso, se relacionarán entre sí mediante las oportunas notas de referencia, que se extenderán en el tercio izquierdo de la página. En cada una de las hojas de estos libros no podrán consignarse más asientos que los relacionados directamente con una misma y única inscripción principal, esto es, relativos a una misma persona o matrimonio y respetando las reglas sobre distribución por Secciones registrales.

5. Se utilizarán con este carácter de Libros Complementarios de Inscripciones Marginales los libros de hojas móviles ordinarios regulados en el apartado 4 del art. 3 de la Orden de 1 de junio de 2001 sobre libros y modelos de los Registros Civiles Informatizados. Dichos Libros quedan identificados por la impresión mediante el aplicativo INFOREG de la letra «M» en cada una de las hojas en las que se procedan a extender inscripciones, anotaciones o notas marginales.

6. Además, cada libro contendrá una hoja de apertura y otra de cierre, con el único literal «Diligencia de Apertura-Libro Complementario de Inscripciones Marginales» y «Diligencia de Cierre-Libro Complementario de Inscripciones Marginales», respectivamente, que se ajustarán a los modelos que figuran en el anexo III de esta Orden ministerial.

7. La redacción de los asientos en los Libros Complementarios de Inscripciones Marginales se realizará sujetándose a los modelos oficiales aprobados en cada momento, y se extenderán de forma que, tanto en el anverso como en el reverso de cada una de las hojas, el espacio del tercio izquierdo se utilizará tan sólo para consignar notas de referencia, utilizando el espacio central para

§5.3

la extensión correlativa, por el orden de sus respectivas fechas, de los demás asientos cualquiera sea su tipología y naturaleza.

8. En todo lo referido a foliado, sellado, visado, apertura, cierre, composición, tamaño y formato de los libros complementarios de inscripciones marginales se regirán por las demás reglas vigentes relativas a los libros de los Registros Civiles informatizados.

Art. 7. *Recuperación de los archivos anteriores a la informatización de los Registros Civiles mediante la digitalización de los libros registrales manuscritos.*
1. La recuperación informática de los asientos relativos a inscripciones anteriores a la implantación de la aplicación informática Inforeg aprobada por la Orden del Ministerio de Justicia de 1 de junio de 2001, que constan en los tradicionales libros manuscritos, se realizará progresivamente en el calendario contemplado en el Convenio marco de colaboración entre el Ministerio de Justicia y la Entidad Pública Empresarial Red.es para la puesta en marcha del programa «Registro Civil en Línea» firmado el 17 de mayo de 2006, y abarcará todas las inscripciones de nacimiento, matrimonio, defunciones y tutelas y demás representaciones legales practicadas en los Registros Civiles municipales, tanto principales como delegados, desde 1950.

2. La recuperación informática a que se refiere el punto anterior se realizará llevando a cabo las siguientes actuaciones:

a) la digitalización de las páginas de los libros registrales consistente en su escaneo e indexación; y

b) la grabación informática básica de los datos de los asientos registrales que permitan la búsqueda y consulta de la página y tomo digitalizado en que se encuentren.

3. Inmediatamente antes de comenzar la digitalización de que trata la letra a) anterior, y respecto de cada uno de los tomos del archivo, el Encargado del Registro Civil correspondiente extenderá en estos una diligencia de cierre provisional, que se convertirá en definitivo en el momento de la recepción de las imágenes digitalizadas y datos grabados prevista en el apartado 5 de este artículo. Entre las fechas de cierre provisional y definitivo, que no podrán distar más de 7 días hábiles entre sí, no se extenderá, como regla general, ningún asiento en el tomo diligenciado salvo por causa excepcional, grave y debidamente justificada, sin perjuicio de que el Encargado levante acta de las declaraciones relativas a hechos inscribibles en los términos previstos por

§5.3

la legislación vigente. Una vez extendida la diligencia de cierre definitivo se procederá a la inutilización de los restantes folios en blanco del libro, trazando en toda su extensión un aspa e indicando al pie de cada uno su carácter de «Inutilizado», con la rúbrica del Secretario o Encargado, y sello de la oficina. En el último folio se pondrá nota de referencia a la de cierre. Las diligencias de cierre provisional y definitivo de que trata este apartado se sujetarán en su redacción a los modelos que figuran en el anexo III de esta Orden ministerial.

Respecto de los asientos que excepcionalmente se extiendan después del cierre provisional hasta el definitivo deberá realizarse una relación individualizada y circunstanciada a fin de facilitar un nuevo e inmediato escaneo de las páginas registrales en que tales asientos se hayan extendido.

4. La digitalización a que se refiere el apartado a) del número 2 anterior ha de cumplir los siguientes requerimientos y especificaciones:

§5.3

a) los dispositivos de digitalización o escaneo para la obtención de copias digitales de los libros registrales en papel se configurarán con una resolución de puntos por pulgadas y con una escala cromática suficiente para obtener una calidad, al menos, similar a una fotocopia;

b) cada página digitalizada será indexada con una clave que la identificará de forma única en el fondo documental y que servirá para su posterior integración en Inforeg. La clave estará formada por los siguientes datos: Registro Civil, Sección, Tomo y Página;

c) para cada página digitalizada o escaneada se generará una imagen master, utilizada para fines de preservación, y una imagen derivada, que será objeto de incorporación a Inforeg para su utilización en la gestión ordinaria del Registro, conforme a lo previsto en el apartado 7 de este artículo.

Las imágenes master y las imágenes derivadas a que se refiere el precedente párrafo se generarán en formato «TIFF 6.0» y «JPEG», respectivamente. Se habilita a la Dirección General de los Registros y del Notariado para acordar la modificación de tales formatos.

5. La grabación informática de los datos de los asientos registrales se realizará de forma manual siempre que resulte imposible utilizar técnicas de reconocimiento automático de caracteres (OCR) y tendrá por objeto, al menos, aquellos datos que permitan la búsqueda y consulta de la página y tomo digitalizado en que se encuentren, sin perjuicio de la facultad de la Dirección General de los Registros y del Notariado para acordar en la forma y plazos que determine su extensión a aquellos otros datos que resulten precisos para

permitir generar automáticamente por la propia aplicación informática certificaciones en extracto.

6. La grabación de los datos a que se refiere el punto anterior de este artículo podrá realizarse en un centro de grabación cuya ubicación física sea distinta a la propia sede del Registro Civil digitalizado. En este caso, las imágenes generadas por el proceso previo de digitalización de los libros registrales deberán remitirse convenientemente cifradas al centro de grabación, bien de forma telemática, bien mediante soporte físico, de forma que quede garantizada en todo momento la disponibilidad, integridad y confidencialidad de los datos conforme a las exigencias del plan de seguridad que elaborará la Subdirección General de Nuevas Tecnologías, bajo la supervisión de la Dirección General de los Registros y del Notariado, a que se refiere el anexo II de esta Orden.

§5.3

La remisión de las imágenes al centro de grabación requiere la previa autorización formal del Encargado del Registro Civil, en tanto que responsable de la custodia de sus libros, conforme al art. 100 del Reglamento del Registro Civil. Esta autorización podrá ser única para todo el proceso de digitalización.

7. Una vez llevadas a cabo las actuaciones de digitalización y grabación de datos a que se refiere el apartado 2 de este artículo, se realizará desde el centro de grabación un proceso de remisión y entrega tanto de las imágenes derivadas como de los datos grabados al Registro Civil de procedencia, cuyo Encargado comunicará a la Dirección General de los Registros y del Notariado su recepción, y realizará una revisión de la información digital recibida como parte de la actividad ordinaria del Registro al tiempo de realizar nuevas inscripciones en los Libros Complementarios de Inscripciones Marginales y al expedir certificaciones referentes a asientos que obren en los libros registrales manuscritos que hayan sido objeto de digitalización durante el año siguiente a tal recepción. La remisión de imágenes y datos de que trata este apartado se realizará de forma telemática a través de una línea de comunicaciones segura, bajo las mismas condiciones y garantías prescritas en el apartado 5 de este artículo.

8. El resultado de la digitalización y grabación será incorporado al aplicativo Inforeg en su versión 4.0 aprobada por el art. 2 de esta Orden ministerial, de forma que las imágenes y datos grabados queden integrados en la misma de forma operativa, permitiendo cumplir todas las funcionalidades propias del mismo. Para ello, en particular, se garantizarán los enlaces recíprocos, mediante vínculos automáticos, entre los datos e imágenes correspondientes a las

inscripciones principales procedentes de los libros manuscritos digitalizados y las inscripciones marginales que se extiendan en los Libros Complementarios regulados en el art. 6 de la presente Orden.

Art. 8. *Seguimiento de incidencias, informes y consultas relativas al proceso de digitalización de los libros manuscritos de los Registros Civiles.* 1. Los Encargados de los Registros Civiles en que se haya iniciado la ejecución de las actuaciones a que se refiere el artículo anterior, deberán dar cuenta al Ministerio de Justicia, a través de la Subdirección General de Nuevas Tecnologías, de cuantas incidencias se planteen relativas a la digitalización de los libros manuscritos o relativas a la incorporación y gestión de las imágenes y datos grabados en la aplicación informática Inforeg instalada en los respectivos Registros Civiles a su cargo.

2. La Subdirección General de Nuevas Tecnologías elevará un informe mensual a la Dirección General de los Registros y del Notariado sobre la evolución del proceso de digitalización y de las incidencias detectadas durante el correspondiente mes a lo largo del período a que se extienda la efectiva realización del proceso de digitalización regulado en el art. 7 de esta Orden ministerial en la totalidad de los Registros Civiles municipales de España, pudiendo someterle las consultas que estime necesarias. La Dirección General de los Registros y del Notariado podrá, antes de resolver sobre estas últimas, someterlas a la consideración no vinculante de la Comisión Nacional de Informatización de los Registros Civiles y determinar de común acuerdo con la Entidad Pública Empresarial Red.es, a la vista de la experiencia acumulada, las modificaciones convenientes en el procedimiento de gestión de incidencias.

§5.3

DISPOSICIONES ADICIONALES

Primera. *Gestión de los expedientes tramitados en los Registros Civiles mediante procedimientos informáticos.* El Ministerio de Justicia, a través de la Dirección General de los Registros y del Notariado, desarrollará las actuaciones jurídicas, administrativas y técnicas necesarias a fin de permitir, por medio del correspondiente aplicativo, la gestión íntegramente informatizada de los expedientes tramitados en los Registros Civiles, con arreglo a la legislación vigente, facilitando su integración con la aplicación informática Inforeg y garantizando su conectividad y plena compatibilidad con las bases y programas informáticos utilizados por la Dirección General de los Registros y del Notariado para la tramitación de los expedientes sobre nacionalidad de su competencia.

Segunda. *Idioma en que se redactarán los modelos de diligencias de apertura y cierre y asientos de los libros registrales.* 1. Los modelos de diligencias de apertura y cierre incorporados al Anexo III de esta Orden ministerial serán bilingües en los Registros Civiles de las Comunidades Autónomas con idioma oficial propio, además del castellano, conforme a las traducciones que aprobará la Dirección General de los Registros y del Notariado, a propuesta de los órganos competentes de las respectivas Comunidades Autónomas.

2. Los asientos registrales que se hayan de redactar en lengua oficial propia de la Comunidad Autónoma en que radique el Registro Civil distinta del castellano, en los casos en que proceda legalmente de acuerdo con lo dispuesto por el párrafo final del art. 23 de la Ley del Registro Civil, se ajustarán a los modelos en cada momento vigentes con arreglo a la traducción oficial que de los mismos se apruebe, las cuales serán incorporadas a la aplicación Inforeg por la Dirección General de Relaciones con la Administración de Justicia, a través de la Subdirección General de Nuevas Tecnologías, inmediatamente después de producida su aprobación.

DISPOSICIÓN TRANSITORIA

Única. *Implantación gradual.* La implantación de la nueva versión 4.0 de Inforeg en los Registros Civiles de España, así como del aplicativo destinado a la gestión informática de los expedientes tramitados en dichos Registros Civiles, se llevará a cabo de forma gradual a medida que las disponibilidades técnicas y presupuestarias lo permitan.

DISPOSICIÓN DEROGATORIA

Única. *Derogación normativa.* 1. Queda derogado el art. 9 la Orden del Ministerio de Justicia de 19 de julio de 1999 sobre informatización de los Registros Civiles, así como cuantas disposiciones de igual o inferior rango resulten contradictorias con el contenido de esta Orden.

2. Se suprime el modelo número 6 sobre «Aviso para la celebración de matrimonio canónico» y «Recibo de aviso de matrimonio» aprobado por la Orden

§5.3

de 24 de diciembre de 1958, por la que se dan distintas normas concernientes a la puesta en vigor de la Ley del Registro Civil de 8 de junio de 1957.

DISPOSICIONES FINALES

Primera. *Título competencial.* Esta Orden se dicta al amparo de la regla 8ª del art. 149.1 de la Constitución española que atribuye al Estado la competencia exclusiva en materia de ordenación de los Registros e instrumentos públicos.

Segunda. *Habilitación de desarrollo y ejecución.* Se faculta a la Dirección General de los Registros y del Notariado para dictar las resoluciones e instrucciones de desarrollo necesarias para la ejecución de la presente Orden.

Tercera. *Entrada en vigor.* La presente Orden entrará en vigor el día siguiente al de su publicación en el «Boletín Oficial del Estado».

§5.3

ANEXO I. Características técnicas de la aplicación informática INFOREG (versión 4.0) de los registros civiles

1º Requisitos iniciales: Independencia respecto al sistema operativo UNIX, Linux o NT.- Base de Datos Relacional. Adaptación en la aplicación a algunas sentencias propias del gestor de Base de datos de Oracle, para su mejor rendimiento.- Acceso a datos vía JDBC.

2º Arquitectura de la aplicación: La aplicación se basa en una arquitectura MVC (Modelo Vista Controlador) con tecnología J2EE utilizando como framework de desarrollo el de la Subdirección General de Nuevas Tecnologías basado en Struts.- El diseño permite su utilización por uno o varios Registros Civiles.

En el servidor residen los siguientes elementos del aplicativo: Clases Java incluidas en la plataforma del framework desarrollado en la Subdirección General de Nuevas Tecnologías.- Clases Java de libre distribución.

Módulos de la aplicación de Registros Civiles compuestos de: Acciones (objetos que se ejecutan en el entorno servidor).- Applets (objetos que se ejecutan en el entorno cliente).- JSP's y páginas HTML.- Documentos XML, donde se almacenan los formatos de las pantallas de captura de datos de los asientos.- Documentos PDF.

B.D Relacional compuesta de: Tablas de textos matrices. La aplicación contiene un generador dinámico para la construcción de las pantallas de captura de los datos que dan forma a cada uno de los asientos que se practican y la extensión de sus certificados en los libros registrales. Toda esta información se almacena en este conjunto de tablas.- Tablas de datos. En estas tablas se almacenan todos los datos de los asientos generados en cada Registro Civil.

ANEXO II. Contenido y requisitos del Plan de Seguridad

En Plan de seguridad que, de conformidad con lo dispuesto en el apartado 5 del art. 7 de esta Orden ministerial, ha de definir la Subdirección General de Nuevas Tecnologías, en el que se detallarán las medidas tecnológicas y de gestión que se empleen en el mismo, garantizarán en todo momento la disponibilidad, integridad y confidencialidad de los datos obtenidos en el proceso de digitalización y grabación, de acuerdo con las exigencias de la legislación del Registro Civil.

De acuerdo con la Orden JUS/837/2007, de 29 de marzo, por la que se modifica la Orden JUS/1294/2003, de 30 de abril, por la que se determinan los ficheros automatizados con datos de carácter personal del Departamento y sus organismos públicos, los ficheros de datos generados por la digitalización y grabación de datos de los Registros Civiles informatizados serán tratados con medidas asociadas a un nivel de seguridad alto, de acuerdo con lo dispuesto por el art. 9 de la Ley Orgánica 15/1999, de 13 de diciembre, de Protección de Datos de Carácter Personal.

1. Integridad de los ficheros de imágenes. Se garantizará la autenticidad e inalterabilidad de las imágenes desde el momento de su captura en el órgano registral hasta su entrega al Ministerio de Justicia.

2. Envío de ficheros de imágenes y meta datos. En envío de las imágenes generadas por el proceso de digitalización de los libros registrales que hayan de remitirse al centro de grabación, conforme a lo previsto en el apartado 5 del art. 7 de esta Orden ministerial, podrá realizarse bien de forma telemática, a través de una línea de comunicación segura, bien mediante soporte físico (cintas, DVD u otro dispositivo), y en ambos casos las imágenes deberán ser convenientemente cifradas antes de realizarse el envío.

En particular, en caso de transmisión telemática de las imágenes se implementarán canales de comunicación securizados (SSL, IPSec, etc.) para garantizar: a) la autenticación, integridad y no repudio mediante firma electrónica avanzada. Sólo se admitirán firmas electrónicas basadas en certificados reconocidos y vigentes que cumplan la recomendación UIT X.509.v3; y b) la confidencialidad, mediante el cifrado.

Deberá existir un control del estado de los envíos que permita saber en todo momento dónde se encuentra cada página digitalizada.

3. Centro de grabación. Las instalaciones donde resida el centro de grabación que acoja los servidores informáticos donde se localice la información así como los equipos de comunicaciones deberá contar con un sistema de detección y protección contra intrusión e incendios, vigilancia durante las 24 horas del día, control de accesos, que deberá ser limitado exclusivamente al personal autorizado, y conexión con central de alarmas.

La base de datos temporal donde residan las imágenes e información grabada a partir de la digitalización de los libros registrales contarán con un sistema de control de acceso, que permitirá no sólo la autenticación, sino también la auditoria de accesos.

§5.3

4. Copias de respaldo y destrucción de la información. Se establecerá un procedimiento de copias de respaldo que garantice la recuperación de los datos y que cumpla lo establecido en la Ley Orgánica 15/1999, de 13 de diciembre, de Protección de Datos de carácter personal, para ficheros de nivel alto.

ANEXO III. Diligencias de apertura y cierre de los libros complementarios de inscripciones marginales y de cierre provisional y definitivo de los libros manuscritos escaneados

Diligencia de apertura y cierre de los libros complementarios de inscripciones marginales

Diligencia de apertura.- Con esta fecha se procede a la apertura del presente Libro Complementario número... de la Sección de... del Registro Civil de... (Provincia), el cual consta de 400 páginas útiles, en las que se extenderán las inscripciones, anotaciones y notas marginales a que se refiere el art. 6 de la Orden JUS/1468/2007, de 17 de mayo, sobre Impulso a la Informatización de los Registros Civiles y Digitalización de sus Archivos.

En........, a........ de........ de........

El Secretario El Encargado

....

Diligencia de cierre.- Con esta fecha se procede al cierre del presente Libro Complementario, conteniendo las inscripciones, anotaciones y notas marginales ordenadas por el art. 6 de la Orden JUS/1468/2007, de 17 de mayo, sobre Impulso a la Informatización de los Registros Civiles y Digitalización de sus Archivos, referidas a... inscripciones principales, y habiéndose inutilizado las páginas...

El motivo de la clausura es...

En........, a........ de........ de........

El Secretario El Encargado

....

Diligencia de cierre provisional y definitivo de los libros manuscritos objeto de digitalización

Diligencia de cierre provisional.- Con esta fecha se procede al cierre provisional del presente Libro, conforme a lo dispuesto en el art. 7 de la Orden JUS/1468/2007, de 17 de mayo, sobre Impulso a la Informatización de los Registros Civiles y Digitalización de sus Archivos, conteniendo... inscripciones principales.

El motivo de la clausura es la incorporación de este Libro al proceso de digitalización prescrito en la citada Orden ministerial.

En........, a........ de........ de........

El Secretario El Encargado

....

Diligencia de cierre definitivo.- Con esta fecha se procede al cierre definitivo del presente Libro, conteniendo... inscripciones principales, de las que... se han extendido con posterioridad a su cierre provisional, habiéndose inutilizado las páginas...

El motivo de la clausura es la finalización del proceso de digitalización del Libro, conforme a lo prescrito por la Orden JUS/1468/2007, de 17 de mayo, sobre Impulso a la Informatización de los Registros Civiles y Digitalización de sus Archivos.

En........, a........ de........ de........

El Secretario   El Encargado
....

§5.4. Instrucción de 28 de mayo de 2008, de la Dirección General de los Registros y del Notariado, sobre funcionamiento y organización de los Registros Civiles delegados a cargo de los Juzgados de Paz y su informatización

§5.4

I. Proceso de informatización de los Registros Civiles municipales

El artículo 105 del Reglamento del Registro Civil, redactado por el Real Decreto 1917/1986, de 29 de agosto, habilitó al Ministerio de Justicia para decidir, sin perjuicio de la conservación de los libros, la informatización de los Registros y la expedición de certificaciones por ordenador.

Posteriormente, la Ley Orgánica 7/1992, de 20 de noviembre, teniendo en cuenta el volumen de certificaciones y actuaciones registrales existentes, y partiendo de la idea de que la aplicación a la gestión del Registro Civil de las nuevas técnicas de tratamiento automatizado de datos hacía necesario crear en la Ley del Registro Civil, de 8 de julio de 1957, la base jurídica para superar la forma de documentación tradicional, estableció la previsión legal para proceder a la informatización efectiva del Registro Civil como medio de coadyuvar a hacer realidad su modernización en beneficio de los administrados.

En desarrollo de esta última previsión la Orden del Ministerio de Justicia de 19 de julio de 1999, sobre informatización de los Registros Civiles, fijó el marco jurídico general a que debería ajustarse la organización y funcionamiento de los Registros civiles informatizados, estableciendo las finalidades y objetivos de la informatización, su contenido, sus repercusiones en la citada organización, el modo de llevanza de sus libros, la creación de una base central de datos y la recuperación de los archivos anteriores a la informatización de los Registros civiles.

La ejecución de las previsiones de dicha Orden dio lugar a la elaboración de una aplicación informática especialmente diseñada al efecto, denominada INFOREG, la cual se encuentra en estos momentos implantada y en plena explotación en la mayor parte de los Registros civiles principales, a cargo de Jueces y Magistrados, de España, cuyas funcionalidades principales van dirigidas a permitir la utilización de tratamientos de textos en la redacción de los asientos registrales, el almacenamiento electrónico de los datos, permitir la conexión de los datos sobre una misma persona inscritos en Secciones diferentes de diversos Registros civiles y facilitar la transmisión masiva de datos de utilidad pública a los organismos públicos que tengan interés en ellos, con pleno respeto a los límites legales sobre publicidad restringida, protección de datos personales y al derecho a la intimidad personal y familiar.

§5.4

II. Incorporación de los Registros Civiles delegados al proceso de informatización

Pero, además de los objetivos anteriores, la Orden de 19 de julio de 1999 fijaba una finalidad adicional consistente en la informatización de los Registros Civiles delegados a cargo de los Juzgados de Paz, a cuyo respecto la disposición adicional segunda de la citada Orden, en su apartado 3, establecía que dicha informatización se haría en función de las disponibilidades presupuestarios, disponiendo que en tales Registros sería «prioritaria la recuperación y llevanza automatizada de los índices y ficheros a que se refieren los artículos 107 y 117 del Reglamento del Registro Civil, así como la dotación a los mismos de telefax u otros medios telemáticos para facilitar la comunicación con los Registros Civiles principales de que dependen».

Sin embargo, esta funcionalidad no estaba incorporada a la aplicación INFOREG antes mencionada en sus primeras versiones, la última aprobada por Resolución de 25 de enero de 2005, de la Dirección General de los Registros y del Notariado. Para cubrir esta laguna el Ministerio de Justicia ha suscrito junto con la Entidad Pública Empresarial Red.es un Convenio marco de Colaboración para la puesta en marcha del programa «Registro Civil en Línea», firmado el

17 de mayo de 2006, que contempla, entre otras actuaciones, un proyecto de digitalización y grabación de los libros manuscritos de los Registros Civiles no sólo principales, sino también de los Registros Civiles delegados, a cargo de los Jueces de Paz. Esta previsión ha sido objeto de específica regulación en virtud de la reciente Orden JUS/1468/2007, de 17 de mayo, sobre impulso a la informatización de los registros civiles y digitalización de sus archivos.

Además, el citado Convenio marco de Colaboración contempla, entre las actuaciones que ha de llevar a cabo el Ministerio de Justicia, las de completar la dotación de equipamiento, conectividad y soporte en la totalidad de los Registros Civiles bien por sí mismo, bien a través de mecanismos de colaboración con las Comunidades Autónomas y la Entidad Pública Red.es. Esta actuación incluye la totalidad de los 7.677 Registros Civiles delegados existentes en España, a cargo de los Jueces de Paz. Ahora bien, esto último implica, a su vez, la necesidad de llevar a cabo las adaptaciones precisas en la aplicación INFOREG, no sólo para facilitar la gestión digital de todas las inscripciones registrales, incluyendo aquellas generadas en el proceso de digitalización y grabación antes mencionado, sino también para adaptar dicho aplicativo a las especiales características de los Registros Civiles delegados y, simultánea y paralelamente, acomodar las reglas generales sobre organización y funcionamiento de dichos Registros, en la forma en que vienen siendo observadas en la práctica registral, no siempre ajustada a la interpretación más correcta del actual Ordenamiento registral, a las necesidades impuestas por el proceso de informatización.

§5.4

III. *Configuración orgánica de los Juzgados de Paz como órganos delegados del Registro Civil*

La Ley Orgánica del Poder Judicial dedica sus artículos 99 a 103 a los Jueces de Paz. Ya desde la aprobación del Reglamento 3/1995, de 7 de junio, de los Jueces de Paz, por Acuerdo de la misma fecha del Consejo General del Poder Judicial, aquellos venían siendo considerados como el primer escalón de la estructura judicial del Estado, configurados por la Ley Orgánica como órganos servidos por Jueces legos, no profesionales, que llevan a cabo funciones jurisdiccionales, pero también funciones registrales.

En efecto, la Ley del Registro Civil vigente de 8 de junio de 1957 configura los Juzgados de Paz como Registros Civiles Municipales de carácter secundario y desconcentrados, que actúan, por ministerio legal, por delegación de los Registros Civiles Municipales principales a cargo de los Jueces de Primera Instancia Encargados de su llevanza. Así resulta del párrafo cuarto del artículo 11 de la Ley del Registro Civil, conforme al cual «Los Jueces de Paz, en los Registros Municipales respectivos, actuarán asistidos de los Secretarios, por delegación del Juez municipal o comarcal correspondiente».

El principal elemento de referencia y desarrollo normativo en relación con los Juzgados de Paz como órgano registral delegado viene representado por el artículo 46 del Reglamento del Registro Civil, conforme al cual:

«En los Registros municipales, el Juez de Paz actúa por delegación del Encargado y con iguales facultades, salvo en los expedientes.

§5.4

En su virtud, extenderá las inscripciones dentro del plazo de nacimiento de hijos habidos en matrimonio, las ordinarias de defunción, las de matrimonio en forma religiosa mediante la certificación respectiva, las de matrimonio en forma civil cuyo previo expediente haya instruido y las notas marginales que no sean rectificación o cancelación.

No deberá, sin embargo, extender ningún otro asiento, salvo en casos de urgente necesidad, sin recibir instrucción particular y por escrito del Encargado, solicitada y despachada inmediatamente, la cual será archivada con los demás antecedentes relativos al asiento, reservándose minuta al Encargado.

En todo caso, cumplirá cuantos cometidos reciba del Encargado del Registro.

Las certificaciones, siempre, se expedirán y firmarán conjuntamente por el Juez y el Secretario».

A su vez, el artículo 47 de la Ley del Registro Civil especifica las funciones que a los Jueces de Primera Instancia Encargados de los Registros Civiles principales corresponden en relación con los Registros delegados a cargo de los Jueces de Paz, disponiendo que:

«Corresponde a los Jueces de Primera Instancia ilustrar y dirigir a los Jueces de Paz, aclarando sus dudas, corrigiendo sus errores, dándoles las instrucciones necesarias para el desempeño de su cometido y encareciéndoles la máxima diligencia y la consulta en los casos dudosos.

Siempre que lo imponga el servicio, y al menos una vez al año, visitarán los Registros a su cargo para examinar minuciosamente todos los asientos, documentos archivados y diligencias posteriores a la última visita y proveer a lo necesario en orden a su buen funcionamiento. Si en el año o años anteriores no se hubiesen efectuado estas visitas, darán cuenta de ello al Presidente del Tribunal Superior de Justicia.

Del resultado levantarán por duplicado acta minuciosa, uno de cuyos ejemplares entregarán al Juez de Paz; la visita se diligenciará en el Libro de Personal y Oficina y en cada uno de los de inscripciones abiertos».

Este cuadro normativo procede de la reforma llevada a cabo en el Reglamento del Registro Civil en virtud del Real Decreto 1917/1986, de 29 de agosto, que se anticipó a la conversión de los antiguos Juzgados de Distrito que se llevó a cabo el 28 de diciembre de 1989, hasta entonces a cargo de los Registros Civiles, conforme a lo previsto en la disposición transitoria tercera de la Ley Orgánica del Poder Judicial 6/1985, de 1 de julio, en los artículos 27 y 42 de la Ley 38/1988, de 28 de diciembre, de Demarcación y Planta Judicial, en el Real Decreto 122/1989, de 3 de febrero, y en el Acuerdo del Consejo General del Poder Judicial de 3 de noviembre de 1989.

§5.4

Esta transformación ya fue tenida en cuenta anticipadamente, como se ha indicado, por el Real Decreto 1917/1986, partiendo de la base de que los Registros Civiles municipales estarían a cargo de los Jueces de Primera Instancia y, por delegación de estos, de los Jueces de Paz (cfr. art. 86 L.O.P.J.). No obstante tales previsiones anticipadas, las dudas surgidas por consecuencia de dicha transformación hicieron necesaria la aprobación de ciertas directrices por parte de este Centro Directivo sobre el funcionamiento de los distintos órganos registrales y sus respectivas relaciones entre sí, lo que dio lugar a la aprobación de la Instrucción de 30 de noviembre de 1989.

IV. Las competencias de los Registros Civiles delegados.
Limitaciones funcionales en materia de calificación

1. La falta de una específica formación jurídica, como exigencia orgánica, en los Jueces de Paz es lo que justifica las limitaciones funcionales a que quedan constreñidos los Registros Civiles delegados, conforme a lo dispuesto en los trascritos artículos 46 y 47 del Reglamento del Registro Civil. El hecho de que, salvo las excepciones habilitadas por el artículo 46, no puedan extender los Jueces de Paz en los Registros delegados ningún otro asiento «sin recibir instrucción particular y por escrito del Encargado, solicitada y despachada inmediatamente, la cual será archivada con los demás antecedentes relativos al asiento, reservándose minuta el Encargado», supone residenciar la función

de calificación en tales casos en el Juez Encargado del Registro Civil de que dependa el delegado, el cual inscribirá bajo los criterios de calificación y con arreglo a la minuta del asiento que le haya comunicado el Juez Encargado.

2. Sin embargo, es lo cierto que en la práctica registral, como ya se ha señalado, no siempre se respetan estas reglas y limitaciones. De hecho son variadas las formas en que en la práctica diaria se produce el desacomodamiento a la Ordenación registral a que se refiere el apartado II de esta Instrucción que, tanto por razones de legalidad y seguridad jurídica como por razones prácticas, conviene corregir.

Entre la diversa tipología de actuaciones que reclaman su corrección, de las que han llegado a conocimiento de este Centro Directivo, se pueden mencionar las siguientes. En algunos casos los Jueces de Paz formalizan actas que recogen declaraciones de voluntad en materia de estado civil (reconocimientos de filiación, consentimientos, peticiones por simple comparecencia de ciertos supuestos de cambio de nombre y apellido, declaraciones en materia de nacionalidad y vecindad, etc), si bien resulta evidente que aquellos no están facultados para su calificación, dadas las limitaciones que les impone el artículo 46 del Reglamento Registral, sin que tal restricción sea siempre observada en la práctica. Del mismo modo cabe observar que en muchas ocasiones reciben estas declaraciones, por vía de auxilio registral, de otro Registro civil (principal o delegado) para su inscripción, declaraciones que igualmente deben ser objeto de previa calificación por parte del Encargado del Registro civil principal, trámite que, repetimos, no debe ser obviado.

3. Por otra parte, es frecuente la presentación en los Juzgados de Paz, o la remisión directa a los mismos, de los títulos registrales de carácter documental tanto de procedencia registral, nacional o extranjera (resoluciones, certificaciones, etc), como notarial o judicial, a efectos de promover y fundamentar un asiento en la Sección primera o en la Segunda. Pues bien, en todos estos casos se observa una variada forma de operar por parte de los Registros municipales delegados para posibilitar la previa calificación del Juez encargado principal.

a) En un primer grupo cabría incluir aquellos Registros civiles delegados que prescinden del trámite exigido en el artículo 46 del Reglamento, practicando el asiento sin previa solicitud ni recepción de instrucción, en especial a partir del momento en que el funcionario correspondiente, una vez conocido el criterio general del Registro principal con ocasión de una primera consulta, se considera en disposición de resolver cualquier otro supuesto de calificación

§5.4

que se presente sobre el mismo o parecido tema. Se resuelve el problema de la calificación mediante la aplicación de los criterios o pautas que se van recibiendo del Registro principal, asumiendo, por tanto, una calificación para la que carecen de competencia, salvo en los supuestos de urgente necesidad.

b) En un segundo grupo cabe enmarcar a aquellos Registros que, como norma general, solicitan instrucción o minuta del Encargado principal en base a una sucinta información telefónica o remitiendo vía fax una copia del acta de la declaración. Es de señalar que en muchas ocasiones la instrucción no es escrita, ni procede directa y personalmente del Juez Encargado.

c) Por último, y como tercer grupo, se ha de indicar que no faltan Registros civiles delegados que tienen como norma de actuación, en cumplimiento de lo dispuesto en el artículo 46 del Reglamento, la inmediata remisión tanto del acta o comparecencia que recoge la declaración, como de toda la documentación, judicial, notarial o registral, en la que se fundamente sustantiva y registralmente tanto el derecho que se ejercita como el asiento que pudiera proceder. Como consecuencia de este correcto proceder la práctica de la inscripción queda condicionada a la recepción de la pertinente instrucción escrita, instrucción a la que se acompaña la documentación o antecedentes que han servido para la calificación, quedando todo ello debidamente archivado en el Registro delegado. Ahora bien, por regla general los Encargados principales no conservan las minutas de la instrucción, en contradicción con lo que previene en el citado artículo.

§5.4

V. La informatización como instrumento de ordenación y racionalización funcional de los Registros civiles delegados

La informatización de los Registros Civiles municipales de Paz o delegados ofrece una oportunidad inmejorable para lograr una mejora sustancial en el funcionamiento de aquellos, y ello no sólo en lo relativo a la eficacia de los mismos, sino también en cuanto a una correcta observancia del principio de legalidad, a través del estricto cumplimiento de las normas que regulan la función calificadora, de forma que el diseño y desarrollo de la propia aplicación informática coadyuve a encauzar la práctica registral hacia el modelo de actuación indicado bajo la letra c) del apartado anterior, único sistema que posibilita una correcta observancia del principio de legalidad, en cuanto permite que en todos los casos se practiquen los asientos respetándose los requisitos esenciales exigidos por dicho principio, como son la exigencia de un título predeterminado por el Ordenamiento y la previa calificación del mismo. Es evidente que para una correcta calificación el Juez Encargado debe tener acceso directo a las declaraciones y a los documentos presentados (cfr. art. 27 L.R.C.), sin perjuicio de que la valoración de la capacidad e identidad del declarante o compareciente pueda ser apreciada en algunos casos por el Juez encargado que levante el acta.

Por tanto, debe establecerse con total claridad que, como regla o principio general, al Juez Encargado titular de la función calificadora le han de ser remitidos en todos los casos por el órgano registral que corresponda, sea el de Paz delegado o sea otro principal, tanto las actas de las declaraciones que se formalicen ante el mismo, como la totalidad de los documentos que vayan a fundamentar el asiento, bien como título principal, bien como título complementario.

En su virtud, esta Dirección General, al objeto adaptar el funcionamiento y organización de los Registros Civiles delegados a cargo de Jueces de Paz al proceso de su informatización y de unificar la práctica registral en cuento a la forma de proceder en relación con los casos en que estos Registros son competentes para inscribir un hecho de estado civil, en ejercicio de las competencias que le vienen atribuidas por el artículo 9 de la Ley del Registro Civil, 41 de su Reglamento y 4 del Real Decreto 1475/2004, de 18 de junio, ha acordado establecer y hacer públicas las siguientes directrices:

Primera. Aprobación de la versión 4.0 de la aplicación informática de los Registros Civiles adaptada para los Registros Civiles delegados a cargo de los Juzgados de Paz.

1. Queda aprobada la adaptación para los Juzgados de Paz de la versión de la aplicación para los Registros Civiles informatizados de España elaborada por el Ministerio de Justicia, bajo la supervisión de la Dirección General de los Registros y del Notariado, que será identificada con la denominación de «INFOREG» (versión 4.0-Juzgados de Paz), cuyas características técnicas serán las especificadas en el anexo I de la Orden JUS/1468/2007, de 17 de mayo, sobre impulso a la informatización de los registros civiles y digitalización de sus archivos, con las especificidades funcionales que se señalan en la presente Instrucción.

2. En consecuencia, pasan a ser aplicables en el ámbito de los Registros Civiles delegados a cargo de los Jueces de Paz y vinculantes para sus Encarga-

dos las normas e instrucciones vigentes contenidas en la Orden del Ministerio de Justicia de 19 de julio de 1999 sobre informatización de los Registros Civiles, la Orden del mismo Departamento de 1 de junio de 2001 sobre libros y modelos de los Registros Civiles Informatizados, y la Orden JUS/1468/2007, de 17 de mayo, sobre impulso a la informatización de los registros civiles y digitalización de sus archivos, así como la Instrucción de 20 de marzo de 2002, de la Dirección General de los Registros y del Notariado, en materia de recepción y despacho de solicitudes de certificaciones en los Registros Civiles por vía telemática.

3. La versión 4.0-Juzgados de Paz, de acuerdo con la normativa anteriormente citada y en concreto con la Orden JUS/1468/2007, permitirá el cumplimiento de lo dispuesto en el art. 23 de la Ley del Registro Civil, facilitando que los asientos registrales puedan redactarse en lengua castellana o en la lengua oficial propia de la Comunidad Autónoma en que radique el Registro Civil en los casos en que así proceda según la legislación vigente.

§5.4

Segunda. Solicitud de inscripción y documentación de las declaraciones en relación con los casos en que los Registros Civiles delegados a cargo de Jueces de Paz sean competentes para inscribir un hecho de estado civil.- En relación con los supuestos en que un Registro Civil delegado sea competente para practicar la inscripción, pero carezca de la competencia para la previa calificación conforme a lo establecido por el artículo 46 del Reglamento del Registro Civil, se observarán las siguientes reglas:

1.º Presentación de declaraciones y títulos en Registros Civiles distintos del competente para practicar la inscripción.

Las declaraciones y los títulos de carácter documental con solicitud de inscripción respecto de los hechos y actos del estado civil para cuya inscripción sea competente un Registro Civil delegado a cargo de un Juzgado de Paz, podrán formularse o presentarse directamente en un Registro civil principal, que podrá ser el correspondiente al domicilio del interesado o bien el correspondiente al Registro delegado competente para la inscripción.

En el primer supuesto, se hará por el Juez Encargado una calificación provisional, en su caso conforme a los artículos 226 y siguientes del Reglamento, y verificado se acordará la remisión de los títulos y actuaciones complementarias al Registro Civil principal competente para la calificación definitiva. En el segundo, se hará directamente la calificación definitiva por el Juez Encargado del Registro Civil principal y, en ambos casos, de ser positiva, se acordará por éste la inmediata remisión de lo actuado al Juez de Paz delegado para que proceda a la pertinente inscripción.

2.º Presentación de los títulos y declaraciones en el Registro Civil delegado competente para la inscripción.

Los interesados también podrán presentar la solicitud de inscripción con sus títulos documentales, o formular la correspondiente declaración de voluntad, directamente ante el Juez de Paz de la inscripción, el cual deberá limitarse en tal caso a la mera constatación de la solicitud o a la documentación de la declaración mediante levantamiento del correspondiente acta, para seguidamente proceder a la remisión del acta y de toda la documentación aportada al Registro principal de quien dependa a efectos de su calificación, sin perjuicio de que la apreciación o valoración de la capacidad e identidad del declarante o compareciente deba ser apreciada por el Juez encargado que levante el acta, quien, no obstante, consultará en caso de duda sobre tal extremo al Encargado del Registro Civil principal (cfr. art. 27-II L.R.C.).

Tercera. Interpretación y alcance de la necesidad de recabar instrucción particular y por escrito del Encargado.

1. El artículo 46 del Reglamento del Registro Civil dispone que, salvo en los casos de inscripciones dentro del plazo de nacimiento de los hijos habidos en matrimonio, las ordinarias de defunción, las de matrimonio en forma religiosa mediante la certificación respectiva, las de matrimonio en forma civil cuyo previo expediente haya instruido y las notas marginales de rectificación o cancelación, el Juez de Paz a cargo del Registro Civil delegado no deberá extender ningún otro asiento, salvo en casos de urgente necesidad, «sin recibir instrucción particular y por escrito del Encargado, solicitada y despachada inmediatamente, la cual será archivada con los demás antecedentes relativos al asiento, reservándose minuta el Encargado».

2. Hay acuerdo entre los comentaristas acerca de la falta de rigor técnico en la trascrita expresión entrecomillada, lo que ha dado lugar a no poca confusión y, en cierto modo, ha propiciado las prácticas registrales antes aludidas desviadas de la recta interpretación del citado precepto. Por ello, resulta conveniente clarificar este punto, dejando sentado como doctrina oficial que la referida «instrucción particular», a que alude el precepto reglamentario, está referida al acuerdo calificador y por escrito del Encargado despachado inmediatamente, el cual, debidamente numerado o referenciado, será remitido con todo lo actuado y documentos acompañados, al Registro de Paz delegado como

fundamento de la inscripción. Este acuerdo calificador podrá incluir en los supuestos de mayor complejidad y siempre que el Encargado lo considere conveniente una expresa referencia al concreto modelo de la aplicación INFOREG que deba ser utilizado (vid. Resolución de 25 de enero de 2005, de la Dirección General de los Registros y del Notariado, sobre modelos de los asientos para los Registros Civiles informatizados).

3. No obstante, existen supuestos en que por razón de la naturaleza del acto o hecho a que haya de venir referida la inscripción, y atendiendo al principio de simplificación y agilidad procedimental que inspira la regulación del Registro Civil español, que obliga a evitar todo trámite superfluo o desproporcionado, no será necesaria la remisión de la documentación original al Encargado del Registro Civil principal, pudiendo ser suplida por la narración que de los elementos esenciales del caso haga, bajo su responsabilidad, el Juez de Paz, dando traslado de la misma al Encargado del Registro principal a fin de que éste pueda dictar la oportuna «instrucción particular».

§5.4

4. Por otra parte, ha de tenerse en cuenta que incluso en los casos en que, en principio, el Juez de Paz es competente para la práctica de la inscripción sin previa instrucción o calificación del Encargado del Registro Civil principal, puede aquél tropezarse con dudas jurídicas sobre cuestiones de Derecho material, de Derecho Internacional Privado o de Derecho registral, que habrá de someter a la consulta previa del Encargado del Registro Civil principal, a quien incumbe aclarar las dudas de los Jueces de Paz delegados (cfr. art. 47 R.R.C.).

5. Finalmente, ha de recordarse que existen determinadas inscripciones que no pueden practicarse en los Registros Civiles delegados a cargo de los Jueces de Paz, como son todas las comprendidas en la Sección Cuarta sobre Tutelas y Representaciones Legales (vid. art. 11 L.R.C. e Instrucción D.G.R.N. de 30 de noviembre de 1989).

6. Por lo demás, deberá observarse una interpretación restrictiva, conforme a su naturaleza y finalidad, de la excepción de «urgente necesidad» del artículo 46, dado el riesgo que entraña para la debida observancia del principio de legalidad. Siempre que el Juez de Paz haya de practicar una inscripción para cuya calificación previa carezca de competencia, sin previa instrucción o acuerdo calificador, por concurrir causa de urgente necesidad, comunicará inmediatamente por escrito al Encargado del Registro Civil principal del que dependa las razones de dicha urgencia que hayan obligado a la práctica de la inscripción sin demora, con remisión de copia del asiento respectivo, quedan-

do aquél sujeto a la acción correctora de éste, conforme a lo dispuesto en el párrafo primero del artículo 47 del Reglamento del Registro Civil.

Cuarta. El caso singular de la inscripción de nacimiento de hijo no habido en matrimonio.

1. El supuesto del enunciado requiere una consideración especial por diversos motivos. Por un lado cabe señalar que en la actualidad, el supuesto de los hijos nacidos fuera del matrimonio alcanza porcentajes cada vez más elevados. Por otro lado, una determinación de filiación en vía registral incorrectamente hecha, acarrea consecuencias muy gravosas para los interesados que normalmente se ven obligados a acudir a la vía judicial. Estos errores se ven facilitados por diversas circunstancias, como la variedad de supuestos que se recogen en la regulación sustantiva, estatal y autonómica, su complejidad, la necesidad de actuaciones de comprobación, etc, dificultades que en los últimos tiempos se ha visto aumentada en los supuestos cada vez más numerosos de inscripciones con algún elemento de extranjería, que añaden un plus de complejidad muy considerable.

§5.4

2. Es evidente que el supuesto concreto de la promoción dentro de plazo de una inscripción de nacimiento de hijo nacido fuera del matrimonio, necesariamente ha de ser calificada por el Juez Encargado principal. Ahora bien, existe la doble posibilidad de ser promovida bien ante éste, o bien ante el Juez de Paz del lugar de nacimiento.

En este caso lo procedente es que se limite el Juez delegado a recoger la hoja declarativa y a documentar en acta, en su caso, el reconocimiento de filiación paterna, pero siempre que se trate del supuesto más sencillo, y también más frecuente, esto es, el de madre soltera y padre reconocedor mayor de edad. Acto seguido deberá remitir lo actuado y la hoja declarativa al Registro principal.

3. Ahora bien, en los demás casos en que proceda la aplicación de los artículos 116, 117, 118, 121, 124, 125 y 126 del Código civil, así como los correlativos de diversas legislaciones autonómicas, las actuaciones de constatación fehaciente de reconocimientos, consentimientos, declaraciones en contrario, y por supuesto, las autorizaciones en vía de Jurisdicción Voluntaria, deben ser verificadas todas ellas o instadas ante el Encargado del Registro civil principal, sin perjuicio de las funciones propias del auxilio registral.

Quinta. Relación de asientos registrales en que procede consulta, instrucción o calificación del Encargado del Registro Civil principal. Adaptaciones funcionales en el aplicativo Inforeg.

1. Con objeto de lograr una mayor uniformidad en la práctica registral y facilitar la labor de los Jueces de Paz en materia registral, se aprueba la relación de las inscripciones, anotaciones y notas registrales concretas en que procede con carácter previo a la práctica del correspondiente asiento, según los casos, bien formular consulta, bien recabar instrucción o calificación del Encargado del Registro Civil principal del que dependa. A fin de garantizar la correcta mecánica registral, evitando la omisión indebida de estos trámites, en el aplicativo Inforeg se harán constar los campos con el literal «Consulta Art. 47 R.R.C. NÚMERO/FECHA», «Instrucción/Calificación Art. 46 R.R.C. NÚMERO/FECHA» o «Urgente necesidad Art. 46 R.R.C.» y se requerirá la introducción de los datos del número de orden correlativo que dentro del año natural correspondiente se haya de asignar, junto con la fecha, a la consulta, instrucción o calificación correspondiente o de la concurrencia de urgente necesidad, sin cuya cumplimentación no podrá completarse el proceso de inscripción por parte del Juzgado de Paz.

§5.4

2. Deberán ser objeto de consulta previa, conforme al artículo 47 del Reglamento del Registro Civil, los asientos que se relacionan en el anexo I de esta Instrucción.

3. Es obligatoria la previa calificación/instrucción del Encargado del Registro Civil principal para la práctica de los asientos que se relacionan en el anexo II de la presente Instrucción.

4. El contenido de los dos anexos mencionados podrá ser modificado por la Dirección General de los Registros y del Notariado cuando razones de modificaciones normativas, o de alteraciones en la organización registral u otras de interés público lo aconsejen. Dicha modificación deberá dar lugar a la correspondiente adaptación del aplicativo Inforeg por parte de la Subdirección General del Nuevas Tecnologías del Ministerio de Justicia. Las Comunidades Autónomas podrán también proponer las modificaciones o mejoras que consideren oportunas.

Sexta. Forma de comunicación entre los Registros civiles delegados y los Registros Civiles principales.- Salvo en los casos en que se requiera, conforme a lo prevenido en la presente Instrucción, la remisión de las actas y demás documentación que hayan de ser objeto de calificación por parte del Encargado del Registro Civil principal, que se enviarán por vía postal, todas las restantes comunicaciones que hayan de mediar entre los Jueces de Primera Instancia o Magistrados Encargados de los Registros Civiles principales y los delegados se cursarán por cualesquiera medios telemáticos, siempre que permitan tener constancia de su recepción, debiendo quedar archivadas dichas comunicaciones, ordenadas cronológicamente, en el legajo correspondiente.

La Subdirección General de Nuevas Tecnologías velará para que los Registros Civiles informatizados cuenten con la infraestructura de comunicaciones necesaria para el cumplimiento de esta directriz.

Séptima. Ámbito de aplicación.

§5.4

1. La presente Instrucción será íntegramente aplicable a los Registros Civiles delegados a partir del día en que hayan quedado incorporados al proceso de informatización, entendiendo por tal aquél en que se hayan extendido las diligencias a que se refiere el artículo 5, sobre puesta en marcha de la informatización de los Registros Civiles, de la Orden del Ministerio de Justicia de 1 de junio de 2001.

2. Igualmente, resultarán de aplicación inmediata las directrices segunda, tercera y cuarta a los restantes Registros Civiles delegados todavía no informatizados.

Madrid, 28 de mayo de 2008.- La Directora General de los Registros y del Notariado, Pilar Blanco-Morales Limones.

ANEXO I. Relación de asientos en que procede previa consulta

En los supuestos que se relacionan a continuación el aplicativo Inforeg mostrará en el proceso de inscripción una ventana emergente con el texto: «Consulta. Art. 47 R.R.C. n.º ... fecha ...

Los supuestos a que se refiere este apartado son los que se corresponden con los siguientes modelos de asientos aprobados por la Resolución de 25 de enero de 2005, de la Dirección General de los Registros y del Notariado, sobre aprobación de la versión 2.0 del programa INFOREG y nuevos modelos de asientos para los Registros Civiles informatizados:

100. Inscripción principal de nacimiento. Inscripciones dentro de plazo en las que se haya introducido el dato del matrimonio de los padres, siempre que se active el campo de observaciones en los supuestos de:

1. Municipio distinto al de nacimiento (art. 16.2 L.R.C.).

4 y 5. Parto múltiple.

6. Circunstancias especiales del art. 19 L.R.C.

9 y 10. Inscripción de hijo de extranjero/s.

11. Anteposición de apellido materno.

12. Declaración no firmada por el declarante.

13. No identificación del declarante.

139. Nota de referencia al hecho inscrito que produce una alteración de la patria potestad.

119. Nota de referencia a la nacionalidad española de los padres con efecto extensivo.

160. Nota de referencia a la nacionalidad española del padre/madre del inscrito con efecto anterior a la fecha del nacimiento.

§5.4

ANEXO II. Relación de asientos en que resulta obligatoria la previa Instrucción/Calificación del encargado del Registro Civil principal

1. Especial consideración del modelo 100. Inscripción principal de nacimiento.

En los supuestos en que no se cumplimente el campo del matrimonio de los padres, se mostrará una ventana emergente con el texto: «Instrucción/Calificación Art. 46 R.R.C. n.º ... fecha ...

Debe distinguirse entre los siguientes casos:

1.1 Supuestos de Instrucción del Registro Civil principal, previa consulta, sin necesidad, por lo general, de remisión del acta ni documentos complementarios. Quedan comprendidos los siguientes casos:

1.º Supuesto de madre soltera, con determinación legal de filiación del artículo 47 de la Ley del Registro Civil (por coincidir la declaración y parte facultativo) y sin filiación paterna.

2.º Supuesto de madre soltera, con determinación legal del artículo 47 de la Ley del Registro Civil, y determinación legal de filiación paterna por reconocimiento de progenitor mayor de edad y de nacionalidad española.

1.2 Supuestos en que procede previa Calificación del Encargado del Registro Civil principal, previa remisión, en su caso, del acta y documentos complementarios:

1.º Supuesto de nacimiento en lugar y tiempo no determinados (aunque presumiblemente dentro de plazo). Es preciso tramitar expediente registral por parte del Registro Civil principal, conforme al artículo 169 del Reglamento del Registro Civil.

2.º Supuesto de nacido de madre (soltera o casada) sin intervención de facultativo (cfr. art. 28 L.R.C.)

3.º Supuesto de nacido de madre desconocida.

4.º Supuesto de nacido de madre soltera, con determinación legal del artículo 47 de la Ley del Registro Civil y determinación legal de filiación paterna por reconocimiento de progenitor menor de edad (aprobación judicial).

5.º Supuesto de nacido de madre soltera y reconocimiento de filiación paterna, si ambos o uno de ellos es de nacionalidad extranjera.

6.º Supuesto de reconocimiento paterno en Cataluña, en inscripción fuera de plazo (el Código de Familia catalán requiere aprobación judicial).

§5.4

7.º Supuesto de nacido de madre casada, que precisa actuaciones de comprobación o complementarias conforme al artículo 28 de la Ley del Registro Civil. Los supuestos son los regulados en los siguientes preceptos del Código civil:

Art. 116: actuaciones dirigidas a la prueba de que no rige la presunción de paternidad marital.

Art. 117: nacido dentro de los 180 días siguientes al matrimonio. Declaración auténtica en contrario por parte del marido.

Art. 118: consentimiento de ambos padres después de la separación de los mismos.

Art. 125: progenitores hermanos consanguíneos.

Art. 126: reconocimiento del nacido después de haber fallecido.

2. Inscripciones en las que la ventana emergente pedirá instrucción.

En los supuestos que se relacionan a continuación el aplicativo Inforeg mostrará en el proceso de inscripción una ventana emergente con el texto: «Instrucción. Art. 46 R.R.C. n.º ... fecha ...

Los supuestos a que se refiere este apartado son los que se corresponden con los siguientes modelos de asientos aprobados por la Resolución de 25 de enero de 2005, de la Dirección General de los Registros y del Notariado, sobre aprobación de la versión 2.0 del programa INFOREG y nuevos modelos de asientos para los Registros Civiles informatizados:

106. Inscripción de reconocimiento de filiación no matrimonial.

126. Inscripción de la notificación de la filiación materna no matrimonial.

127. Inscripción de la notificación personal del reconocimiento de filiación paterna realizado dentro de plazo.

128. Inscripción de la suspensión de la eficacia de la inscripción de paternidad.

129. Inscripción de la confirmación de la inscripción de la filiación paterna.

130. Inscripción de determinación de filiación no matrimonial en virtud de expediente registral. Artículo 49 de la ley del registro civil.

131. Inscripción de determinación de filiación en virtud de sentencia civil o penal.

132. Inscripción de impugnación de la filiación por resolución judicial.

147. Inscripción de la impugnación-reclamación de la filiación por resolución judicial.

§5.4

182. Inscripción del convalidación de la inscripción de nacimiento.

101. Inscripción de cambio de nombre y apellidos por simple declaración.

102. Inscripción de cambio de nombre y apellidos en virtud de resolución.

141. Inscripción de la consignación del nombre de padre o madre a efectos identificadores.

142. Inscripción de cambio de nombre de padre o madre a efectos identificadores.

143. Inscripción de la supresión del nombre de padre o madre consignado a efectos consignadores.

144. Nota de constancia de nombre y/o apellidos usados habitualmente.

122. Inscripción de recuperación del ejercicio de la patria potestad.

136. Inscripción de la declaración judicial de fallecimiento.

137. Inscripción de la declaración judicial de ausencia.

138. Inscripción de la resolución que deja sin efecto la declaración de ausencia//fallecimiento.

110. Inscripción de pérdida de la nacionalidad española por expediente registral o sentencia judicial.

103. Inscripción de rectificación de error.

120. Inscripción para suprimir datos o circunstancias de un asiento registral.

151. Inscripción para integrar un asiento registral.

155. Inscripción de la rectificación judicial del sexo del inscrito.

203. Inscripción de rectificación de error.

205. Inscripción de la reconciliación de los cónyuges separados.

206. Inscripción de sentencia separación//divorcio.

220. Inscripción para suprimir datos o circunstancias no permitidas de un asiento registral.

251. Inscripción para integrar un siento registral.

303. Inscripción de rectificación de error.

320. Inscripción para suprimir datos o circunstancias no permitidas.

351. Inscripción para integrar un asiento registral.

3. Inscripciones en las que la ventana emergente pedirá calificación del encargado del registro civil principal.

En los supuestos que se relacionan a continuación el aplicativo INFOREG mostrará en el proceso de inscripción una ventana emergente con el texto: «calificación. Art. 46 R.R.C. n.º ... fecha ...»

Los supuestos a que se refiere este apartado son los que se corresponden con los siguientes modelos de asientos aprobados por la resolución de 25 de enero de 2005, de la dirección general de los registros y del notariado, sobre aprobación de la versión 2.0 del programa INFOREG y nuevos modelos de asientos para los registros civiles informatizados:

134. Anotación del acogimiento y de las adopciones simples extranjeras.

150. Inscripción de filiación matrimonial con el consentimiento de ambos padres. Artículo 118 del código civil.

152. Inscripción de adopción por parte de dos personas (matrimonio o pareja de hecho).

153. Inscripción de adopción por parte de una sola persona: padre adoptante, y padre adoptante cónyuge o pareja de hecho de la madre por naturaleza.

156. Inscripción de la destrucción de la presunción de paternidad matrimonial por declaración auténtica del marido.

161. Inscripción de adopción por una sola persona: madre del adoptante, y madre adoptante cónyuge o pareja de hecho del padre por naturaleza.

135. Inscripción de cambio de apellidos del inscrito (mayor de edad) por cambio de los apellidos de un ascendiente.

145. Inscripción de cambio de nombre y apellidos conforme a la ley personal del inscrito.

146. Anotación de que el inscrito (nacional español) consta inscrito en un registro civil extranjero con otro nombre o apellidos.

§5.4

116. Anotación de la desaparición de hecho.

121. Inscripción de privación//inhabilitación del ejercicio de la patria potestad.

123. Inscripción de la emancipación//habilitación de edad del menor.

124. Inscripción de la incapacitación judicial y de la declaración de prodigalidad.

125. Inscripción de extinción//modificación de la declaración de incapacidad y prodigalidad.

183. Indicación sobre nombramiento de cargo tutelar y otras medidas en relación a personas con discapacidad.

184. Inscripción de resolución judicial que afecta a la patria potestad (art. 180 del reglamento del registro civil).

§5.4

111. Inscripción de la pérdida de la nacionalidad española por renuncia expresa.

112. Inscripción de adquisición de la vecindad civil.

113. Inscripción de recuperación de la nacionalidad española (con cambio de nombre/apellidos).

114. Inscripción de recuperación de la nacionalidad española (sin cambio de nombre/apellidos).

118. Inscripción de conservación de la vecindad civil.

133. Inscripción de opción a la nacionalidad española.

154. Inscripción de la nacionalidad española por opción con previa referencia a la adquisición de la misma por el padre//madre del inscrito.

157. Inscripción de conservación de la nacionalidad española.

158. Inscripción de la nacionalidad española por guatemalteco.

159. Inscripción de la nacionalidad española por matrimonio.

200. Inscripción principal de matrimonio. Siempre que en el campo del título: «se practica esta inscripción en virtud de....» Se active cualquiera de los supuestos estándar recogidos en la aplicación que no sean el uno, dos, tres y nueve1.

207. Indicación del régimen económico matrimonial.

210. Indicación de modificación del régimen económico matrimonial.

211. Inscripción pronunciamiento de firmeza en cuanto al fondo en supuesto de recurso.

233. Inscripción de sentencia extranjera de separación o divorcio. Exequatur.

300. Inscripción principal de defunción. Siempre que se active el campo de observaciones para constatar alguno de los cuatro supuestos recogidos en la aplicación2.

1 Matrimonio leyes 24, 25 y 26/92 de 5 de noviembre con expediente previo y sin expediente previo; Matrimonio peligro de muerte (y de los matrimonios celebrados en el extranjero o por dos extranjeros en España. Supuestos 2, 3 y 4 del art. 256 del Reglamento del Registro Civil); Comprobación por expediente, art. 257 del Reglamento del Registro Civil; Matrimonio por poder; Matrimonio en el extranjero (o de extranjeros en España conforme al art. 50 del Código Civil); Inscripción por transcripción; Régimen económico del matrimonio; Cambio de apellidos del esposo/a.

2 Matrimonio civil ante el juez; Matrimonio civil ante alcalde o concejal; Matrimonio canónico; Matrimonio con intérprete.

§5.5

§5.5. Resolución de 27 de mayo de 2011, de la Dirección General de los Registros y del Notariado, por la que se determinan los requisitos y condiciones para la tramitación electrónica y expedición automática de las certificaciones de nacimiento y matrimonio

La Ley 11/2007, de 22 de junio, de acceso electrónico de los ciudadanos a los Servicios Públicos, reconoce a los ciudadanos el derecho a relacionarse con las Administraciones Públicas utilizando medios electrónicos para el ejercicio de los derechos previstos en el artículo 35 de la Ley 30/1992, de 26 de noviembre, de Régimen Jurídico de las Administraciones Públicas y del Procedimiento Administrativo Común.

El uso de las técnicas y medios electrónicos se efectúa de conformidad con los requisitos y garantías establecidos en la citada Ley 11/2007, de 22 de junio, así como en el Real Decreto 1671/2009, de 6 de noviembre, por el que se desarrolla parcialmente dicha Ley. Han de tenerse en cuenta, asimismo, las garantías y requisitos establecidos en el Reglamento del Registro Civil, aprobado por Decreto de 14 de noviembre de 1958, en el Real Decreto 4/2010, de 8 de enero, por el que se regula el Esquema Nacional de Interoperabilidad en el ámbito de la Administración Electrónica y en el Real Decreto 3/2010, de 8 de enero, por el que se regula el Esquema Nacional de Seguridad en el ámbito de la Administración Electrónica.

En los últimos años, el Ministerio de Justicia, en su ámbito de actuación, ha puesto en marcha sistemas de tramitación electrónica de diferentes procedimientos. En lo que afecta al Registro Civil, debe mencionarse la Instrucción de 20 de marzo de 2002, de la Dirección General de los Registros y del Notariado, en materia de recepción y despacho de solicitudes de certificaciones en los Registros Civiles por vía telemática, que permitió a los ciudadanos presentar sus solicitudes de certificados por correo electrónico a través del Portal del Ministerio de Justicia.

§5.5

La presente Resolución se enmarca dentro de las actuaciones del Ministerio de Justicia de mejoras normativas dirigidas al fomento de las nuevas tecnologías de la información y de las comunicaciones en el funcionamiento de los Registros Civiles. Se pretende reducir cargas administrativas, mediante el uso de nuevas tecnologías que faciliten al ciudadano la obtención de certificaciones por medios electrónicos de los datos registrales del nacimiento y del matrimonio.

La ordenación jurídica y funcional de los Registros Civiles, ha experimentado un progresivo proceso de informatización destacando desde el punto de vista legislativo, la Ley Orgánica 7/1992, de 20 de noviembre, que añadió un nuevo párrafo al artículo 6 de la Ley del Registro Civil, para permitir el tratamiento automatizado de las inscripciones registrales. Asimismo, añadió una nueva disposición final tercera a la Ley del Registro Civil de 8 de junio de 1957 con el fin de remitir a la regulación reglamentaria los requisitos, la forma de practicar los asientos y expedir certificaciones y las demás condiciones que afecten al establecimiento y gestión de los ficheros automatizados de datos registrales.

En desarrollo de dicha previsión legislativa, la Orden de 19 de julio de 1999 («BOE», 29 de julio de 1999, núm. 180), reguló la informatización del Registro Civil y determinó el modo de expedición de las certificaciones de los libros registrales informatizados. Del mismo modo, dispuso la creación de una base central de datos de las personas inscritas en los Registros Civiles, a la que le otorgó carácter público bajo la dependencia orgánica de la Dirección General de los Registros y del Notariado.

Posteriormente, fueron aprobadas, la Orden Ministerial de 1 de junio de 2001, sobre Libros y Modelos de los Registros Civiles Informatizados, y la Orden JUS/1468/2007, de 17 de mayo, sobre impulso a la informatización de los Registros Civiles y digitalización de sus archivos.

En la presente Resolución se regula el procedimiento para la tramitación telemática de certificaciones de nacimiento y matrimonio con sello electrónico cuya expedición es simultánea o automática, cuando el solicitante sea el titular inscrito y siempre que acredite su identidad mediante los sistemas de firma electrónica incorporados al Documento Nacional de Identidad o los sistemas de firma electrónica avanzada admitidos por las Administraciones Públicas.

Las certificaciones electrónicas se expedirán a partir de los datos contenidos en las bases de datos informatizadas, con las debidas garantías de seguridad, integridad y autenticación, para facilitar la acreditación de los datos contenidos en los asientos registrales informatizados y digitalizados.

Podrán solicitarse aquellas certificaciones de nacimiento y de matrimonio de asientos registrales practicados en los Registros Civiles desde 1950 y que no se hayan realizado en los Juzgados de paz.

Las certificaciones emitidas llevarán el sello de la Dirección General de los Registros y del Notariado, implantado por Resolución de la Subsecretaría de Justicia de 14 de abril de 2011, de creación de sello electrónico de la Dirección General de los Registros y del Notariado.

Servirán de soporte para la emisión de las certificaciones de nacimiento y matrimonio, el Registro Electrónico del Ministerio de Justicia, creado por Orden JUS/3000/2009, de 29 de octubre y la Sede Electrónica, desde la que se solicitarán y emitirán las certificaciones, creada por Orden JUS/485/2010, de 25 de febrero.

En su virtud, esta Dirección General, en uso de las facultades que tiene conferidas conforme al artículo 9.1 c) del Real Decreto 1203/2010, de 24 de septiembre, por el que se desarrolla la estructura orgánica básica del Ministerio de Justicia, resuelve:

Primero. Objeto y normativa aplicable. 1. La presente Resolución tiene por objeto regular la solicitud y obtención de certificaciones electrónicas de nacimiento y matrimonio. A tal fin, se determinan los requisitos y condiciones para la tramitación electrónica de las solicitudes y la emisión de certificaciones electrónicas de nacimiento y matrimonio con sello electrónico de la Dirección General de los Registros y del Notariado y se regula el carácter de tales documentos.

2. Al procedimiento objeto de la presente Resolución, le será aplicable lo dispuesto en el Real Decreto 95/2009, de 6 de febrero, por el que se regula el sistema de registros administrativos de apoyo a la Administración de Justicia; la Orden JUS/3000/2009, de 29 de octubre, por la que se crea y regula el Registro Electrónico del Ministerio de Justicia y la Orden JUS/485/2010, de 25 de febrero, por la que se crea la Sede Electrónica del Ministerio de Justicia.

Segundo. Contenido de las certificaciones de nacimiento y matrimonio con sello electrónico de la Dirección General de los Registros y del Notariado. En las certificaciones de nacimiento y matrimonio figurará el contenido completo de los asientos registrales digitalizados e informatizados que consten en la base de datos dependiente de la Dirección General de los Registros y del Notariado.

§5.5

Se expedirán certificaciones de asientos de nacimiento y matrimonio practicados en los Registros Civiles a partir de 1950. No se emitirán certificaciones de asientos inscritos en los Juzgados de paz.

Tercero. Requisitos de autenticación e identificación. 1. La solicitud de las certificaciones electrónicas se efectuará mediante el cumplimiento de alguno de los sistemas de identificación y autenticación previstos en el artículo 13 de la Ley 11/2007, de 22 de junio, de acceso electrónico de los ciudadanos a los Servicios Públicos, así como en la Ley 59/2003, de 19 de diciembre, de Firma Electrónica. La identificación del solicitante que inicie los procedimientos requerirá el uso de uno de los siguientes sistemas:

1.º Sistemas de firma electrónica incorporados al Documento Nacional de Identidad.

2.º Sistemas de firma electrónica avanzada, incluyendo los basados en un certificado electrónico reconocido, admitidos por las Administraciones Públicas.

2. Las certificaciones electrónicas de nacimiento y matrimonio con sello de la Dirección General de los Registros y del Notariado, incluirán un código seguro de verificación que permita comprobar la autenticidad del documento

y la correspondencia de los datos con los que consten en la base central de datos. Dicha verificación se realizará a través de la sede electrónica del Ministerio de Justicia.

3. Las aplicaciones que sirven de soporte a la tramitación telemática estarán accesibles a través de la sede electrónica del Ministerio de Justicia, con los requisitos y garantías establecidos para ésta.

Cuarto. Validación de identidad. El sistema de presentación de solicitudes validará los datos de identidad del solicitante.

Quinto. Legitimación para solicitar certificaciones electrónicas con sello de la Dirección General de los Registros y del Notariado. Las certificaciones electrónicas objeto de la presente Resolución sólo se expedirán previa solicitud, cuando el solicitante sea el titular de los datos, acredite su identidad por los medios previstos en la disposición tercera de esta Resolución y formule su petición a través del procedimiento descrito en la disposición séptima de la misma.

§5.5

Sexto. Carácter de las certificaciones electrónicas de nacimiento y matrimonio con sello de la Dirección General de los Registros y del Notariado. Las certificaciones electrónicas expedidas con Sello Electrónico de la Dirección General de los Registros y del Notariado, servirán para acreditar los datos contenidos en los asientos registrales informatizados y digitalizados que consten en la base central de datos dependiente del Centro Directivo.

Séptimo. Procedimiento para la tramitación telemática de las certificaciones de nacimiento y matrimonio. 1. El procedimiento se inicia con la presentación de la solicitud en la sede electrónica del Ministerio de Justicia. Dicha solicitud contendrá todos los datos obligatorios establecidos en el formulario previsto al efecto en dicha sede electrónica. El solicitante deberá ser el titular de los datos y acreditar electrónicamente su identidad conforme a los requisitos técnicos establecidos en la disposición tercera de la presente Resolución.

2. Las certificaciones electrónicas de nacimiento y matrimonio se expedirán automáticamente con el sistema de sello electrónico de la Dirección General de los Registros y del Notariado e incluirán información sobre el código

seguro de verificación, el procedimiento de verificación del contenido del documento que se expide y la fecha de expedición.

La presente Resolución entrará en vigor el día siguiente al de su publicación en el «Boletín Oficial del Estado».

Madrid, 27 de mayo de 2011.–La Directora General de los Registros y del Notariado, María Ángeles Alcalá Díaz.

§5.6. Instrucción de 16 de septiembre de 2021, de la Dirección General de Seguridad Jurídica y Fe Pública, por la que se acuerdan las pautas y criterios para apoyar la entrada en servicio efectiva de la aplicación informática Dicireg, a partir de la entrada en funcionamiento de la primera oficina conforme a las previsiones contenidas en la Ley 20/2011, de 21 de julio, del Registro Civil

§5.6

La Ley 20/2011, de 21 de julio, del Registro Civil ha previsto un nuevo modelo de Registro Civil que se caracteriza, principalmente, por ser un Registro Civil público, gratuito, único para toda España y que se configura como electrónico e interoperable.

La satisfactoria puesta en marcha de esta Ley implica la ejecución coordinada de numerosas actuaciones en los ámbitos normativo, organizativo y tecnológico, así como la colaboración con múltiples organismos, administraciones locales y administraciones autonómicas, preservando la eficiencia en la actuación mediante una implantación progresiva que la haga viable.

La reforma operada por la Ley 6/2021, de 28 de abril, tiene en su finalidad principal este objetivo de implantación progresiva mediante una estrategia posibilista; de tal forma que el juego de las disposiciones transitorias cuarta, octava y décima, más la adicional segunda, permita la implantación progresiva aludida, con tres escenarios:

– Disposición transitoria cuarta. No se ha iniciado la transformación, sigue el mismo régimen actual.

– Disposición transitoria octava y décima. Se implanta DICIREG, comienzan las Oficinas a aplicar la Ley 20/2011.

– Disposición adicional segunda y transitorias cuarta, octava y décima. Se aprueban las Relaciones de Puestos de Trabajo (RPT): ya queda completada la creación de una nueva Oficina del Registro Civil.

Este régimen transitorio supone dos circunstancias a tener en cuenta:

– Convivencia de sistemas:

• Libros manuscritos.

• INFOREG.

• DICIREG.

– Convivencia de modelos:

• Hechos-Secciones (Ley de 1957).

• Registro individual (Ley 20/2011).

Es decir, por un lado, un periodo de convivencia de Oficinas con ambos modelos condicionados al plan de despliegue. Con un previsible horizonte de culminación hacia finales de 2023.

Por otro, un muy amplio periodo de convivencia de sistemas porque en este contexto se avanzaría desde la situación vital existente actualmente para las personas y hay un amplio volumen de antecedentes en INFOREG/Libros manuscritos que han de seguir manejándose e integrándose.

La presente Instrucción se dicta a fin de dotar de mayor seguridad jurídica a las actuaciones que se realicen en materia de Registro Civil, con independencia del tipo de Oficina en la que el ciudadano formule su solicitud y de dónde se encuentren sus asientos anteriores, de tal forma que se obtenga la pretensión solicitada en cuanto a los hechos y actos de estado civil que se han venido registrando y publicitando tradicionalmente.

En consecuencia, el objeto de esta Instrucción es establecer los criterios de atención al público, funcionamiento, procedimiento a aplicar y práctica de asientos, en cada uno de los tipos de Oficina que van a convivir en el marco temporal de duración del despliegue progresivo de la nueva estructura adaptada a lo dispuesto por la Ley 20/2011, de 21 de julio. A pesar de que las pautas y criterios que se recogen en el Anexo que se aprueba mediante esta Instrucción, van principalmente dirigidas a la primera y ulteriores Oficinas del nuevo modelo que vayan desplegando, también serán seguidas en lo que les aplique por todas las demás Oficinas del Registro Civil, aunque aún se encuentren funcionando bajo el régimen de la Ley de 8 de junio de 1957 sobre el Registro Civil.

En virtud de lo anterior, de conformidad con lo previsto en la disposición final novena y en ejercicio de las competencias que se le asignan en el artículo 26, ambas de la Ley 20/2011, de 21 de julio, así como lo dispuesto por el artículo cuarto de la Resolución de la Dirección General de Seguridad Jurídica y Fe Pública (en adelante, DGSJFP) de 29 de julio de 2021, por el que se acuerda la puesta en marcha de la primera Oficina General del nuevo modelo y se faculta a esta Dirección General para el desarrollo de estas actuaciones, dispongo:

Primero. Aprobar las pautas de actuación para el periodo transitorio de convivencia de sistemas y modelos del servicio público de Registro Civil, que se incluyen como anexo a la presente resolución. Estas pautas, aunque dirigidas principalmente a las Oficinas del nuevo modelo, serán de aplicación en todas las Oficinas del Registro Civil y Notarías en la medida que les afecten, tanto en territorio español como en las Oficinas Consulares, con independencia de que se haya producido en ellas la efectiva puesta en marcha del sistema DICIREG y sea de aplicación la Ley 20/2011, de 21 de julio.

Segundo. Las pautas contenidas en el siguiente Anexo, podrán ser modificadas por nueva Instrucción a lo largo del periodo de transición entre modelos y sistemas, para ir adaptándose a las circunstancias que puedan ir surgiendo a raíz del aumento de masa crítica de Oficinas Generales que se hayan implantado.

Tercero. La presente Instrucción entrará en vigor el día siguiente a su publicación en el «Boletín Oficial del Estado».

ANEXO
Pautas de actuación en el periodo transitorio

1. Introducción.

La implantación de la Ley 20/2011, de 21 de julio, de forma escalonada, dará lugar a la convivencia de dos leyes y dos sistemas informáticos, además de Libros manuscritos. Esta convivencia se produce en un primer momento, además, sin disponer del Reglamento de desarrollo de la misma.

La incorporación de datos al nuevo sistema informático, DICIREG, se realizará paulatinamente conforme se vayan practicando nuevos asientos en el mismo o incorporando antecedentes anteriores.

2. Objeto del documento.

Se recogen en este documento las pautas iniciales de actuación en las Oficinas del Registro Civil durante el periodo transitorio de convivencia de sistemas y modelos del Registro Civil. Estas pautas podrán sufrir variaciones en las siguientes fases de despliegue, a medida que se vaya considerando necesario su adaptación al volumen de Oficinas DICIREG desplegadas y otras actuaciones que se pudieran desarrollar en paralelo para la digitalización y carga del sistema informático DICIREG.

§5.6

Los principales aspectos a considerar en el periodo transitorio son los siguientes:

– Normativa de aplicación.

– Procedimientos previos abiertos conforme a la Ley del Registro Civil de 1957 (en adelante Ley de 1957).

– Concurrencia de competencias en Oficinas teniendo en cuenta la Ley de 1957 y la Ley 20/2011, de 21 de julio.

– Actuaciones para la práctica de asientos:

a) En DICIREG con incorporación de antecedentes de la Ley de 1957.

b) Modificación en Oficina con DICIREG, de asientos de la Ley de 1957.

c) En Oficina en la que resulta de aplicación la Ley de 1957, cuando haya oficinas con DICIREG en servicio.

d) En Oficina con DICIREG por auxilio registral de Oficina en la que se aplica la Ley de 1957.

e) En Oficinas Consulares y Oficina Central.

– Procedimientos no implementados en DICIREG.

– Cierre de Libros.

– Publicidad.

Se incluye también en el documento un apartado sobre conceptos generales de la Ley 20/2011, de 21 de julio.

3. Normativa de aplicación.

La redacción literal de la disposición transitoria cuarta de la Ley 20/2011, de 21 de julio, establece de forma clara que a partir del 30 de abril de 2021 la Ley va aplicándose progresivamente en función de la Resolución de puesta en marcha de la aplicación informática que permita el funcionamiento del Registro Civil de forma íntegramente electrónica conforme a las previsiones contenidas en esta Ley; dicha aplicación informática es la denominada DICIREG.

En coherencia con esta, las disposiciones transitorias octava y décima quedan alineadas en el sentido de producir sus efectos sobre los cambios de Encargados y personal en el momento en que lo disponga la referida Resolución de la DGSJFP.

Con lo cual, si bien entró completamente en vigor la Ley el 30 de abril de 2021, no se aplicará en cada una de las Oficinas hasta que:

– La Oficina cuente con los medios y sistemas informáticos y las condiciones de funcionamiento adecuadas (vid. Disposiciones transitorias cuarta y octava).

§5.6

– Se dicte la Resolución por la DGSJFP para ordenar su puesta en marcha.

Por tanto, mientras estas dos premisas anteriores no se cumplan, siguiendo el tenor literal de dicha disposición transitoria cuarta de la Ley de 1957, se ha de considerar que:

– Los Encargados de las Oficinas en las que se aplica la Ley de 1957 del Registro Civil practicarán en los libros y secciones correspondientes regulados por la Ley de 1957 los asientos relativos a nacimientos, matrimonios, defunciones, tutelas y representaciones legales. Y mantendrán sus tareas y funciones de Registro Civil según lo previsto en el artículo 2.2 de la Ley Orgánica 6/1985, de 1 de julio, del Poder Judicial, en relación con los artículos 10 a 22 de la Ley de 1957, los que hasta el momento de la completa entrada en vigor de esta Ley hubiesen venido ejerciendo en los Registros Civiles como Encargados, Encargados por delegación, Letrados de la Administración de Justicia y personal funcionario de los Cuerpos Generales de la Administración de Justicia y continuará aplicándose el artículo 27 de la Ley 38/1988, de 28 de diciembre, de Demarcación y de Planta Judicial.

– En las Oficinas en las que se aplica la Ley de 1957 el Ministerio Fiscal ha de ser oído en vía de informe sólo en los casos concretos en que así lo disponga un precepto del Código Civil, de la propia Ley 20/2011, de 21 de julio, o de otra norma legal vigente que pudiera exigirlo. Además, cuenta con legitimación activa para promover asientos y procedimientos en materia de Registro Civil (arts. 42 y 89 Ley 20/2011, de 21 de julio). De manera transitoria, la intervención del Ministerio Fiscal en vía de informe en los expedientes gubernativos continuará del mismo modo que se había venido desarrollando conforme al artículo 97 de la Ley de 1957, en todos aquellos iniciados con anterioridad al 30 de abril de 2021 que no se hubieran finalizado por resolución definitiva, aunque ésta no sea firme (vid. Instrucción de 9 de julio de 2021, de la DGSJFP, sobre la intervención del Ministerio Fiscal en los procedimientos del Registro Civil tras la entrada en vigor de la Ley 20/2011).

A partir de la fecha de aplicación del nuevo modelo de la Ley 20/2011, de 21 de julio, en una Oficina y mientras no se disponga del nuevo Reglamento del Registro Civil en vigor, servirán de referencia para la tramitación en dicha Oficina, por el orden que se reseñan:

– Las reglas de la Ley 20/2011, de 21 de julio.

§5.6

– Supletoriamente la Ley 39/2015, de 1 de octubre, del Procedimiento Administrativo Común de las Administraciones Públicas.

– El Reglamento del Registro Civil de 1958 que, al no estar derogado expresamente por la disposición derogatoria de la Ley 20/2011, de 21 de julio, se considerará aplicable en cuanto a aquellas normas exclusivamente procedimentales y que no afecten a la estructura y organización del Registro Civil, siempre que no se opongan a la Ley 20/2011, de 21 de julio, a la Ley 39/2015 de aplicación supletoria o a otra norma de rango legal que haya regulado o regule con posterioridad a la Resolución de puesta en marcha, algún aspecto que colisione con lo previsto en el meritado Reglamento.

A este respecto, conviene añadir las siguientes pautas clarificadoras:

– Tramitación administrativa. Según la disposición final primera de la Ley 20/2011, de 21 de julio, referida al Derecho supletorio, en todo lo no previsto en relación con la tramitación administrativa de los expedientes regulados en la misma, se aplicará la Ley 39/2015, de 1 de octubre, del Procedimiento Administrativo Común de las Administraciones Públicas. Téngase en cuenta, además, que el artículo 88.2 de la Ley 20/2011, de 21 de julio hace una remisión directa a las reglas establecidas en la Ley 39/2015, de 1 de octubre, para la tramitación del procedimiento registral en los términos que se desarrollen reglamentariamente. En este aspecto, el cambio es muy importante, al administrativizarse la tramitación procedimental; lo que conlleva que dicha tramitación se realizará en tres fases, que constan a su vez de trámites, siendo estas fases las siguientes:

a) Iniciación.

b) Instrucción.

c) Finalización.

Una vez resuelto un procedimiento puede haber recurso de alzada ante la DGSJFP.

– Inaplicabilidad directa y total de la tramitación comprendida en el Reglamento del Registro Civil de 1958. El Reglamento del Registro Civil ha de entenderse aplicable en las Oficinas DICIREG sólo en aquellas cuestiones que no se opongan a la Ley 20/2011, de 21 de julio, y a la Ley 39/2015 de Procedimiento Administrativo, máxime teniendo en cuenta que esta segunda, en materia procedimental, es de aplicación directa en base al artículo 88 de la primera norma citada. Estas leyes, ya no permiten seguir los trámites que establece el Reglamento del Registro Civil en múltiples casos, por cuanto la tramitación administrativa y la realidad social actual no son las mismas para el nuevo modelo. En este sentido, no es necesaria ratificación alguna del solicitante o solicitantes de procedimientos; toda vez que su identidad ya vendrá autentificada por el acceso o presencia previa al formular la solicitud, sin necesidad de una ratificación posterior de la misma. También hay que tener en cuenta, para Notarios y Encargados, que no es de aplicación la publicación de edictos en el procedimiento de autorización de matrimonio, ya que se consideran incompatibles con lo previsto en la Ley Orgánica 3/2018 de Protección de Datos de Carácter Personal. Todo ello en sintonía con la descripción procedimental que se efectúa en la documentación funcional y procedimental validada por la DGSJFP que en el periodo formativo se pone a disposición de cada Oficina con el sistema informático DICIREG. Mención adicional ha de tener la nueva tramitación del procedimiento de autorización de matrimonio civil por los Notarios, que parte de la previsión legal establecida en el artículo 51.2 de la Ley del Notariado de 28 de mayo de 1862, que dispone que la solicitud, tramitación y autorización del acta se ajustarán a lo dispuesto en el artículo 58 de la Ley 20/2011, de 21 de julio, y, en lo no previsto, a lo dispuesto en dicha Ley del Notariado; lo que excluye también para los Notarios la aplicación en primer grado del Reglamento del Registro Civil.

§5.6

– Intervención del Ministerio Fiscal en Oficinas con la aplicación DICIREG. El Ministerio Fiscal interviene en los siguientes casos:

a) Legitimación activa: El Ministerio Fiscal sigue contando con legitimación activa para promover asientos y procedimientos en materia de Registro Civil (arts. 42 y 89 de la Ley 20/2011, de 21 de julio). Siendo significativa la previsión del apartado 2.º del artículo 42: «Las autoridades y funcionarios no comprendidos en el número anterior, a quienes consten por razón de sus cargos los hechos no inscritos, están obligados a comunicarlos al Ministerio Fiscal». En estos procedimientos promovidos por el Ministerio Fiscal, el mismo tendrá intervención desde su fase de iniciación hasta su finalización y, en su caso, recurso/s, pudiendo intervenir en todos los trámites que sean precisos.

b) Intervención en vía de informe:

• Será oído el Ministerio Fiscal en aquellos procedimientos de la Ley 20/2011, de 21 de julio, en los que, no habiendo sido promovidos por dicha autoridad, su intervención venga prevista expresamente por algún precepto del Código Civil, de la propia Ley 20/2011, de 21 de julio, o de alguna otra norma legal que disponga o, en un futuro, pudiera disponer, dicha intervención en sede de procedimiento de Registro Civil (por ejemplo, en reconocimiento de filiación, artículo 44.7, segundo párrafo, Ley 20/2011). Esto también aplicará a los procedimientos iniciados conforme a la Ley de 1957 con posterioridad al 30 de abril de 2021, que continúen tramitándose y no hayan finalizado por resolución definitiva, aunque ésta no sea firme.

• De manera transitoria, la intervención del Ministerio Fiscal en vía de informe en los expedientes gubernativos de la Ley de 1957 que no hayan finalizado por resolución definitiva, aunque ésta no sea firme, se llevará a cabo del mismo modo que se había venido efectuando, en todos aquellos expedientes gubernativos iniciados con anterioridad al 30 de abril de 2021 (vid. Instrucción de 9 de julio de 2021, de la DGSJFP, sobre la intervención del Ministerio Fiscal en los procedimientos del Registro Civil tras la entrada en vigor de la Ley 20/2011, de 21 de julio).

– Procedimientos matrimoniales. La entrada en vigor de la Ley 20/2011, de 21 de julio, supone la aplicabilidad de lo dispuesto en la disposición final vigésima primera de la Ley 15/2015, de 2 de julio, de la Jurisdicción Voluntaria, en cuanto a las modificaciones de los artículos del Código Civil, así como las modificaciones de la referida Ley incluidas en la disposición final cuarta de la Ley 15/2015, relativas a la tramitación y celebración del matrimonio civil. En especial lo establecido en el artículo 58 de la Ley 20/2011, de 21 de julio, según el cual los Notarios son competentes tanto para la tramitación del procedimiento de autorización de matrimonio civil como para la celebración del mismo. Los detalles sobre estos procedimientos se encuentran en la documentación funcional y procedimental de la materia de matrimonio validada por la DGSJFP, que en el periodo formativo se pone a disposición de cada

Oficina con el sistema informático DICIREG. Además, se han dictado pautas específicas sobre las peculiaridades de la tramitación de los procedimientos notariales, mediante la Instrucción de 3 de junio de 2021, de la DGSJFP sobre la tramitación del procedimiento de autorización de matrimonio ante Notarios. Se incluyen aquí algunos aspectos a modo de aclaración:

a) Autorización de matrimonio civil. Además del Encargado del Registro Civil, también el Notario es competente para la tramitación de este procedimiento. En el caso del Notario será competente el del domicilio de cualquiera de los contrayentes, al que por turno le corresponda conocer del mismo en virtud de lo establecido en la Circular 1/2021, de 24 de abril, del Consejo General del Notariado.

b) Celebración de matrimonio civil. Son competentes para la celebración del matrimonio civil, con independencia de que lo autorice el Encargado del Registro Civil o el Notario, las siguientes autoridades, a elección de los contrayentes:

§5.6

- Encargado del Registro Civil.
- Notario.
- Juez de paz.
- Alcalde o concejal en quien este delegue.

c) Matrimonio en peligro de muerte. La celebración se podrá realizar por cualquiera de las autoridades señaladas en el artículo 52 del Código Civil, a elección de los contrayentes. La autorización posterior deberá ser tramitada por la autoridad que lo celebró en el caso de que hubiera sido un Encargado o Notario, o por el Encargado de la Oficina del Registro Civil del lugar de celebración para el resto de supuestos.

– Procedimientos de Nacionalidad. Entre las modificaciones de la Ley 6/2021, de 28 de abril, están también las relativas a las declaraciones de voluntad en materia de nacionalidad y vecindad civil (art. 68.3 de la Ley 20/2011, de 21 de julio, modificado por Ley 6/2021, de 28 de abril). Por tanto, podrán realizarse ante el Encargado del Registro Civil, Notario, o funcionario diplomático o consular Encargado del Registro Civil las declaraciones de voluntad relativas a la adquisición de la nacionalidad española por residencia, carta de naturaleza y opción. En dichas declaraciones, según el artículo 23 del Código Civil, el mayor de catorce años y capaz para prestar una declaración por sí (si es menor de edad, asistido por sus representantes legales; si es persona con discapacidad, en su caso, con el auxilio o representación que se haya acordado o contemplado voluntariamente como medida de apoyo) realizará la jura o promesa de fidelidad al Rey y obediencia a la Constitución y a las leyes y, en su caso, declarará la renuncia a su anterior nacionalidad y manifestará la vecindad civil por la que opta, además se indicarán, si procede, los apellidos que llevará el nuevo español conforme a las previsiones legales y reglamentarias. También podrán realizarse ante los Notarios las declaraciones relativas a su recuperación, conservación o pérdida, y las declaraciones de voluntad relativas a la vecindad civil. En el aspecto concreto de la intervención del Notario en este trámite, el acta otorgada ante el mismo, comprensivo de la comparecencia para efectuar la declaración de voluntad a la que se refiere el artículo 68.3 de la Ley 20/2011, de 21 de julio, se incorporará a la solicitud del procedimiento del Registro Civil que corresponda aplicar, que podrá iniciar el Notario. En el caso de se hubiera efectuado notarialmente la declaración, en el procedimiento registral en oficinas que hayan implantado DICIREG no sería necesario practicar la comparecencia prevista a tales fines en el trámite de prueba de la fase de instrucción. En Oficina sin DICIREG se pasará directamente a calificar el acta otorgada ante Notario y, en su caso, se extenderá el asiento o asientos. En relación con la vecindad civil, si se hubiera efectuado notarialmente la declaración de voluntad de atribución por los progenitores/opción/residencia continuada, no sería necesaria la comparecencia prevista en el trámite de prueba de la fase de instrucción del procedimiento registral.

§5.6

– Expedición de licencia de enterramiento, fuera de las horas de servicio de las Oficinas del Registro Civil. Este trámite y demás actuaciones urgentes e inaplazables que se susciten en el ámbito del Registro Civil en los partidos judiciales en que la Oficina de Registro Civil ya tenga en funcionamiento Dicireg y el nuevo modelo de la Ley 20/2011, de 21 de julio, se llevará a cabo por los letrados y letradas de la Administración de Justicia del turno creado al efecto por la Circular 5/2022, del Secretario General de la Administración de Justicia, por la que se disponen criterios para intervenir en las actuaciones urgentes en materia de Registro Civil, fuera del horario de las oficinas de Registro Civil en funcionamiento conforme a la Ley 20/2011, de 21 de julio, del Registro Civil, coincidente con el turno que en cada momento exista para el servicio de guardia en el partido judicial correspondiente. Los datos de la defunción se pondrán a disposición del Registro Civil y quedarán pendientes de la tramitación de la inscripción en horario hábil, pudiendo entre tanto, utilizarse la fórmula del acta (art. 44. 4.ª del Reglamento del Registro Civil) para efectuar el trámite más urgente de expedición de licencia de enterramiento. Por ello, se permitirá imprimir el Certificado Médico de Defunción electrónico para poder obtener la licencia de enterramiento expedida por el letrado o letrada de la Administración de Justicia que, conforme al referido turno, ejerza este cometido en funciones de sustitución del encargado o encargada. Una vez obtenida la licencia de enterramiento, se aportará mediante copia (electrónica o compulsada) al Registro Civil, cuando se presente la referida acta con la declaración de defunción y el Certificado Médico de Defunción.

4. Conceptos generales de la Ley 20/2011, de 21 de julio.

– Procedimiento: Para el nuevo modelo de Registro Civil, es el conjunto de actuaciones a realizar con la finalidad de adoptar las decisiones necesarias para la práctica de asientos, la prestación de la publicidad instrumental o la emisión de un documento dentro del marco competencial del Registro Civil. Consta de una serie de trámites con un orden establecido (agrupados en fases). Está regulado, en lo no previsto por la Ley 20/2011, de 21 de julio, con carácter supletorio, por la Ley 39/2015, de Procedimiento Administrativo.

– Registro individual: Cada persona tiene un registro individual que se abre con la inscripción de nacimiento o con el primer asiento que se practica y en el que se inscriben o anotan, continuada, sucesiva y cronológicamente, todos los hechos y actos.

– Sujetos relacionados: Un hecho jurídico inscribible que afecta a un sujeto, que denominaremos «sujeto principal», puede tener efecto en otros que denominaremos «sujetos relacionados», además de sobre sí mismo. Por un lado, se trata de menciones al sujeto principal que se recogen en los asientos del sujeto relacionado y que pueden verse afectadas por los cambios que se produzcan en el sujeto principal. Esto aplica a los sujetos relacionados de tipo descendiente y cónyuge actual, separado o divorciado. Por ejemplo, el cambio de nombre y apellidos de un sujeto principal que está casado afecta a la mención de su identidad como cónyuge en el registro individual de su esposo/a. Por otro lado, un hecho jurí –dico que afecta a un sujeto principal puede provocar hechos inscribibles en el registro individual de un sujeto relacionado. Por ejemplo, el cambio de nombre y apellidos de un sujeto principal que tiene hijos menores de edad, no sólo afecta a la mención de identidad como progenitor, sino que también puede provocar un hecho inscribible en sus descendientes menores de edad, ya que su propio apellido puede tener que

§5.6

cambiar para adaptarse al de su progenitor. Además, hay que tener en cuenta que las cancelaciones de asientos de un sujeto principal también pueden afectar a los sujetos relacionados tanto en las menciones al sujeto principal como a los hechos inscribibles que se producen sobre el registro individual del sujeto relacionado. Por ejemplo, la cancelación de un cambio de nombre y apellidos de un sujeto principal que está casado y tiene hijos, afecta a la mención a su identidad como cónyuge y como progenitor. Además, también se debe considerar la cancelación del cambio de apellido de los descendientes para que vuelva a coincidir con el de su progenitor, siguiendo el procedimiento de cancelación. Esta interacción entre sujetos relacionados y cómo afectan los cambios, tendrán reflejo en las certificaciones. Las certificaciones en extracto del sujeto relacionado mostrarán los datos actualizados de los sujetos principales en el momento de su emisión, puesto que han quedado plasmados los cambios en su ficha personal. Además, las certificaciones literales deben ser coherentes con las certificaciones en extracto, para lo que harán uso de las llamadas notas de relación. Las notas de relación tienen carácter informativo y consisten en un texto aclaratorio del motivo del cambio que se ha producido sobre el sujeto relacionado. Los sujetos relacionados, en función del supuesto, pueden ser: cónyuge, ex cónyuge, progenitores e hijos.

§5.6

– Ficha personal: Cada persona tendrá su ficha personal con los datos vigentes sobre su identidad y estado civil, junto con sus relaciones con otras personas. Contiene datos sobre la persona, sus relaciones con otros sujetos y sus procedimientos en trámite.

– Expediente electrónico: Se creará uno para la tramitación de cada procedimiento. Contendrá el conjunto de datos, documentos, trámites y actuaciones electrónicas que corresponden a un mismo procedimiento, cualquiera que sea el tipo de información que contenga y el formato en el que se hayan generado.

Para mayor información se dispone del Manual de tramitación general del Registro Civil, validado por la DGSJFP que en el periodo formativo se pone a disposición de cada Oficina con el sistema informático DICIREG.

En cuanto a las Oficinas DICIREG, en relación con su descripción, funciones y tipos de Oficinas en el nuevo modelo de Registro Civil, habrá de estarse a lo previsto en el documento Definición de Oficina Registro Civil igualmente validado por la DGSJFP que se pondrá a disposición de cada una de dichas Oficinas DICIREG que se vayan desplegando; se destaca del mismo lo siguiente:

– Oficina Central: Existirá una que está localizada en Madrid.

– Oficina General: Existirá una en todas las poblaciones que sean sede de la capital de un partido judicial.

– Oficina Consular: Existirá una por cada demarcación consular.

– Oficina colaboradora: Existirá una en todos los municipios en los que no se ubique una Oficina General (pasarán a integrarse en las futuras Oficinas de Justicia del municipio).

5. Procedimientos previos abiertos conforme a la Ley de Registro Civil de 1957.

En una Oficina en la que se encuentre en funcionamiento DICIREG los procedimientos en curso abiertos conforme a la Ley de 1957 continuarán su tramitación conforme a dicha Ley.

Si se trata de una oficina colaboradora, el procedimiento será finalizado en la Oficina General que corresponda. En este caso, se generará un expediente electrónico en DICIREG por la oficina colaboradora donde se incluirá la documentación y quedará asignado a dicha Oficina General.

§5.6

La resolución de estos procedimientos será dictada por el Encargado que, conforme a la Ley 20/2011, de 21 de julio, ya se encuentre al frente de la Oficina y la práctica de los asientos se realizarán en DICIREG generando el expediente electrónico del procedimiento correspondiente, en el que se cargarán los documentos derivados de la tramitación inicial que ya se hubiera realizado conforme a la Ley de 1957, siempre que sea posible.

6. Concurrencia de competencias entre la Ley de Registro Civil de 1957 y la Ley 20/2011, de 21 de julio.

Ha de tenerse en cuenta que durante todo el periodo transitorio van a coexistir Oficinas en las que se aplique la Ley de 1957 y Oficinas DICIREG. En la Ley de 1957 se aplican competencias territoriales mientras que para la Ley 20/2011, de 21 de julio, no es así, excepto en casos muy concretos.

Las pautas generales que se han de contemplar debido a la concurrencia de competencias de ambas leyes son las siguientes:

– Si la solicitud se recibe en una Oficina en la que se aplica la Ley de 1957, se seguirán aplicando las reglas de competencia de dicha Ley (competencias territoriales).

– Si la solicitud se recibe en una Oficina con DICIREG, se verifica la competencia según la Ley de 1957 para determinar si continúa con su tramitación o no. En concreto:

a) Si dicha Oficina con DICIREG es competente según la Ley de 1957, se continúa tramitando en dicha Oficina con DICIREG.

b) Si dicha Oficina con DICIREG no es competente según la Ley de 1957, se ha de identificar cuál es la competente. Puede ocurrir que:

• Sea una Oficina en la que no ha entrado en funcionamiento DICIREG: Se ofrece al ciudadano la posibilidad de recoger la documentación y enviarla a la Oficina competente según la Ley de 1957. En caso de que decline ese ofrecimiento, el ciudadano puede dirigirse él mismo a dicha Oficina.

• Sea una Oficina con DICIREG distinta: Se inicia el procedimiento y se crea expediente que se tramitará según lo previsto por la Ley 20/2011, de 21 de julio. Pues ambas Oficinas DICIREG ya son interoperables.

–Oficina Central: Práctica de asientos en virtud de documento público extranjero.

• Hasta que se despliegue la Oficina Central (DICIREG) seguirán aplicándose las funciones y reglas de competencia de la Ley de 1957.

• Una vez que se despliegue la Oficina Central (DICIREG):

o En las Oficinas Generales DICIREG dejarán de tramitarse estos procedimientos.

o En las Oficinas Consulares DICIREG, seguirán tramitándose estos procedimientos, pero conforme a lo previsto en la Ley 20/2011, de 21 de julio.

o En las Oficinas sin DICIREG (Registros Civiles Exclusivos y Registros Civiles Principales) se seguirán tramitando estos procedimientos, aun cuando esté desplegada la Oficina Central, aplicando las reglas de competencia de la Ley de 1957.

Las pautas particulares que se han de tener en cuenta son:

– Para la comunicación de defunciones de forma electrónica: Se establecerán las pautas cuando el procedimiento esté disponible. Se tratará de que se tramite siempre en Oficina con DICIREG, pero se tendrá en cuenta la carga de trabajo de las Oficinas DICIREG cuando haya pocas disponibles.

– Para la inscripción de nacimientos en plazo, se han de diferenciar dos situaciones:

a) La comunicación se realiza desde un centro sanitario:

– Si el municipio de nacimiento tiene Oficina con DICIREG: Se tramita en dicha Oficina, se crea expediente en DICIREG que queda asignado a la Oficina General correspondiente a ese municipio.

– Si el municipio de nacimiento no tiene Oficina con DICIREG:

• Si para la inscripción se ha elegido el municipio de común empadronamiento: Se comunica a la Oficina elegida (sea Oficina sin DICIREG u Oficina con DICIREG), que será la que tramite el procedimiento.

• Si para la inscripción no se ha elegido el municipio de común empadronamiento: Se comunica a la Oficina del municipio del nacimiento (Oficina en la que no se ha implantado DICIREG).

b) La comunicación se realiza mediante solicitud/declaración presencial en Oficina con DICIREG:

– Si es la Oficina del municipio del nacimiento: Se inicia el procedimiento y se crea expediente que queda asignado a Oficina General correspondiente a ese municipio.

– Si no es la Oficina del municipio del nacimiento:

• Si la correspondiente al municipio del hecho es Oficina con DICIREG: Se inicia el procedimiento y se crea expediente a tramitar conforme a la Ley 20/2011, de 21 de julio.

• Si la correspondiente al municipio del hecho es Oficina sin DICIREG: Se ofrece al ciudadano la posibilidad de recoger la documentación y enviarla a la Oficina que no tenga implantado DICIREG competente, según la elección de los declarantes (domicilio común de los progenitores o lugar del hecho). En caso de que decline ese ofrecimiento, el ciudadano puede dirigirse él mismo a dicha Oficina.

c) La comunicación se realiza mediante solicitud/declaración presencial en Oficina sin DICIREG:

– Se aplicarán las normas de la Ley de 1957 (fuero electivo art. 16 de la Ley de Registro Civil de 1957), con independencia de que la Oficina que deba inscribir sea DICIREG o no.

7. Práctica de asientos.

7.1 Asientos en DICIREG con incorporación de antecedentes.

Cuando se practique un asiento en DICIREG:

Puede haber asientos para este inscrito conforme a la Ley de Registro Civil de 1957 que deban tenerse en cuenta. En particular cuando hay que realizar

§5.6

una inscripción complementaria o una anotación sobre una inscripción principal, ya existente, realizada conforme a la Ley de Registro Civil de 1957.

– Esta persona puede tener sujetos relacionados (por ejemplo, los progenitores en relación a una inscripción de nacimiento).

Por ello, será necesario incorporar en DICIREG los antecedentes generados según la Ley de 1957.

Existen dos mecanismos para incorporar antecedentes desde una Oficina con DICIREG:

– Traslado: Se incorporan los asientos completos, pasando a estar ya definitivamente en DICIREG y cancelándose los asientos previos extendidos según la Ley de 1957.

§5.6 – Anotación captura de antecedentes: Se practica una anotación que sirve para realizar asientos sobre ella incluyendo unos datos mínimos de los antecedentes, pero siguen vigentes los asientos practicados según la Ley de 1957. Esta información mínima permite crear el registro individual y la ficha personal de forma que se puedan elaborar certificaciones en extracto y literales del inscrito. No es posible realizar una anotación captura de antecedentes cuando los asientos estén en Libros manuscritos no digitalizados. Para esos casos es necesario obligatoriamente realizar un traslado.

En ambos supuestos se realizará la tramitación de la incorporación de antecedentes en DICIREG mediante procedimientos de captura de antecedentes.

Las pautas que se han de tener en cuenta para un traslado son las siguientes:

– Se realiza siempre cuando los asientos están en Libros manuscritos no digitalizados y de forma opcional cuando se encuentren en INFOREG.

– Si se realiza el traslado de un asiento, se trasladarán también el resto de asientos de esa materia (sección) del inscrito.

– El traslado de los asientos de la sección de tutelas implica el traslado de los asientos de la sección de nacimiento del inscrito.

– Cancelación: Para cancelar un asiento, se realizará el traslado de todos los asientos de esa materia (sección) del inscrito.

7.1.1 Procedimientos.

7.1.1.1 Procedimiento para el traslado.
El procedimiento se realizará en los siguientes pasos:

– Inicio de procedimiento de captura de antecedentes y asignación a una Oficina. Para esta asignación a una Oficina para su tramitación se tendrá en cuenta que, si el asiento está en Libro manuscrito no digitalizado, se asignará a la que custodia dicho Libro, si tiene DICIREG.

– Continuación de la tramitación:

a) Oficina colaboradora (custodia el Libro): Incorpora la certificación al expediente y sigue tramitando hasta elaborar el borrador de asiento.

b) Oficinas Generales/Consulares/Central: Tramitan hasta la finalización del procedimiento de captura de antecedentes.

• Si no se tiene acceso al asiento en Libro manuscrito: Obtención de la certificación literal con los asientos (mediante auxilio registral), que se incorpora al expediente.

– Borrador del asiento/s. Se transcriben los datos de la/s certificación/es literal/es.

§5.6

– Revisión de los datos del borrador y firma del asiento/s.

– Cancelación del asiento/s trasladado/s, consignando en ella la circunstancia del traslado al registro individual y la fecha en la que se realiza, además de los datos habituales.

a) Para oficina colaboradora: Cancelación conforme a la Ley de 1957 firmando el funcionario del Cuerpo de Gestión Procesal y Administrativa por indicación y delegación expresa del Encargado actual Oficina General.

b) Para el resto de Oficinas: Cancelación conforme a la Ley de 1957 firmando el Encargado actual.

El objetivo de esta cancelación es que no se practiquen nuevos asientos para el inscrito en esa sección según la Ley de 1957.

7.1.1.2 Procedimiento para la anotación captura de antecedentes.

El procedimiento se realizará en los siguientes pasos:

– Inicio de procedimiento de captura de antecedentes y asignación a una Oficina. En general, continúa la tramitación en la misma Oficina; pero, por motivos de carga de trabajo, se puede asignar el expediente a otra Oficina.

– Generación del borrador del asiento. DICIREG genera de forma automática este borrador que deberá ser completado con los datos que no puedan obtenerse automáticamente.

– Revisión de los datos del borrador y firma del asiento.

– Realización de nota de referencia en INFOREG indicando la existencia de la anotación captura de antecedentes en el registro individual del inscrito en DICIREG. El objetivo de esta nota de referencia es que no se practiquen nuevos asientos en esa sección para el inscrito de acuerdo con la Ley de 1957.

7.1.2 Pautas para la incorporación de antecedentes.

Se establecen las siguientes pautas de actuación para la incorporación de antecedentes:

– En general: Siempre que sea posible se tratará de realizar el traslado, en lugar de la anotación captura de antecedentes. También se tratará de incorporar todos los asientos del inscrito y de sus sujetos relacionados. Esto estará condicionado por:

§5.6

• Carga de trabajo de la Oficina.

• Carga de trabajo que requiera el traslado en función de los asientos que se encuentren en los antecedentes.

– La incorporación de estos antecedentes, no impedirá ni justificará la finalización del procedimiento inicial fuera del plazo legalmente establecido.

Antecedentes del inscrito:

• Al realizar el traslado de los antecedentes de la sección de nacimiento, siempre que sea posible, se realizará el traslado de la sección de tutelas, si hay asientos en ella.

• Al realizar el traslado de los antecedentes de una sección, siempre que sea posible, se realizará el traslado de los asientos de todas las secciones del inscrito.

– Antecedentes de los sujetos relacionados.

• Se tratará siempre de incorporar los antecedentes de los sujetos relacionados. Esto se realizará de forma que se pueda establecer la relación con el sujeto principal, lo que implicará que el asiento del sujeto relacionado se debe practicar antes que el asiento del sujeto principal. En particular:

o Cuando se realice una inscripción de nacimiento y sus padres se encuentren inscritos según la Ley de 1957. Se generará el registro individual de los progenitores con los datos de los mismos obrantes en la sección de nacimientos.

o Cuando se realice una inscripción de defunción y su cónyuge se encuentre inscrito según la Ley de 1957. Se generará el registro individual de cada uno (fallecido y cónyuge) con los datos de la sección de matrimonios.

• Se generará el registro individual del/de los sujeto/s relacionado/s mediante procedimiento de captura de antecedentes, para que el sistema pueda efectuar la relación.

7.2 Modificación en Oficina con DICIREG de asientos practicados según la Ley de Registro Civil de 1957

Para realizar la modificación (rectificación, integración y supresión) en DICIREG de asientos en Libros según modelo de la Ley de 1957 se debe proceder en primer lugar al traslado del asiento afectado. Y posteriormente se realizará la modificación siguiendo el procedimiento previsto para estos fines. Se necesitará por tanto tramitar dos procedimientos (en dos expedientes): Primero el procedimiento para el traslado y, seguidamente, cancelación del asiento en el Libro físico, siguiendo las pautas del apartado 7.1.1.1; generándose el registro individual (en caso de no existir) y el asiento o asientos que apliquen en DICIREG. Y concluido este primer procedimiento, el procedimiento de modificación, siguiendo las fases y trámites oportunos en DICIREG.

§5.6

7.3 Asientos en Oficina que aplica la Ley de 1957 cuando haya Oficinas con DICIREG en servicio.

El personal de una Oficina que siga aplicando la Ley de 1957 ha de tener en cuenta que no se podrán practicar asientos en una sección cuando se haya hecho una incorporación de antecedentes de dicha sección en DICIREG, generando registro individual para esa persona.

Las actuaciones que se han de realizar en la Oficina que sigue según la Ley de 1957 una vez que se haya puesto en servicio la primera Oficina con DICIREG son:

– Antes de iniciar procedimiento se debe comprobar si hay asientos de esa sección para el inscrito en DICIREG, para ello se verifica si se han cancelado o puesto una nota de referencia que constatan la circunstancia del traslado o la anotación captura de antecedentes a DICIREG.

• Si no se ha realizado incorporación de antecedentes para esa sección en DICIREG, continúa la tramitación en la Oficina de la Ley de 1957.

• Si los asientos para esa sección están en DICIREG, se inhibirá del conocimiento de dicho procedimiento a favor de la Oficina con DICIREG, remitiéndole la documentación de las actuaciones por el medio de comunicación seguro que tenga disponible dicha Oficina (escaneo y correo electrónico, correo ordinario, etc.).

7.4 Asientos en Oficina con DICIREG por auxilio registral de Oficina sin DICIREG implantado.

Esta situación tiene lugar para un procedimiento iniciado en Oficina sin DICIREG que requiera asiento marginal, cuando la principal está en Libro custodiado en Oficina con DICIREG.

Las actuaciones que se han de realizar en la Oficina con DICIREG, una vez que ha recibido la documentación necesaria por parte de la Oficina sin DICIREG que solicita el auxilio registral, son:

– Inicio de oficio del procedimiento correspondiente.

§5.6

– Tramitación del procedimiento derivado que sea necesario para la incorporación de antecedentes. Se practica así la inscripción principal de la que depende la inscripción complementaria o anotación que ha sido solicitada por auxilio registral.

– Continuación de la tramitación del procedimiento inicial conforme a la Ley 20/2011, de 21 de julio, que culminará con la práctica del asiento (inscripción complementaria).

Los procedimientos que han sido identificados en los que pueda ser necesario el auxilio registral descrito en este apartado son los siguientes:

– Jura o promesa y renuncia realizada en Oficina sin DICIREG e inscripción en Oficina con DICIREG (que custodia el Libro donde está la inscripción de nacimiento).

– Declaración de opción a la nacionalidad española.

– Anotación declaración de nacionalidad española con valor de simple presunción.

– Adquisición de nacionalidad española por consolidación.

– Pérdida de la nacionalidad española, por procedimiento registral.

– Conservación de la nacionalidad española.

– Recuperación de la nacionalidad española.

– Vecindad civil por atribución del progenitor, por opción o por residencia continuada.

– Cambio de sexo (artículo 3 de la Ley 3/2007, de 15 de marzo).

7.5 Asientos en Oficinas Consulares y Oficina Central.

En el caso de que una Oficina Consular sea Oficina con DICIREG, cuando se practique el asiento:

– Ya no se requiere duplicado.

– La incorporación de antecedentes se hará por traslado de los asientos de los Libros de la Oficina. Se deberá cancelar el asiento en la Oficina Consular y, además, el duplicado de la Oficina Central.

En el caso de que una Oficina Consular sea Oficina no DICIREG, se seguirá como hasta ahora, incluyendo la realización de duplicados en la Oficina Central.

8. Práctica de asientos de conformidad con el artículo 36.2 de la Ley 20/2011, de 21 de julio.

§5.6

En caso de que por indisponibilidad continuada del sistema DICIREG que no permite la tramitación y/o practica de asiento, así como cuando sea necesario tramitar un procedimiento que no esté implementado en DICIREG todavía por motivo de algún cambio legislativo o de otro tipo, este procedimiento se tramitará en soporte papel, incluyendo el asiento. En DICIREG se realizará al principio la anotación del procedimiento registral en papel y cuando ya sea posible se creará el asiento electrónico.

A continuación, se describe la forma de proceder:

– Emisión de asiento en soporte papel. El artículo 36.2 de la Ley 20/2011, de 21 de julio, prevé que en circunstancias excepcionales y cuando no sea posible practicar asientos electrónicos, el asiento podrá efectuarse en soporte papel. En este caso, se trasladará al formato electrónico con la mayor celeridad posible. Por tanto, se generará un expediente en formato papel para tramitar el procedimiento y emitir el asiento en soporte papel (sin perjuicio de realizarlo de forma electrónica de ser posible, con otro sistema), en el que a continuación de la solicitud y documentación aportada, se levantará acta con los requisitos del asiento correspondiente, que será firmada por el Encargado o Encargada y los comparecientes.

– Conservación del expediente en soporte papel. El expediente elaborado en soporte papel se conservará en lugar seguro hasta que llegue el momento en el que se pueda iniciar el procedimiento para la práctica del asiento electrónico en DICIREG. Al que se incorporará el expediente en soporte papel conforme al paso siguiente.

– Anotación en DICIREG del procedimiento registral para el asiento en soporte papel. Siempre que sea posible, se practicará en DICIREG anotación soporte informativa para el asiento en soporte papel, en cuyo expediente quedará registrada el acta de dicho asiento. Ello permitirá que DICIREG y, por tanto, las Oficinas DICIREG conozcan la existencia de este procedimiento en soporte papel, para evitar duplicidades.

– Publicidad del asiento en soporte papel. Si, mientras tanto, fuera necesario expedir publicidad sobre este hecho o acto, se habrá de expedir en la Oficina donde se hubiese tramitado el expediente en formato papel. Se incorporarán al expediente para la certificación los documentos del expediente en formato papel y, una vez transformados en documentos electrónicos, se emitirá copia electrónica del acta que tendrá valor de certificación del hecho o acto descrito, según se habrá hecho constar por el Encargado o Encargada en el último párrafo de la misma.

§5.6

– Práctica del asiento electrónico en DICIREG. Una vez que el procedimiento esté disponible en DICIREG, se iniciará el procedimiento que aplique para la práctica del asiento electrónico, en cuyo expediente se incorporarán los documentos en formato papel elaborados. El acta del asiento en soporte papel será título suficiente para proceder a la práctica del asiento del hecho o acto a que se refiere con independencia del tiempo transcurrido desde el hecho y no será considerada inscripción fuera de plazo.

9. Cierre de Libros.

Como norma general, a partir del día siguiente de la fecha señalada para el comienzo de la aplicación de la Ley 20/2011, de 21 de julio, en una Oficina, el Encargado de esa Oficina del Registro Civil no extenderá ninguna inscripción principal en los Libros de cada una de las Secciones.

Las únicas excepciones son:

– Procedimientos en tramitación a la entrada en vigor de Ley 20/2011, de 21 de julio, cuyas inscripciones resultantes no pudieran practicarse mediante DICIREG (disposición transitoria primera Ley 20/2011, de 21 de julio).

– Por causa excepcional, grave y debidamente justificada de la que quedará constancia en el expediente o legajo.

Una vez se constate que todos los asientos en un Libro que estuvo en uso se encuentran ya incorporados en DICIREG, se extenderá diligencia de cierre definitivo y desde ese momento no se practicarán más asientos de ningún tipo en el mismo. Tras extender la diligencia de cierre definitivo, se procederá a la inutilización de los restantes folios en blanco, trazando en toda su extensión un aspa e indicando al pie de cada uno su carácter de «Inutilizado», con el sello de tinta de la Oficina del Registro Civil; en el último folio se pondrá nota de referencia a la diligencia de cierre.

La diligencia de cierre tendrá el siguiente texto:

«Diligencia de cierre. Con esta fecha se procede al cierre definitivo del presente Libro, por aplicación de la Ley 20/2011, de 21 de julio, del Registro Civil, conteniendo hasta el momento de este cierre .... inscripciones principales. En ...., a .... de ... de.

El Encargado»

10. Publicidad.

§5.6

10.1 Certificaciones.

Se exponen las actuaciones en cuanto a la publicidad mediante certificaciones en función de dónde se realice la solicitud:

– Solicitud a través de la sede electrónica:

a) Certificaciones que se emiten de forma automática que no requieren el trámite de calificación por el Encargado: Se emiten por DICIREG.

b) Certificaciones que requieren el trámite de calificación del Encargado:

• Si hay datos en DICIREG, se asigna la solicitud a una Oficina con DICIREG.

• Si no hay datos en DICIREG:

– Se continúa la tramitación según la Ley de Registro Civil de 1957.

– Si todas las Oficinas son DICIREG, se tramitará en la Oficina con DICIREG que corresponda por norma interna de distribución de trabajo.

– Solicitud en una Oficina sin DICIREG:

a) Si hay datos en DICIREG, se transfiere la solicitud a una Oficina con DICIREG.

b) Si no hay datos en DICIREG, se continúa la tramitación según la Ley de 1957.

– Solicitud en una Oficina con DICIREG. En el caso particular en que sea necesario el trámite de calificación por el Encargado (por ejemplo, datos de publicidad restringida), se ha de comprobar si los datos están o no en Libro no digitalizado:

a) Todos los datos para expedir la certificación están accesibles desde DICIREG: Sigue tramitando la Oficina que ha recibido la solicitud.

b) Hay datos en Libro no digitalizado residente en:

• Una Oficina con DICIREG: El expediente se asigna a esa Oficina.

• Una oficina colaboradora: El expediente se asigna a esa oficina colaboradora, que incorpora la certificación al expediente. El expediente se asigna después a la Oficina General asociada que se encargará de la calificación por el Encargado. Por último, la notificación se envía por DICIREG.

• Una Oficina sin DICIREG: En este supuesto, se solicita auxilio registral para obtener la certificación. La notificación se envía por DICIREG.

§5.6

10.2 Certificaciones en Oficinas DICIREG de asientos en Libros manuscritos. Se emitirán certificaciones electrónicas según los modelos de DICIREG.

En el caso de que se trate de una certificación obrante en un Libro manuscrito que no esté digitalizado, se escaneará la página correspondiente del Libro que se incorporará al expediente y será utilizada para la emisión de la certificación electrónica.

10.3 Libros de Familia.

En las Oficinas con DICIREG, no se emitirán Libros de Familia. En su lugar, se han de emitir certificaciones de nacimiento y matrimonio o de familia cuando esté operativa.

En las Oficinas sin DICIREG se seguirán emitiendo los Libros de Familia y actualizando los mismos por hechos de estado civil objeto de anotación en el Libro de Familia. Excepción: en relación con la comunicación de nacimientos desde centros sanitarios, en vigor desde 2015 (art. 46 de la Ley 20/2011, de 21 de julio), se estará a lo dispuesto en el apartado sexto, párrafo segundo, de la Instrucción de la Dirección General de los Registros y del Notariado de 9 de octubre de 2015 sobre comunicación electrónica de nacimientos desde centros sanitarios y, por tanto, en estos supuestos el Encargado sólo expedirá certificación electrónica de la inscripción de nacimiento y la pondrá a disposición del declarante o declarantes. Esta certificación podrá descargarse en la sede electrónica del Ministerio de Justicia, lo que se comunicará al declarante o declarantes en la dirección de correo electrónico que a tal efecto se haya indicado en el formulario; en caso de que el declarante no haya facilitado una dirección de correo electrónico para la puesta a disposición de la certificación, la remisión se realizará por correo postal.

§5.7. Instrucción de 3 de junio de 2022, de la Dirección General de Seguridad Jurídica y Fe Pública, por la que se modifican las pautas y criterios para apoyar la entrada en servicio efectiva de la aplicación informática Dicireg, a partir de la entrada en funcionamiento de la primera oficina conforme a las previsiones contenidas en la Ley 20/2011, de 21 de julio, del Registro Civil, aprobados por Instrucción de 16 de septiembre de 2021

§5.7

La Instrucción de esta Dirección General de fecha 16 de septiembre de 2021 (BOE núm. 228 de 23 de septiembre) se dictó a fin de dotar de mayor seguridad jurídica a las actuaciones que se realicen en materia de Registro Civil, de cara a la puesta en marcha del nuevo modelo pergeñado por la Ley 20/2011, de 21 de julio, del Registro Civil.

No obstante, la propia Instrucción mencionada contemplaba la lógica posibilidad de que las pautas contenidas en la misma pudieran ser modificadas por nueva instrucción a lo largo del periodo de transición entre modelos y sistemas, para ir adaptándose a las circunstancias que pudieran ir surgiendo a raíz del aumento de masa crítica de Oficinas Generales que se fueran implantando.

En este sentido, cabe destacar que la Circular 5/2022, del Secretario General de la Administración de Justicia, por la que se disponen criterios para intervenir en las actuaciones urgentes en materia de Registro Civil, fuera del horario de las oficinas de Registro Civil en funcionamiento conforme a la Ley 20/2011, de 21 de julio, del Registro Civil, ha implementado un turno entre letrados y letradas de la Administración de Justicia, para atender específicamente a las actuaciones urgentes que surjan en momentos en que no se encuentre en horas o días hábiles la oficina del Registro Civil. Por lo que procede contemplar esta circunstancia en las pautas.

En virtud de lo anterior, de conformidad con lo previsto en la disposición final novena y en ejercicio de las competencias que se le asignan en el artículo 26, ambas de la Ley 20/2011, de 21 de julio, así como lo dispuesto por el apartado segundo de la Instrucción de la Dirección General de Seguridad Jurídica y Fe Pública (en adelante, DGSJFP) de 16 de septiembre de 2021, dispongo:

Primero.

Se modifican las pautas de actuación en el periodo transitorio contenidas en el anexo aprobado por la Instrucción de la DGSJFP de 16 de septiembre de 2021 (BOE núm. 228 de 23 de septiembre), en el sentido siguiente:

El último párrafo del apartado 3 «Normativa de aplicación» del anexo de la Instrucción señalada, referido a la expedición de licencias de enterramiento y demás actuaciones urgentes e inaplazables que se susciten en el ámbito del Registro Civil, queda redactado así:

– Expedición de licencia de enterramiento, fuera de las horas de servicio de las Oficinas del Registro Civil. Este trámite y demás actuaciones urgentes e inaplazables que se susciten en el ámbito del Registro Civil en los partidos judiciales en que la Oficina de Registro Civil ya tenga en funcionamiento Dicireg y el nuevo modelo de la Ley 20/2011, de 21 de julio, se llevará a cabo por los letrados y letradas de la Administración de Justicia del turno creado al efecto por la Circular 5/2022, del Secretario General de la Administración de Justicia, por la que se disponen criterios para intervenir en las actuaciones urgentes en materia de Registro Civil, fuera del horario de las oficinas de Registro Civil en funcionamiento conforme a la Ley 20/2011, de 21 de julio, del Registro Civil, coincidente con el turno que en cada momento exista para el servicio de guardia en el partido judicial correspondiente. Los datos de la defunción se pondrán a disposición del Registro Civil y quedarán pendientes de la tramitación de la inscripción en horario hábil, pudiendo entre tanto, utilizarse la fórmula del acta (art. 44. 4.ª del Reglamento del Registro Civil) para efectuar el trámite más urgente de expedición de licencia de enterramiento. Por ello, se permitirá imprimir el Certificado Médico de Defunción electrónico para poder obtener la licencia de enterramiento expedida por el letrado o letrada de la Administración de Justicia que, conforme al referido turno, ejerza este cometido en funciones de sustitución del encargado o encargada. Una vez obtenida la licencia de enterramiento, se aportará mediante copia (electrónica o compulsada) al Registro Civil, cuando se presente la referida acta con la declaración de defunción y el Certificado Médico de Defunción.

Se mantiene el resto del contenido de las referidas pautas.

§5.8. Instrucción de 25 de septiembre de 2023, de la Dirección General de Seguridad Jurídica y Fe Pública por la que se modifican las pautas y criterios para apoyar la entrada en servicio efectiva de la aplicación informática Dicireg, a partir de la entrada en funcionamiento de la primera oficina conforme a las previsiones contenidas en la Ley 20/2011, de 21 de julio, del Registro Civil, aprobados por Instrucción de 16 de septiembre de 2021

§5.8

La Instrucción de 16 de septiembre de 2021, de la Dirección General de Seguridad Jurídica y Fe Pública, por la que se acuerdan las pautas y criterios para apoyar la entrada en servicio efectiva de la aplicación informática DICI-REG, a partir de la entrada en funcionamiento de la primera oficina conforme a las previsiones contenidas en la Ley 20/2011, de 21 de julio, del Registro Civil (BOE núm. 228, de 23 de septiembre) se dictó a fin de dotar de mayor seguridad jurídica a las actuaciones que se realicen en materia de Registro Civil, de cara a la puesta en marcha del nuevo modelo pergeñado por la Ley 20/2011, de 21 de julio, del Registro Civil.

No obstante, la propia instrucción mencionada contemplaba la lógica posibilidad de que las pautas contenidas en la misma pudieran ser modificadas por nueva instrucción a lo largo del periodo de transición entre modelos y sistemas, para ir adaptándose a las circunstancias que pudieran ir surgiendo a raíz del aumento de masa crítica de oficinas Generales que se fueran implantando.

A la vista de la realidad de las implantaciones ya realizadas y la diversidad de características que concurren en las Oficinas Colaboradoras, teniendo presente que debe garantizarse en todo momento la prestación del servicio público del Registro Civil y estableciéndose que dicha información sea transparente y ágil para la ciudadanía se cree necesario modificar la Instrucción señalada para clarificar dicha circunstancia.

En virtud de lo anterior, de conformidad con lo previsto en la disposición final novena y en ejercicio de las competencias que se le asignan en el artículo 26, ambas de la Ley 20/2011, de 21 de julio, así como lo dispuesto por el apartado segundo de la Instrucción de la Dirección General de Seguridad Jurídica y Fe Pública (en adelante, DGSJFP) de 16 de septiembre de 2021, dispongo:

Primero.

§5.8

Se modifican las pautas de actuación en el periodo transitorio contenidas en el anexo aprobado por la Instrucción de la DGSJFP de 16 de septiembre de 2021 (BOE núm. 228, de 23 de septiembre), en el sentido siguiente:

Se añade un nuevo apartado 11 con el título «Servicio en Oficinas Colaboradoras» en el anexo de la Instrucción señalada, con la siguiente redacción:

«11. Servicio en Oficinas Colaboradoras:

Las Oficinas Colaboradoras del Registro Civil colaborarán con el Registro Civil desempeñando las funciones establecidas en la disposición adicional quinta de la Ley 20/2011, 21 de julio.

En el supuesto, que, por alguna circunstancia ordinaria o extraordinaria, no pudiera prestarse el servicio público de Registro Civil en una Oficina Colaboradora, el ciudadano podrá acudir a la Oficina Colaboradora sita en la cabecera de la agrupación de secretarias de Juzgado de Paz de la que esta dependa para poder llevar a cabo los trámites pertinentes.

En el caso de que se tratase de Oficinas Colaboradoras situadas en secretarias de Juzgados de Paz no agrupados, pondrá acudir a la oficina General.

Todo ello sin perjuicio de lo establecido pauta 8.ª de este anexo.»

Se mantiene el resto del contenido de las referidas pautas.

Segundo.

La presente instrucción entrará en vigor el día siguiente a su publicación en el «Boletín Oficial del Estado».

§5.9. Instrucción de 25 de septiembre de 2023, de la Dirección General de Seguridad Jurídica y Fe Pública, sobre la aplicación del artículo 44.4 de la Ley 20/2011, de 21 de julio, del Registro Civil, y de modificación de la Instrucción de 9 de octubre de 2015, de la Dirección General de los Registros y del Notariado, sobre comunicación electrónica de nacimientos desde centros sanitarios

§5.9

El objeto de la presente instrucción es clarificar las cuestiones de interpretación que han surgido o puedan surgir sobre la aplicación del artículo 44 de la Ley 20/2011, de 21 de julio, del Registro Civil, tras la última reforma operada.

La disposición final undécima de la Ley 4/2023, de 28 de febrero, para la igualdad real y efectiva de las personas trans y para la garantía de los derechos de las personas LGTBI, modificó el artículo 44 de la Ley 20/2011, eliminando el requisito que se exigía anteriormente de la existencia de matrimonio para poder inscribir la filiación respecto de dos mujeres del hijo nacido de una de ellas. Dicha modificación entró en vigor el 2 de marzo de 2023.

Sin embargo, no consta derogación ni modificación expresa del artículo 7.3 de la Ley 14/2006, de 26 de mayo, de técnicas de reproducción humana asistida (LTRHA), que mantiene el contenido de la redacción anterior del artículo 44.5 de la Ley 20/2011 (reformado por la disposición final 5.1 de la Ley 19/2015, de 13 de julio) y que solo prevé la filiación matrimonial respecto de dos mujeres, por lo que podría plantearse alguna duda de interpretación acerca de la convivencia del apartado 3 del artículo 7 de la LTRHA con la redacción actual del artículo 44.4 de la Ley 20/2011.

En realidad, la modificación introducida por la Ley 4/2023 lo que hace es ampliar el derecho que ya existía desde 2015 –previsto tanto en la Ley 20/2011 como en la Ley 14/2006– para las parejas de mujeres casadas entre sí, de modo que no hay lugar para apreciar un conflicto de normas porque el derecho contenido en el artículo 7.3 LTRHA se mantiene igual, si bien ha resultado ampliado desde el 2 de marzo de 2023 en virtud de la redacción actual del artículo 44.4 de la Ley 20/2011 para las parejas de mujeres sin necesidad de estar casadas.

Así, el propio preámbulo de la Ley 4/2023, al detallar la estructura de la nueva ley, señala lo siguiente: «La disposición final undécima modifica la Ley 20/2011, de 21 de julio, del Registro Civil. En coherencia con los cambios operados por la disposición final primera, las principales novedades se introducen sobre el artículo 44, con el fin de permitir la filiación no matrimonial en parejas de mujeres lesbianas, puesto que, hasta ahora, solo se preveía la matrimonial».

A tal efecto y para una mayor claridad y seguridad jurídica procede la modificación de la Instrucción de 9 de octubre de 2015, de la Dirección General de los Registros y del Notariado, sobre comunicación electrónica de nacimientos desde centros sanitarios a través de las siguientes directrices:

§5.9

Primera.

El párrafo a) del apartado cuarto, punto 3, de la Instrucción de 9 de octubre de 2015, de la Dirección General de los Registros y del Notariado, sobre comunicación electrónica de nacimientos desde centros sanitarios, queda redactado en los siguientes términos:

«a) La declaración firmada de los progenitores. La firma del formulario por el progenitor no gestante implica reconocimiento de la filiación conforme al artículo 120.1.º del Código Civil.»

Segunda.

Queda sin efecto cualquier mención de la Instrucción de 9 de octubre de 2015 sobre comunicación electrónica de nacimientos desde centros sanitarios que resulte contraria a la legislación vigente y, especialmente, queda suprimido el último párrafo del punto III de la exposición de motivos.

La presente instrucción se notificará a las oficinas del Registro Civil en España, a través de los canales habituales de comunicación de la Dirección General de Seguridad Jurídica y Fe Pública y se pondrá en conocimiento de los centros hospitalarios que hacen uso de la comunicación electrónica de nacimientos."

§6. EFECTOS CIVILES DEL MATRIMONIO CELEBRADO EN FORMA RELIGIOSA

§6.1. Acuerdo de 3 de enero de 1979 entre el Estado Español y la Santa Sede, sobre asuntos jurídicos
Ratificado por Instrumento de 4 diciembre 1979
(BOE 15/12/1979)
(Tol 1036787)

Artículo VI.- 1. El Estado reconoce los efectos civiles al matrimonio celebrado según las normas del Derecho Canónico.

Los efectos civiles del matrimonio canónico se producen desde su celebración. Para el pleno reconocimiento de los mismos, será necesaria la inscripción en el Registro Civil, que se practicará con la simple presentación de certificación eclesiástica de la existencia del matrimonio.

2. Los contrayentes, a tenor de las disposiciones del Derecho Canónico, podrán acudir a los Tribunales eclesiásticos solicitando declaración de nulidad o pedir decisión pontificia sobre matrimonio rato y no consumado. A solicitud de cualquiera de las Partes, dichas resoluciones eclesiásticas tendrán eficacia en el orden civil si se declaran ajustadas al Derecho del Estado en resolución dictada por el Tribunal civil competente.

3. La Santa Sede reafirma el valor permanente de su doctrina sobre el matrimonio y recuerda a quienes celebren matrimonio canónico la obligación grave que asumen de atenerse a las normas canónicas que lo regulan y, en especial, a respetar sus propiedades esenciales.

§6.2. Ley 24/1992, de 10 de noviembre, por la que se aprueba el Acuerdo de Cooperación del Estado con la Federación de Entidades Religiosas Evangélicas de España
(BOE 12/11/1992)
(Tol 6189)

§6.2

Art. 7. 1. Se reconocen los efectos civiles del matrimonio celebrado ante los ministros de culto de las Iglesias pertenecientes a la Federación de Entidades Religiosas Evangélicas de España. Para el pleno reconocimiento de tales efectos, será necesaria la inscripción del matrimonio en el Registro Civil.

2. Las personas que deseen contraer matrimonio en la forma prevista en el párrafo anterior promoverán acta o expediente previo al matrimonio ante el Secretario judicial, Notario, Encargado del Registro Civil o funcionario diplomático o consular Encargado del Registro Civil correspondiente conforme a la Ley del Registro Civil.

3. Cumplido este trámite, el encargado del Registro Civil, expedirá, por duplicado, certificación acreditativa de la capacidad matrimonial de los contrayentes, que éstos deberán entregar al ministro de culto encargado de la celebración del matrimonio.

4. Para la validez civil del matrimonio, el consentimiento habrá de prestarse ante el ministro de culto oficiante de la ceremonia y, al menos, dos testigos mayores de edad, antes de que hayan transcurrido seis meses desde la expedición de la certificación de capacidad matrimonial.

5. Una vez celebrado el matrimonio, el ministro de culto oficiante extenderá certificación expresiva de la celebración del mismo, con los requisitos necesarios para su inscripción y las menciones de identidad de los testigos y de las circunstancias del acta o expediente previo que necesariamente incluirán el nombre y apellidos del Secretario judicial, Notario, Encargado del Registro Civil o funcionario diplomático o consular que la hubiera extendido, la fecha y número de protocolo en su caso. Esta certificación se remitirá por medios electrónicos, en la forma que reglamentariamente se determine, junto con la certificación acreditativa de la condición de ministro de culto, dentro del plazo

de cinco días al Encargado del Registro Civil competente para su inscripción. Igualmente extenderá en las dos copias del acta o resolución diligencia expresiva de la celebración del matrimonio entregando una a los contrayentes y conservará la otra como acta de la celebración en el archivo del oficiante o de la entidad religiosa a la que representa como ministro de culto.

6. Sin perjuicio de las responsabilidades a que haya lugar y de los derechos adquiridos de buena fe por terceras personas, la inscripción podrá ser promovida en cualquier tiempo, mediante presentación de la certificación diligenciada a que se refiere el número anterior.

7. Las normas de este artículo relativas al procedimiento para hacer efectivo el derecho que en el mismo se establece, se ajustarán a las modificaciones que en el futuro se produzcan en la legislación del Registro Civil, previa audiencia de la Federación de Entidades Religiosas Evangélicas de España.

Apartados 2 y 5, redactados por la disposición final 5.ª de la Ley 15/2015, de 2 de julio, con entrada en vigor en la fecha de la completa entrada en vigor de la Ley 20/2011, de 21 de julio, del Registro Civil.

§6.3

§6.3. Ley 25/1992, de 10 de noviembre, por la que se aprueba el Acuerdo de Cooperación del Estado con la Federación de Comunidades Judías de España
(BOE 12/11/1992)
(Tol 6190)

Artículo 7. 1. Se reconocen los efectos civiles del matrimonio celebrado según la propia normativa formal israelita ante los ministros de culto de las Comunidades pertenecientes a la Federación de Comunidades Israelitas de España. Para el pleno reconocimiento de tales efectos, será necesaria la inscripción del matrimonio en el Registro Civil.

2. Las personas que deseen contraer matrimonio en la forma prevista en el párrafo anterior promoverán acta o expediente previo al matrimonio ante el Secretario judicial, Notario, Encargado del Registro Civil o funcionario diplo-

mático o consular Encargado del Registro Civil correspondiente conforme a la Ley del Registro Civil.

3. Cumplido este trámite, el encargado del Registro Civil expedirá, por duplicado, certificación acreditativa de la capacidad matrimonial de los contrayentes, que éstos deberán entregar al ministro de culto encargado de la celebración del matrimonio.

4. Para la validez civil del matrimonio, el consentimiento habrá de prestarse ante el ministro de culto oficiante de la ceremonia y, al menos, dos testigos mayores de edad antes de que hayan transcurrido seis meses desde la expedición de la certificación de capacidad matrimonial.

5. Una vez celebrado el matrimonio, el ministro de culto oficiante extenderá certificación expresiva de la celebración del mismo, con los requisitos necesarios para su inscripción y las menciones de identidad de los testigos y de las circunstancias del expediente acta previa que necesariamente incluirán el nombre y apellidos del Secretario judicial, Notario, Encargado del Registro Civil o funcionario diplomático o consular que la hubiera extendido, la fecha y número de protocolo en su caso. Esta certificación se remitirá por medios electrónicos, en la forma que reglamentariamente se determine, junto con la certificación acreditativa de la condición de ministro de culto, dentro del plazo de cinco días al Encargado del Registro Civil competente para su inscripción. Igualmente extenderá en las dos copias del acta o resolución previa de capacidad matrimonial diligencia expresiva de la celebración del matrimonio entregando una a los contrayentes y conservará la otra como acta de la celebración en el archivo del oficiante o de la entidad religiosa que representa como ministro de culto.

6. Sin perjuicio de las responsabilidades a que haya lugar y de los derechos adquiridos de buena fe por terceras personas, la inscripción podrá ser promovida en cualquier tiempo, mediante presentación de la certificación diligenciada a que se refiere el número anterior.

7. Las normas de este artículo relativas al procedimiento para hacer efectivo el derecho que en el mismo se establece, se ajustarán a las modificaciones que en el futuro se produzcan en la legislación del Registro Civil, previa audiencia de la Federación de Comunidades Israelitas de España.

Apartados 2 y 5, redactados por la disposición final 5.ª de la Ley 15/2015, de 2 de julio, con entrada en vigor en la fecha de la completa entrada en vigor de la Ley 20/2011, de 21 de julio, del Registro Civil.

§6.4. Ley 26/1992, de 10 de noviembre, por la que se aprueba el Acuerdo de Cooperación del Estado con la Comisión Islámica de España
(BOE 12/11/1992)
(Tol 12789)

Artículo 7. 1. Se atribuye efectos civiles al matrimonio celebrado según la forma religiosa establecida en la Ley Islámica, desde el momento de su celebración, si los contrayentes reúnen los requisitos de capacidad exigidos por el Código Civil.

Los contrayentes expresarán el consentimiento ante alguna de las personas expresadas en el número 1 del artículo 3 y, al menos, dos testigos mayores de edad.

Para el pleno reconocimiento de tales efectos, será necesaria la inscripción del matrimonio en el Registro Civil.

2. Las personas que deseen inscribir el matrimonio celebrado en la forma prevista en el número anterior, deberán acreditar previamente su capacidad matrimonial, mediante copia del acta o resolución previa expedida por el Secretario judicial, Notario, Encargado del Registro Civil o funcionario diplomático o consular Encargado del Registro Civil conforme a la Ley del Registro Civil y que deberá contener, en su caso, juicio acreditativo de la capacidad matrimonial. No podrá practicarse la inscripción si se hubiera celebrado el matrimonio transcurridos más de seis meses desde la fecha de dicho acta o desde la fecha de la resolución correspondiente.

3. Una vez celebrado el matrimonio, el representante de la Comunidad Islámica en que se hubiera contraído aquel extenderá certificación expresiva de la celebración del mismo, con los requisitos necesarios para su inscripción y las menciones de las circunstancias del expediente o acta previa que necesariamente incluirán el nombre y apellidos del Secretario judicial, Notario, Encargado del Registro Civil o funcionario diplomático o consular que la hubiera extendido, la fecha y número de protocolo en su caso. Esta certificación se remitirá por medios electrónicos, en la forma que reglamentariamente se determine, junto con la certificación acreditativa de la capacidad representante de la

§6.4

Comunidad Islámica para celebrar matrimonios, de conformidad con lo previsto en el apartado 1 del artículo 3, dentro del plazo de cinco días al Encargado del Registro Civil competente para su inscripción. Igualmente extenderá en las dos copias del acta o resolución previa de capacidad matrimonial diligencia expresiva de la celebración del matrimonio, entregando una a los contrayentes y conservará la otra como acta de la celebración en el archivo de la Comunidad.

4. Sin perjuicio de las responsabilidades a que haya lugar y de los derechos adquiridos de buena fe por terceras personas, la inscripción del matrimonio celebrado conforme al presente Acuerdo podrá ser promovida también en cualquier tiempo, mediante presentación de la certificación diligenciada a que se refiere el número anterior.

5. Las normas de este artículo relativas al procedimiento para hacer efectivo el derecho que en el mismo se establece, se ajustarán a las modificaciones que en el futuro se produzcan en la legislación del Registro Civil, previa audiencia de la Comisión Islámica de España.

§6.5

Apartados 2 y 3, redactados por la disposición final 5.ª de la Ley 15/2015, de 2 de julio, con entrada en vigor en la fecha de la completa entrada en vigor de la Ley 20/2011, de 21 de julio, del Registro Civil.

§6.5. Orden JUS/577/2016, de 19 de abril, sobre inscripción en el Registro Civil de determinados matrimonios celebrados en forma religiosa y aprobación del modelo de certificado de capacidad matrimonial y de celebración de matrimonio religioso
(BOE 22/4/2016)
(Tol 5691696)

EXPOSICIÓN DE MOTIVOS

La entrada en vigor de la Ley 15/2015, de 2 de julio, de la Jurisdicción Voluntaria, ha supuesto la modificación, entre otras materias, de la regulación del matrimonio en forma religiosa. En este sentido, mediante su disposición final primera, la mencionada Ley modifica determinados artículos del Código Civil y, en concreto, el artículo 60, cuya entrada en vigor se produjo con fecha 23 de julio de 2015. Dicha modificación implica que, según establece el apartado 2 de dicho artículo, se reconocen efectos civiles al matrimonio celebrado en la forma religiosa prevista por las iglesias, confesiones, comunidades religiosas o federaciones de las mismas que, inscritas en el Registro de Entidades Religiosas, hayan obtenido el reconocimiento de notorio arraigo en España.

A fecha de entrada en vigor de la presente Orden, se ha declarado el notorio arraigo en España de la Iglesia de Jesucristo de los Santos de los Últimos Días (2003), de la Iglesia de los Testigos de Jehová (2006), de las Comunidades Budistas que forman parte de la Federación de Comunidades Budistas de España (2007) y de la Iglesia Ortodoxa (2010).

Asimismo, la referida Ley 15/2015, de 2 de julio, ha modificado el artículo 7 de las Leyes 24/1992, 25/1992 y 26/1992, de 10 de noviembre, por las que se aprueban, respectivamente, los Acuerdos de Cooperación del Estado con la Federación de Entidades Religiosas Evangélicas de España, con la Federación de Comunidades Judías de España y con la Comisión Islámica de España. En virtud de lo establecido en la disposición final vigésima primera de la Ley 15/2015, de 2 de julio, las referidas modificaciones, contenidas en las disposiciones finales quinta, sexta y séptima respectivamente, entrarán en vigor el 30 de junio de 2017[2].

§6.5

Por todo ello, a iniciativa conjunta de los Directores Generales de los Registros y del Notariado y de Cooperación Jurídica Internacional y Relaciones con las Confesiones, habiendo dado trámite de audiencia a la Federación de Entidades Religiosas Evangélicas de España, la Federación de Comunidades Judías de España, la Comisión Islámica de España, la Iglesia de Jesucristo de los Santos de los Últimos Días, la Iglesia de los Testigos de Jehová, la Federación de Comunidades Budistas de España y la Iglesia Ortodoxa, dispongo:

Art. 1. *Objeto.* El objeto de esta orden ministerial es dictar las normas reguladoras del modo de inscribir en el Registro Civil los matrimonios celebrados en forma religiosa. Asimismo, se aprueban, para los matrimonios que se

---

2   Esa fecha, establecida por la Ley 19/2015, debe entenderse sustituida por la de 30 de abril de 2021, en la que se ha fijado finalmente la entrada en vigor, en su totalidad, de la Ley del Registro Civil por la Ley 3/2020.

celebren con posterioridad a la entrada en vigor de la Ley 15/2015, de 2 de julio, de la Jurisdicción Voluntaria, los modelos de certificado de capacidad matrimonial y de certificación de la celebración del matrimonio, que se incorporan como anexos a la presente Orden.

Art. 2. *Ámbito territorial.* El régimen de inscripción en el Registro Civil de los matrimonios contemplados en el artículo 7 de los Acuerdos de Cooperación del Estado con la Federación de Entidades Religiosas Evangélicas de España, con la Federación de Comunidades Judías de España y con la Comisión Islámica de España, aprobados respectivamente por las Leyes 24/1992, 25/1992 y 26/1992, de 10 noviembre, así como del previsto en el apartado 2 del artículo 60 del Código Civil, relativo al celebrado en la forma religiosa prevista por las iglesias, confesiones, comunidades religiosas o federaciones de las mismas que, inscritas en el Registro de Entidades Religiosas, hayan obtenido el reconocimiento de notorio arraigo en España, sólo es aplicable a los matrimonios celebrados en España en las referidas formas religiosas.

§6.5

Ha de observarse, sin embargo, que estos matrimonios celebrados en el extranjero, si afectasen a algún ciudadano español, de conformidad con lo dispuesto en el artículo 15 de la Ley de 8 de junio de 1957, del Registro Civil y en el artículo 66 del Decreto de 14 de noviembre de 1958 por el que se aprueba el Reglamento del Registro Civil, podrán inscribirse en el Registro competente si se comprueba que han concurrido los requisitos legales exigidos.

Art. 3. *Ámbito personal.* Habrán de ajustarse a la nueva regulación los matrimonios que se celebren en España si uno o ambos contrayentes tienen la nacionalidad española, y si ambos contrayentes son extranjeros, siempre que elijan contraer matrimonio en alguna de las formas religiosas a que se refiere el derecho español.

Esta regulación no sería de aplicación cuando los contrayentes extranjeros opten por celebrar su matrimonio en España en otra forma religiosa admitida por la ley personal de alguno de ellos, de conformidad con lo previsto en el artículo 50 del Código Civil, en cuyo caso la inscripción en el Registro Civil requerirá la comprobación de los requisitos sustantivos exigidos por el artículo 65 del Código Civil a través de los medios que señalan los artículos 256 y 257 del Reglamento del Registro Civil.

Art. 4. *Régimen de inscripción.* La inscripción en el Registro Civil competente de los matrimonios celebrados en la forma religiosa prevista en los Acuerdos de Cooperación del Estado con la Federación de Entidades Religiosas Evangélicas de España, con la Federación de Comunidades Judías de España y con la Comisión Islámica de España, así como en el apartado 2 del artículo 60 del Código Civil, requerirá la previa tramitación de un acta o expediente previo de capacidad matrimonial, a los efectos de acreditar el cumplimiento de los requisitos de capacidad de los contrayentes y la inexistencia de impedimentos exigidos por el Código Civil.

Cumplido este trámite, se expedirá por triplicado acta o resolución previa de capacidad matrimonial de los contrayentes, que éstos deberán entregar al oficiante ante quien se vaya a celebrar el matrimonio.

El consentimiento deberá prestarse antes de que hayan transcurrido seis meses desde la fecha del acta o resolución que contenga el juicio de capacidad matrimonial.

§6.5

Art. 5. *Certificación de la celebración del matrimonio y certificación de capacidad matrimonial.* El matrimonio celebrado en España en alguna de las referidas formas religiosas indicadas en el artículo 2 de la presente orden se hará constar en certificación expresiva de la celebración del mismo extendida por el ministro de culto oficiante o, en el supuesto de matrimonio islámico, por el representante de la Comunidad Islámica, que deberá ser firmada, además de por aquel ante quien se celebra, por los contrayentes y dos testigos mayores de edad.

En dicha certificación constarán los requisitos necesarios para su inscripción y las menciones de identidad de los testigos y de las circunstancias del expediente previo de capacidad matrimonial, que necesariamente incluirá el nombre y apellidos del Encargado del Registro Civil correspondiente que lo hubiera tramitado.

Hasta la entrada en vigor del reglamento que regule la forma de remisión por medios electrónicos, la certificación expresiva de la celebración del matrimonio y la certificación acreditativa de la condición de ministro de culto o de la capacidad del representante de la Comunidad Islámica para celebrar matrimonios se enviarán al Encargado del Registro Civil competente para su inscripción, dentro de los cinco días siguientes a la celebración del matrimonio.

El oficiante extenderá en las dos copias de la resolución de capacidad matrimonial diligencia expresiva de la celebración del matrimonio, entregando una a los contrayentes y conservando la otra como acta de la celebración en el archivo del oficiante o de la entidad religiosa a la que representa como ministro de culto.

Las referidas certificaciones de capacidad matrimonial y de la celebración del matrimonio habrán de adecuarse a los modelos que se incorporan como anexo a la presente orden.

Los modelos de los referidos certificados se editarán por triplicado —siendo un ejemplar para el Registro Civil competente para la inscripción del matrimonio, otro para el archivo del oficiante o de la entidad religiosa a la que representa y otro para los contrayentes—, debiendo cumplimentarse los apartados correspondientes al certificado de capacidad matrimonial por el Encargado del Registro Civil competente que haya instruido el expediente previo.

§6.5

En las Comunidades Autónomas con lengua cooficial distinta del castellano, los modelos de certificados serán redactados en texto bilingüe, esto es, en castellano y en la otra lengua oficial de la Comunidad Autónoma.

En el caso de remisión de las referidas certificaciones por medios electrónicos, éstas deberán ajustarse a los principios y directrices de interoperabilidad en el intercambio y conservación de la información electrónica por parte de las Administraciones Públicas, que establece el Esquema Nacional de Interoperabilidad

Disposición transitoria única. *Expedientes matrimoniales iniciados con anterioridad al 30 de junio de 2017 y con posterioridad a dicha fecha.* Los expedientes matrimoniales que se inicien con anterioridad al 30 de junio de 2017 serán instruidos por el Encargado del Registro Civil competente conforme a las disposiciones de la Ley del Registro Civil.

A partir del 30 de junio de 2017, con la entrada en vigor de las disposiciones finales quinta, sexta y séptima de la Ley 15/2015, de 2 de julio, de la Jurisdicción Voluntaria, la tramitación del acta o expediente previo de capacidad matrimonial competerá al Notario, Letrado de la Administración de Justicia o Encargado del Registro Civil del lugar del domicilio de alguno de los contrayentes, con arreglo a la normativa del Registro Civil.

Disposición derogatoria única. *Derogación de normas.* Queda derogada la Orden del Ministerio de Justicia de 21 de enero de 1993 por la que se aprueba modelo de certificado de capacidad matrimonial y de celebración de matrimonio religioso.

Queda derogada la Instrucción de 10 de febrero de 1993, de la Dirección General de los Registros y del Notariado, sobre la inscripción en el Registro Civil de determinados matrimonios celebrados en forma religiosa.

Disposición final única. *Entrada en vigor.* La presente Orden entrará en vigor el día siguiente al de su publicación en el «Boletín Oficial del Estado».

ANEXO I. Certificado de capacidad matrimonial

Don/Doña .... Encargado/a del Registro Civil/ Notario/ Letrado de la Administración de Justicia (táchese lo que no proceda) de .... certifica, como resultado del acta/expediente instruido al efecto que, conforme al Código Civil, tienen capacidad para contraer matrimonio entre sí:

Don/Doña .... hijo/a de .... y de ...., nacido/a en ...., el día... de .... de......, cuyo nacimiento consta inscrito en el Registro Civil de ...., Tomo..., página..., estado civil ...., domiciliado/a en ...., nacionalidad ....

Y Don/Doña ...., hijo/a de .... y de ...., nacido/a en ...., el día... de .... de ...., cuyo nacimiento consta inscrito en el Registro Civil de ...., Tomo......, página...... estado civil ...., domiciliado/a en ...., nacionalidad ....

Expedido en ...., el día .... de .... de ......

Firma del Encargado/a, o Notario o Letrado de la Administración de Justicia

Nota: la validez de este certificado expira a los seis meses de su expedición.

§6.5

Certificación de la celebración del matrimonio

Don/Doña ...., en su calidad de (1) .... certifica que las personas a que se refiere el certificado anterior de capacidad matrimonial extendido por el/la Encargado/a del Registro Civil/Notario/Letrado de la Ad-

ministración de Justicia (táchese lo que no proceda) de .... Don/
Doña ...., han celebrado matrimonio religioso .... ante Don/
Doña .... en su calidad de .... y los testigos mayores de
edad Don/Doña ...., DNI .... y Don/Doña ...., DNI
.... El matrimonio se ha celebrado en .... (término munici-
pal, calle y número) el día .... de .... de ....

Firma del Oficiante/Firma de los contrayentes/ Firma de los testigos

(1) Señálese: Ministro de culto oficiante/Representante de la Comunidad
Islámica en que se hubiera contraído el matrimonio, en el caso de matrimonio
celebrado según la forma religiosa establecida en la Ley Islámica.

Nota: La intervención del Notario o del Letrado de la Administración de Justicia se producirá a partir del 30 de junio de 2017[3], con la entrada en vigor de las modificaciones contenidas
en las disposiciones finales quinta, sexta y séptima de la Ley 15/2015, de 2 de julio, de la
Jurisdicción Voluntaria.

§6.5

---

[3]   Esa fecha, establecida por la Ley 19/2015, debe entenderse sustituida por la de 30 de
      abril de 2021, en la que se ha fijado finalmente la entrada en vigor, en su totalidad, de
      la Ley del Registro Civil por la Ley 3/2020.

§7. RECTIFICACIÓN DE LA MENCIÓN DEL SEXO Y CAMBIO DE NOMBRE DE PERSONAS TRANSEXUALES

§7.1. Ley 3/2007, de 15 de marzo, reguladora de la rectificación registral de la mención relativa al sexo de las personas

(BOE 16/3/2007)

(Tol 1042173)

EXPOSICIÓN DE MOTIVOS

La presente Ley tiene por objeto regular los requisitos necesarios para acceder al cambio de la inscripción relativa al sexo de una persona en el Registro Civil, cuando dicha inscripción no se corresponde con su verdadera identidad de género. Contempla también el cambio del nombre propio para que no resulte discordante con el sexo reclamado.

La transexualidad, considerada como un cambio de la identidad de género, ha sido ampliamente estudiada ya por la medicina y por la psicología. Se trata de una realidad social que requiere una respuesta del legislador, para que la inicial asignación registral del sexo y del nombre propio puedan ser modificadas, con la finalidad de garantizar el libre desarrollo de la personalidad y la dignidad de las personas cuya identidad de género no se corresponde con el sexo con el que inicialmente fueron inscritas.

De acuerdo con la regulación que se establece en esta Ley, la rectificación registral del sexo y el cambio del nombre se dirigen a constatar como un hecho cierto el cambio ya producido de la identidad de género, de manera que queden garantizadas la seguridad jurídica y las exigencias del interés general. Para ello, dicho cambio de identidad habrá de acreditarse debidamente, y la rectificación registral se llevará a cabo de acuerdo con la regulación de los expedientes gubernativos del Registro Civil.

Mediante esta Ley España se suma a aquellos países de nuestro entorno que cuentan con una legislación específica que da cobertura y seguridad jurídica a la necesidad de la persona transexual, adecuadamente diagnosticada, de ver corregida la inicial asignación registral de su sexo, asignación contradictoria con su identidad de género, así como a ostentar un nombre que no resulte discordante con su identidad.

Por último, se reforma mediante esta Ley el artículo 54 de la Ley del Registro Civil de 8 de junio de 1957. Para garantizar el derecho de las personas a la libre elección del nombre propio, se deroga la prohibición de inscribir como nombre propio los diminutivos o variantes familiares y coloquiales que no hayan alcanzado sustantividad.

Artículo 1. *Legitimación.*- 1. Toda persona de nacionalidad española, mayor de edad y con capacidad suficiente para ello, podrá solicitar la rectificación de la mención registral del sexo.

La STC 99/2019, de 18 de julio *(Tol 7446117)* declara la inconstitucionalidad del anterior apartado 1, únicamente en la medida en que la restricción de la legitimación que establece se aplique a los menores de edad con «suficiente madurez» y que se encuentren en una «situación estable de transexualidad».

Véase en el siguiente §7.2. la Instrucción de 23 de octubre de 2018, de la Dirección General de los Registros y del Notariado, sobre cambio de nombre en el Registro Civil de personas transexuales.

La rectificación del sexo conllevará el cambio del nombre propio de la persona, a efectos de que no resulte discordante con su sexo registral.

2. Asimismo, la persona interesada podrá incluir en la solicitud la petición del traslado total del folio registral.

Se declara la inconstitucionalidad del apartado 1, pero únicamente en la medida que incluye en el ámbito subjetivo de la prohibición a los menores de edad con «suficiente madurez» y que se encuentren en una «situación estable de transexualidad», por Sentencia del TC 99/2019, de 18 de julio.

Artículo 2. *Procedimiento.*- 1. La rectificación de la mención registral del sexo se tramitará y acordará con sujeción a las disposiciones de esta Ley, de acuerdo con las normas establecidas en la Ley del Registro Civil, de 8 de junio de 1957, para los expedientes gubernativos.

El párrafo anterior debe entenderse derogado por la Ley 20/2011, del Registro Civil. Consecuentemente, el procedimiento será el establecido en el art. 88 de esta última Ley.

§7.1

En la solicitud de rectificación registral se deberá incluir la elección de un nuevo nombre propio, salvo cuando la persona quiera conservar el que ostente y éste no sea contrario a los requisitos establecidos en la Ley del Registro Civil.

2. No son de aplicación en el expediente para la rectificación de la mención registral del sexo:

a) La regla primera del artículo 97 de la Ley del Registro Civil.

b) El párrafo segundo del artículo 218 del Reglamento del Registro Civil.

c) Los párrafos tercero y cuarto del artículo 349 del Reglamento del Registro Civil.

El párrafo anterior debe entenderse, asimismo, derogado por la Ley 20/2011, del Registro Civil.

Artículo 3. *Autoridad competente.-* La competencia para conocer de las solicitudes de rectificación registral de la mención del sexo corresponderá al Encargado del Registro Civil del domicilio del solicitante.

Este artículo debe entenderse derogado por la Ley 20/2011, del Registro Civil. De conformidad con lo establecido en el art. 88 de esta última Ley, la competencia corresponderá al Encargado del Registro Civil de la Oficina donde se pretenda efectuar el asiento.

§7.1

Artículo 4. *Requisitos para acordar la rectificación.-* 1. La rectificación registral de la mención del sexo se acordará una vez que la persona solicitante acredite:

a) Que le ha sido diagnosticada disforia de género.

La acreditación del cumplimiento de este requisito se realizará mediante informe de médico o psicólogo clínico, colegiados en España o cuyos títulos hayan sido reconocidos u homologados en España, y que deberá hacer referencia:

1. A la existencia de disonancia entre el sexo morfológico o género fisiológico inicialmente inscrito y la identidad de género sentida por el solicitante o sexo psicosocial, así como la estabilidad y persistencia de esta disonancia.

2. A la ausencia de trastornos de personalidad que pudieran influir, de forma determinante, en la existencia de la disonancia reseñada en el punto anterior.

b) Que ha sido tratada médicamente durante al menos dos años para acomodar sus características físicas a las correspondientes al sexo reclamado. La acreditación del cumplimiento de este requisito se efectuará mediante informe del médico colegiado bajo cuya dirección se haya realizado el tratamiento o, en su defecto, mediante informe de un médico forense especializado.

2. No será necesario para la concesión de la rectificación registral de la mención del sexo de una persona que el tratamiento médico haya incluido cirugía de reasignación sexual. Los tratamientos médicos a los que se refiere la letra b) del apartado anterior no serán un requisito necesario para la concesión de la rectificación registral cuando concurran razones de salud o edad que imposibiliten su seguimiento y se aporte certificación médica de tal circunstancia.

Artículo 5. *Efectos.*- 1. La resolución que acuerde la rectificación de la mención registral del sexo tendrá efectos constitutivos a partir de su inscripción en el Registro Civil.

2. La rectificación registral permitirá a la persona ejercer todos los derechos inherentes a su nueva condición.

3. El cambio de sexo y nombre acordado no alterará la titularidad de los derechos y obligaciones jurídicas que pudieran corresponder a la persona con anterioridad a la inscripción del cambio registral.

§7.1

Artículo 6. *Notificación del cambio registral de sexo.*- 1. El Encargado del Registro Civil notificará de oficio el cambio de sexo y de nombre producido a las autoridades y organismos que reglamentariamente se determine.

2. El cambio de sexo y nombre obligará a quien lo hubiere obtenido a solicitar la emisión de un nuevo documento nacional de identidad ajustado a la inscripción registral rectificada. En todo caso se conservará el mismo número del documento nacional de identidad.

3. La nueva expedición de documentos con fecha anterior a la rectificación registral se realizará a petición del interesado, su representante legal o persona autorizada por aquel, debiendo garantizarse en todo caso por las autoridades, organismos e instituciones que los expidieron en su momento la adecuada identificación de la persona a cuyo favor se expidan los referidos documentos, mediante la oportuna impresión en el duplicado del documento del mismo número de documento nacional de identidad o la misma clave registral que figurare en el original.

Artículo 7. *Publicidad.*- No se dará publicidad sin autorización especial de la rectificación registral de la mención relativa al sexo de la persona.

(...)

Disposición transitoria única. *Exoneración de la acreditación de requisitos para la rectificación de la mención registral del sexo.*- La persona que, mediante informe de médico colegiado o certificado del médico del Registro Civil, acredite haber sido sometida a cirugía de reasignación sexual con anterioridad a la entrada en vigor de esta Ley, quedará exonerada de acreditar los requisitos previstos por el artículo 4.1.

§7.2. Instrucción de 23 de octubre de 2018, de la Dirección General de los Registros y del Notariado, sobre cambio de nombre en el Registro Civil de personas transexuales
(BOE 24/10/2018)
(Tol 6849940)

§7.2

La Ley 3/2007, de 15 de marzo, reguladora de la rectificación registral de la mención relativa al sexo de las personas, que se encuentra actualmente en vigor, únicamente permite a las personas mayores de edad, y con capacidad suficiente para ello, la rectificación de la mención registral del sexo, que conllevará el cambio del nombre propio de la persona a efectos de que no resulte discordante con su sexo registral. Además, exige que la persona que solicite el cambio de sexo acredite «que le ha sido diagnosticada disforia de género», mediante informe de médico o psicólogo clínico, que deberá hacer referencia a la existencia de disonancia entre el sexo morfológico o género fisiológico inicialmente inscrito y la identidad de género sentida por el solicitante o sexo psicosocial, así como la estabilidad y persistencia de esta disonancia, y a la ausencia de trastornos de personalidad que pudieran influir, de forma determinante, en la existencia de dicha disonancia, debiendo también acreditarse que dicha persona ha sido tratada médicamente durante al menos dos años para acomodar sus características físicas a las correspondientes al sexo reclamado.

Es importante destacar que en la época en que se aprobó la citada Ley 3/2007 la transexualidad estaba clasificada como una enfermedad entre los «trastornos de la personalidad de la conducta y del comportamiento del adulto» según la Clasificación Internacional de Enfermedades de la OMS (CIE-10, que data del año 1990, y en cuyo epígrafe F64 se comprendían trastornos de la identidad sexual, transexualismo, travestismo de doble rol, y trastorno de la identidad sexual psicológico). Por el contrario, en la actualidad, tras la publicación por la OMS del CIE-11 (que entrará en vigor en enero de 2022), la misma no aparece calificada como enfermedad, sino como «condición», en el epígrafe dedicado a las «condiciones relacionadas con la conducta sexual», denominándola «incongruencia de género», y caracterizándola como una marcada y persistente incongruencia entre el género experimentado por un individuo y el género que se le asigna. Resulta también interesante constatar cómo se describen dentro de dicho epígrafe dos situaciones: la incongruencia de género de la adolescencia y edad adulta, y la de la infancia. Lo anterior implica que la regulación de la Ley de 2007, en la que se asocia la transexualidad con una enfermedad o trastorno de la personalidad, que puede y debe ser médicamente diagnosticada y tratada para posibilitar su reflejo en el Registro Civil, y que sólo puede producir efectos legales en relación con los mayores de edad, está superada en el actual estado de la ciencia médica, y por tanto obliga a una interpretación correctora de dicha norma.

En la actualidad se está tramitando por el Parlamento una Proposición de Ley que previsiblemente modificará la anterior de 2007, despatologizando la incongruencia de género, y permitiendo el cambio de la constancia registral del género sentido mediante la simple expresión de la voluntad de formalizar dicho cambio por el sujeto, incluso siendo el mismo menor de edad. Ello brindará una solución más adecuada, y conforme con la realidad de las cosas, a la luz del estado actual de la ciencia médica. Pero mientras eso llega, hay situaciones actuales que demandan una solución urgente, especialmente en la medida en que afectan a menores de edad.

La protección del interés preferente del menor, que prima sobre todos los intereses legítimos concurrentes, tiene tal importancia que se le debe reconocer el carácter, o al menos muchos de los efectos propios de un principio de orden público en nuestro ordenamiento jurídico, debiendo en tal concepto

§7.2

informar la interpretación de las normas jurídicas y obligando a su respeto incluso a los órganos legislativos, así como en todas las medidas concernientes a los menores que adopten las instituciones, públicas o privadas, y los Tribunales, de acuerdo con el art. 2 de la Ley Orgánica 1/1996, de 15 de enero, de Protección Jurídica del Menor, en su redacción actual (tras la Ley Orgánica 8/2015, de 22 de julio, y la Ley 26/2015, de 28 de julio, ambas modificando el sistema de protección a la infancia y a la adolescencia).

Dicha norma, además, define como criterios para la interpretación y aplicación del interés superior del menor, en cada caso, entre otros la protección del derecho al desarrollo del menor y la satisfacción de sus necesidades emocionales y afectivas, la preservación de la identidad, orientación e identidad sexual, y algo tan importante en los supuestos como los que se regulan en esta Instrucción como la consideración del irreversible efecto del transcurso del tiempo en su desarrollo, que obliga a no demorar medidas que puedan evitar graves daños en la formación de la personalidad del menor. A ello se añade la obligación de tener en cuenta los deseos, sentimientos y opiniones del menor, y su derecho a participar progresivamente, en función de su edad, madurez, desarrollo y evolución personal, en el proceso de determinación de su interés superior. Para ello debe ser informado, oído y escuchado sin discriminación alguna por edad o cualquier otra circunstancia, en cualquier procedimiento administrativo o judicial que conduzca a una decisión que incida en su esfera personal, teniéndose debidamente en cuenta sus opiniones, en función de su edad y madurez, debiendo recibir la información que le permita el ejercicio de este derecho en un lenguaje comprensible según sus circunstancias (art. 9).

§7.2

A tal efecto, debe tenerse en cuenta que, si bien la Ley Orgánica citada establece como edad a partir de la cual el menor debe ser oído en todo caso la de doce años, también ordena que se le oiga en todos los casos en que ello se considere obligado en función de su grado de madurez. Esto, en la materia de la identidad de género, teniendo en cuenta que frecuentemente hay niños que en torno a los cuatro años experimentan ya con claridad la identidad sexual propia como diferente de la asignada, considerando el importante efecto perjudicial que puede tener el retraso en la adopción de las medidas, o lo que es lo mismo el irreversible efecto del transcurso del tiempo en su desarrollo, obliga a establecer un procedimiento para poder modificar el nombre a los niños menores de doce años, representados por sus padres o tutor pero con la intervención del menor que en cada caso proceda.

Por otra parte, no debe olvidarse que todas las anteriores normas y principios constituyen desarrollo legislativo de principios constitucionales básicos, como la dignidad de la persona y el libre desarrollo de la personalidad, la prohibición de cualquier discriminación, o el derecho a la integridad moral (arts. 10, 14 y 15).

A las anteriores consideraciones debe añadirse el dato de que la interpretación de la indicación del sexo de las personas en su inscripción en el Registro Civil ha sufrido importantes cambios, tanto en la práctica como en la jurisprudencia. Así, en primer lugar, desde hace algunos años se vienen dictando en un número muy elevado (se tiene conocimiento de más de cien) Autos de los encargados de diversos Registros Civiles autorizando cambios de nombre, en la línea de lo que se apunta en la presente Instrucción. Por el contrario, en otros casos el encargado del Registro Civil ha deniega el cambio de nombre solicitado, y la Dirección General de los Registros y del Notariado con frecuencia confirma el anterior criterio del encargado. Todo ello da lugar a un panorama de profunda inseguridad jurídica que debe evitarse en una materia tan sensible como ésta.

§7.2

Asimismo, la Jurisprudencia de nuestro Tribunal Supremo ha sido constante en la línea de flexibilizar la interpretación y requisitos para la autorización del cambio de sexo y de nombre. Así, la Sentencia de 17 de septiembre de 2007, de la sala de lo Civil, posteriormente seguida por otras varias (28 de febrero y 6 de marzo de 2008, 22 de junio de 2009, etc.) apuntan a la prevalencia de los factores psicosociales sobre los morfológicos para la determinación del sexo, y la facultad del individuo de conformar su identidad sexual de acuerdo con sus sentimientos profundos, de forma que la concepción del sexo como estado civil se ha debilitado, perdiendo toda su relevancia la idea del orden público como limitadora de dichas modificaciones, toda vez que el reconocimiento y protección de los derechos fundamentales de los ciudadanos constituye el núcleo fundamental del mismo Orden Público.

Y resulta muy significativo el Auto del Pleno de la Sala Civil del propio Tribunal Supremo, de 10 de marzo de 2016, que plantea la eventual inconstitucionalidad de la exclusión de acceso al cambio de sexo para los menores de edad que establece la Ley 3/2007, de 15 de marzo, por cuanto a los razonamientos derivados de las anteriores Sentencias se añade la importante idea de que no sólo los menores son igualmente titulares, sin restricción alguna, de los mismos derechos fundamentales, sino que a ello se añade la importante consideración de los problemas inherentes a la etapa de la infancia y la adolescencia, que requieren un cuidado especial, para evitar daños al libre desarrollo de su personalidad.

Sobre la base de estos presupuestos, se aborda en esta Instrucción la interpretación y consiguiente aplicación de la Ley del Registro Civil de 8 de junio de 1957, para los supuestos de solicitud de cambio de nombre de la persona que tenga por finalidad hacer coincidir el nombre asignado con el sexo sentido por la misma, en aquéllos casos en que por aplicación de la Ley actualmente en vigor no sea posible el cambio de la indicación del sexo en el Registro Civil. Debe tomarse en consideración a tal efecto hasta qué punto la interpretación y aplicación de dicha Ley debe realizarse a la luz de los principios constitucionales y legales a los que se ha hecho referencia, y en particular de la interpretación actual de esos principios a la luz de la realidad social de cada tiempo. Ello que también resulta determinante para la interpretación de una Ley de la antigüedad de la de 1957, incluso sin olvidar que la redacción del art. 54 en este apartado relativo a los requisitos del nombre, fue introducido por la Ley 20/1994, de 6 de julio.

§7.2

Con todos esos antecedentes, y a la luz de la realidad social del tiempo actual, que nos muestra la detección de un elevado número de casos de menores y mayores de edad a quienes la aplicación actual del derecho no ofrece un procedimiento seguro y respetuosos para obtener una expresión oficial de su género sentido, se hace imprescindible revisar el sentido que tiene la normativa vigente y la interpretación y aplicación que se debe dar a la misma.

En la Ley del Registro Civil actualmente vigente, de 8 de junio de 1957, se contienen dos normas particularmente relevantes a estos efectos: por un lado, su art. 2, cuando dice que el Registro Civil constituye la prueba de los hechos inscritos; y por otro lado el art. 54, cuando de forma expresa prohíbe «los nombres que objetivamente perjudiquen a la persona, los que hagan confusa la identificación y los que induzcan a error en cuanto al sexo».

Por lo demás, debe analizarse la influencia que la Ley de Registro Civil de 2011 tiene en nuestro ordenamiento jurídico, por cuanto si bien la misma no entrará en vigor hasta el 30 de junio de 2020, y por tanto sus normas no son directamente aplicables, sí se pueden inducir de ella unos principios jurídicos que, en cuanto afectan a los derechos más profundos de la personalidad, deben considerarse vigentes como informadores de nuestro ordenamiento y por tanto de la interpretación de las normas que se encuentran actualmente en vigor.

Así, el art. 50 de la mencionada Ley del Registro Civil de 2011 consagra el derecho al nombre, estableciendo que «toda persona tiene derecho a un nombre desde su nacimiento». Dicho derecho queda configurado como un derecho de la personalidad, según se interpreta de forma generalizada, algo que por lo demás resulta de diversos tratados internacionales suscritos por España, especialmente por lo que aquí interesa el art. 7 de la Convención de los Derechos del Niño, adoptada por la Asamblea General de las Naciones Unidas el 20 de noviembre de 1989 y ratificada por España el 30 de noviembre de 1990.

Debe apuntarse además cómo dicha Ley admite expresamente el cambio de nombre por otro usado habitualmente en su art. 52, algo que el art. 59 de la Ley del Registro Civil de 1957 permite también, aunque sólo cuando el uso de ese nombre diferente del habitual se debiera a la discrepancia con el impuesto en el bautismo, por cuanto era ese el caso frecuente en la época de su publicación.

§7.2 De todo ello, en una primera interpretación que hasta la fecha ha sido muy frecuente, aunque en modo alguno unánime, ni siquiera mayoritaria, se desprendería que en el caso de que una persona cuyo género registral no haya podido modificarse, bien por su menor edad, o por cualquier otra razón, no es posible el cambio de su nombre para asignarle uno correspondiente al sexo por ella sentido, admitiéndose únicamente nombres ambiguos, que pudieran referirse indistintamente a un varón o una mujer. Tal solución no es, sin embargo, satisfactoria en modo alguno, si se tiene en cuenta que es frecuente que esos menores de edad se hayan autoatribuido un nombre correspondiente al sexo por ellos vivido, y lo hayan venido utilizando durante años. Y si, como se ha indicado, el derecho al nombre es un derecho de la personalidad, de profunda trascendencia para ella, forzar al niño o niña a cambiar su nombre por otro impuesto por la administración afectará sin duda de forma relevante al armónico desarrollo de ese menor, especialmente teniendo en cuenta la trascendencia que para él o ella habrá tenido la elección de su nombre deseado.

Por lo demás, en estos supuestos se produce una evidente contradicción entre dos exigencias impuestas en el mismo párrafo del art. 54, ya que en el mismo se prohíben tanto los nombres que objetivamente perjudiquen a la persona como aquéllos que induzcan a error en cuanto a su sexo, de modo que si se le forzara a la utilización de un nombre correspondiente a su sexo registral se le estaría imponiendo un nombre que le perjudicaría objetiva y muy gravemente.

A lo anterior se añade la consideración de que, si bien es cierto que se pretende imponer un nombre correspondiente a un género diferente del que resulta de la inscripción en el Registro Civil, y que de acuerdo con el art. segundo de la Ley en vigor el Registro Civil constituye la prueba de los hechos inscritos, cabe apreciar en estos casos la existencia de una prueba en contrario poco discutible. Debe analizarse cuál es el verdadero sexo correspondiente a las personas con disonancia de género, si el que viene dado por sus órganos genitales, que determinó que al nacer se le inscribiera como perteneciente al mismo, o el verdadera y profundamente sentido por dichas personas, y parece que la respuesta debería ser que este último, dada la apuntada prevalencia de los factores psicosociales. De este modo, no se produciría una absoluta contradicción con la exigencia del art. 54, de impedir el error en cuanto al sexo.

Se alega por último una razón de seguridad jurídica para impedir el cambio de nombre, con imposición de uno correspondiente a un sexo distinto del que resulta de la inscripción en el Registro Civil. Ello, sin embargo, no parece argumento suficiente para impedir la inscripción de un nombre que se corresponda con el sexo sentido por la persona. Por una parte, no puede alegarse que con ello se pueda dar lugar a confusiones, intencionadas o no, en la identificación de la persona: debe observarse, a este respecto, que el principal elemento identificador de la persona, por su eficacia para evitar errores y duplicidades, es el número del DNI (cuyo uso en la actualidad goza de una consolidación y controles muy superiores a los que se daban en el año 1957), que se hará constar en el asiento registral correspondiente, y que precisamente esa virtualidad identificadora del DNI permite muchos otros cambios de apellidos y de nombre, sin mayores problemas. Por otra parte, el rechazo al cambio de nombre en los términos que se prevén en esta Instrucción lesionaría otro valor jurídico de enorme calado, como es el derecho al pleno desarrollo de la personalidad, lo que daría lugar por tanto a una inseguridad jurídica de mucho mayor trascendencia para los sujetos afectados.

§7.2

Quizás más relevante pueda resultar el alegado problema de la eventual inseguridad jurídica de los menores cuando sean sus padres quienes, en el ejercicio de la representación inherente a la patria potestad, decidan el cambio de nombre y de esta forma le puedan causar un daño grave, por no estar claramente consolidada esa vivencia por el menor del sexo que se le va a atribuir mediante el cambio de nombre. Tal argumento no debe, sin embargo, ser bastante. La realidad que se viene observando es que hay un número notable de menores que sienten esa disonancia de género desde una edad temprana, y los padres habitualmente tardan en comprender la situación de esos hijos, ya que es algo para lo que normalmente no están preparados. En consecuencia, cuando los padres toman la decisión de solicitar el cambio de nombre de su hijo o hija, la incongruencia de género es algo evidente y consolidado, por lo que no existe un riesgo real de que la solicitud se produzca en una situación inestable o incierta, de forma precipitada, y por tanto siendo susceptible de causar un daño al menor.

Se puede argumentar, como hipótesis, que no sería descartable el supuesto de que los padres tomaran la decisión de solicitar el cambio de nombre de forma precipitada e inconsciente, y que por tanto conceder ese cambio sería dañino para el menor. Frente a ello, debe tenerse en cuenta que ese supuesto sería muy excepcional, ya que no se conocen casos de reversión en la asignación al menor de un nombre del género por él sentido. Y, en cualquier caso, en la eventual hipótesis de que se pudiera dar un supuesto de esta clase, ello no debe ser motivo suficiente para denegar el cambio de nombre de forma generalizada, por dos motivos: Primero, porque no tendría fundamento que la evitación de algún eventual e hipotético caso aislado privar de este derecho a los que parecen ser miles de supuestos de menores de edad que lo desean, y que sufrirían, como se ha dicho, graves secuelas por no obtenerlo. Y segundo, porque en el supuesto de unos padres inconscientes o poco equilibrados que puedan con su actuación ocasionar daños al menor, probablemente no será este el único ámbito en que se los puedan ocasionar, y en todo caso la solución debería pasar por la actuación controladora de los servicios de protección de menores que en su ámbito geográfico puedan actuar, como de hecho lo vienen haciendo en numerosas ocasiones.

Con base en los anteriores fundamentos, la Dirección General de los Registros y del Notariado, en uso de las competencias que le corresponden, de acuerdo con el art. 10 del Real Decreto 1044/2018, de 24 de agosto, por el que se desarrolla la estructura orgánica básica del Ministerio de Justicia, y con los arts. 9 de la Ley del Registro Civil y 41 de su Reglamento, mediante la presente Instrucción establece las siguientes directrices para orientar la actuación de los encargados del Registro Civil, ante las solicitudes de cambio de nombre para la imposición de uno correspondiente al sexo diferente al que resulta de la inscripción de nacimiento:

Primero. En el supuesto de que un mayor de edad o un menor emancipado solicitara el cambio de nombre, para la asignación de uno correspondiente al sexo diferente del resultante de la inscripción de nacimiento, tal solicitud será atendida, con tal de que ante el encargado del Registro Civil, o bien en documento público, el solicitante declare que se siente del sexo correspondiente al nombre solicitado, y que no le es posible obtener el cambio de la inscripción de su sexo en el Registro Civil, por no cumplir los requisitos del art. 4 de la Ley 3/2007, de 15 de marzo, reguladora de la rectificación registral de la mención relativa al sexo de las personas.

Segundo. Los padres de los menores de edad, actuando conjuntamente, o quienes ejerzan la tutela sobre los mismos, podrán solicitar la inscripción del cambio de nombre, que será atendida en el Registro Civil, con tal de que ante el encargado del Registro Civil, o bien en documento público, los representantes del menor actuando conjuntamente declaren que el mismo siente como propio el sexo correspondiente al nombre solicitado de forma clara e incontestable. La solicitud será también firmada por el menor, si tuviera más de doce años. Si el menor tuviera una edad inferior, deberá en todo caso ser oído por el encargado del Registro Civil, mediante una comunicación comprensible para el mismo y adaptada a su edad y grado de madurez.

§7.2

Madrid, 23 de octubre de 2018.- El Director General de los Registros y del Notariado, Pedro José Garrido Chamorro.

8. NACIONALIDAD

§8.1. Ley 20/2022, de 19 de octubre, de Memoria Democrática

PREÁMBULO

(...)

IV

La Ley se compone de cinco títulos estructurados en torno al protagonismo y la reparación integral de las víctimas de la Guerra y la Dictadura, así como a las políticas de verdad, justicia, reparación y garantías de no repetición que han sido objeto de las recomendaciones de los organismos internacionales de derechos humanos al Estado.

(...)

El título II, sobre las políticas públicas integrales de memoria democrática, consta de cuatro capítulos y se abre con una mención especial al papel activo de las mujeres en España como protagonistas de una larga lucha por la democracia y los valores de libertad, igualdad y solidaridad que, por otra parte, es transversal en todo el texto de la ley.

(...)

El capítulo III se refiere a la reparación. Junto a las medidas que se han venido desplegando desde la Transición, y que permanecen en el ordenamiento jurídico, se incorporan actuaciones específicas que se refieren a los bienes expoliados durante la Guerra y la Dictadura, mediante la realización de una auditoría de los mismos y en consecuencia la implementación de las posibles vías de reconocimiento a los afectados. Específicamente, la disposición final séptima dispone de un plazo para la restitución a personas naturales o jurídicas de carácter privado, de documentos, fondos documentales y otros efectos.

(...)

Por último, como medida reparadora de las personas que sufrieron el exilio, se dispone en la disposición adicional octava una regla para la adquisición de la nacionalidad española para nacidos fuera de España de padres o madres, abuelas o abuelos, exiliados por razones políticas, ideológicas o de creencia, en la que se da cabida asimismo, en coherencia con los objetivos de esta ley, a los hijos e hijas nacidos en el exterior de mujeres españolas que perdieron su nacionalidad por casarse con extranjeros, antes de la entrada en vigor de la Constitución de 1978, así como los hijos e hijas mayores de edad de aquellos españoles a quienes les fue reconocida su nacionalidad de origen en virtud del derecho de opción de acuerdo a lo dispuesto en la presente ley o en la disposición adicional séptima de la Ley 52/2007, de 26 de diciembre.

(...)

La parte final tiene diecinueve disposiciones adicionales, dos disposiciones transitorias, una disposición derogatoria y nueve disposiciones finales.

Entre las disposiciones adicionales, al margen de las ya mencionadas anteriormente, la disposición adicional primera mantiene la compatibilidad de acciones ya recogida por la Ley 52/2007, de 26 de diciembre. La segunda regula el procedimiento para el cumplimiento de lo dispuesto en la Ley respecto de los restos mortales que yazcan en el Valle de los Caídos. La disposición adicional tercera contiene las previsiones sobre retirada de recompensas previstas en la Ley 5/1964, de 29 de abril, sobre Condecoraciones Policiales, y de la Ley 19/1976, de 29 de mayo, sobre creación de la Orden del Mérito del Cuerpo de la Guardia Civil. La disposición adicional cuarta establece un mandato al Gobierno para dictar las disposiciones necesarias para facilitar el acceso a la consulta de los libros de las actas de defunciones de los Registros Civiles.

(...)

La parte final tiene diecinueve disposiciones adicionales, dos disposiciones transitorias, una disposición derogatoria y nueve disposiciones finales.

Entre las disposiciones adicionales, al margen de las ya mencionadas anteriormente, (...) La disposición adicional cuarta establece un mandato al Gobierno para dictar las disposiciones necesarias para facilitar el acceso a la consulta de los libros de las actas de defunciones de los Registros Civiles

(...)

Art. 33. Concesión de la nacionalidad española a los voluntarios integrantes de las Brigadas Internacionales.

1. A los efectos del artículo 21.1 del Código Civil se entiende que concurren circunstancias excepcionales en los voluntarios integrantes de las Brigadas Internacionales que participaron en la Guerra de 1936 a 1939 para la adquisición de la nacionalidad española por carta de naturaleza, no siéndoles de aplicación la exigencia de renuncia a su anterior nacionalidad requerida en el artículo 23.b) del Código Civil. Asimismo se entenderá que concurren las mismas circunstancias en los descendientes de los brigadistas que acrediten una labor continuada de difusión de la memoria de sus ascendientes y la defensa de la democracia en España.

2. Los requisitos y el procedimiento a seguir para la adquisición de la nacionalidad española por parte de las personas mencionadas en el apartado anterior serán los establecidos reglamentariamente.

(…)

Disposición adicional cuarta. Acceso a la consulta de los libros de actas de defunciones de los Registros Civiles.

El Gobierno, a través del Ministerio de Justicia, en cuanto sea preciso para dar cumplimiento a las previsiones de esta ley, dictará las disposiciones necesarias para facilitar el acceso a la consulta de los libros de las actas de defunciones de los Registros Civiles.

(…)

§8.1

Disposición adicional octava. Adquisición de la nacionalidad española.

1. Los nacidos fuera de España de padre o madre, abuelo o abuela, que originariamente hubieran sido españoles, y que, como consecuencia de haber sufrido exilio por razones políticas, ideológicas o de creencia o de orientación e identidad sexual, hubieran perdido o renunciado a la nacionalidad española, podrán optar a la nacionalidad española, a los efectos del artículo 20 del Código Civil. Igualmente, podrán adquirir la nacionalidad española las personas que se encuentren en los siguientes supuestos:

a) Los hijos e hijas nacidos en el exterior de mujeres españolas que perdieron su nacionalidad por casarse con extranjeros antes de la entrada en vigor de la Constitución de 1978.

b) Los hijos e hijas mayores de edad de aquellos españoles a quienes les fue reconocida su nacionalidad de origen en virtud del derecho de opción de acuerdo a lo dispuesto en la presente ley o en la disposición adicional séptima de la Ley 52/2007, de 26 de diciembre.

2. En todos los supuestos, esta declaración deberá formalizarse en el plazo de dos años desde la entrada en vigor de la presente ley. Al terminar este plazo, el Consejo de Ministros podrá acordar su prórroga por un año.

§8.1

C) INSTRUCCIONES Y CIRCULARES DE INTERÉS

§9. ADOPCIÓN INTERNACIONAL Y NACIONALIDAD ESPAÑOLA[1]

§9.1. Resolución-Circular de 31 de octubre de 2005, de la Dirección General de los Registros y del Notariado, en materia de adopciones internacionales

I

La adopción da lugar en el Registro Civil español a una inscripción marginal en el asiento de nacimiento del adoptado (cfr. artículo 46 de la Ley del Registro Civil). Ello supone que en el mismo folio registral aparece reflejada la filiación anterior, o la ausencia de filiación, del adoptado, carente ya de relevancia jurídica, y la nueva filiación adoptiva dotada legalmente de plenitud de efectos jurídicos. Ciertamente esta superposición de filiaciones, como puso de manifiesto la Instrucción de la Dirección General de los Registros y del Notariado de 15 de febrero de 1999, puede dar origen a molestas confusiones y a que irregularmente se dé publicidad a través de una certificación literal a datos que afectan a la intimidad familiar.

II

Con la finalidad de eliminar estos inconvenientes la citada Instrucción, en aplicación del mecanismo previsto por el artículo 307 del Reglamento del Registro Civil, autorizó con carácter general que la filiación adoptiva fuera objeto de una inscripción principal de nacimiento que reflejara sólo los datos sobrevenidos por la adopción, con referencia a la inscripción previa de nacimiento y adopción en la que se comprende todo el historial jurídico del adoptado.

Dicha Instrucción, que supuso un avance importante en la protección de la intimidad personal y familiar del adoptado, encontraba su fundamento en el artículo 21 del Reglamento del Registro Civil que no permite, sin autorización

---

[1] Se incluyen estas Instrucciones y circulares a título informativo y en tanto pudieran ser de utilidad para interpretar y aplicar la vigente Ley 20/2011, del Registro Civil.

especial, la publicidad de la filiación adoptiva o de las circunstancias que puedan descubrir este carácter. Se trata de preservar, en interés del menor, que se conozca dicha filiación o cualquier otra circunstancia de la que ésta pueda deducirse.

III

Una de las circunstancias reveladora de una filiación adoptiva puede ser la relativa al lugar del nacimiento, especialmente cuando éste ha acaecido en un país remoto. Por ello, es conveniente que la publicidad de este dato quede limitada y sujeta a la autorización especial que el citado artículo 21 del Reglamento establece. A tal fin, y complementariamente a lo anterior, la Instrucción de la Dirección General de los Registros y del Notariado de 1 de julio de 2004, guiada de la misma finalidad de evitar la posibilidad de la publicidad irregular de las adopciones, y especialmente respecto de las adopciones internacionales que tan notable incremento han experimentado en los últimos años, autorizó que en la nueva inscripción de nacimiento y adopción que, a solicitud de los adoptantes, se practique —con inclusión exclusivamente de los datos del nacimiento y del nacido y de las circunstancias de los padres adoptivos— conste como lugar de nacimiento del adoptado el del domicilio de los adoptantes, y no el lugar real de su nacimiento, reconociendo así en tales casos una facultad similar a la que el artículo 16 párrafo segundo de la Ley del Registro Civil otorga a los padres biológicos. Con ello se hace efectivo, también en este ámbito, el principio constitucional de equiparación entre los hijos con independencia del origen de su filiación (cfr. arts. 14 y 39 de la Constitución).

§9.1

IV

Ahora bien, la necesidad de dotar a esta materia de la mayor seguridad jurídica posible y de reforzar los citados principios constitucionales de protección de la intimidad personal y familiar y de igualdad jurídica y equiparación entre los hijos con independencia de su filiación, dotando a la regulación de la materia del adecuado rango normativo legal, así como la conveniencia de extender las finalidades antes expresadas a otros supuestos anteriormente no cubiertos por las Instrucciones citadas, han determinado la reciente reforma del artículo 20 nº 1 de la Ley del Registro Civil, introducida por la Disposición final segunda de la Ley 15/2005, de 8 de julio, por la que se modifican el Código civil y la Ley de Enjuiciamiento Civil en materia de separación y divorcio.

La reforma ha consistido en añadir un nuevo párrafo al número 1.º del artículo 20, relativo al traslado de las inscripciones principales de nacimiento al Registro del domicilio del nacido o sus representantes legales, adición del siguiente tenor literal: «En caso de adopción internacional, el adoptante o adoptantes de común acuerdo podrán solicitar que en la nueva inscripción conste su domicilio en España como lugar de nacimiento del adoptado. A las inscripciones así practicadas les será de aplicación lo dispuesto en el párrafo final del artículo 16».

V

La introducción de esta modificación en la Ley del Registro Civil tiende sin duda a satisfacer la finalidad a que responde el párrafo segundo de la regla 1.ª añadido a la Instrucción de la Dirección General de los Registros y del Notariado de 15 de enero de 1999 por la más reciente de 1 de julio de 2004, dotando a la materia, como antes se dijo, de una adecuada cobertura legal en atención a la necesidad de garantizar la seguridad jurídica de las situaciones y asientos registrales practicados al amparo de aquellas Instrucciones.

El precepto modificado incluye una remisión al párrafo final del artículo 16 de la Ley que tiene la virtualidad de aclarar que el domicilio de los padres será considerado como lugar de nacimiento del adoptado a todos los efectos legales, evitando que este dato quede en situación de indeterminación jurídica. Se trata de una ficción legal idéntica a la que ya introdujo respecto de los supuestos de filiación natural la Ley 4/1991, de 10 de enero, al reformar el artículo 16 de la Ley.

En cuanto a los legitimados para pedir el traslado, se diferencian dos supuestos: a) la petición de traslado sin alteración de lugar de nacimiento: para este caso se amplía el círculo de las personas que podrían hacerlo con arreglo a la Instrucción de 1 de julio de 2004, ya que el artículo 20 de la Ley, en el que se inserta la reforma, habla genéricamente de «las personas que tengan interés cualificado en ello», precepto desarrollado por el artículo 76 del Reglamento que atribuye tal cualidad «al nacido o sus representantes legales». Ello permite hacer uso de esta posibilidad a los adoptados mayores de edad y al adoptante o adoptantes, con independencia de que formen o no matrimonio o de que se

§9.1

trate de persona soltera, divorciada, viuda o en situación de pareja de hecho, con pleno respeto de la legislación civil sustantiva que rige la adopción, en la que no se interfiere; b) traslado con alteración del lugar de nacimiento: se circunscribe esta última posibilidad a los casos de adoptados menores de edad y a petición del adoptante o adoptantes de común acuerdo. Esta limitación no es arbitraria, antes bien responde a la idea de que excepcionar la fe pública registral respecto del lugar del nacimiento (cfr. art. 41 LRC) puede estar justificado en atención a la superior protección de los intereses del menor de edad, pero dados los inconvenientes que puede llevar aparejado de producir confusión en la identificación de la persona, cuando ésta, por razón de su edad, es ya sujeto activo y pasivo de una pluralidad de relaciones jurídicas, acudir a tal ficción legal no resulta justificado en relación a los mayores de edad.

La referencia a que el domicilio del adoptante o adoptantes esté ubicado en España, tiende a evitar situaciones confusas en las que en supuestos de adopción internacionales en que los adoptantes tengan fijada su residencia en el extranjero, sea en el país en que se constituye la adopción o en un tercer país, pueda acudirse a la norma interpretada para propiciar un traslado del folio registral del adoptado intra-consular, esto es, del Registro Civil consular de constitución de la adopción al Registro Civil consular del país de residencia del adoptante o adoptantes, lo que no parece razonable (adviértase la idea de permanencia y fijeza del traslado, que no puede ser reiterado en un plazo de veinticinco años: cfr. art. 76 RRC).

§9.1

VI

La citada reforma legal fue objeto de rápido desarrollo reglamentario a través del Real Decreto 820/2005, de 8 de julio, por el que se modifica el Reglamento del Registro Civil, aprobado por Decreto de 14 de noviembre de 1958, que, entre otros extremos, da nueva redacción a los artículos 77 y 307 del citado Reglamento. En cuanto al primero se añade un nuevo párrafo que permite omitir los datos de la filiación originaria en la nueva inscripción de nacimiento practicada como consecuencia del traslado en los casos de adopción. En concreto se establece que «En caso de adopción, si los solicitantes del traslado así lo piden, en la nueva inscripción de nacimiento constarán solamente, además de los datos del nacimiento y del nacido, las circunstancias personales de los padres adoptivos y, en su caso, la oportuna referencia al matrimonio de estos». Se trata de una norma complementaria del artículo 20 nº 1 de la Ley del Registro Civil que, de forma conjunta con éste, vienen a sustituir en su finalidad a la Instrucción de 15 de febrero de 1999, en su redacción modificada por la de 1 de julio de 2004. En consecuencia estas últimas Instrucciones se ha de entender derogadas a partir de la entrada en vigor de la citada reforma legal y reglamentaria. La posibilidad de modificar el lugar del nacimiento del nacido queda circunscrita, como ya lo estaba, a las adopciones internacionales y en todo caso a través del mecanismo registral del traslado del folio al Registro Civil del domicilio de los promotores.

Pero la regulación hubiese quedado incompleta si no se hubiese atendido también, a efectos de evitar la acumulación en un único folio registral de la doble filiación originaria o biológica y adoptiva, a los supuestos de las adopciones nacionales, en cuyo caso no siempre será posible ni deseable el traslado del folio registral en que conste inscrito el nacimiento, pues éste puede coincidir con el propio Registro Civil del domicilio de los padres adoptivos. Para atender a tal supuesto se ha procedido a dar nueva redacción al primer párrafo del artículo 307 del Reglamento del Registro Civil, que ahora se produce en los siguientes términos:

«En la resolución puede ordenarse, para mayor claridad del asiento y mayor seguridad de los correspondientes datos reservados, la cancelación del antiguo asiento con referencia a otro nuevo que, con las circunstancias a que se refiere el artículo anterior, lo comprenda y sustituya; tratándose de inscripciones principales, se trasladará todo el folio registral. Igual traslado total se realizará, a petición del interesado mayor de edad o de quien tenga la representación legal del menor, en los casos de rectificación o modificación de sexo o de filiación. En el caso de adopción, el traslado no requerirá expediente, y se estará, en cuanto a los datos de la nueva inscripción de nacimiento, a lo dispuesto en el segundo párrafo del artículo 77. De la nueva inscripción se podrán expedir certificaciones literales a favor de cualquier persona con interés en conocer el asiento.»

§9.1

Este precepto viene a cubrir, como se ha dicho, los supuestos de traslado sin alteración del Registro Civil competente (esto es, las nuevas inscripciones se practicarían en el folio registral que corresponda en el momento de extenderse en el propio Registro Civil en que constaban las iniciales que están llamadas a cancelarse) —supuesto de la Instrucción de 9 de enero de 1999—; la novedad estriba en eliminar algunas de las limitaciones que la

Instrucción contenía como la de circunscribir las facultades que regula a los casos de matrimonios de adoptantes o respecto de los adoptados menores de edad (limitación esta última ya suprimida por vía de interpretación oficial de la Dirección General de los Registros y del Notariado, en atención al espíritu y finalidad de la Instrucción, pero en contra de su literalidad: vid. Resoluciones de 20 de enero, 14 de febrero y 24 de julio de 2003). Por su parte, la reforma del artículo 77 del Reglamento del Registro Civil prevé la misma finalidad pero para los casos en que, además de responder el traslado a la evitación de la superposición de filiaciones en un único folio registral, responda igualmente al deseo de contar con la proximidad del Registro Civil en que consta el historial jurídico del estado civil de la persona respecto del domicilio de la misma o de sus representantes legales. De esta forma se aplican criterios de economía procedimental, ya que para lograr esta última finalidad, posible en términos legales antes de la reciente reforme, resultaba preciso acudir a un doble trasla-do del folio registral, primero en ejercicio de las facultades reconocidas por la Instrucción de 9 de enero de 1999 y, después, al amparo de lo dispuesto en el artículo 20 n° 1 de la Ley del Registro Civil, por este orden o en orden inverso.

VII

§9.1

Explicado el alcance de las reformas legal y reglamentaria recientemente operadas en este campo, las dificultades interpretativas se centran, según re-sulta de las diversas consultas elevadas a este Centro Directivo en la materia, en el periodo de vigencia de la Instrucción de 1 de julio de 2004 (publicada en el BOE del 5 de julio de 2004) anterior a la entrada en vigor de la Ley 15/2005, de 8 de julio (publicada en el BOE del 9 de julio de 2005 y que entró en vigor el día 10 del mismo mes, conforme a su disposición final cuarta), y se refieren a dos cuestiones de distinta naturaleza: a) en primer lugar, se ha de dilucidar si la aplicación de la citada Instrucción es compatible con los criterios legales de competencia para la inscripción de las adopciones internacionales que, en virtud del criterio de la territorialidad, corresponde, atendido al lugar del nacimiento, al Registro Civil Central o a los Registros Consulares o si, por el contrario, la aplicación de la Instrucción exige un previo traslado de la ins-cripción al Registro Civil municipal competente; b) en segundo lugar, si cabe estimar procedente una aplicación retroactiva de la reiterada Instrucción de 4 de julio de 2004 por parte de los Registros municipales, en relación con los supuestos en que ya exista una nueva inscripción practicada al amparo de la Instrucción de 15 de febrero de 1999, en la que tan sólo figuren los datos de los padres adoptivos, sin haberse modificado el dato del lugar de nacimiento.

VIII

En cuanto a la primera de las cuestiones apuntadas, hay que comenzar indicando que se trata de un tema que ha dado lugar a una importante controversia jurídica ya residenciada en este Centro Directivo en vía de recurso de los entablados contra diversas resoluciones del Registro Civil Central que viene declinando su competencia en casos de adopciones internacionales para practicar nuevas inscripciones, una vez extendida la principal de nacimiento y la marginal de adopción, modificando el lugar de nacimiento del inscrito por el correspondiente al domicilio de los padres. Tales denegaciones se fundamentan en el principio de territorialidad, en razón del lugar de acaecimiento de los hechos inscribibles del nacimiento —igual regla rige también para el matrimonio y la defunción—, con arreglo al que ordena la competencia de los Registros Civiles municipales y consulares el artículo 16 de la Ley del Registro Civil. Este precepto aparece, a su vez, desarrollado por el artículo 68 del Reglamento del Registro Civil que establece, como excepción o regla especial, la atribución de la competencia al Registro Civil Central en aquellos casos en que siendo competente conforme a la norma general un Registro Civil Consular, el promotor de la inscripción esté domiciliado en España. El silogismo jurídico que subyace en tal fundamentación denegatoria consiste en que si la competencia del Registro Civil Central, que es concurrente, requiere la existencia de un Registro Consular competente por razón del lugar del acaecimiento del nacimiento en el extranjero, siendo así que dicha competencia no existe cuando el lugar en que se produce el alumbramiento forma parte del territorio español (cfr. arts. 15 y 16 LRC), ello supone que por definición el Registro Civil Central en ningún caso puede ser competente para practicar la inscripción de nacimientos cuyo lugar de nacimiento sea un municipio español, lugar de nacimiento que, real o ficticio, sería el que vendría a proclamar la inscripción resultante de la aplicación de la Instrucción de 1 de julio de 2004. Se refuerza este silogismo observando que el Preámbulo de la citada Instrucción alude a la atribución a los adoptantes de una facultad similar a la que el apartado 2 del artículo 16 de la Ley otorga a los padres biológicos al permitirles solicitar la inscripción

§9.1

del nacimiento del hijo en el Registro Civil municipal correspondiente a su domicilio, toda vez que para tales hipótesis el párrafo final del citado precepto dispone que en las inscripciones de nacimiento extendidas en su virtud «se considerará a todos los efectos legales que el lugar del nacimiento del inscrito es el municipio en el que se haya practicado el asiento», entre cuyos efectos legales se debe incluir el de determinar la competencia del Registro Civil.

Frente a tal argumentación se puede oponer de contrario que la ficción creada por la Instrucción de 1 de julio de 2004 en cuanto al lugar de nacimiento del inscrito responde a una finalidad protectora y tiende a evitar la publicidad de la filiación adoptiva y de aquellas circunstancias que pudieran revelarla con el fin de proteger la intimidad personal, familiar y el interés del menor, siendo así que uno de tales datos reveladores puede ser el lugar real del nacimiento, pero que tal ficción legal no altera en nada la competencia del Registro Civil Central para extender la nueva inscripción haciendo constar como lugar de nacimiento el del domicilio de los padres adoptantes en lugar del real. Tal competencia, desde esta perspectiva, seguiría recayendo en el Registro Civil Central ya que la nueva inscripción tiene su origen en un asiento principal y en una marginal de adopción, que atraen por conexidad la competencia para practicar el asiento subsiguiente conforme al artículo 46 de la Ley del Registro Civil. Pero esta posición de contrario no puede sostenerse ya una atenta observación de tal hipótesis revela que sería precisamente la citada finalidad de la Instrucción de 15 de febrero de 1999, en su redacción modificada de 1 de julio de 2004, la que se vería no sólo frustrada, sino flagrantemente violentada toda vez de que practicarse las pretendidas inscripciones en el Registro Civil Central haciendo constar como lugar de nacimiento el del domicilio de los padres en España (siendo así que el único supuesto legal en que cabría tal circunstancia sería la amparada por la misma Instrucción), resultaría que la propia inscripción estaría proclamando el carácter adoptivo de la filiación inscrita. Por lo tanto, no es que el mecanismo previsto por la Instrucción resultase inútil para el logro de la finalidad perseguida, sino que de forma contraproducente se produciría el efecto inverso. Y repárese que el dato del lugar de nacimiento en España no tendría la categoría de potencialmente revelador de la adopción, sino que resultaría determinante y concluyente, sin ambigüedad ni anfibología alguna, en tal sentido. En consecuencia es obvio que, al margen del silencio de la Instrucción sobre el tema de la competencia y sobre los efectos que de

§9.1

negarla al Registro Civil Central se siguen, la interpretación finalista de la misma no permite otra opción conclusiva que la apuntada.

Todo lo anterior conduciría a un absurdo si se entendiese que la única vía de aplicar la Instrucción de 1 de julio de 2004 es la que tiene por resultado el apuntado de vulnerar su propio espíritu y finalidad. Pero es que la legislación registral, integrando las lagunas de aquella, permite dar adecuada respuesta a las situaciones planteadas, armonizando la finalidad perseguida con las normas de competencia y con la voluntad y deseos de los interesados, por medio del traslado de los asientos registrales, de forma que practicada la inscripción principal de nacimiento y la marginal de adopción en el Registro Civil Central, los adoptantes podrán solicitar el traslado de tales asientos al Registro Civil municipal correspondiente a su domicilio y, una vez trasladado el historial registral del adoptado a dicho Registro, solicitar que en aplicación de las Instrucciones de constante cita se extienda una nueva inscripción referida tan sólo a la filiación adoptiva y al nuevo lugar de nacimiento.

Finalmente no se puede omitir que la conclusión alcanzada es precisamente la que ha alcanzado carta de naturaleza normativa por medio de la Ley 15/2005, de 8 de julio, que ha dado nueva redacción al ordinal 1.º del artículo 20 de la Ley del Registro Civil, y del Real Decreto 820/2005, de la misma fecha, que ha hecho lo propio con el artículo 77 del Reglamento del Registro Civil, disposiciones que presuponen la existencia de un traslado de las inscripciones principal y marginal de adopción para que los padres adoptantes puedan solicitar que en la nueva inscripción, que conforme al principio de economía procedimental se ha previsto que sea única, esto es, integrada por la propia inscripción del traslado, se haga constar junto con los datos exclusivos de la filiación adoptiva y demás datos del nacido, como lugar de nacimiento el del domicilio de los padres, según antes se expuso.

§9.1

IX

En cuanto al problema de la posible retroactividad de la Instrucción de 1 de julio de 2004, no ofrece cuestión respecto de los supuestos de su aplicabilidad a las adopciones constituidas antes de su publicación en los casos en que se haya solicitado su aplicación conjunta y simultánea con las restantes previsiones de la Instrucción de 15 de febrero de 1999, a la que modifica por adición de la previsión del cambio del lugar de nacimiento del adoptado.

Las dificultades surgen, sin embargo, cuando se intenta la aplicación de esta última previsión en un momento posterior a haberse solicitado y obtenido una nueva inscripción con constancia exclusiva de la filiación adoptiva y de los datos del nacimiento y del nacido al amparo de la redacción inicial de la Instrucción de 1999, con simultánea cancelación de las iniciales inscripciones de nacimiento y de adopción.

Sobre este extremo no pueden desdeñarse las dificultades que entraña reconocer eficacia retroactiva a una Instrucción que tiene por objeto modificar uno de los datos —el lugar de nacimiento —a que se extiende la fehaciencia del asiento registral practicado (cfr. art. 41 LRC) y cuya rectificación, por regla general, requiere sentencia judicial con arreglo a lo previsto por el artículo 92 de la Ley del Registro Civil, lo que en conexión con la consideración tradicional de que sólo las leyes formales y no los Reglamentos pueden disponer su retroactividad (cfr. art. 2 n.º 3 C.c., cuya sola referencia a las leyes ha sido interpretado tradicionalmente bajo el prisma de la máxima «inclussio unius, exclussio alterius»), plantea aquella dificultad de forma espinosa. En la misma línea abunda el artículo 57 n.º 3 de la Ley 30/1992, de 26 de noviembre, de Régimen Jurídico y Procedimiento Administrativo Común que sólo «excepcionalmente» admite que pueda otorgarse eficacia retroactiva a los actos administrativos que, como regla general, «producirán efecto desde la fecha en que se dicten», esto es, de forma no retroactiva. Es cierto que aquella excepcionalidad de la eficacia retroactiva tiene entre sus supuestos habilitantes el de los actos «in bonus», esto es, cuando se pueda entender que producen efectos favorables para los interesados, ahora bien, dicha retroactividad tendrá que ser declarada expresamente por el propio acto administrativo que la contenga. Estas conclusiones relativas a los actos administrativos cabe extrapolarlas, con la doctrina administrativista más autorizada, a los Reglamentos en tanto que estos como aquellos son producto de la voluntad administrativa, como voluntad subordinada al imperio de la Ley, al igual que las Instrucciones de esta Dirección General (tesis recogida, entre otras, en las Sentencias del Tribunal Supremo de 5 de febrero y 24 de marzo de 1987 y 13 de febrero de 1989: «la retroactividad queda excluida de la potestad reglamentaria de la Administración»). Además, ha de repararse en que Instrucción de 1 de julio de 2004 no contiene declaración alguna de retroactividad. Es más, su tenor literal la excluye. En efecto, conforme a la citada Instrucción la posibilidad de solicitar el cambio del lugar real de nacimiento por el del domicilio de los padres adoptantes tiene

§9.1

su momento, cual es, el de la nueva inscripción. Es en ésta, que se practica a instancia de los adoptantes para consignar sólo los datos de la filiación adoptiva, en donde puede proponerse el cambio del lugar de nacimiento. Si ésta ya se ha practicado, ya no cabe solicitar dicho cambio porque su autorización provocaría la cancelación de la inscripción anterior y la extensión de otra nueva, lo que no está previsto en las Instrucciones de 15 de febrero de 1999 ni en la de 1 de julio de 2004. Tampoco, por esta falta de previsión legal, cabría que el cambio referido se hiciese mediante inscripción marginal. Este criterio también se desprende de la nueva redacción que el Real Decreto 820/2005, de 8 de julio, ha dado al artículo 77 del Reglamento del Registro Civil. Es decir, según esta norma, el posible cambio del lugar de nacimiento, si se solicita, deberá efectuarse «en la nueva inscripción», entendiendo por tal la que se practica después de la principal de nacimiento y marginal de adopción, para hacer constar sólo la filiación adoptiva, pero no en otras posteriores.

Ahora bien, todo lo anterior se ha de entender sin perjuicio de la aplicación a los casos que no han encontrado su solución por la vía de una imposible, según se ha visto, aplicación retroactiva de la Instrucción de 1 de julio de 2004, de la nueva norma contenida en el artículo 20 n.º 1 de la Ley registral civil, reformado por la Ley 15/2005, cuando habiéndose ya acogido los interesados a la Instrucción de 15 de febrero de 1999, y extendida una nueva inscripción de nacimiento con inclusión exclusiva de los datos de la filiación adoptiva pero sin cambio de lugar de nacimiento, se solicite el traslado de tal inscripción al Registro Civil del domicilio de los padres adoptivos. Es decir, aunque la reforma legal de 8 de julio de 2005 presupone, en conexión con la reforma reglamentaria de la misma fecha, que una sola operación registral, la inscripción de traslado, cumplirá la triple finalidad de desagregar los datos de la filiación natural u originaria del adoptado de su nueva inscripción de nacimiento, modificar el lugar de nacimiento del adoptado y, tercero, trasladar el historial registral civil de la persona al Registro Civil del domicilio, nada impide que de forma transitoria para los supuestos en que la primera de estas tres operaciones ya esté consumada de forma autónoma a través de la aplicación de la Instrucción de 15 de febrero de 1999, las otras dos operaciones, esto es, el traslado y la modificación del lugar de nacimiento, puedan ejecutarse conjuntamente ya bajo la vigencia de las nuevas normas legales, normas que, no cabe cuestión sobre ello, son aplicables también a los casos de adopciones constituidas con anterioridad a su entrada en vigor, y ello no sólo porque la

§9.1

llamada «retroactividad tácita» se ha predicado por la doctrina civilística moderna respecto de las normas organizativas, en las que cabe encuadrar las de mecánica u organización registral, sino también por el valor que, ante el silencio de la Ley, se debe reconocer en la labor interpretativa a las orientaciones que se desprenden de las Disposiciones transitorias del Código civil, añadidas a su segunda edición para regular la transición entre éste y el Derecho anterior. Y en este sentido debe hacerse en esta materia aplicación analógica de la Disposición transitoria primera del Código civil en su redacción originaria, ya que siendo así que el derecho al traslado de la inscripción de nacimiento y marginal de adopción, con simultánea modificación del lugar de nacimiento del adoptado, se introduce «ex novo» en nuestro Ordenamiento jurídico, con norma de rango legal, por la Ley 15/2005, por referencia a la situación legislativa inmediatamente anterior, ello supone que, aplicando analógicamente la citada Disposición transitoria primera del Código civil en su redacción originaria, tal derecho «tendrá efecto desde luego», aunque el hecho —en este caso el nacimiento y la adopción— que lo origine se verificara bajo la legislación anterior, aplicación analógica que ya había sostenido este Centro Directivo en otras materias vinculadas al estado civil de las personas, en concreto con ocasión de la interpretación del alcance retroactivo de la reforma del Código civil en materia de nacionalidad operada por Ley 36/2002, de 8 de octubre (cfr. Resolución de 25-2.ª de abril de 2005) y de la más reciente reforma en materia de matrimonio entre personas del mismo sexo introducida por la Ley 13/2005, de 1 de julio (cfr. Resolución-Circular de 29 de julio de 2005).

§9.1

De todo lo anterior resultan, en conclusión, los siguientes criterios interpretativos, que esta Dirección General de los Registros y del Notariado ha acordado hacer públicos por medio de esta Resolución-Circular con objeto de facilitar la armonización de la práctica de los Registros civiles que ha de redundar en beneficio de los interesados y del principio de seguridad jurídica:

1.º La reforma introducida en la redacción del artículo 20 nº 1 de la Ley del Registro Civil por la Disposición final segunda de la Ley 15/2005, de 8 de julio, por la que se modifican el Código civil y la Ley de Enjuiciamiento Civil en materia de separación y divorcio, en conjunción con el Real Decreto 820/2005, de 8 de julio, por el que se modifica el Reglamento del Registro Civil, aprobado por Decreto de 14 de noviembre de 1958, que da nueva redacción a los artículos 77 y 307 del citado Reglamento, ha supuesto la derogación de la

Instrucción de 15 de febrero de 1999 de esta Dirección General de los Registros y del Notariado, sobre constancia registral de la adopción, y de la Instrucción de 1 de julio de 2004, por la que se modifica la regla primera de la anterior, desde la fecha de entrada en vigor de aquellas reformas legal y reglamentaria.

2.º Respecto del periodo de vigencia de la Instrucción de 1 de julio de 2004, se ha de entender que:

a) El Registro Civil Central carece de competencia para extender inscripciones, al amparo de la Instrucción de 1 de julio de 2004, en las que conste como lugar de nacimiento no el real, sino el del domicilio de los adoptantes, en los casos de adopciones internacionales.

b) La citada Instrucción de 1 de julio de 2004 no es de aplicación, por falta de eficacia retroactiva, a los casos de adopciones cuando su aplicación se insta después de haberse solicitado y obtenido, tras la inscripción inicial de nacimiento y marginal de adopción, una nueva inscripción con constancia exclusiva de la filiación adoptiva y de los datos del nacimiento y del nacido al amparo de la redacción original de la Instrucción de 15 de enero de 1999, con simultánea cancelación de aquellas inscripciones iniciales.

3.º Lo anterior se ha de entender sin perjuicio de la aplicación a los casos que no han encontrado su solución por la vía de una imposible, según se ha visto, aplicación retroactiva de la Instrucción de 1 de julio de 2004, de la nueva norma contenida en el artículo 20 n.º1 de la Ley registral civil, reformado por la Ley 15/2005, cuando habiéndose ya acogido los interesados a la Instrucción de 15 de febrero de 1999, y extendida una nueva inscripción de nacimiento con inclusión exclusiva de los datos de la filiación adoptiva pero sin cambio de lugar de nacimiento, se solicite el traslado de tal inscripción al Registro Civil del domicilio de los padres adoptivos.

§9.1

4.º Las operaciones registrales de traslado de la inscripción de nacimiento al Registro Civil del domicilio y la modificación del lugar de nacimiento, que puedan ejecutarse, siempre conjuntamente, ya bajo la vigencia de las nuevas normas legales, pueden también operar respecto de los casos de adopciones constituidas con anterioridad a su entrada en vigor, por aplicación analógica de la Disposición transitoria primera del Código civil en su redacción originaria.

5.º En cuanto al nuevo régimen jurídico introducido por la Ley 15/2005 y por el Real Decreto 820/2005, se establecen, distinguiendo dos supuestos, los siguientes criterios orientadores en materia de legitimación:

a) petición de traslado sin alteración de lugar de nacimiento: para este caso se amplía el círculo de las personas que podrían hacerlo con arreglo a la Instrucción de 1 de julio de 2004, ya que el artículo 20 de la Ley, en el que se inserta la reforma, habla genéricamente de «las personas que tengan interés cualificado en ello», precepto desarrollado por el artículo 76 del Reglamento que atribuye tal cualidad «al nacido o sus representantes legales». Ello permite hacer uso de esta posibilidad a los adoptados mayores de edad y al adoptante o adoptante, con independencia de que formen o no matrimonio o de que se trate de persona soltera, divorciada, viuda o en situación de pareja de hecho, con pleno respeto de la legislación civil sustantiva que rige la adopción. La misma conclusión se aplica a los supuestos de adopciones internacionales previstos por el nuevo artículo 307 del Reglamento del Registro Civil, esto es, los supuestos de traslado de inscripciones sin alteración del Registro Civil competente, al haberse eliminado las limitaciones que la Instrucción de 9 de enero de 1999 contenía como la de circunscribir las facultades que regulaba a los casos de matrimonios de adoptantes o respecto de los adoptados menores de edad;

b) petición de traslado con alteración del lugar de nacimiento: se circunscribe esta última posibilidad a los casos de adoptados menores de edad y a solicitud del adoptante o adoptantes de común acuerdo.

§9.1

6.º La exigencia legal de que el domicilio del adoptante o adoptantes esté ubicado en España, impide que en supuestos de adopción internacional en que los adoptantes tengan fijada su residencia en el extranjero, sea en el país en que se constituye la adopción o en un tercer país, pueda accederse a un traslado del folio registral del adoptado intra-consular, esto es, del Registro Civil consular de constitución de la adopción al Registro Civil consular del país de residencia del adoptante o adoptantes.

§9.2. Instrucción de 28 de febrero de 2006 de la Dirección General de los Registros y del Notariado, sobre competencia de los Registros Civiles Municipales en materia de adquisición de nacionalidad española y adopciones internacionales

I. Introducción

La Ley 24/2005, de 18 de noviembre, de Reformas para el Impulso a la Productividad, ha modificado mediante sus Disposiciones adicionales séptima y octava los artículos 16 y 18 de la Ley de 8 de junio de 1957, reguladora del Registro Civil. En cuanto al primero, la reforma ha consistido en la adición de tres nuevos párrafos, conforme a los cuales en los casos de adopción internacional, el adoptante o adoptantes, podrán de común acuerdo solicitar directamente en el Registro Civil de su domicilio que se extienda la inscripción principal de nacimiento y la marginal de adopción, así como la extensión en el folio que entonces corresponda, de una nueva inscripción de nacimiento en la que constarán solamente, además de los datos del nacimiento y del nacido, las circunstancias personales de los padres adoptivos, la oportuna referencia al matrimonio de éstos y la constancia de su domicilio como lugar de nacimiento del adoptado.

§9.2

Esta misma competencia a favor de los Registros civiles del respectivo domicilio del interesado se reconoce respecto de las inscripciones de nacimiento que sean consecuencia de la adquisición de la nacionalidad española por ciudadanos cuyo lugar de nacimiento sea un país extranjero, en caso de que los interesados soliciten la inscripción en dicho Registro en el momento de levantarse el acta de juramento o promesa de fidelidad al Rey y obediencia a la Constitución y a las Leyes. Finalmente se prevé que el Registro Civil en que se haya practicado la inscripción conforme a lo antes señalado comunicará dicha inscripción al Registro Civil Central, «que seguirá siendo competente para todos los demás actos de estado civil que afecten al inscrito». En relación con esta última comunicación se prevé en la nueva redacción dada al apartado segundo del artículo 18 de la Ley del Registro Civil que los libros formados por duplicados no serán sólo los relativos a las inscripciones practicadas en los

Registros Civiles Consulares, sino también en los Registros Civiles Municipales del domicilio que se hayan practicado conforme a los nuevos apartados 3 y 4 del artículo 16 de la misma Ley.

II. Antecedentes y finalidad de la reforma introducida en la Ley del Registro Civil por la Ley 24/2005, de 18 de noviembre, de Impulso de la Productividad

1. El fenómeno social del incremento de las adopciones internacionales y de la nacionalización de ciudadanos extranjeros.– Durante los últimos años se viene experimentando en España un incremento muy notable en el número de adopciones internacionales por parte de adoptantes españoles, así como de las adquisiciones de nacionalidad española por parte de extranjeros. Tales fenómenos constituyen actos jurídicos relativos al estado civil de las personas afectadas que, siempre que las mismas, como es frecuente por razones obvias en los citados casos, afecten a españoles deben ser inscritos en el Registro Civil español, correspondiendo la competencia para su calificación e inscripción, conforme a las reglas hasta ahora vigentes en la materia (cfr. arts. 15 LRC y 68 RRC) al Registro Civil Central.

2. Las causas y los efectos del fenómeno descrito.– El acelerado ritmo al que se han producido tales fenómenos ha respondido a determinadas causas y ha producido determinados efectos. Entre las causas cabe citar de forma muy destacada la fuerte inmigración de ciudadanos extranjeros que, una vez adquirida residencia legal en España, acceden a la nacionalidad española por la prolongación de su residencia en nuestro país durante los plazos que establece el artículo 22 del Código Civil, plazo que, por ejemplo, para los iberoamericanos es de sólo dos años.

En cuanto a los efectos, en el ámbito estricto que ahora interesa, ha de destacarse el extraordinario incremento en la carga de trabajo que ha experimentado el Registro Civil Central que no ha podido ser absorbida en su integridad con los medios materiales y humanos, aún reforzados durante los últimos años, de que dispone, generándose un retraso en el despacho de los asuntos (principalmente en la práctica de las inscripciones y en la expedición de las certificaciones). Se trata de una situación sin duda susceptible de ser corregida por medio de medidas organizativas internas y aumentos en la dotación de recursos, pero cuya implantación efectiva requiere cierto tiempo por

§9.2

exigencias de la propia normativa de contratación y de habilitación de créditos presupuestarios, que puede considerarse en conflicto con la urgencia de las soluciones requeridas para dar una respuesta satisfactoria a las demandas de los ciudadanos en el marco de una Administración sometida al principio de eficacia en su actuación (cfr. art. 3 Ley 30/1992).

Por ello, la Ley 24/2005, de 18 de noviembre, ha emprendido un camino radicalmente distinto, cortando el nudo gordiano de la situación mediante una modificación en profundidad de las reglas de competencia que hasta la entrada en vigor de tal reforma han venido rigiendo para distribuir las funciones tradicionales de los Registros civiles municipales y el Central. La novedad de las modificaciones introducidas, la carencia de referencias a las mismas en la Exposición de Motivos de la Ley, y la tensión en que se encuentran los preceptos reformados respecto de algunos de los principios rectores de la ordenación registral española, no hacen sencillo elucidar el alcance preciso y la recta interpretación de sus normas ni, en consecuencia, la tarea de fijar los concretos criterios con que la reforma se haya de llevar a la práctica. Por ello, se hace imprescindible en este caso, superando el estadio de la interpretación meramente literal, tratar de desentrañar el espíritu y finalidad de la reforma, teniendo en cuenta que las leyes, una vez producida su entrada en vigor, no deben ser interpretadas aisladamente, sino en coherencia con el sistema legal —en este caso, el conjunto de la legislación registral civil— en que se integran y del que forman parte, que tanto ha de ayudar en este caso a cubrir lagunas y a evitar antinomias.

§9.2

3. Las funciones del Registro Civil Central: su significado y finalidad.– La regla general de competencia en materia registral civil se contiene en el artículo 16, apartado primero, de la Ley del Registro Civil al disponer que «la inscripción de nacimientos, matrimonios y defunciones se inscribirán en el Registro Municipal o Consular del lugar en que acaecen». En el supuesto de tratarse de hechos ocurridos en España no se plantea problema alguno. Aplicándose el principio de competencia territorial que se desprende del transcrito precepto, el hecho deberá inscribirse en el Registro Municipal, principal o delegado, en cuya circunscripción territorial acaece.

Para el supuesto de hechos ocurridos en el extranjero, inscribibles por afectar a un español, el artículo 12 de la Ley dispone que «Los Cónsules extenderán por duplicado las inscripciones que abren folio en el Registro de su cargo, uno de cuyos ejemplares será remitido al Registro Central para su debida incorporación. En uno y otro Registro se extenderán en virtud de parte, todas las inscripciones marginales que se practiquen en cualquiera de ellos». En la Ley del Registro Civil no existe ningún otro precepto que determine o aclare la competencia concreta del Registro Central para practicar las inscripciones que abren folio.

Existe un tercer grupo de hechos, los ocurridos fuera de España cuyos asientos deban servir de base a inscripciones marginales exigidas por el Derecho español, en los supuestos de adquisición de la nacionalidad española por vía de adopción o de adquisición sobrevenida de la misma, respecto de los cuales tampoco está definido en la Ley Registral el papel que juega el Registro Civil Central. De las normas hasta ahora mencionadas se desprende que tales hechos de estado civil deberían ser objeto de inscripción principal por los Registros Consulares de los correspondientes lugares de nacimiento, y sólo habría constancia en el Registro Central de las mismas a través de los duplicados recibidos.

El planteamiento anterior no varía por el hecho de que el artículo 18 de la Ley atribuya al Registro Civil Central una competencia residual para los supuestos en que el lugar de acaecimiento del hecho inscribible no corresponda a la demarcación de ningún Registro municipal ni consular, o cuando el Registro competente por razones extraordinarias no pueda funcionar.

En definitiva, las dos finalidades a que tiende el Registro Central son la de servir de Registro supletorio para ciertos supuestos de excepcionalidad y, en segundo lugar, permitir agrupar o concentrar en un único Registro los hechos inscritos en los Registros Consulares y dar publicidad a las situaciones jurídicas que de los mismos se deriven.

§9.2

Es preciso acudir a las normas de competencia contenidas en el Reglamento del Registro Civil, para encontrar una determinación más concreta y específica de la competencia del Registro Civil Central en los supuestos antes indicados. En efecto, en el apartado segundo del artículo 68, tras reiterar en el apartado primero la regla general de competencia, se dice que «Cuando sea competente un Registro Consular, si el promotor estuviere domiciliado en España, deberá practicar antes la inscripción en el Registro Central y después, por traslado, en el Consular correspondiente».

Por tanto, el Registro Central surge inicialmente como un Registro supletorio y de centralización de los asientos de los Registros Consulares, pero tal caracterización queda en parte modificada en el sentido de configurarse simultáneamente como un Registro civil ordinario en virtud de lo dispuesto en el art. 68 del Reglamento, con la particularidad, por otro lado, de que a partir de la reforma de este precepto por el Real Decreto 3455/1977, de 1 de diciembre, se rompe además, el criterio general de competencia del artículo 16 de la Ley para la práctica de la inscripción respecto de los hechos ocurridos en el extranjero, criterio que ya no va a ser el lugar de acaecimiento del hecho, sino la circunstancia de que el promotor esté domiciliado en España.

4. *La generalización de las solicitudes de traslados de inscripciones del Registro Civil Central a los Registros civiles municipales.*– Con la finalidad de eludir los retrasos en que en la función de expedición de certificaciones ha incurrido el Registro Civil Central, por las dificultades antes apuntadas, la práctica registral de estos últimos años demuestra que se ha generalizado, respecto de las inscripciones de nacimiento en casos de adopciones internacionales y, aunque en un porcentaje menor, también respecto de las inscripciones de nacimiento de los ciudadanos extranjeros que adquieren la nacionalidad española, las solicitudes de su traslado al Registro Civil municipal del domicilio de los interesados, procediendo a la simultánea cancelación de las inscripciones practicadas en el Registro Civil Central, acogiéndose para ello a la posibilidad que brindan los artículos 20 de la Ley del Registro Civil y 77 de su Reglamento.

En definitiva, la figura del traslado de inscripciones, en principio concebida como fórmula más o menos excepcional, ha venido a generalizarse en los supuestos aludidos, lo que no hace sino reflejar una voluntad muy mayoritaria de los interesados en obtener una gestión de sus historiales registrales y actuaciones vinculadas con el mismo más próxima y, sobre todo, exenta de las disfunciones que por razón de la ingente acumulación de trabajo experimentada por el Registro Civil Central vienen observándose en este último órgano registral. Las reglas de competencia hasta ahora vigentes determinaban, pues, una situación que se distanciaba progresivamente de la voluntad de los interesados, por un lado, y una duplicación de la actividad registral, por otro, en contra del principio de economía procedimental que debe inspirar la actividad de los Registros civiles (cfr. art. 354-II RRC), al forzar la inscripción en el Registro Civil Central y su posterior traslado al Registro Civil municipal correspondiente.

§9.2

La reforma introducida por la Ley 24/2005 en la redacción de los artículos 16 y 18 de la Ley del Registro Civil no parece, pues, haber tenido otra finalidad que la de superar la situación descrita, acomodando las reglas de competencia registral a las nuevas realidades que representan los fenómenos de las adopciones internacionales y, especialmente por razón de su volumen, la nacionalización como españoles de ciudadanos extranjeros, con arreglo a los siguientes principios rectores: eficacia y agilidad de la Administración registral, economía procedimental, con evitación de trámites superfluos y simplificación de los mismos, y mayor proximidad del órgano registral al ciudadano. Con tal objeto:

a) El párrafo 3 del artículo 16 de la Ley del Registro Civil posibilita que el adoptante o adoptantes de mutuo acuerdo puedan solicitar directamente en el Registro Civil de su domicilio que se extienda la inscripción principal de nacimiento y la marginal de adopción, así como una nueva inscripción de nacimiento en la que constarán solamente, además de los datos del nacimiento y del nacido, las circunstancias personales de los padres adoptivos, la oportuna referencia, en su caso, al matrimonio de éstos, y la constancia de su domicilio como lugar de nacimiento del adoptado, sin previa práctica de ninguna de tales inscripciones en el Registro Civil Central.

b) Igualmente, el párrafo 4 del mismo artículo 16 permite que el extranjero que adquiere la nacionalidad española, incluso habiendo nacido en el extranjero, pueda solicitar en el momento de levantarse el acta de juramento o promesa de fidelidad al Rey y obediencia a la Constitución y a las Leyes, que se extienda la inscripción de nacimiento en el Registro Civil Municipal correspondiente al domicilio en el que se haya instruido el oportuno expediente registral.

§9.2 La importante innovación que en materia de competencia de los Registros Civiles viene a representar la citada Ley, introduciendo una importantísima excepción a la regla general de territorialidad que preside la organización del Registro Civil español (cfr. art. 16, párrafo primero LRC) respecto de los supuestos de adopciones internacionales y de nacimiento de los extranjeros que hayan adquirido la nacionalidad española, y la necesidad de proceder a la adecuación de los procedimientos y archivos registrales a las exigencias de la nueva Ley, hacen oportuno, sin perjuicio de los criterios de interpretación de la nueva normativa que en su aspecto sustantivo puedan fijarse en un momento posterior, que esta Dirección General de los Registros y del Notariado, en uso de las facultades que tiene conferidas por la legislación del Registro Civil (cfr. art. 9 de la Ley y 41 de su Reglamento), dicte con carácter de urgencia ciertas orientaciones de carácter general a fin de facilitar la aplicación práctica inmediata por los Registros civiles de la reforma legal citada.

En su virtud, esta Dirección General, en ejercicio de las competencias que le vienen atribuidas por el artículo 9 de la Ley del Registro Civil, 41 de su Reglamento y 4 del Real Decreto 1475/2004, de 18 de junio, ha acordado establecer y hacer públicas las siguientes directrices:

Primera.- *Entrada en vigor de la reforma.*- La citada Ley 24/2005, de 18 de noviembre, entró en vigor el día 20 de noviembre de 2005, conforme a su disposición final tercera. Por tanto, no existiendo disposición transitoria alguna en la materia, y tampoco ningún mandato de desarrollo reglamentario a cuya aprobación se aplace la efectividad de la reforma, se ha de entender que desde la fecha de entrada en vigor de la citada Ley los interesados pueden solicitar las inscripciones a que aluden los apartados 3 y 4 del artículo 16 de la Ley del Registro Civil, en su nueva redacción, en el Registro Civil de su respectivo domicilio, cualesquiera sean las dificultades organizativas que la falta de previsión de «vacatio legis» de la nueva norma comporte para los Registros afectados.

Segunda.- *Régimen jurídico-registral de las inscripciones de nacimiento practicadas en el Registro Civil del domicilio conforme a lo previsto en los apartados 3 y 4 del artículo 16 de la Ley del Registro Civil.*- 1.º El Juez Encargado del Registro Civil municipal correspondiente es competente no sólo para la inscripción del nacimiento, adopción y adquisición de la nacionalidad española a que se refieren expresamente los apartados 3 y 4 del artículo 16 de la Ley del Registro Civil, sino también para la inscripción marginal de los demás hechos y actos del estado civil relativos a la misma persona que legalmente deban practicarse en la Sección primera del Registro Civil, conforme a lo dispuesto por el artículo 46 de la Ley del Registro Civil. Esta regla es extensiva también a las anotaciones y notas marginales.

2.º La calificación de todos los hechos y actos inscribibles a que se refiere el apartado anterior corresponde al mismo Juez Encargado competente para inscribirlos conforme a la regla general fijada por el artículo 27 de la Ley del Registro Civil, sin más excepciones que las previstas legal o reglamentariamente (v. gr., expedientes de la competencia del Ministerio de Justicia), y sin perjuicio de lo que se indica en la regla décima de la presente Instrucción sobre limitación de competencias de los Jueces de Paz encargados de los Registros civiles delegados.

§9.2

3.º Como consecuencia de lo anterior, el Juez Encargado del Registro Civil municipal en que se hayan practicado las inscripciones a que se refieren los apartados 3 y 4 del artículo 16 de la Ley del Registro Civil es igualmente competente para:

a) Expedir certificaciones, en cualquiera de sus modalidades y con los requisitos establecidos en cada caso por la Ley, de tales asientos y de los demás que se hayan podido practicar en el correspondiente folio registral;

b) Tramitar los expedientes para los que sea reglamentariamente competente el Encargado del Registro Civil en que se deba inscribir la Resolución o el del domicilio del interesado (cfr. art. 342 del Reglamento del Registro Civil).

Tercera.- Reglas especiales respecto de las inscripciones de adopción internacional.- 1.º Si bien el apartado 3 del artículo 16 de la Ley del Registro Civil alude a la posibilidad de los interesados de «solicitar directamente en el Registro Civil de su domicilio» las inscripciones correspondientes, ello no se debe entender en el sentido de mero auxilio registral, como se desprendería de la simple literalidad de la norma, pues en tal caso ésta sería superflua al coincidir sustancialmente con el artículo 2 del Reglamento del Registro Civil, sino en el sentido de fijar la competencia del Registro Civil en función, no del criterio territorial de acaecimiento del hecho inscribible, sino del domicilio de los interesados.

2.º La expresión contenida en el citado apartado 3 del artículo 16 de la Ley «en el folio que entonces corresponda» referida a la nueva inscripción de nacimiento con constancia exclusiva de los datos de la filiación adoptiva (expresión que denota un exceso de mimetismo en la redacción del nuevo precepto respecto de las Instrucciones de esta Dirección General de los Registros y del Notariado de 15 de febrero de 1999 y de 1 de julio de 2004) carece de alcance normativo específico, pues dada la simultaneidad temporal que se ha de producir entre las solicitudes de la inscripción inicial de nacimiento y adopción y de la ulterior con constancia exclusiva de la filiación adoptiva, necesariamente el «folio que entonces corresponda» —expresión que tenía sentido en el ámbito de las Instrucciones citadas de este Centro Directivo por partir de la premisa de una disociación temporal entre las solicitudes de las primeras inscripciones y de la ulterior—, será siempre el folio registral inmediato siguiente a aquel en que se hayan extendido las inscripciones iniciales de nacimiento y marginal de adopción.

§9.2

3.º La competencia del Registro Civil del domicilio no queda condicionada, según se desprendería de una interpretación literal del precepto pero contraria a la interpretación finalista que debe prevalecer del mismo, a que se solicite no sólo la inscripción de nacimiento y adopción, sino también las de constancia exclusiva de los datos de la filiación adoptiva y del domicilio como lugar de nacimiento del adoptado. Esta última inscripción es facultativa para el interesado, y no obligatoria ni condicionante de la competencia del órgano registral.

4.º En caso de que los interesados ejerzan la facultad a que se refiere el apartado anterior, podrán solicitar que en la nueva inscripción consten: a) solamente, además de los datos del nacimiento y del nacido, las circunstancias personales de los padres adoptivos; b) o bien tales datos y circunstancias y, además, la constancia de su domicilio como lugar de nacimiento del adoptado, pero en ningún caso sólo este último extremo.

5.º La referencia al matrimonio de los padres adoptivos no debe interpretarse como un requisito sustantivo de legitimación para promover las solicitudes a que se refiere el apartado 3 del artículo 16 de la Ley del Registro Civil, sino en la forma indicada por la reciente Instrucción de 31 de octubre de 2005 de este Centro Directivo, esto es, en el sentido de que tal dato sólo se ha de consignar si el matrimonio de los padres adoptivos existe, sin circunscribir las facultades indicadas a los supuestos de matrimonios de adoptantes y, por tanto, con independencia de que éstos constituyan o no un matrimonio o de que se trate de un solo adoptante y éste sea persona soltera, divorciada, viuda, o de dos adoptantes en situación de pareja de hecho, con pleno respeto de la legislación civil sustantiva que rige la adopción, en la que nada hace pensar que la reforma ahora comentada haya querido interferir, observándose en este extremo de nuevo en la redacción de la norma un excesivo mimetismo respecto de la Instrucción de este Centro Directivo de 15 de febrero de 1999, de la que se toma la rígida formulación literal que ha pasado al actual apartado 3 del artículo 16 de la Ley del Registro Civil.

§9.2

Cuarta.- *Reglas especiales respecto de las inscripciones de adquisición de la nacionalidad española.-* 1.º El apartado 4 del artículo 16 de la Ley del Registro Civil, que es aplicable a los extranjeros nacionalizados españoles a pesar de que su lugar de nacimiento sea un país extranjero, se condiciona a que la causa o título de adquisición de la nacionalidad española haya precisado de la tramitación de un previo expediente registral, esto es, básicamente en los casos de adquisición por residencia (cfr. arts. 63 LRC y 220 RRC). El fundamento de esta restricción es doble: a) por un lado, se trata de los supuestos más numerosos de nacionalización de extranjeros, permitiendo aliviar significativamente la gran carga de trabajo que actualmente soporta el Registro Civil Central; b) pero, además, limitando a tales supuestos la desconcentración de funciones que resulta de las nuevas reglas de competencia no se resiente la necesaria unidad de criterios en la calificación registral de tan sensible materia, que afecta nada menos que al estatuto de la nacionalidad española, cuyas normas rectoras, por elementales razones de legalidad y seguridad jurídica, exigen estar sometidas en su aplicación práctica a criterios lo más uniformes posibles, uniformidad que no se resiente con la reforma ya que la resolución de tales expedientes compete en todo caso al Ministerio de Justicia, a través de esta Dirección General de los Registros y del Notariado (art. 63 LRC).

2.º Lo anterior supone que quedarían, en principio, fuera del ámbito del artículo 16.4 de la Ley del Registro Civil los supuestos de recuperación y conservación de la nacionalidad española y de adquisición de la misma por carta de naturaleza y por opción.

No obstante respecto a esta última vía de adquisición debe hacerse una precisión para los supuestos de adquisición de la nacionalidad española por opción de menores de edad nacidos en el extranjero sujetos a la patria potestad de un ciudadano que haya adquirido la nacionalidad española por residencia (cfr. art. 20 a) CC). Efectivamente, hay razones para entender incluidos en la ampliación competencial de los Registros Municipales llevada a cabo por la Ley 24/2005, aquellas opciones de menores nacidos en el extranjero que trajeran causa directa de expedientes de nacionalidad resueltos favorablemente.

Dichas razones son las siguientes:

a) En la solicitud de nacionalidad por residencia el interesado está obligado a hacer mención de identidad, lugar y fecha de nacimiento de los hijos sometidos a patria potestad aportando las certificaciones, en su caso, extranjeras que acrediten tal relación de parentesco (cfr. arts. 220 y 221 del RRC).

b) La concesión de la nacionalidad española por residencia a un ciudadano hasta ese momento extranjero abre directamente la posibilidad de que el mismo formule la opción a la nacionalidad española en nombre de sus hijos menores de 14 años o incapacitados, o asistiendo a sus hijos mayores de 14 años y sujetos a su patria potestad.

§9.2

c) Hasta la modificación normativa objeto de esta Instrucción, dada la competencia exclusiva del Registro Civil Central en estas materias respecto a los Municipales, para la resolución de estas opciones era necesario requerir del Registro Civil Municipal que había instruido el expediente de nacionalidad copia testimoniada del mismo al objeto de comprobar las declaraciones y documentación aportada por el interesado respecto a los hijos sometidos a su patria potestad.

En consecuencia, tanto en aras del principio de eficacia que debe regir la actuación de la Administración y los Poderes Públicos para con los ciudadanos, como de la propia finalidad de la modificación operada por la Ley 24/2005, que significa una desconcentración de las funciones encomendadas al Registro Civil Central, se considera necesario dar este tratamiento a las opciones a la nacionalidad española derivadas de expedientes de nacionalidad por residencia que se hayan resuelto favorablemente por esta Dirección General. Ahora bien, esta acumulación y ampliación de la competencia a favor del Registro Civil Municipal que haya tramitado el previo expediente registral de adquisición de la nacionalidad española por residencia respecto de las opciones a la nacionalidad española por razón de patria potestad, dado que está justificada por razón de la vinculación de esta opción con el previo expediente de nacionalización del padre o madre del menor, debe mantenerse mientras subsista la propia competencia del Registro Civil en que se ha instruido el expediente, esto es, hasta la inscripción definitiva del nacimiento y de la adquisición de la nacionalidad española del extranjero naturalizado, por lo que la competencia del Registro Civil Municipal, en cuanto a inscripción de las aludidas opciones, se condiciona a que se formulen las correspondientes declaraciones de opción (cfr. art. 20 núm. 2 CC) durante el período de los 180 días siguientes a la notificación de la concesión de la nacionalidad española en que se ha de formalizar la renuncia a la nacionalidad anterior, en su caso, y la promesa o juramento exigidos por la ley (cfr. art. 23 CC y 224 RRC).

§9.2

3.º De la redacción del artículo 16.4 de la Ley parece desprenderse la exigencia, igualmente, de un segundo requisito: que la causa de adquisición de la nacionalidad esté sometida a la exigencia legal del juramento o promesa de fidelidad al Rey y de obediencia a la Constitución y a las Leyes (cfr. art. 23,a CC), requisito que se desprende implícitamente del hecho de fijarse en el trámite del levantamiento del acta correspondiente el momento procedimental oportuno para formular la solicitud de inscripción en el Registro Civil municipal. No obstante, el hecho de que tal requisito no sea exigible en los supuestos de adquisiciones de nacionalidad por parte de menores que no hayan alcanzado la edad de los catorce años, determinaría con arreglo a una interpretación estricta su exclusión del ámbito del citado artículo 16.4 de la Ley, exclusión cuyo fundamento no se alcanza y que, resultaría, además de discriminatoria, contraria al principio de salvaguardia y protección del superior interés del menor (Ley Orgánica 1/1996, de 15 de enero, de Protección Jurídica del Menor), por lo que debe descartarse tal interpretación estricta.

Quinta.- *Reglas comunes respecto de las inscripciones de adopción internacional y de adquisición de la nacionalidad española.-* 1.º Determinación del Registro competente. a) En caso de adopción conjunta, si los adoptantes tuvieren distinto domicilio la solicitud, de común acuerdo, se podrá formalizar en el Registro Civil municipal de cualquiera de los domicilios de los adoptantes. b) En los supuestos de adquisición de nacionalidad por parte de ciudadanos extranjeros, en caso de optar por la competencia del Registro Civil municipal, la solicitud se habrá de formalizar necesariamente ante el Registro Civil en que se instruyó el oportuno expediente, cualquiera sea el domicilio del interesado en el momento de levantarse el posterior acta de juramento o promesa de fidelidad al Rey y de obediencia a la Constitución y a las Leyes. Este mismo Registro será competente para la tramitación y, en su caso, inscripción de nacimiento por opción u opciones que traigan causa de un expediente de nacionalidad por residencia.

§9.2

2.º Acreditación de no haberse solicitado la inscripción en el Registro Civil Central. La determinación del Registro civil municipal como competente para practicar la inscripción, en los casos previstos en los apartados 3 y 4 del artículo 16 de la Ley del Registro Civil, es facultativa para los interesados, pero de carácter exclusivo y no acumulativo o concurrente con el Registro Civil Central, sin perjuicio de lo dispuesto en el apartado 5 del citado artículo. Por ello, el solicitante o solicitantes de tal inscripción deberán manifestar ante el Encargado, bajo su responsabilidad, que no han promovido la inscripción en el Registro Civil Central.

3.º Forma de acreditación del domicilio de los interesados. En tanto no se fije reglamentariamente otra cosa, los interesados que se acojan a las previsiones de los nuevos apartados 3 y 4 del artículo 16 de la Ley del Registro Civil deberán justificar su domicilio por exhibición de los documentos nacionales de identidad oportunos o, en su defecto, por certificación del padrón municipal, sin perjuicio de los demás medios de prueba admitidos en Derecho. Los Encargados deberán extremar el celo en la calificación de este requisito con objeto de evitar el fraude que suponen los «empadronamientos de conveniencia», que introducirían un factor de «fuero electivo» en modo alguno permitido por la Ley.

Sexta.- *Comunicación de haber practicado la inscripción de nacimiento al Registro Civil Central.-* Las competencias del Registro Civil Central. Conforme al apartado 5 del artículo 16 de la Ley del Registro Civil, el Registro Civil que practique la inscripción de nacimiento acaecido en el extranjero conforme a lo dispuesto en los apartados 3 y 4 de este artículo, «comunicará dicha inscripción al Registro Civil Central, que seguirá siendo competente para todos los demás actos de estado civil que afecten al inscrito».

Se trata de una de las novedades de la reforma introducida por la Ley 24/2005, de más difícil intelección. Por un lado, cabría entender que el hecho de que el nuevo apartado 5 del artículo 16 de la Ley del Registro Civil hable de simple «comunicación» y referida tan sólo a la inscripción de nacimiento acaecido en el extranjero, supone que su finalidad no es más que la de trasladar al Registro Civil Central la «información» del hecho de haberse practicado la inscripción «comunicada» y sus respectivos datos registrales a efectos, por ejemplo, de la integración de tales datos en los índices y ficheros de dicho Registro.

Sin embargo, dicha interpretación no resultaría coherente con la modificación introducida simultáneamente por la misma Ley 24/2005, en el apartado segundo del artículo 18 de la Ley del Registro Civil, de la que resulta que en el Registro Civil Central se llevarán, además de los libros formados por los duplicados de las inscripciones consulares, los integrados por los duplicados «de las inscripciones de nacimiento practicadas en los Registros Municipales del domicilio conforme a lo dispuesto en el apartado 5 del artículo 16». Es decir, que si bien este último precepto habla de simples «comunicaciones», lo cierto es que la «mens legis» parece estar referida no a comunicaciones, sino a «duplicados» de las inscripciones que el Registro Civil que las ha practicado debe «comunicar», mediante su remisión, al Registro Civil Central, a efectos de formar los correspondientes libros de duplicados conforme al artículo 18 de la Ley.

§9.2

Más oscuro es el sentido que haya de asignarse a la previsión incorporada por la reforma al inciso final del artículo 16.5 de la Ley, conforme al cual el Registro Civil Central «seguirá siendo competente para todos los demás actos de estado civil que afecten al inscrito». Ninguna mención a este extremo se encuentra en la Exposición de Motivos de la Ley, ni los antecedentes del proceso de elaboración legislativo de la norma auxilian en modo alguno a elucidar el significado y finalidad de dicha norma. En un sentido estrictamente literal dicho inciso parece venir a establecer una «restitución» de la que podría considerarse «competencia natural» del Registro Civil Central respecto de los hechos y actos del estado civil de los españoles acaecidos en el extranjero, sin perjuicio de las competencias de los Registros Civiles Consulares, que justificaron la creación del Registro Civil Central (cfr. art. 16 LRC).

Ello supondría que las competencias afirmadas para los Registros Civiles Municipales por los apartados 3 y 4 del artículo 16 de la Ley Registral tendrían un carácter estrictamente excepcional y transitorio, llamadas a cubrir limitadamente la finalidad de eludir la intervención del Registro Civil Central en la fase registral inicial que, al condicionar la documentación del nuevo ciudadano español como tal, por venir subordinada la expedición al mismo de su DNI y pasaporte a la práctica de la inscripción de nacimiento, traslada a este acto de documentación el retraso que actualmente se padece en los trámites registrales de dicho Registro. Tal interpretación, sin embargo, a juicio de este Centro Directivo, iría en contra de los principios rectores de la reforma, principalmente del principio de eficacia de la Administración y de economía procedimental con evitación de trámites superfluos, ya que supondría que para obtener el resultado final de satisfacer, además del buen orden registral, la aspiración de la mayor parte de los ciudadanos de localizar su historial registral civil en el Registro Civil de su domicilio, sería preciso, una vez agotado el proceso registral a que se refiere el artículo 16 de la Ley con las inscripciones practicadas en el Registro Civil municipal y posterior comunicación del duplicado al Registro Civil Central, añadir un nuevo trámite posterior de «traslado» de dicha inscripción duplicada en el Registro Civil Central al Registro Civil municipal de origen, al amparo del artículo 20 de la Ley, multiplicando los trámites en lugar de economizarlos.

El mismo resultado práctico se obtendría, con claro ahorro de tiempo y economía de trámites, ayudando con ello a la mejora de la eficacia en el funcionamiento de los Órganos registrales y a la satisfacción de los intereses

§9.2

legítimos de los ciudadanos, acogiendo otra interpretación distinta consistente en entender que lo que se ha pretendido con la reforma es obtener por otra vía más ágil un resultado equivalente al que antes de la reforma se producía cuando, después de inscribir el Registro Civil Central el nacimiento y la adopción o la adquisición de la nacionalidad española, los interesados solicitaban el «traslado» de dichas inscripciones al Registro Civil Municipal, con la paralela cancelación de las inscripciones originarias practicadas en el Registro Civil Central conforme al artículo 20 de la Ley del Registro Civil, interpretación que, por ser más conforme, como se ha indicado, con los principios que inspiran la reforma, acoge este Centro Directivo. Esta interpretación lleva, asimismo, a establecer los siguientes criterios en la materia:

1.º La referencia del inciso final del apartado 5 del artículo 16 de la Ley a la competencia del Registro Civil Central «para todos los demás actos de estado civil que afecten al inscrito» debe entenderse referida sólo a los actos de estado civil no vinculados por conexidad —art. 46 LRC— a la inscripción de nacimiento, es decir, todos los que se han de inscribir en las Secciones 2ª, 3ª y 4ª del Registro Civil.

2.º Respecto de la Sección 1ª la «comunicación» de que habla el art. 16.5 implica que la inscripción practicada en el Registro Civil municipal no se «duplica» en sentido estricto en el Registro Civil Central como inscripción vigente, pues su valor jurídico es equivalente al de las inscripciones trasladadas al Registro Civil del domicilio de los interesados, debiendo entenderse aplicable respecto de las mismas lo dispuesto en el párrafo final del artículo 20 de la Ley del Registro Civil conforme al cual «realizado el traslado, quedarán sin vigencia los asientos de procedencia, que serán cancelados, haciendo referencia a los nuevos asientos». Por ello, en la diligencia de incorporación de los duplicados que se extienda en el Registro Civil Central, por aplicación analógica de lo dispuesto en el artículo 119 del Reglamento del Registro Civil, se hará la referencia a que se refiere el párrafo final del artículo 20 de la Ley, con advertencia expresa de que tales asientos duplicados carecen de vigencia. Esta regla se debe entender sin perjuicio de lo previsto en la directriz undécima de esta Instrucción sobre traslado de duplicados a los Registros Civiles Consulares y de las inscripciones marginales practicadas en virtud de los partes a que se refiere el artículo 12 de la Ley del Registro Civil.

§9.2

3.º El Registro Civil municipal, una vez practicada la inscripción principal de nacimiento y las marginales de adquisición de la nacionalidad española o de adopción, extenderá dos duplicados de las mismas para su remisión al Registro Civil Central. Estos duplicados serán generados directamente por la aplicación INFOREG en los Registros civiles informatizados y en los no informatizados consistirán en una transcripción literal de aquellas inscripciones que deberán contener expresa referencia al apartado 5 del artículo 16 de la Ley del Registro Civil, y ser firmadas en todo caso por el Encargado. Uno de los duplicados será reexpedido por el Registro Civil Central al Consular competente, conforme a lo previsto en la directriz undécima de esta Instrucción.

4.º Los duplicados han de comprender, no sólo la inscripción de nacimiento, sino también las marginales a que se refiere el apartado anterior.

5.º En los casos de adopciones internacionales en que los interesados hayan solicitado expresamente la extensión de un nuevo folio con constancia exclusiva de los datos a que se refiere el apartado 3 del artículo 16, el duplicado comprenderá tan sólo el primer folio registral del nacido con la inscripción de su cancelación, pero no el segundo. La razón de esta restricción fueron ampliamente explicadas por la Resolución-Circular 31 de octubre de 2005 de esta Dirección General, sobre adopciones internacionales.

6.º La remisión de los duplicados y demás comunicaciones entre los Registros civiles municipales y Central que exija la ejecución práctica de la nueva norma se realizarán directamente entre sí y de oficio, conforme a lo previsto en el artículo 1 del Reglamento del Registro Civil.

7.º Supletoriamente serán de aplicación en esta materia las previsiones contenidas en la Instrucción de 7 de enero de 1972 de la Dirección General de los Registros y del Notariado sobre traslado de duplicados entre los Registros Consulares y el Registro Central.

Séptima.- *Sistema de archivo en Registro Civil Central de los duplicados*.- Si bien directamente ninguna norma legal ni reglamentaria prevé que las «comunicaciones» de las inscripciones practicadas en los Registros civiles municipales y remitidas al Registro Civil Central deban, a su vez, dar lugar a la extensión de otras sendas inscripciones en este último Registro, lo cierto es que tal parece ser la intención que se desprende de la nueva redacción dada por la Ley 24/2005, al párrafo final del artículo 18 de la Ley del Registro Civil al disponer que, además de los libros formados con los duplicados de las inscripciones consulares, también se llevarán los formados con los duplicados «de las inscripciones de nacimiento practicadas en los Registros Municipales del

§9.2

domicilio conforme a lo dispuesto en el apartado 5 del artículo 16». Se trata de una previsión sin duda necesitada de desarrollo reglamentario. No obstante, en tanto dicho desarrollo no tenga lugar se hace necesario prever las actuaciones imprescindibles que deberá adoptar el Registro Civil Central al respecto. Con tal finalidad se fijan las siguientes reglas:

1.ª Dentro de los Libros de Inscripciones correspondientes a la Sección de nacimientos formados por los duplicados de las inscripciones consulares se abrirá una Serie diferenciada, con numeración separada, que se integrará con los duplicados de las inscripciones practicadas en los Registros Municipales del domicilio conforme a lo dispuesto en el apartado 5 del artículo 16.

2.ª Los Libros formados conforme a la regla anterior se distribuirán formando subsecciones por provincias. En caso de considerarlo necesario para la buena organización del servicio registral, los Encargados del Registro Civil Central podrán solicitar a esta Dirección General autorización para dividir las subsecciones correspondientes a provincias que por el volumen de inscripciones que generen así lo hagan aconsejable.

Octava.- *Vigencia de la reforma del artículo 20 de la Ley.-* Como se ha indicado en la regla cuarta de esta Instrucción, la determinación del Registro civil municipal como competente para practicar la inscripción, en los casos previstos en los apartados 3 y 4 del artículo 16 de la Ley del Registro Civil, si bien tiene carácter exclusivo y no acumulativo, es facultativa para los interesados. Por ello, cabe que el interesado no formule expresamente su solicitud de inscripción en el Registro Civil municipal o bien que solicite expresamente la inscripción en el Registro Civil Central. En ambos casos debe entenderse plenamente vigente lo establecido en la Instrucción de 31 de octubre de 2005 de esta Dirección General de los Registros y del Notariado, sobre inscripción de adopciones internacionales, que en nada ha quedado afectada por la reforma introducida por la Ley 24/2005, de 18 de noviembre, para los casos en que la inscripción inicial del nacimiento y de la adopción internacional haya tenido lugar en el Registro Civil Central.

Novena.- *Régimen transitorio.-* Ninguna disposición transitoria se ha incorporado a la Ley 24/2005, respecto de la reforma de los artículos 16 y 18 de la Ley del Registro Civil (vid. disposición transitoria de la citada Ley). A pesar de ello, y en línea con la interpretación acogida por este Centro Directivo res-

§9.2

pecto del alcance temporal de la reforma introducida por la Ley 15/2005, de 8 de julio, en el artículo 20 de la Ley del Registro Civil, en la citada Instrucción de 31 de octubre de 2005, se debe entender también respecto de la reforma ahora analizada, aplicable por analogía la disposición transitoria primera del Código Civil en su redacción originaria, ya que siendo así que el derecho a solicitar la inscripción de nacimiento y marginal de adopción o de adquisición de la nacionalidad española en el Registro Civil municipal correspondiente al domicilio del interesado se introduce «ex lege» en nuestro Ordenamiento jurídico, con norma de rango legal, por la Ley 24/2005, novedosamente por referencia a la situación legislativa inmediatamente anterior, ello supone que, aplicando analógicamente la citada disposición transitoria primera del Código Civil en su redacción originaria, tal derecho «tendrá efecto desde luego», aunque el hecho —en este caso el nacimiento y la adopción o nacionalización— que lo origine se verificara bajo la legislación anterior.

Décima.- *La intervención de los Jueces de Paz como delegados de los Encargados de los Registros Civiles municipales.-* El apartado 3 del artículo 16 reformado de la Ley del Registro Civil fija la competencia para la inscripción en los casos de adopciones internacionales a favor del «Registro Civil de su domicilio» (del interesado), en tanto que el apartado 4 del mismo precepto establece la competencia para practicar las inscripciones correspondientes en los casos de adquisición de la nacionalidad española a favor del «Registro Civil Municipal correspondiente al domicilio en el que se haya instruido el oportuno expediente registral», lo que de acuerdo con el artículo 46 del Reglamento del Registro Civil corresponde a un Registro Principal, como después se justificará.

Ello supone que para el primer supuesto (el apartado 3 del artículo 16) en caso de que los interesados estén domiciliados en poblaciones en que no tenga fijada su capitalidad un Juzgado de Primera Instancia, el Registro Civil de tal municipio no será principal sino delegado y su llevanza corresponderá no a un Magistrado o Juez de Primera Instancia, sino a un Juez de Paz. Desde este punto de vista la reforma plantearía el inconveniente de atribuir funciones registrales en muchas ocasiones complejas, como son las que suscitan las adopciones internacionales, a órganos registrales cuya preparación jurídica no es la más idónea para abordar problemas de tal complejidad. Repárese en que la calificación de la adopción internacional ofrece notables dificultades, centradas principalmente en el juicio de homologación de la figura adoptiva

§9.2

extranjera con respecto a la institución española, la autenticidad y legalidad de todos los documentos, la comprobación del certificado de idoneidad, y la procedencia o no del nombre y apellidos propuestos.

Esta realidad sobre la especialización jurídica es la que justifica la limitación funcional a que quedan constreñidos dichos Registros delegados conforme a lo dispuesto por el párrafo segundo del artículo 46 del Reglamento del Registro Civil, que restringe sus atribuciones a las «inscripciones dentro de plazo de nacimiento de hijos habidos en matrimonio, las ordinarias de defunción, las de matrimonio en forma religiosa mediante la certificación respectiva, las de matrimonio civil cuyo previo expediente haya instruido, y las notas marginales que no sean de rectificación o cancelación». No pueden extender dichos Registros delegados ningún otro asiento «sin recibir instrucción particular y por escrito del Encargado, solicitada y despachada inmediatamente, la cual será archivada con los demás antecedentes relativos al asiento, reservándose minuta el Encargado», lo cual supone residenciar la función de calificación en tales casos en el Juez Encargado del Registro Civil de que dependa el delegado, el cual inscribirá bajo los criterios de calificación y con arreglo a la minuta del asiento que le haya comunicado el Juez Encargado.

Ninguna razón abona apartarse de estos mismos criterios en relación con los supuestos de inscripciones a que se refiere el nuevo apartado 3 del artículo 16 de la Ley del Registro Civil, añadido por la reforma, antes bien la naturaleza y trascendencia de los efectos vinculados a tales inscripciones y la complejidad jurídica de los mismos, en los que con frecuencia es preciso aplicar un Derecho extranjero, aconsejan seguir el mismo criterio de prudencia que sin duda inspira el vigente artículo 46 del Reglamento del Registro Civil.

§9.2

Este mismo criterio de prudencia es el que inspira este último precepto en materia de competencia para tramitar y resolver expedientes según resulta del último inciso del párrafo primero del artículo 46 del Reglamento del Registro Civil al disponer que «En los Registros municipales, el Juez de Paz actúa por delegación del Encargado y con iguales facultades, salvo en los expedientes». Es cierto que la salvedad incorporada a este último inciso podría ser entendido en el sentido no de excluir la competencia de los Juzgados de Paz en esta materia, sino en el de que en tales casos sus facultades no se ejercen por delegación. El problema no se plantea en relación con aquellos expedientes en los que, conforme a la regla general, la competencia para su tramitación y resolución corresponde al Juez Encargado del Registro «donde deba inscribirse la resolución pretendida» (cfr. art. 342 RRC), pues en tales casos actúan por remisión, en virtud de dicha regla de competencia, las limitaciones funcionales que resultan para los Juzgados de Paz del párrafo segundo del artículo 46 del Reglamento antes transcrito. Distinto es el caso en el que se residencia la competencia para la tramitación de los expedientes en «el Registro Municipal del domicilio de cualquiera de los promotores», como sucede en el caso de los expedientes de nacionalidad de la competencia del Ministerio (de Justicia), pues dentro del concepto de «Registro Municipal» se engloban y comprenden tanto los principales como los delegados (cfr. art. 10 LRC, disposición transitoria 3ª de la Ley Orgánica del Poder Judicial y arts. 21, 27 y 42 de la Ley 38/1988, de 28 de diciembre, de Demarcación y Planta Judicial). Sin embargo, desde la Instrucción de 24 de febrero de 1970 de esta Dirección General de los Registros y del Notariado «a los Jueces de Paz», posteriormente confirmada en este punto por la Instrucción de 30 de noviembre de 1989 «sobre funcionamiento de los Registros Civiles municipales tras la transformación de los Juzgados de Distrito», este Centro Directivo viene interpretando restrictivamente las competencias de los Registros Civiles delegados a cargo de los Jueces de Paz en materia de expedientes registrales entendiendo que «no están facultados para resolver expedientes», con las dos únicas excepciones que establece el Reglamento en cuanto al expediente previo al matrimonio (art. 239 RRC) y al de fe de vida o estado (art. 364 RRC).

§9.2   Es cierto, no obstante, que el nuevo apartado 4 del artículo 16 de la Ley ha fijado la competencia para practicar las inscripciones correspondientes en los casos de adquisición de la nacionalidad española a favor del «Registro Civil Municipal correspondiente al domicilio en el que se haya instruido el oportuno expediente registral», lo que genera la duda sobre si establecida la competencia para la inscripción en el Registro Civil Municipal del domicilio del interesado (la expresión «domicilio» inequívocamente se ha de entender referida al lugar de la residencia habitual del promotor ex. art. 40 CC) ello supone arrastrar la consecuencia de atraer hacia ese mismo Registro la competencia para la tramitación del expediente de nacionalidad. Pues bien, tanto por razones prácticas, como por razones de interpretación dogmática el criterio de este Centro Directivo es el de que la oscuridad legal aludida se debe resolver interpretando la expresión normativa «Registro Civil Municipal correspondiente al domicilio en el que se haya instruido el oportuno expediente registral» yuxtaponiendo los criterios de competencia funcional y territorial, de forma que, entendiendo que la voluntad de la Ley no ha sido la de introducir cambios en la competencia para tramitar los expedientes registrales de nacionalidad (y que, por tanto, la «competencia funcional» para ello sigue siendo exclusiva de los Registros Civiles Municipales principales y no de los delegados), la fijación del concreto «Registro territorialmente» competente, de entre los «funcionalmente habilitados» para ello, vendrá determinada por el domicilio del promotor.

En consecuencia, si bien las inscripciones de los supuestos del número 4 del artículo 16 deben inscribirse en los Registros Civiles en los que se ha tramitado el expediente de naturalización, es decir, en aquellos Registros que tienen competencia funcional para la tramitación de tales expedientes, las inscripciones del número 3 del artículo 16 de la Ley del Registro Civil deben practicarse en los Registros civiles del domicilio de los interesados, sean principales o delegados. En este sentido, las inscripciones que los Jueces de Paz, a cargo de los Registros civiles delegados, hayan de practicar en cumplimiento del citado precepto se llevarán a cabo previa calificación del Encargado del Registro Civil principal del que dependan y conforme a su minuta e instrucciones, de conformidad con las siguientes reglas:

1.ª La inscripción, en el supuesto de tener que efectuarse en un Registro delegado, debe sujetarse a los estrictos términos del artículo 46 del Reglamento del Registro Civil. Requerirá, por tanto, un previo acuerdo calificador positivo del Juez Encargado del Registro principal, que se plasmará en unas instrucciones particulares y por escrito.

2.ª Debe interpretarse restrictivamente, la excepción de «urgente necesidad» del artículo 46, dado el riesgo que entraña para la debida observancia del principio de legalidad.

3.ª En el supuesto de que la solicitud de inscripción de la adopción internacional se realice ante el Juez de Paz, deberá limitarse a constatar la petición, para seguidamente proceder a la remisión del acta y de toda la documentación acompañada, al Registro principal a efectos de su calificación.

Undécima.- *Duplicado del Central a los Consulares.-* Si hasta ahora el Registro Civil Central debía actuar en coordinación con los Registros Civiles Consulares, esta coordinación se ha de extender en la actualidad también a los Registros Civiles Municipales que pasen a ser competentes para practicar las inscripciones de las adopciones internacionales y del nacimiento y adquisición de la nacionalidad española en los casos a que se refieren los nuevos apartados

§9.2

3 y 4 del artículo 16 de la Ley del Registro Civil, debiendo extraerse el régimen aplicable, en tanto no se produzca el necesario desarrollo reglamentario, de las normas actualmente existentes por vía de analogía. En base a la identidad de razón entre los supuestos hasta ahora previstos normativamente y las nuevas situaciones sobrevenidas por la reforma introducida por la Ley 24/2005, se fijan las siguientes reglas prácticas para subvenir a las necesidades de coordinación mencionadas:

1.ª Si bien las inscripciones que se hayan de practicar en el Registro Civil Central en cumplimiento de lo previsto en el apartado 5 del artículo 16 en su nueva redacción lo serán en virtud de la comunicación prevista en la misma norma y con el carácter de duplicado, ello no ha de ser impedimento para que se aplique el mecanismo de coordinación registral previsto en el párrafo segundo del artículo 68 del Reglamento del Registro Civil, de modo que una vez practicada la inscripción en el Registro Central, después se practicará, a su vez, por traslado en el Consular correspondiente.

2.ª Así mismo, los partes de las inscripciones marginales que, practicadas en los Registros Consulares, reciba el Central y que guarden relación de conexidad (cfr. art. 46 LRC) con las inscripciones practicadas en este último Registro en virtud del art. 16.5 de la Ley del Registro Civil, una vez intabuladas en el libro que corresponda, se reexpedirán al Registro Civil Municipal en que originariamente se hubiese practicado la correlativa inscripción principal conforme a lo previsto en los apartados 3 y 4 del artículo 16 de la Ley Registral Civil. Simétricamente habrá de actuar en el mismo sentido el Registro Civil Central respecto de los partes que los Registros civiles municipales habrán de enviar a dicho órgano registral respecto de las inscripciones marginales que practiquen en relación con los folios registrales aperturados en base al último precepto citado, de forma que tales partes, tras causar los oportunos asientos registrales en el Registro Central, deberán ser reexpedidos a los Registros consulares competentes, a fin de que en éstos se practiquen las correspondientes inscripciones.

3.ª Se entenderán aplicables a los traslados entre los Registros Municipales y el Central, con las adaptaciones oportunas, las demás normas sobre traslados entre el Registro Central y los Registros Consulares contenidas en los artículos 118 y siguientes del Reglamento del Registro Civil y en la Instrucción de 7 de enero de 1972 de este Centro Directivo.

§9.2

Duodécima.- *Apertura de Libros especiales de la Sección primera*.- Exclusivamente para los Registros Civiles todavía no informatizados y respecto de las inscripciones de nacimientos de los naturalizados españoles que deban practicarse en los Registros municipales conforme al apartado 4 del artículo 16 de la Ley del Registro Civil, y siempre que el volumen de inscripciones del Registro concernido así lo justifique, los Encargados podrán solicitar de esta Dirección General autorización para la apertura de Libros especiales, como serie diferenciada dentro de la Sección primera, con objeto de racionalizar la organización de la oficina registral y de facilitar la localización de los asientos a fin de agilizar su publicidad formal mediante la emisión de las correspondientes certificaciones.

§9.3. Resolución-Circular de 15 de julio de 2006, de la Dirección General de los Registros y del Notariado, sobre reconocimiento e inscripción en el Registro Civil español de las adopciones internacionales

I. Introducción y marco jurídico español

1. Vistos la Convención de las Naciones Unidas sobre los Derechos del Niño hecha en Nueva York el 20 de noviembre de 1989, el Convenio de La Haya de 29 de mayo de 1993 sobre Protección del Niño y Cooperación en materia de Adopción Internacional, los artículos 14 y 39 de la Constitución, 3, 4, 25 y disposición adicional 2ª de la Ley Orgánica 1/1996, de 15 de enero, de Protección Jurídica del Menor, de modificación parcial del Código Civil y de la Ley de Enjuiciamiento Civil, 22 n 3º de la Ley Orgánica del Poder Judicial, 9 núms. 4 y 5, modificado por la Ley 18/1999, de 18 de mayo, 10, 12, 20, 108, 154, 162, 176, 178 y 180 del Código Civil; 1, 15, 16, modificado por la Ley 24/2005, de 18 de noviembre, de Reformas para el Impulso a la Productividad.

2. La adopción da lugar en el Registro Civil español a una inscripción marginal en la inscripción de nacimiento del adoptado —o la anotación soporte del artículo 154-1º del Reglamento cuando la institución extranjera no

se pueda calificar como de adopción, pero sí de prohijamiento o acogimiento familiar— (cfr. artículo 46 de la Ley del Registro Civil). Cuando falten las correspondientes certificaciones de nacimiento del Registro Civil local extranjero, cuya presentación permitiría la inscripción sin necesidad de expediente (cfr. arts. 23 LRC y 85 RRC), cabe tramitar, para suplir la falta de tal documentación, un expediente de inscripción fuera de plazo del nacimiento, de acuerdo con los trámites al efecto previstos (cfr. arts. 95 LRC y 311 a 316 RRC y Resolución de 28 de abril de 1994).

Cuando la adopción se ha constituido ante una autoridad extranjera, o presenta otros elementos de extranjería, la inscripción registral mencionada presenta una serie de dificultades prácticas y teóricas que al ser objeto de frecuentes consultas ante este Centro Directivo resulta conveniente aclarar con carácter general.

3. Ya la Instrucción de la Dirección General de los Registros y del Notariado de 15 de febrero de 1999, y la más reciente Resolución-Circular de este Centro directivo de fecha 31 de octubre de 2005 (BOE núm. 308 de 26 diciembre 2005), han resuelto algunos de estos problemas suscitados por la inscripción de las adopciones internacionales, tales como la restricción a la publicidad de la filiación adoptiva, y la determinación registral del lugar de nacimiento del adoptado en estos casos. Sin embargo, parece oportuno arrojar más luz en torno al régimen jurídico general, cada vez más complejo, de las inscripciones en el Registro Civil español, de adopciones constituidas ante autoridades extranjeras.

§9.3

4. En primer lugar, resulta preciso señalar que para lograr que una adopción constituida ante autoridad extranjera surta efectos legales en España —ya deba o no acceder al Registro Civil español—, no puede acudirse al procedimiento de «exequatur» regulado en los todavía vigentes artículos 952 a 954 de la Ley de Enjuiciamiento Civil de 1881. La razón de tal imposibilidad radica en la circunstancia de que las adopciones son «actos de jurisdicción voluntaria» y el procedimiento de «exequatur» no es aplicable a los actos de jurisdicción voluntaria, como ha señalado reiteradamente la Dirección General de los Registros y del Notariado (vid. Resoluciones de 28 junio 1996, 16 de septiembre 2000, 23 de febrero 2001, entre otras). De esta regla general hay que dejar a salvo lo que puedan disponer los Convenios internacionales al respecto, que en algunos casos requieren la superación de un procedimiento de «exequatur» para el reconocimiento extraterritorial de resoluciones de ju-

risdicción voluntaria y, entre ellas, las resoluciones relativas a la constitución de adopciones internacionales, como sucede, por ejemplo, en el caso del Tratado entre el Reino de España y la República Popular China sobre asistencia judicial en materia civil y mercantil hecho en Pekín el 2 de mayo de 1992, o el Convenio de asistencia judicial en materia civil entre el Reino de España y la República de Bulgaria hecho en Sofía el 23 de mayo de 1993.

5. En defecto de «exequatur» la adopción constituida ante autoridad extranjera podrá surtir efectos legales en España mediante tres vías jurídicas: bien a través de los Convenios bilaterales firmados por España con otros países; bien a través del régimen legal específico contenido en el Convenio de La Haya de 29 de mayo de 1993 sobre Protección del Niño y Cooperación en materia de Adopción Internacional; o bien a través de las normas de producción interna contenidas en los artículos 9 núm. 4 y 9 núm. 5 del Código Civil.

II. Inscripción en el Registro Civil español con arreglo al artículo 9 núm. 5 del Código Civil

1. Eficacia en España de las adopciones internacionales. Determinación del Registro Civil competente.

1.1. En defecto de todo instrumento internacional aplicable, las adopciones constituidas ante autoridades extranjeras surten efectos legales en España en la forma prevista por el párrafo cuarto del artículo 9 núm. 5 del Código Civil, conforme al cual «En la adopción constituida por la competente autoridad extranjera, la Ley del adoptando regirá en cuanto a capacidad y consentimientos necesarios. Los consentimientos exigidos por tal Ley podrán prestarse ante una autoridad del país en que se inició la constitución o, posteriormente, ante cualquier otra autoridad competente. En su caso, para la adopción de un español será necesario el consentimiento de la entidad pública correspondiente a la última residencia del adoptando en España».

§9.3

Se trata de una norma que fija los requisitos necesarios para que una adopción constituida por una autoridad extranjera surta efectos legales en España, incluyendo la determinación de la ley aplicable a la capacidad y consentimientos necesarios. Es, por tanto, una norma relativa a la «validez extraterritorial de resoluciones extranjeras», que regula, en consecuencia, la eficacia en España de las adopciones constituidas por autoridad extranjera, y sólo parcialmente una norma relativa a la determinación de la ley aplicable a algunos de tales requisitos. Por tanto, la autoridad pública española ante la que se suscite la cuestión de la validez de una adopción constituida ante autoridad extranjera controlará, incidentalmente, la validez de dicha adopción en España a través del artículo 9 núm. 5-IV del Código Civil, como ha sido señalado.

Esto es precisamente lo que ha de hacer el Encargado del Registro Civil español al que se le solicita la inscripción de una adopción internacional, que al calificar positivamente la documentación que se le presenta con la solicitud de inscripción realiza un reconocimiento incidental de la adopción internacional (vid. Consulta de la DGRN de 22 de diciembre de 2004), denegando la inscripción en caso de falta de la concurrencia de tales requisitos en aplicación de la Disposición Adicional Segunda de la Ley Orgánica 1/1996 de 15 enero, de Protección Jurídica del Menor, conforme a la cual «para la inscripción en el Registro español de las adopciones constituidas en el extranjero, el Encargado del Registro apreciará la concurrencia de los requisitos del artículo 9 núm. 5 del Código Civil».

1.2. Por lo que se refiere a la determinación del Registro Civil español competente para llevar a cabo la calificación y, en su caso, inscripción de las adopciones constituidas ante autoridad extranjera conviene clarificar ciertas dudas que han surgido en torno a esta cuestión, particularmente en relación con la competencia de los Registros Civiles Consulares, en aras de garantizar la máxima seguridad jurídica posible en la materia:

a) La Ley 24/2005, de 18 de noviembre, de Reformas para el Impulso a la Productividad, ha modificado mediante sus Disposiciones adicionales séptima y octava los artículos 16 y 18 de la Ley de 8 de junio de 1957, Reguladora del Registro Civil. En cuanto al primero, la reforma ha consistido en la adición de tres nuevos párrafos, conforme a los cuales en los casos de adopción internacional, el adoptante o adoptantes, podrán de común acuerdo solicitar directamente en el Registro Civil de su domicilio que se extienda la inscripción principal de nacimiento y la marginal de adopción, así como la extensión en el folio que entonces corresponda, de una nueva inscripción de nacimiento en la que constarán solamente, además de los datos del nacimiento y del nacido, las circunstancias personales de los padres adoptivos, la oportuna referencia al matrimonio de éstos y la constancia de su domicilio como lugar de nacimiento del adoptado. La interpretación y determinación del alcance práctico de esta reforma ha sido objeto de la reciente Instrucción de 28 de febrero de 2006, de esta Dirección General de los Registros y del Notariado, sobre competencia de los Registros Civiles Municipales en materia de adquisición de nacionalidad española y adopciones internacionales.

b) Las adopciones internacionales constituyen actos jurídicos relativos al estado civil de las personas afectadas que, siempre que afecten a españoles, deben ser inscritos en el Registro Civil español, correspondiendo la competencia para su calificación e inscripción, conforme a las reglas hasta ahora vigentes en la materia (cfr. arts. 15 LRC y 68 RRC) al Registro Civil Central o a los Registros Civiles Consulares, según los casos. La regla general de competencia en materia registral civil se contiene en el artículo 16, apartado primero, de la Ley del Registro Civil al disponer que «la inscripción de nacimientos, matrimonios y defunciones se inscribirán en el Registro Municipal o Consular del lugar en que acaecen». En el supuesto de tratarse de hechos ocurridos en España no se plantea problema alguno. Aplicándose el principio de competencia territorial que se desprende del transcrito precepto, el hecho deberá inscribirse en el Registro Municipal, principal o delegado, en cuya circunscripción territorial acaece.

Para el supuesto de hechos ocurridos en el extranjero, inscribibles por afectar a un español, el artículo 12 de la Ley dispone que «Los Cónsules extenderán por duplicado las inscripciones que abren folio en el Registro de su cargo, uno de cuyos ejemplares será remitido al Registro Central para su debida incorporación. En uno y otro Registro se extenderán en virtud de parte, todas las inscripciones marginales que se practiquen en cualquiera de ellos». En la Ley del Registro Civil no existe ningún otro precepto que determine o aclare la competencia concreta del Registro Central para practicar las inscripciones que abren folio.

§9.3

Existe un tercer grupo de hechos, los ocurridos fuera de España cuyos asientos deban servir de base a inscripciones marginales exigidas por el Derecho español, en los supuestos de adquisición de la nacionalidad española por vía de adopción o de adquisición sobrevenida de la misma, respecto de los cuales tampoco está definido en la Ley registral el papel que juega el Registro Civil Central. De las normas hasta ahora mencionadas se desprende que tales hechos de estado civil deberían ser objeto de inscripción principal por los Registros Consulares de los correspondientes lugares de nacimiento, y sólo habría constancia en el Registro Central de las mismas a través de los duplicados recibidos.

El planteamiento anterior no varía por el hecho de que el artículo 18 de la Ley atribuya al Registro Civil Central una competencia residual para los supuestos en que el lugar de acaecimiento del hecho inscribible no corresponda a la demarcación de ningún Registro Municipal ni Consular, o cuando el Registro competente por razones extraordinarias no pueda funcionar.

En definitiva, las dos finalidades a que tiende el Registro Central son la de servir de Registro supletorio para ciertos supuestos de excepcionalidad y, en segundo lugar, permitir agrupar o concentrar en un único Registro los hechos inscritos en los Registros Consulares y dar publicidad a las situaciones jurídicas que de los mismos se deriven.

c) Es preciso acudir a las normas de competencia contenidas en el Reglamento del Registro Civil, para encontrar una determinación más concreta y específica de la competencia del Registro Civil Central en los supuestos antes indicados. En efecto, en el apartado segundo del artículo 68, tras reiterar en el apartado primero la regla general de competencia, se dice que «Cuando sea competente un Registro Consular, si el promotor estuviere domiciliado en España, deberá practicar antes la inscripción en el Registro Central y después, por traslado, en el Consular correspondiente». Por tanto, el Registro Central surge inicialmente como un Registro supletorio y de centralización de los asientos de los Registros Consulares, pero tal caracterización queda en parte modificada en el sentido de configurarse simultáneamente como un Registro Civil ordinario en virtud de lo dispuesto en el artículo 68 del Reglamento, con la particularidad, por otro lado, de que a partir de la reforma de este precepto por el Real Decreto 3455/1977, de 1 de diciembre, se rompe además, el criterio general de competencia del artículo 16 de la Ley para la práctica de la inscripción respecto de los hechos ocurridos en el extranjero, criterio que ya no va a ser el lugar de acaecimiento del hecho, sino la circunstancia de que el promotor esté domiciliado en España.

d) En los casos de adopciones internacionales constituidas por adoptante/s español/es a favor de menores extranjeros y ante autoridades extranjeras, cuando el adoptante/s tenga su domicilio fijado en España al tiempo de la adopción podría dudarse del fundamento de la eventual competencia del Registro Civil Consular en cuya demarcación se haya producido la constitución de la adopción o el nacimiento del adoptado, en el caso de que no coincidan (no ha de olvidarse que las adopciones dan lugar a inscripciones marginales cuya competencia viene determinada por el criterio de «conexión» del art. 46 LRC, de forma que han de extenderse al margen de la inscripción principal de nacimiento, siendo pues Registro competente para extender aquélla el que lo sea para practicar ésta). La duda surge del hecho de que generalmente se entiende que el promotor de la inscripción no es el adoptado sino los padres adoptantes, los cuales en el supuesto mencionado están domiciliados en España, lo que en aplicación del párrafo segundo del artículo 68 del Reglamento del Registro Civil debería determinar la fijación de la competencia en el Registro Civil Central, y no en el Consular. Así parece desprenderse «a sensu contrario», por ejemplo, de la Resolución de este Centro Directivo de 30 de marzo de 1999 en cuyo Fundamento Jurídico VIII se afirma que «No es cierta la afirmación del Cónsul Encargado en el sentido de que carece de competencia para la práctica de la inscripción solicitada, correspondiendo ésta al Registro Civil Central, ya que eso sería así en el supuesto de que la adoptante tuviera su domicilio en España, por lo que acreditado en las actuaciones que ésta reside en Bruselas desde 1986, la competencia para la práctica de la inscripción solicitada es del Registro Civil Consular».

e) Frente a ello, la extendida práctica registral de inscribirse las adopciones internacionales en los Registros Civiles Consulares ha sido avalada por este mismo Centro Directivo en base al amplio y flexible concepto de «promotor» que acoge el artículo 24 de la Ley del Registro Civil, y que incluye en el mismo no sólo a las personas especialmente designados por la Ley en cada caso como obligados a promover la inscripción (en el caso del nacimiento todos los mencionados en el art. 43 LRC), sino también a «aquellos a quienes se refiere el hecho inscribible» (núm. 2), esto es, en el caso del nacimiento y de la adopción, el nacido y el adoptado. En base a esta amplitud, la Consulta de este Centro Directivo de 29 de abril de 1999 afirmó que «2º En el supuesto contemplado, en el que el adoptante o adoptantes están domiciliados en España, no debe olvidarse que el adoptado está domiciliado en el extranjero, de modo que el promotor, al solicitar las inscripciones de nacimiento y de adopción actúa no tanto en su nombre propio, sino como representante legal del adoptado. 3º Siendo esto así, no deja de ser promotor de las inscripciones el adoptado, por más que por su menor edad no pueda actuar por sí mismo. 4º En consecuencia, no se infringe el párrafo 2º del artículo 68 del Reglamento del Registro Civil cuando estando el adoptado domiciliado en el extranjero se practican las inscripciones de nacimiento y de adopción en el Registro Consular correspondiente».

Este criterio lo hemos de ratificar ahora. No debe olvidarse que el rango reglamentario de la norma interpretada no permite ninguna interpretación que

§9.3

se traduzca en un mandato contrario a lo dispuesto por el precepto desarrollado, esto es, el artículo 16 de la Ley Registral Civil conforme al cual los nacimientos se inscribirán en el Registro Municipal o Consular del lugar en que acaecen. De hecho una parte de nuestra doctrina científica ya alertó acerca de la posible ilegalidad del párrafo 2º del artículo 68 del Reglamento del Registro Civil entendiendo que contenía un desarrollo incompatible con el expresado mandato legal, por más que la práctica registral y la propia doctrina de esta Dirección General hayan admitido la validez del precepto reglamentario. Pero por ello mismo se ha de entender que, aunque la literalidad del artículo 68 parece dar carácter imperativo a la inversión del orden de intervención de los órganos registrales consular y central para los casos a que se refiere cuando el interesado tiene su domicilio en España, ninguna objeción cabe oponer cuando aquél inste la inscripción directamente en el Registro Civil Consular por concurrir un interés particular en ello. Se puede afirmar en este sentido que existe en estos casos una suerte de fuero registral electivo que ha venido permitiendo al particular solicitar la inscripción de la adopción bien en el Registro Civil Central, bien, concurriendo cualquier interés legítimo para ello, en el Registro Civil Consular del lugar de constitución de la adopción o de nacimiento del adoptado. Por tanto, ninguna duda debe caber respecto de la base legal en que se asienta la competencia de los Registros Civiles Consulares en esta materia, tal y como ha venido siendo ejercitada en la práctica a lo largo de estos últimos años.

§9.3   f) Sin embargo, no puede dejar de señalarse que la reforma introducida por la Ley 24/2005, de 18 de noviembre, de Reformas para el Impulso de la Productividad, al dar nueva redacción a los artículos 16 y 18 de la Ley del Registro Civil, a que se ha aludido en la letra a) de este apartado, supone un cierto giro en la cuestión tratada, ya que se aparta del criterio de la territorialidad del lugar de acaecimiento del hecho inscribible, como elemento preferente para determinar qué órgano registral es el competente, ahora ya a través de norma de rango legal, acogiendo como elemento referente el del domicilio del interesado para atribuir la competencia. Así resulta de la directriz tercera de la Instrucción de 28 de febrero de 2006 antes mencionada, conforme a la cual «Si bien el apartado 3 del artículo 16 de la Ley del Registro Civil alude a la posibilidad de los interesados de "solicitar directamente en el Registro Civil de su domicilio" las inscripciones correspondientes, ello no se debe entender en el sentido de mero auxilio registral, como se desprendería de la simple literalidad

de la norma, pues en tal caso ésta sería superflua al coincidir sustancialmente con el artículo 2 del Reglamento del Registro Civil, sino en el sentido de
fijar la competencia del Registro Civil en función, no del criterio territorial de
acaecimiento del hecho inscribible, sino del domicilio de los interesados» (cfr.
punto 1º). No quiere ello decir que se haya suprimido radicalmente la competencia en esta materia de los Registros Consulares, pero sí que se observa una
evolución que permite afirmar, por la interpretación conjunta de los artículos
16 núm. 3 de la Ley del Registro Civil, redacción dada por la Ley 24/2005, y
68-II del Reglamento del Registro Civil y de la Instrucción de 28 de febrero
de 2006, que existe un «fuero registral preferente» a favor del Registro Civil
Municipal del domicilio para practicar las inscripciones de las adopciones internacionales constituidas por adoptante/s español/es domiciliados en España,
que no es sino manifestación de la finalidad que inspira la reforma legal citada
de lograr una más plena equiparación entre los hijos adoptivos y los hijos por
naturaleza (cfr. arts. 14 y 39 de la Constitución y 108 del Código Civil), acer-
cando el régimen registral de las adopciones internacionales al previsto para
la inscripción del nacimiento de los hijos naturales por el artículo 16 núm. 1
de la ley registral civil, por mucho que el citado fuero registral a favor de los
Registros Municipales del domicilio del adoptante/s no sea exclusivo, según se
ha razonado, sino concurrente, al menos en el estadio normativo actual, con
el de los Registros Consulares.

2. Los requisitos exigidos por el Código Civil español para el reconocimiento de las adopciones internacionales.

§9.3

1.1. Los requisitos exigidos por el artículo 9 núm. 5-IV del Código Civil para que las adopciones internacionales puedan acceder al Registro Civil
español, son los siguientes: 1º Competencia de la autoridad extranjera; 2º
Control de la Ley estatal aplicada; 3º Equivalencia de efectos entre la adopción
extranjera y la adopción regulada en España; 4º Exigencia del certificado de
idoneidad español para ciertos adoptantes; 5º Consentimiento de la entidad
pública correspondiente en caso de adopción de un español; y, finalmente, 6º
Regularidad formal del documento donde consta la adopción.

Todos estos requisitos deben aplicarse e interpretarse, en todo caso, siempre, con arreglo al principio del «interés superior de los menores», tal y como
prescribe el artículo 3 núm. 1 de la Convención sobre los Derechos del Niño hecha en Nueva York el 20 noviembre 1989 al señalar que «en todas las medidas
concernientes a los niños que tomen las instituciones públicas o privadas de

bienestar social, los tribunales, las autoridades administrativas o los órganos legislativos, una consideración primordial a que se atenderá será el interés superior del niño».

1.2. En cuanto a la competencia de la autoridad extranjera, el artículo 9 núm. 5-IV del Código Civil exige controlar que la adopción haya sido constituida por una autoridad extranjera «competente». Ello implica que deben acreditarse varios extremos.

Primero. La adopción extranjera debe haber sido constituida por una «autoridad pública». No es necesario que se trate de una autoridad «judicial», siendo admisibles las inscripciones en el Registro Civil español de las adopciones constituidas por «autoridades administrativas extranjeras», como ha sido señalado este Centro Directivo (vid. Resolución de 5 de octubre de 1993). Por el contrario, no cabe admitir una adopción constituida por mero contrato entre las partes afectadas, y ello aunque sea válida en el país extranjero donde la adopción se constituyó.

Segundo. La autoridad extranjera que constituye la adopción debe ser «internacionalmente competente» al efecto. El artículo 9 núm. 5-IV del Código Civil nada dice sobre cuáles sean los criterios con arreglo a los cuales se haya de verificar la competencia internacional de la autoridad extranjera. Para cubrir esta laguna este Centro Directivo ha venido entendiendo que procede aplicar los criterios derivados del propio Derecho Internacional Privado del Estado cuya autoridad constituyó la adopción, de forma que se entenderá que concurre este requisito cuando dicha autoridad se ajustó a los foros de competencia internacional previstos en sus propias normas de Derecho Internacional Privado (cfr. Resoluciones de 9 de febrero de 1989, 28 de abril de 1994, 6 de marzo de 1997). Se trata de un enfoque cuyos resultados prácticos se asemejan del método propuesto por parte de nuestra doctrina científica consistente en la denominada «bilateralización» de la norma contenida en el artículo 22 núm. 3 de la Ley Orgánica del Poder Judicial, lo que supone considerar competente la autoridad siempre que adoptante o adoptando estén vinculados al Estado de la autoridad de constitución por su nacionalidad o por su residencia habitual, ya que en ausencia de dichas conexiones, con arreglo al primer criterio indicado, debería intervenir el orden público internacional español al faltar una vinculación razonable entre la adopción y el país de la autoridad que la ha constituido («foro exorbitante»), como también ha indicado la Resolución de 16-1ª de septiembre de 2000 de este Centro Directivo.

§9.3

1.3. Por lo que se refiere al control de la Ley estatal aplicada, se centra en el mandato contenido en el artículo 9 núm. 5-IV del Código Civil que exige la aplicación de la «Ley del adoptando» a los «consentimientos y a la capacidad». Se trata de un requisito que busca el objetivo de asegurar la continuidad de la adopción internacional entre el «Estado de origen» y el «Estado receptor». De este modo, la adopción válidamente constituida en un Estado extranjero (Estado de origen) será también considerada válida y eficaz en España (Estado receptor). Los consentimientos exigidos por tal Ley podrán prestarse ante una autoridad del país en que se inició la constitución o, posteriormente, ante cualquier otra autoridad competente.

Ahora bien, la falta de precisión técnica del precepto ha generado diversas dificultades de interpretación que, por evidentes razones de seguridad jurídica, conviene aclarar:

Primero. El precepto no concreta si se refiere a los consentimientos y a la capacidad sólo del «adoptando» y/o de los «adoptantes». Pues bien, debe entenderse que el artículo 9 núm. 5-IV del Código Civil se refiere a todos los «consentimientos» necesarios, esto es, los consentimientos del adoptando y los consentimientos de los adoptantes. Además, se ha de extender la misma regla también a los «asentimientos» y a las «audiencias» requeridas para una válida constitución de la adopción, como ha señalado esta Dirección General (vid. Resoluciones de 6 de mayo de 1999, 20 de mayo de 2000 y 9-9ª de septiembre de 2002). Finalmente también el control de la Ley aplicable a la «capacidad» comprende el control de las «prohibiciones de adoptar», por ejemplo, a los descendientes o a ciertos mayores de edad (vid. Resolución de 12-6ª de septiembre de 2002).

§9.3

Sin embargo, se considera contraria al orden público internacional español la aplicación de la Ley nacional del adoptando que no exige el consentimiento y/o la audiencia del adoptando mayor de doce años. En tal caso, la adopción, aunque haya sido constituida por autoridad extranjera con arreglo a la correspondiente Ley estatal, no surtirá efectos legales en España (art. 12.3 Código Civil).

Segundo. El precepto no concreta si la Ley cuya aplicación debe ser controlada por la autoridad española es la «Ley nacional del adoptando» o la «Ley de su residencia habitual» o la «Ley de su domicilio». La cuestión se resuelve entendiendo que la ley aplicada ha de haber sido la Ley estatal a la que remiten las propias normas de conflicto del país extranjero de constitución que, generalmente, será la «Ley nacional del adoptando» que coincidirá además con la Ley del domicilio y/o residencia habitual del adoptando y con la Ley del país al que pertenece la autoridad que constituyó la adopción (cfr. Resoluciones de 4 de julio de 1994, 6 de marzo de 1997, 20 de mayo de 2000, 6-2ª de mayo de 2000, 9-9ª de septiembre de 2002, 9-3ª de abril de 2003, 9-4ª de abril de 2003, y 4 de julio de 2005). En definitiva, el control de la Ley aplicada debe referirse a la Ley estatal, sea ésta cual fuere, que la autoridad extranjera debió aplicar a la adopción con arreglo a su propio sistema de conflicto de Leyes.

Tercero. Debe controlarse la legalidad de la «forma de la adopción» constituida por la competente autoridad extranjera, de modo que deben haberse respetado los requisitos formales exigidos por alguna de las Leyes contempladas en el artículo 11 Código Civil, que favorece la validez formal de los actos, en este caso de las adopciones, al admitir alternativamente su conformidad formal bien con la legislación del país de constitución, bien con la ley aplicable al contenido, bien con la ley personal del otorgante (cfr. Resoluciones de 6 de marzo de 1997, 6-2ª de mayo de 2000, 28-1ª de abril de 1998).

1.4. El art. 9.5.IV Código Civil indica con claridad que no será reconocida en España como adopción la constituida en el extranjero por adoptante español, si los efectos de aquélla no se corresponden con los previstos por la legislación española. Sobre esta exigencia han recaído ya diversos pronunciamientos de esta Dirección General que, dado su valor interpretativo, resulta conveniente sistematizar:

§9.3

Primero. La «correspondencia de efectos» no debe ser absoluta o total, pero sí «fundamental», y en este sentido resulta más apropiado hablar de «equivalencia» que de «igualdad» de efectos (cfr. Resoluciones de 9-9ª de septiembre de 2002, 24-3ª de septiembre 2002 y Consulta DGRN de 2 de diciembre de 2004).

Segundo. Los «concretos efectos» de la adopción extranjera que se deben corresponder con los previstos por la Ley española son los siguientes:

1º Extinción de vínculos jurídicos entre el adoptado y su familia anterior (art. 178 Código Civil), como ha señalado la Dirección General de los Registros y del Notariado (cfr. Resoluciones de 19 de mayo de 2001, 5-2ª de abril de 2000, 30 de marzo de 1999, 9-9ª de septiembre de 2002, y 4 de julio de 2005);

2º Establecimiento del mismo vínculo de filiación que el que tienen los hijos por naturaleza. Se trata de un efecto absolutamente fundamental. La adopción debe ser en este sentido «una institución que procura el desarrollo integral del niño en el seno de una familia estableciendo el mismo vínculo de filiación que el que tienen los hijos por naturaleza» (cfr. Resoluciones de 4-3ª de octubre de 1996, 30 de marzo de 1999, 9-9ª de septiembre de 2002, y 24-3ª de septiembre de 2002); se trata de un efecto paralelo al anterior basado en la idea de que la filiación es indivisible y no compartida entre dos familias.

En este sentido hay que recordar que en el Derecho español la adopción ha sido definida como el acto judicial por el que se hace efectiva la voluntad de una persona o pareja de que legalmente sea hijo suyo quien por naturaleza no lo es. Ello supone que el título de atribución del estado civil de filiación no es sólo el hecho de la generación, filiación que tiene lugar por naturaleza, sino también por un acto jurídico, y no hecho natural, a través de la adopción (art. 108 CC). La naturaleza de esta materia (relación de filiación) exige que no quepan otras modalidades que las estrictamente previstas en la Ley. Se trata, por tanto, de una materia sujeta a un régimen jurídico de «ius cogens». En concreto desde la reforma del Código Civil de 1987 en el Derecho español tan sólo existe una única modalidad de adopción, que incluso supera en efectos a la antiguamente denominada adopción plena, pues dicha reforma implantó el principio de la equiparación plena entre la filiación por naturaleza y la filiación adoptiva. De hecho la filiación adoptiva no crea un simple «status filii» (o relación paterno-filial entre adoptante y adoptado), sino un «status familiae» (esto es, una relación no sólo respecto del adoptante, sino también respecto de la familia de éste);

3º Carácter irrevocable de la adopción. Así lo proclama con claridad el artículo 180 del Código Civil en su núm. 1 conforme al cual «La adopción es irrevocable», y así lo ha venido interpretando la doctrina oficial de este Centro Directivo (vid. Resoluciones de 1-2ª de septiembre 1995, 9-9ª de septiembre de 2002, y Consulta DGRN de 22 de diciembre de 2004, entre otras). Una adopción revocable por los particulares no podrá acceder a los Registros españoles. Ahora bien, el mismo artículo 9 núm. 5-IV del Código Civil indica que los adoptantes pueden renunciar a la revocabilidad en documento público o por comparecencia ante el encargado del Registro Civil, con lo que la adopción extranjera en tales casos puede inscribirse en los Registros españoles y surte efectos en España (vid. Resolución de 6-2ª de mayo de 2000). En el caso de las revocaciones judiciales o decretadas por la autoridad judicial, es necesario un estudio caso por caso en función de las causas a que pueda responder dicha revocación, partiendo en todo caso del dato de referencia de que incluso los

§9.3

supuestos de extinción judicial de la adopción presenta en nuestro Derecho un carácter excepcionalísimo, limitado a los casos en que el padre o la madre, sin culpa suya, no hubieren tenido la intervención en el expediente de adopción que prevé el Código Civil —art. 180.2 CC— (cfr. Resoluciones de 11-1ª de marzo de 1997, 30 de marzo de 1999, y Consulta DGRN de 2 de diciembre de 2004).

Además, como elemento distinto al de la revocabilidad, el acto a través del cual se constituye la adopción por autoridad extranjera debe ser «firme» por haber precluido los plazos previstos, en su caso, para su impugnación, o por haber sido desestimados los recursos que contra la misma se hayan podido interponer (Consulta DGRN de 22 de diciembre de 2004).

Tercero. Obsérvese, sin embargo, que el artículo 9 núm. 5-IV del Código Civil exige esta igualdad o equivalencia de efectos exclusivamente respecto de las adopciones en las que el adoptante es español. El fundamento de esta delimitación del supuesto de hecho se ha encontrado en una razón de «Derecho registral conflictual», dado que a falta de tal condición las adopciones, en principio, no acceden al Registro Civil español por falta de competencia, pues cuando la adopción se ha constituido en el extranjero por un adoptante extranjero y respecto de un adoptando extranjero, que no adquiere por la adopción la nacionalidad española (art. 19.1 Código Civil), no existe punto de conexión con nuestro Derecho que habilite tal competencia (cfr. art. 15 LRC y 68 RRC). Sin embargo, sería razonable exigir, dada la identidad de razón del supuesto con el previsto por el artículo 9 núm. 5 del Código Civil, esta «igualdad de efectos» también a las adopciones constituidas en el extranjero que deben acceder al Registro Civil español, sea español o extranjero el adoptante, como sucede cuando el adoptante es extranjero pero el adoptando es español y conserva su nacionalidad española. Con esta interpretación, no acceden al Registro Civil español las «adopciones simples», sino sólo «adopciones plenas».

Cuarto. Existen «adopciones extranjeras» cuyos efectos no son equiparables a los que produce la adopción regulada en España y que, por tanto, no surten efectos en España como «adopciones». Dentro de este grupo deben distinguirse dos supuestos.

En primer término, la «kafala» del Derecho musulmán. La «kafala» del Derecho de los países de inspiración coránica es una institución que no crea un vínculo de filiación entre el «kafils» o persona que asume la «Kafala» del menor y este último, y que se limita a fijar una obligación personal por la que los adoptantes se hacen cargo del adoptando y se obligan a atender su manutención y educación, de forma similar a la situación de acogimiento o prohijamiento del Derecho español (cfr. Resoluciones de 14 mayo 1992, 18 octubre 1993, 13 octubre 1995, 25 abril 1995, y 27-5ª de febrero y 21 de marzo de 2006). En efecto, el Derecho islámico clásico no regula ninguna institución como la adopción plena del Derecho español, esto es, equiparando la posición jurídica del hijo adoptivo con la propia de la filiación natural en cuanto a la creación de vínculos de parentesco y cambio subsiguiente en el estado civil de las personas. Ello se debe a que el Corán prohibe que el hijo adoptivo se integre en la familia con los mismos apellidos y los mismos derechos sucesorios que los hijos naturales (vid. versículos 4 y 5 de la Sura XXXIII), tan sólo se admite que el niño acogido, que no adoptado, se beneficie de los cuidados materiales y de la educación que le proporciona la nueva familia de acogida. No se producen, en consecuencia, ni la modificación del orden sucesorio en la herencia causada por cualquiera de los miembros de la nueva familia, ni el nacimiento de vínculo de parentesco alguno ni, en consecuencia, impedimentos para el matrimonio (cfr. arts. 121 a 123 del Código de Familia argelino, y arts. 83.3 de la «Mudawana» marroquí y arts. 2 y 17 del «Dahir» núm. 1-02-172 de 13 de junio de 2002 relativo a la promulgación de la Ley núm. 15-01 relativa a la toma a cargo —«Kafala»— de niños abandonados).

En segundo término, se hallan las «adopciones simples» o «menos plenas». Estas adopciones sí crean vínculos de filiación entre adoptando y adoptantes, pero no rompen los vínculos con la familia de origen, ni suelen surtir los mismos efectos que la adopción plena en lo que se refiere al «contenido de la filiación» y, además, suelen ser revocables. Es el caso de la «adopción ordinaria» de la Ley de la República Dominicana (cfr. Resolución de 12 de julio de 1996, 29-1ª de mayo de 1998), de la «adopción simple» del Derecho de El Salvador (Resolución de 1-2ª de septiembre de 1995, 27 de enero de 1996, 29 de febrero de 1996), de la adopción prevista en el Derecho de México (Resolución de 1 de abril de 1996, 22 de abril de 1996, 16 de septiembre de 1996, 24 de enero de 1997), de la «adopción simple» del Derecho paraguayo (Resolución de 24 de junio de 1995, 1-1ª de septiembre de 1995, 30-1ª de octubre de 1996), de la adopción del Derecho brasileño (4-3ª de octubre de 1996), de la adopción simple del Derecho de Guatemala (5-2ª de abril de 2000, 19 de mayo de 2001, 3 de abril de 2002, 7 de diciembre de 2002, Sentencia de la Audiencia Provincial de Asturias de 30 de marzo de 2001), de la adopción del Derecho libanés (Resolución de 23-4ª de enero de 2004), de la adopción

§9.3

simple argentina (Resolución de 4 de julio de 2005), de la adopción de Haití (Resolución de 19 de noviembre de 2005) y de la adopción de Etiopía a favor de menores de padres conocidos y no desamparados (Resolución de 6-1ª de abril de 2006). Por el contrario, las adopciones de Etiopía respecto de menores abandonados, o en situación legal de desamparo por fallecimiento, ausencia o incapacidad de sus progenitores y en aquellos otros casos de menores cuyos padres son desconocidos o respecto de los cuales no se ha podido determinar legalmente su relación de filiación se consideran plenas (vid. Consulta DGRN de 11 de julio de 2006). Países como Francia, Mónaco, Portugal, Bulgaria y Polonia admiten en su Derecho las «adopciones simples».

No obstante, hay que advertir inmediatamente, a fin de evitar toda confusión sobre el particular, que las Resoluciones que se acaban de citar adoptan el criterio de la falta de equivalencia de efectos con la adopción española de las adopciones constituidas por las respectivas autoridades públicas de los países mencionados con arreglo a la legislación vigente en tales países en las fechas en que tales Resoluciones se dictaron (en rigor, en la fecha en que se dictó la calificación cuyo recurso fue resuelto por las citadas Resoluciones), sin que, en consecuencia, la lista de los países que se menciona prejuzgue en modo alguno cuál sería la decisión en caso de que la adopción se constituyese en la actualidad, en función de los posibles cambios que hayan tenido lugar en el Derecho interno de tales países, o la evolución futura que los mismos puedan presentar. La constatación anterior lleva a la idea de la conveniencia de elaborar un estudio completo, sistemático y permanentemente actualizado, con objeto de su difusión pública, de la legislación interna sobre adopciones de aquellos países de procedencia de los menores adoptados por ciudadanos españoles, objetivo que por exceder de las competencias exclusivas de este Centro Directivo no puede abordarse en el marco de la presente Resolución-Circular, sin perjuicio de su obligada participación en tales estudios y publicaciones por razón de sus atribuciones en materia de Registro Civil, órgano en que finalmente reside la función de otorgar el reconocimiento de las adopciones internacionales por medio de la práctica de las correspondientes inscripciones registrales.

§9.3

Quinto. Ni la «kafala» ni las «adopciones simples» serán reconocidas en España como propias adopciones. Pero ello no significa que tales instituciones, si han sido válidamente constituidas en el extranjero, no surtan ningún efecto legal en España. A este respecto, es conveniente distinguir nuevamente los dos supuestos anteriores:

a) La «kafala» musulmana y otras instituciones de prohijamiento de menores que no crean vínculos de filiación entre los «kafils» —o persona que asume la «Kafala» del menor— y este último, pueden ser reconocidas en España si han sido válidamente constituidas por autoridad extranjera, siempre que no vulneren el orden público internacional español y si los documentos en los que constan se presentan debidamente legalizados y traducidos a idioma oficial español (arts. 323 y 144 LECiv 1/2000). Ahora bien, nunca podrán ser reconocidas en España «como adopciones», sino que, a través de la técnica jurídica propia del Derecho Internacional Privado de la «calificación por la función», puede entenderse que tales instituciones, desconocidas para el Ordenamiento jurídico español, desarrollan en el Derecho extranjero una función similar a la que despliega, en Derecho español, el «acogimiento familiar» que produce la plena participación del menor en la vida familiar e impone a quien lo recibe las obligaciones de velar por él, tenerlo en su compañía, alimentarlo, educarlo y procurarle una formación integral, bien con carácter transitorio —acogimiento familiar simple—, bien con carácter permanente —acogimiento familiar permanente—, pero que ni crea vínculos nuevos de filiación, ni rompe los anteriores, ni priva de la patria potestad a los padres (cfr. arts. 173 y 173 bis CC y Resoluciones de 14 de mayo de 1992, 18 de octubre de 1993, 13 de octubre de 1995 y 1 de febrero de 1996). Por tanto, dada su similitud funcional, la «kafala» puede considerase en España como un «acogimiento familiar».

b) Las adopciones simples o menos plenas, a diferencia de la «kafala», generan un «vínculo de filiación» con la nueva familia, pero, por el contrario, no establece el efecto paralelo de romper o extinguir la relación de filiación con la familia natural, cuyos vínculos se conservan, ni, en general, el contenido de la nueva filiación creada se equipara plenamente en cuanto a sus efectos y régimen de derechos, obligaciones y causas de extinción con la filiación natural y adoptiva plena.

§9.3

No obstante, cabe siempre «convertir» la «adopción simple» en «adopción plena» en el Estado extranjero donde se constituyó la adopción simple, si así lo prevé su legislación, lo que facilitará en gran medida la inscripción en los Registros españoles de la adopción válidamente constituida en el extranjero. Por tanto, los problemas más agudos surgen cuando la «adopción simple» de un menor por parte de adoptantes españoles ante la competente autoridad extranjera se presenta, posteriormente, ante las autoridades españolas sin haber sido convertida en «adopción plena» en el país de origen y sin que sea aplicable al caso ningún instrumento internacional, y en particular, el Convenio de La Haya de 29 de mayo de 1993 relativo a la protección del niño y a la cooperación en materia de adopción internacional. Por ello se ha abogado a favor de que el Ordenamiento Jurídico español dispusiera de un mecanismo legal para facilitar la «conversión» en adopciones plenas de las adopciones simples válidamente constituidas en el extranjero y no convertidas en el país de origen. Sin embargo, tal mecanismo legal no ha sido previsto por el legislador (de hecho en el Proyecto de Ley de reforma del art. 9 núm. 5 del Código Civil que dio lugar a la nueva redacción del mismo por Ley 18/1999, de 18 mayo, se contemplaba expresamente la posibilidad de convertir una adopción simple en adopción plena, pero dicha posibilidad desapareció durante la tramitación parlamentaria de la ley). Además, ningún Convenio internacional obliga a España a disponer de este «cauce de conversión» (vid. Resoluciones de 19 de mayo de 2001, 4 de julio de 2005, y de 19 de noviembre de 2005).

En tales casos se producen las siguientes consecuencias jurídicas:

1ª) La adopción simple válidamente constituida en país extranjero no podrá inscribirse en los Registros españoles. Cabe simplemente, una anotación de la misma en el Registro Civil español a través del artículo 38.3 Reglamento del Registro Civil; como ha puesto recientemente de manifiesto la Dirección General de los Registros y del Notariado en su Resolución de 6-1ª de abril de 2006 las adopciones simples no guardan puntos de contacto con la adopción del Código Civil español y no pueden considerarse incluidas en la lista de actos inscribibles que contiene el artículo 1 de la Ley del Registro Civil, so pena de producir graves equívocos en cuanto a la eficacia de la adopción inscrita.

§9.3

2ª) El adoptado no adquiere la nacionalidad española en virtud de esta adopción simple (cfr. art. 19.1 del Código Civil, y Consulta DGRN de 3 de septiembre de 1992, 19 de febrero de 1992, 14 de mayo de 1992, 4-3ª de octubre de 1996, etc.).

3ª) El hecho de que estas adopciones simples no sean inscribibles en los Registros españoles no significa, sin embargo, que no produzcan ningún efecto legal en España. Tampoco los matrimonios poligámicos son inscribibles en España por ser contrarios a nuestro orden público internacional (cfr. Resoluciones de 22-1ª de octubre de 2004, 10-4ª de diciembre de 2004, Resolución-Circular de 29 de julio de 2005, entre otras) y, sin embargo, tanto la doctrina oficial de esta Dirección General de los Registros y del Notariado como la jurisprudencia admiten que tales matrimonios pueden producir «ciertos efectos legales» en España, los llamados «efectos legales periféricos» que el matrimonio poligámico surte en otros órdenes jurídicos distintos del propio del estado civil, por razones de seguridad jurídica internacional. Así, como ha destacado la mejor doctrina científica, un matrimonio poligámico puede ser considerado en España como institución jurídica válida a ciertos efectos, por ejemplo, a efectos sucesorios, de solicitud de alimentos por parte de la segunda esposa, o a los efectos de la determinación de la pensión de viudedad de la segunda esposa (Sentencia del Tribunal Superior de Justicia de Madrid 29 julio 2002, Sentencia del Juzgado de lo Social de A Coruña de 13 de julio de 1998), entre otros efectos.

El mismo planteamiento es defendible en relación con las adopciones simples legalmente constituidas ante competente autoridad extranjera, máxime considerando que en el caso de las adopciones simples estamos en presencia de una institución que no puede ser considerada funcionalmente equivalente a la adopción única prevista por nuestro Derecho pero sin por ello entrar en contradicción con nuestro orden público internacional.

Llegados a este punto la cuestión que se plantea es la de concretar los «efectos legales periféricos» que sí surten estas adopciones simples. Pues bien, a tal fin se ha de partir de lo dispuesto por el artículo 9 núm. 4 del Código Civil, precepto que fija la ley aplicable en materia de filiación, dado que las adopciones simples sí crean un vínculo de filiación. La Ley nacional del menor, distinta de la española pues, como se indicó, el adoptado en tales casos no adquiere la nacionalidad española del adoptante o adoptantes, determinará, conforme al citado precepto, la existencia, validez y efectos de tales adopciones simples, incluyendo la cuestión de saber a quién corresponde la patria potestad.

§9.3

4ª) Debe recurrirse a la técnica de la «calificación por la función» cuando ello potencie el interés del menor. Así, debe estimarse que, a efectos de la conversión de la adopción simple en adopción plena, las «adopciones simples» pueden servir de plataforma legal para una adopción plena del menor en España con arreglo al Derecho español (art. 9.5 del Código Civil), tal y como opera el «acogimiento familiar» (cfr. Resoluciones de 14 de mayo de 1992, 18 de octubre de 1993, 13 de octubre de 1995 y 1 de febrero de 1996). Por tanto, la adopción simple válidamente constituida en el extranjero será tratada jurídicamente en España como un «acogimiento familiar» a los exclusivos efectos de la constitución posterior y «ex novo», de una adopción plena en España, adopción que se constituirá con arreglo al Derecho material español (art. 9 núm. 5 Código Civil que para las adopciones constituidas ante autoridad judicial española parte del principio «Lex fori in foro propio») y que será sencilla, pues no es precisa la «propuesta previa de la Entidad Pública» al presuponer la adopción simple una situación funcionalmente equiparable al acogimiento familiar, en presencia del cual el artículo 176 núm. 2.3ª del Código Civil excepciona la exigencia de la citada propuesta (cfr. Resoluciones de 18 de octubre 1993, 23-4ª de enero de 2004, 19 de noviembre de 2005).

    5ª) Los problemas derivados de la eficacia en España de las adopciones simples legalmente constituidas ante autoridad extranjera se han visto fuertemente mitigados en la actualidad por el Convenio de La Haya de 29 mayo 1993, relativo a la Protección del Niño y a la Cooperación en materia de Adopción Internacional, que aborda satisfactoriamente esta problemática. El cada vez más alto número de Estados partes en este Convenio internacional reduce sustancialmente la incidencia práctica de los efectos en España de adopciones simples constituidas por autoridad extranjera, toda vez que el artículo 17 del Convenio, asumiendo una técnica de seguridad jurídica preventiva, se anticipa al problema prescribiendo que el Estado de origen sólo podrá confiar al niño a los futuros padres adoptivos si «c) Las Autoridades Centrales de ambos Estados están de acuerdo en que se siga el procedimiento de adopción», lo que permite a las Autoridades Centrales españolas denegar su conformidad a la constitución de las adopciones simples que no puedan ser objeto de conversión en plena. Así resulta con claridad del documento de trabajo número 162, presentado por el grupo que examinó entre otros el artículo 17, explicando de la siguiente manera el principio que inspira el apartado c): «si una adopción prevista se considera aceptable en el Estado de origen, pero existen dificultades jurídicas en el Estado de recepción, en relación a la edad del niño, o a la diferencia de edad entre el niño y los futuros padres adoptivos, o a la no posibilidad de conversión de la adopción simple en plena, o la posible revocación de la misma, el Estado de recepción puede intervenir en este momento y manifestar su oposición a que se siga el procedimiento».

    1.5. El artículo 9 núm. 5-IV del Código Civil exige para el reconocimiento en España de la adopción constituida ante autoridad extranjera en los casos en que el adoptante es español y está domiciliado en España al tiempo de la adopción, la intervención de la Entidad pública competente al requerir un certificado de idoneidad del adoptante o adoptantes (cfr. Resolución de 24-3ª de septiembre de 2002). El certificado de idoneidad debe acreditar la capacidad jurídica del solicitante, siempre con arreglo a la Ley material española (art. 9 núm. 1 y núm. 5-I CC).

El objetivo de este requisito es el de evitar que personas no idóneas para ser adoptantes acudan a países que no controlan con rigor la idoneidad de los adoptantes e insten en tales países una adopción que, posteriormente, intentan que sea reconocida en España. En ausencia de este requisito esta Dirección General de los Registros y del Notariado entiende que se debe denegar el reconocimiento y, en consecuencia, la inscripción en el Registro civil español (Resoluciones de 16-2ª de febrero de 1998 y 16-3ª de febrero de 1998).

Esta Dirección General de los Registros y del Notariado ha sido estricta con la exigencia rigurosa de este requisito, aplicándolo incluso respecto de adopciones constituidas antes de la entrada en vigor de la Ley Orgánica de Protección Jurídica del Menor, pero cuya inscripción se solicitaba después de su vigencia (vid. Resoluciones de 25-3ª de junio de 1999 y 21-1ª de diciembre de 2001). No obstante, este rigor queda atenuado por el reconocimiento de la posibilidad de que el certificado de idoneidad se obtenga después de constituida la adopción en el extranjero, no siendo necesario que sea previo (cfr. Resolución de 25-3ª de junio de 1999). El certificado de idoneidad lo expide la entidad pública de la Comunidad Autónoma correspondiente a la residencia habitual de los solicitantes. Si tal certificado es denegado, puede recurrirse ante los tribunales en la vía civil (Sentencia de la Audiencia Provincial de Albacete de 23 de marzo de 2004).

§9.3

La regla general enunciada presenta, no obstante, alguna excepción importante. Así, aunque el adoptante sea español y resida habitualmente en España, no debe exigirse este «certificado de idoneidad» si se trata de una adopción que, de haberse constituido en España, no hubiera requerido tal certificado, ya que el fundamento de la exención en este caso no varía por el hecho de que la adopción tenga carácter internacional. Es el caso del adoptante que es cónyuge del progenitor del adoptando (vid. Resolución de 12 de junio de 2002), y del adoptando mayor de edad (Resolución de 12-6ª de septiembre de 2002). Finalmente, no por tratarse de una excepción, sino por no constituir un supuesto subsumible en el tipo legal enunciado por la norma, no se precisa certificado de idoneidad en los casos en que el adoptante no esté domiciliado en España en el tiempo de la adopción (cfr. art. 9 núm. 5-IV CC), debiendo entenderse por domicilio a estos efectos el que a efectos de ejercicio de los derechos y cumplimiento de las obligaciones civiles prevé el artículo 40 del Código Civil, esto es, el lugar de la residencia habitual del adoptante. Como puso de manifiesto esta Dirección General de los Registros y del Notariado en su Consulta de 2 de febrero de 1999 «la declaración de idoneidad no es exigible cuando el adoptante español es residente en el extranjero, lo que significa que ha de ser el extranjero el lugar de su residencia habitual (artículo 40 del Código Civil); sin que pueda excluirse algún caso en que sea claro el propósito del adoptante de fijar su domicilio en el extranjero, es razonable entender que la residencia habitual en el extranjero se manifiesta por ser residente legal en el país de que se trate» (ibídem Orden-Circular de la Dirección General de Asuntos Jurídicos y Consulares número 3230, de 26 de febrero de 1999).

1.6. El artículo 9 núm. 5-IV del Código Civil exige un requisito complementario en caso de adopción de un español. Para la adopción de un español es necesario el consentimiento de la entidad pública correspondiente a la última residencia del adoptando en España. Ello sólo se exigirá si el adoptando ha residido en España en algún momento. El objetivo de este requisito, de escasa aplicación práctica en la actualidad por ser España esencialmente un «Estado de recepción» en materia de adopción (vid. Resolución de 5 de octubre de 1993), es evitar el fraude que podría consistir en trasladar el domicilio o residencia del adoptando español al extranjero para evitar la necesidad de una propuesta previa por parte de la Entidad Pública española.

1.7. Según la legislación registral, el documento en el que consta la adopción llevada a cabo ante autoridad extranjera debe contener la legalización, exigida por el artículo 88 del Reglamento del Registro Civil, si bien se eximen de la misma los documentos cuya autenticidad le consta directamente al Encargado del Registro o si los documentos le han llegado por vía oficial o por diligencia bastante a dicho Encargado (cfr. Resolución de 28 de abril de 1994). La legalización debe realizarse por el Cónsul español del lugar en que se expidan los documentos o por el Cónsul del país extranjero en España. La ausencia de este requisito constituye un defecto que impide la inscripción registral (Resolución de 22-1ª de enero de 1998). No obstante, se ha de recordar que la exigencia de legalización se sustituye por el trámite de la apostilla en aquellos supuestos en que los documentos hayan sido expedidos por funcionarios de Estados parte del Convenio de La Haya de 5 de octubre de 1961, así como en aquellos casos en que resulte aplicable el Convenio de Atenas de 15 de septiembre de 1977 de la Comisión Internacional del Estado Civil (en vigor para España desde el 1 de mayo de 1981), del que deben subrayarse las siguientes ideas:

1ª Se entiende por «legalización» la formalidad destinada a comprobar la autenticidad de la firma puesta en un documento, la calidad en que ha obrado el firmante del mismo y, en su caso, la identidad del sello que lleve el mismo documento;

2ª El ámbito de aplicación de este Convenio se refiere a los documentos relativos al estado civil, a la capacidad o a la situación familiar de las personas físicas, a su nacionalidad, domicilio o residencia, cualquiera que sea el uso al que estén destinados, así como los documentos relativos a la celebración del matrimonio o a la formalización de un acto del estado civil.

3ª La dispensa de legalización no implica la sustitución de la misma por trámite o formalidad alguna. En este sentido el Convenio de Atenas va más allá de lo contemplado en el Convenio de La Haya. Ahora bien, no por ello la dispensa tiene carácter automático y forzoso en todo caso, sino que se establece la previsión de que, no habiendo sido transmitido el documento por vía diplomática o por otra vía oficial, en caso de duda grave relativa a la autenticidad de la firma, a la identidad del sello o a la competencia del firmante, la autoridad a la que se presente procederá a su comprobación a través de la propia autoridad que lo haya expedido. Esta comprobación se facilita tanto por poder reclamarse directamente a través de la autoridad de origen, como por el mecanismo formal previsto al efecto, consistente en una fórmula homogénea, que se adjunta en modelo normalizado como Anexo al propio Convenio.

§9.3

La dispensa de legalización de las certificaciones de las actas del Registro Civil y otros documentos a que se refiere el mencionado Convenio actúa en el ámbito de los requisitos de forma, permitiendo su consideración de documentos auténticos y conformes con la Ley aplicable a las formalidades y solemnidades documentales establecidas por el país de origen del documento, pero, como ha indicado la reciente Instrucción de 20 de marzo de 2006 sobre prevención del fraude documental en materia de estado civil, no ampara ninguna presunción de legalidad del contenido del documento o de la realidad de los hechos reflejados en el mismo, cuyo enjuiciamiento y valoración quedan sujetas a la apreciación del funcionario o autoridad española ante la que se pretendan hacer valer los efectos derivados de tales documentos, y cuya apreciación habrá de atenerse a los criterios de la Ley que resulte aplicable al fondo del asunto o materia de que se trate, que se vienen analizando en la presente Resolución-Circular.

Finalmente, el documento en el que consta la adopción constituida válidamente en el extranjero debe presentarse igualmente, traducido a idioma oficial español. Así lo exige el artículo 86 del Reglamento del Registro Civil, precepto que, no obstante, permite que el Encargado del Registro prescinda de la traducción si al mismo le consta el contenido del documento extranjero. En su defecto, la traducción puede realizarse por Notario, Cónsul, Traductor u otro órgano o funcionario competente.

III. Inscripción en los registros españoles de las adopciones certificadas «en conformidad» con el Convenio de La Haya de 29 de mayo de 1993 relativo a la protección del niño y a la cooperación en materia de adopción internacional

1. Los objetivos del Convenio de La Haya de 1993.–Especial atención debe prestarse al régimen jurídico de la validez y de la inscripción registral de las adopciones certificadas de conformidad con el Convenio de La Haya de 29 mayo 1993, relativo a la Protección del Niño y a la Cooperación en materia de Adopción Internacional. El Convenio entró en vigor para España el 1 noviembre 1995. Se trata de un instrumento internacional de gran relieve en la regulación de las adopciones internacionales. Es un Convenio «inter partes» que actualmente está en vigor en más de 50 Estados (el listado actualizado se puede consultar en la página web de la propia Conferencia de La Haya de Derecho Internacional Privado: www.hcch.net), que engloban tanto «países de origen» de los menores, como «países de recepción».

El Convenio de La Haya de 29 de mayo de 1993 persigue los siguientes objetivos:

1º Establecer garantías para que las adopciones internacionales se realicen en atención al interés superior del niño y al respeto de los derechos fundamentales que les reconoce el Derecho internacional. En este sentido, el Convenio de La Haya de 29 de mayo de 1993 desarrolla, en lo relativo a la adopción internacional, los derechos del niño enunciados en la Convención (ONU) sobre los derechos del niño de 20 noviembre 1989, en vigor para España desde el 5 enero 1991.

§9.3

2º Fijar un sistema de colaboración entre las Autoridades de los Estados partes para evitar el tráfico, la venta y la sustracción de los menores.

3º Asegurar el reconocimiento de pleno derecho en los Estados partes de las adopciones realizadas con arreglo a lo dispuesto en el Convenio de La Haya de 29 de mayo de 1993, aspecto que es el que más interesa a los efectos de la presente Resolución-Circular, al afectar al régimen jurídico de la inscripción en los Registros españoles de las adopciones internacionales certificadas «en conformidad con el Convenio».

2. El Ámbito de aplicación del Convenio de La Haya.–El ámbito de aplicación del Convenio de La Haya de 29 de mayo de 1993 viene definido por las siguientes reglas:

Este Convenio sólo se aplica entre los Estados partes en el mismo, es un Convenio «inter partes», por lo que ninguno de los Estados contratantes queda vinculado frente a Estados que no sean parte del Convenio.

Además, el Convenio sólo se aplica a las «adopciones que establecen un vínculo de filiación» aunque no implique ruptura con la familia de origen del menor, lo cual significa que el Convenio se aplica a las adopciones plenas y también a las adopciones simples o menos plenas, esto es, adopciones que no suponen la ruptura de vínculos entre el adoptando y su familia de origen, pues ambas adopciones, plenas y simples, comportan un «vínculo de filiación». No se aplica, sin embargo, a ciertas figuras jurídicas que, aunque son conocidas en ciertos países con el «nomen iuris» de «adopciones», no crean vínculos de filiación entre adoptado y adoptantes. Por el mismo motivo la «kafala» musulmana está excluida del Convenio de La Haya de 29 de mayo de 1993.

§9.3

El Convenio se aplica a toda adopción, sea revocable o irrevocable.

El Convenio se aplica exclusivamente a las «adopciones transnacionales», esto es, a las adopciones que comportan un desplazamiento del menor entre dos Estados partes, el Estado de recepción en el que debe tener su residencia habitual el adoptante al tiempo de formular su solicitud, y el Estado de origen, en que debe residir el adoptando cuando la Autoridad Central emite el informe previsto por el artículo 16 del Convenio (vid. art. 2 Convenio de La Haya de 29 de mayo de 1993).

El Convenio de La Haya de 29 de mayo de 1993, sin embargo, no regula la «competencia judicial internacional» para constituir la adopción internacional, ni tampoco la «Ley aplicable» a la misma. Por ello, el artículo 22 núm. 3 de la Ley Orgánica del Poder Judicial, que regula la competencia judicial internacional en materia de adopción, y el artículo 9 núm. 5-I del Código Civil, que fija la Ley reguladora de las adopciones internacionales, son plenamente aplicables a las adopciones cubiertas por el Convenio de La Haya de 29 de mayo de 1993.

El Convenio de La Haya de 29 de mayo de 1993 se aplica cualquiera que sea el adoptante: aunque el artículo 2 núm. 1 del Convenio sólo se refiere expresamente a las adopciones solicitadas bien por cónyuges, bien por una persona sola, el «Informe explicativo» oficial anejo al Convenio aclara que esta redacción no responde al propósito de excluir las adopciones solicitadas por otras personas, por lo que este aspecto de la capacidad de los adoptantes se habrá de regir por la ley aplicable a dicha capacidad conforme a las correspondientes normas de conflicto del Derecho Internacional Privado del Estado de recepción del menor. Lo cual implica que en el caso español cabe la adopción por matrimonios del mismo o distinto sexo (vid. art. 44 del Código Civil modificado por la Ley 13/2005, de 1 de julio), o por parejas de hecho unidas de forma permanente por relación de afectividad análoga a la conyugal (Disposición Adicional Tercera de la Ley 21/1987, de 11 de noviembre por la que se modifican determinados artículos del Código Civil y de la Ley de Enjuiciamiento Civil en materia de adopción), con las particularidades establecidas por la legislación civil de las Comunidades Autónomas con competencia en la materia.

Finalmente, en cuanto al adoptando, el Convenio sólo se refiere a las adopciones de menores, de forma que el trámite de aceptación por parte de las Autoridades Centrales a que se refiere el artículo 17.c) del Convenio tiene que haberse producido antes de que el niño alcance la edad de 18 años (cfr. art. 3 del Convenio).

§9.3

3. Reconocimiento de pleno derecho.–La parte más relevante del Convenio de La Haya de 29 de mayo de 1993, a los efectos de la presente Resolución-Circular, es la relativa al efecto del «reconocimiento de pleno derecho» de la adopción en los Estados partes del Convenio. El artículo 23 núm. 1 del Convenio indica que «una adopción certificada como conforme al Convenio por la autoridad competente del Estado donde ha tenido lugar, será reconocida de pleno derecho en los demás Estados contratantes». La autoridad del Estado donde se ha constituido la adopción expide una certificación en la que se indica que la adopción se ha constituido «conforme al Convenio». Cada Estado parte designa cuál es esa concreta «autoridad».

Esta disposición implica que toda adopción certificada como «conforme al Convenio» será considerada como existente y válida en todos los Estados partes del Convenio de La Haya de 29 de mayo de 1993. El Informe oficial anejo al Convenio aclara que la expresión «de pleno derecho» supone que el reconocimiento «ha de tener lugar automáticamente, es decir, sin un procedimiento de reconocimiento, ejecución o registro», esto es, sin necesidad de exequatur, o el registro de la adopción, o de la reconstitución «ex novo» de la adopción, por ejemplo. En definitiva el reconocimiento comporta atribuir efectos en el Ordenamiento jurídico español al acto jurídico extranjero de constitución de la adopción haciendo valer los efectos jurídicos de la misma ante la autoridad del Estado receptor, bastando para ello la verificación de la regularidad formal (legalización y traducción) del título de la adopción y del certificado de conformidad extendido en la forma prescrita por el Convenio.

Ello no impide, sin embargo, la existencia de un «control incidental» sobre tales adopciones. En efecto, la autoridad —judicial, registral, administrativa o cualquiera otra—, ante la que se invoque la existencia y validez de la adopción, valorará por sí misma, incidentalmente, si la adopción ha sido «certificada como conforme al Convenio». Si no concurre ningún motivo de denegación del reconocimiento de pleno derecho de la adopción, la autoridad debe considerar que la adopción existe, es válida y surte efectos jurídicos en su Estado parte.

En el sistema español el «control incidental» esencial es el que realiza el Registro Civil, a través de la calificación de su Encargado, que en caso de ser favorable da lugar a la inscripción de la citada adopción (cfr. Disposición Adicional Segunda de la Ley 1/1996, de 15 de enero). No se trata de un supuesto de inscripción constitutiva, ya que la constitutividad en esta materia se residencia en el acto judicial de aprobación o constitución de la adopción, pero en tanto dicha inscripción no tenga lugar no se podrá predicar un reconocimiento pleno de la adopción internacional a los efectos de nuestro Ordenamiento jurídico. Ahora bien, una vez producida la inscripción, y obtenido en consecuencia dicho reconocimiento pleno, hay que entender que dicho reconocimiento operará de forma retroactiva en congruencia con la previsión contenida en el artículo 112 del Código Civil conforme al cual «La filiación produce sus efectos desde que tiene lugar. Su determinación legal tiene efectos retroactivos siempre que la retroactividad sea compatible con la naturaleza de aquéllos y la ley no dispusiera lo contrario». Si la determinación legal de la filiación produce efectos retroactivos, no se pueden negar tales efectos al mero reconocimiento de una filiación adoptiva ya determinada «ab initio» por el propio título judi-

§9.3

cial de su constitución. Así, por ejemplo, si bien la nacionalidad española no se le podrá reconocer al adoptado menor hasta que la adopción no se inscriba en el Registro Civil español (art. 19 núm. 1 CC), una vez inscrita ésta hay que entender que la nacionalidad española de origen se adquirió en la fecha en que la adopción quedó constituida con arreglo al Derecho extranjero aplicable.

Los únicos motivos para denegar el reconocimiento de pleno derecho de la resolución en la que consta la adopción certificada como «conforme al Convenio» son los siguientes.

1º) Adopción no certificada como «conforme al Convenio». Esta certificación debe acompañarse de traducción y legalización. El contenido mínimo necesario de esta certificación viene recogido en el citado artículo 23 del Convenio: «la certificación especificará cuándo y por quién han sido otorgadas las aceptaciones a las que se refiere el artículo 17, apartado c)» del propio Convenio de La Haya de 29 de mayo de 1993, evitando así que un Estado contratante expida la certificación de conformidad sin que el Estado de recepción haya manifestado su acuerdo a la continuación del proceso de adopción.

2º) Adopción manifiestamente contraria al orden público del Estado parte, teniendo en cuenta el interés superior del niño. Se trata de una previsión muy poco probable en la práctica debido al intercambio de exhaustivos informes, y al consenso de autoridades previsto en el art. 17.c) Convenio. Pero el orden público tiene mayores probabilidades de actuación cuando se trate del reconocimiento de una adopción en un Estado parte que no sea ni el Estado de origen ni el Estado de recepción, pues ese «tercer Estado parte» no participó en el procedimiento de adopción. Podrá intervenir la cláusula del orden público en España en relación con siguientes supuestos: 1º adopciones de descendientes (vid. Resolución de 22 de junio de 1991); 2º cuando se ha prescindido de consentimientos o audiencias absolutamente indispensables para garantizar el interés del menor, como el consentimiento o audiencia del adoptando mayor de doce años; y 3º cuando se constate que el consentimiento se obtuvo mediante pago monetario.

3º) Motivos previstos en «acuerdos preferenciales». Los Estados partes en el Convenio de La Haya de 29 de mayo de 1993 pueden declarar que no están obligados a reconocer las adopciones llevadas a cabo en virtud de ciertos «acuerdos preferenciales» que se aplican con preferencia al Convenio de La Haya de 29 de mayo de 1993 (arts. 25, 39 y 48 del Convenio).

§9.3

4º) Junto con ello se ha de tener en cuenta que como puso de manifiesto la Exposición de Motivos de la Ley 18/1999, de 18 de mayo, de modificación del artículo 9, apartado 5 del propio Código Civil, incluso en el caso de que la adopción constituida por españoles en el extranjero se haya ajustado a las directrices del Convenio de La Haya relativo a la protección del niño y a la cooperación en materia de adopción internacional, hecho el 29 de mayo de 1993, no puede evitarse que existan diferencias entre los efectos de la adopción extranjera y los que produce esta institución en España. Incluso cuando la adopción haya sido certificada conforme al Convenio (artículo 23), su reconocimiento obligado en España no puede llegar a transformar automáticamente una adopción simple en una adopción con plenitud de efectos como es la española. Así lo admite el mismo Convenio de La Haya en su artículo 27 al prever la conversión de la adopción en el Estado de recepción.

4. Eficacia del reconocimiento de pleno derecho.–El reconocimiento de la adopción en España con arreglo al Convenio de La Haya de 29 de mayo de 1993 comporta varios efectos jurídicos. Algunos están regulados por el propio Convenio. Los demás efectos no previstos por el Convenio los fijan las normas de Derecho internacional privado del Estado en el que se hace valer la adopción.

Los «efectos mínimos» de toda adopción certificada como «conforme al Convenio» son los siguientes:

1º) Existencia y validez del vínculo de filiación entre el niño y sus padres adoptivos. No obstante, los derechos y obligaciones que derivan del vínculo de filiación son los establecidos por la Ley que regula, en cada Estado, los efectos de la filiación. En España se aplicará la Ley nacional del hijo adoptado (art. 9 núm. 4 Código Civil). Si no surge «vínculo de filiación» según la Ley aplicada a la adopción, el Convenio de La Haya de 29 de mayo de 1993, como ya hemos visto, no es aplicable.

2º) Responsabilidad de los padres adoptivos respecto al hijo. Los padres asumen, en virtud del Convenio de La Haya de 29 de mayo de 1993, una «responsabilidad frente al hijo». No obstante, el contenido de esta responsabilidad de los padres adoptivos forma parte de las relaciones paterno-filiales. Por tanto, se rige por la Ley que regula los efectos de la filiación adoptiva. En España se aplicará la Ley nacional del hijo adoptado (art. 9 núm. 4 CC) que será la española sólo si el hijo adquiere por consecuencia de la adopción la nacionalidad española (art. 19 núm. 1 CC).

§9.3

3°) Ruptura del vínculo de filiación preexistente entre el niño y su madre y su padre. Ello se produce si la adopción, por ser plena, surte tal efecto con arreglo a la Ley designada por las normas de conflicto que, en el Estado donde se constituyó la adopción, regulan la misma constitución de la adopción.

En caso de que la adopción no produzca tal efecto por haberse constituido inicialmente como adopción simple, es posible «convertir» tal adopción en adopción plena en los Estados partes generando con ello el efecto de ruptura del vínculo filial preexistente. Pero para ello es necesario, de acuerdo con las previsiones contenidas en el artículo 27 del Convenio, que se satisfagan los siguientes requisitos: 1° Que coincidan el Estado de origen del menor con el Estado donde se ha constituido la adopción y que coincida el Estado de recepción con el Estado requerido; 2° Que la Ley material del Estado de recepción lo permita a través de un procedimiento específico; 4° Que se hayan otorgado los consentimientos exigidos en el artículo 4, apartados c) y d) del Convenio de La Haya de 29 de mayo de 1993, esto es, que se haya previsto la posibilidad de que la adopción rompa los vínculos de filiación preexistentes. La adopción «convertida en plena» se beneficia del «reconocimiento de pleno derecho» recogido en el artículo 23 Convenio. En España la doctrina científica ha polemizado sobre la posibilidad de convertir una adopción internacional simple en una adopción plena conforme al modelo acogido por nuestro Código Civil. Esta Dirección General ha negado de forma reiterada la posibilidad de practicar esta conversión dada la falta de previsión expresa en nuestra legislación procesal y el rechazo explícito que dicho procedimiento sufrió durante la tramitación parlamentaria de la Ley 18/1999 (cfr. Resoluciones de 14 de mayo de 1992, 18 de octubre de 1993, 25 de octubre de 1995, 29 de mayo de 1998 y 19 de mayo de 2001).

Los «demás efectos de la adopción internacional» no contemplados en el Convenio de La Haya de 29 de mayo de 1993 se rigen por la Ley aplicable a los «efectos de la adopción», Ley que se determina con arreglo a las normas de conflicto del Estado en el que se hace valer la adopción. En relación con el Ordenamiento Jurídico español cabe afirmar lo siguiente:

1° En general, la Ley nacional del hijo determina los efectos de las adopciones plenas y simples reconocidas en España a través del Convenio de La Haya de 29 de mayo de 1993 (art. 9 núm. 4 CC).

2° El nombre y apellidos del adoptado se rige por su Ley nacional (art. 1.1 del Convenio relativo a la ley aplicable a los nombres y apellidos, hecho en Munich el 5 septiembre 1980), ya se trate de adopción plena o simple, lo que supone aplicar la ley española cuando se produce la adquisición de la nacionalidad española por parte del adoptado. En este sentido hay que tener en cuenta que la adopción produce un efecto jurídico de cambio de la filiación del menor, de forma que los apellidos del adoptado pasarán a ser los del adoptante o adoptantes, conforme a las reglas generales que responden al mandato del artículo 109 del Código Civil al disponer que «la filiación determina los apellidos con arreglo a lo dispuesto en la Ley».

3º Los alimentos que puede reclamar el adoptado se rigen por la Ley designada por el Convenio de La Haya de 2 octubre 1973 sobre la Ley aplicable a la obligación de alimentos.

4º Los efectos sucesorios se rigen por el artículo 9 núm. 8 Código Civil y en consecuencia, por la Ley nacional del causante al tiempo de su fallecimiento.

5º Los requisitos para la inscripción de la adopción en el Registro Civil español son los contenidos en el artículo 9 núm. 5-IV Código Civil, por remisión de la Disposición Adicional Segunda de la Ley Orgánica 1/1996, de 15 enero, de Protección Jurídica del Menor. Una adopción válida con arreglo al Convenio de La Haya de 29 de mayo de 1993 puede no reunir los requisitos para su inscripción en el Registro Civil español, por ejemplo por falta de competencia del Registro Civil español. Por ejemplo, en el caso de adoptantes británico e irlandés y adoptando colombiano (Consulta DGRN de 2 de diciembre de 2004): ninguno de los sujetos es español y la adopción no tiene lugar en España, por lo que la adopción puede ser válida pero no accede al Registro Civil español. Tampoco se inscribirá en el Registro Civil español una adopción certificada como «conforme al Convenio de La Haya de 29 de mayo de 1993» pero sin haber obtenido el certificado español de idoneidad de los adoptantes españoles domiciliados en España (Consulta DGRN de 22 de marzo de 2004). Finalmente, una adopción simple válida y existente en España de conformidad con el Convenio de La Haya de 29 de mayo de 1993 podrá, naturalmente, si procede (art. 15 LRC) ser anotada en el Registro Civil español a través del artículo 38.3 Reglamento del Registro Civil, aunque no pueda ser inscrita por no ser sus efectos equivalentes a los previstos por la Ley española, lo que impide que se beneficie la adopción del valor probatorio y de legitimación que proporciona la inscripción registral, al tener la anotación simple valor informativo (cfr. arts. 2, 3 y 38 LRC).

§9.3

6º Finalmente, debe quedar claro que la posible atribución al menor de la nacionalidad española se decide con arreglo al artículo 19 núm. 1 del Código Civil, de modo que una adopción simple válida y existente en España de conformidad con el Convenio de La Haya de 29 de mayo de 1993, no produce la adquisición de la nacionalidad española, al no tratarse de una «adopción plena».

5. La llamada «imperatividad» del Convenio de La Haya.–La doctrina tradicional viene entendiendo que el régimen jurídico derivado del Convenio de La Haya de 29 de mayo de 1993 es imperativo, lo que supone que no puede ser reconocida, en ningún Estado contratante, una adopción incluida en el ámbito de aplicación del Convenio, pero constituida con infracción del mismo o al margen de sus previsiones, aunque cumpla los requisitos de reconocimiento establecidos en la legislación interna del país concernido. En este mismo sentido se ha pronunciado la doctrina oficial de este Centro Directivo (vid. Resolución de 23 de julio de 1998). Se argumenta en este sentido que la finalidad fundamental a que obedece este Convenio es la de evitar que las adopciones internacionales se realicen en ámbitos privados, con los graves peligros de abusos y de desprotección de los menores tantas veces denunciados, en suerte que se ha establecido un sistema, claramente imperativo, por el que tales adopciones requieren su intervención y colaboración estrechas entre las autoridades centrales de cada país implicado o, en su caso, de los organismos acreditados legalmente. Dentro del marco de Convenio los que deseen adoptar a un menor residente en otro país deben dirigirse a la autoridad central del Estado de residencia de aquéllos y es esta autoridad la que canaliza la tramitación y transmite la petición con su informe a la autoridad central del país de residencia del menor. Sólo cuando ambas autoridades, tras las garantías que especifica el Convenio, están de acuerdo en que se siga el procedimiento de adopción, es cuando ésta puede constituirse en el Estado de origen del adoptado o, incluso, en el Estado de recepción de éste (cfr. arts. 14 a 22).

Ello significa que cuando una adopción está comprendida en el ámbito de aplicación del Convenio de La Haya de 29 de mayo de 1993, la adopción transnacional debe sujetarse al mismo, y en caso contrario se considera no inscribible por vulneración del Convenio (cfr. Resoluciones de 6 de febrero de 1998, 23-1ª de febrero de 1999, 23 de julio de 1998 y 25-1ª de mayo de 1998). En todo caso es evidente que en los supuestos indicados la adopción no se beneficia del reconocimiento de pleno derecho previsto por el Convenio, por lo que su validez, en el caso de que, conforme al criterio de otro sector de nuestra doctrina científica, no se viese comprometida por el mismo hecho de su desviación de las previsiones del Convenio, se habría de acreditar a través de un examen completo de los requisitos analizados en el apartado II de esta Resolución-Circular a la luz de lo dispuesto en el artículo 9 núm. 5 del Código Civil y del principio del interés superior del menor.

IV. Inscripción en los Registros españoles de adopciones constituidas por competente autoridad extranjera y válidas en España a través de convenios internacionales bilaterales

1. Convenios bilaterales en materia de adopciones internacionales.–En relación con la inscripción registral en España de las adopciones constituidas ante autoridad extranjera a través de Convenios internacionales bilaterales, debe recordarse el texto del artículo 39 del Convenio de La Haya de 29 de mayo de 1993 conforme al cual «1. El Convenio no derogará los instrumentos internacionales en que los Estados contratantes sean partes y que contengan disposiciones sobre materias reguladas por el presente Convenio, salvo declaración en contrario de los Estados vinculados por dichos instrumentos. 2. Todo Estado contratante podrá concluir con uno o más Estados contratantes acuerdos para favorecer la aplicación del Convenio en sus relaciones recíprocas. Estos acuerdos sólo podrán derogar las disposiciones contenidas en los artículos 14 a 16 y 18 a 21. Los Estados que concluyan tales acuerdos transmitirán una copia de los mismos al depositario del presente Convenio».

§9.3

Por tanto, los Convenios bilaterales vigentes para España siguen siendo aplicables para regular los efectos en España de las resoluciones extranjeras a través de las cuales se constituyen adopciones. Tales Convenios no regulan, sin embargo, los «efectos constitutivos» de dichas adopciones. Para que tales efectos se produzcan es precisa la inscripción registral si la adopción afecta a un sujeto de nacionalidad española. En definitiva, estos Convenios bilaterales siguen siendo aplicables a esta materia «salvo declaración en contrario de los Estados vinculados por dichos instrumentos», circunstancia que no se ha producido hasta la fecha presente.

En consecuencia, cabe recordar que ciertos Convenios internacionales bilaterales son aplicables para regular la validez y efectos en España las adopciones internacionales. Tales Convenios someten a trámite de «reconocimiento» las resoluciones extranjeras por las que se constituye la adopción. Es el caso del Convenio hispano-alemán de 14 noviembre 1983 (art. 29.2), Convenio hispano-austríaco de 17 febrero 1984 (art. 23.2), Convenio hispano-italiano de 22 marzo 1973, Convenio hispano-francés de 28 mayo 1969 (Auto del Tribunal Supremo de 2 de julio de 1981 y Resolución de 11 de mayo de 1999), Convenio hispano-brasileño de 13 abril 1989, Convenio hispano-uruguayo de 4 noviembre 1987 y Convenio hispano-tunecino de 24 septiembre 2001 (art. 17).

Estos Convenios exigen un «control» de la Ley que se aplicó a la adopción por parte de la autoridad extranjera que constituyó la adopción. La autoridad extranjera debió aplicar la misma Ley que hubiera aplicado al mismo supuesto un juez español. Sin embargo, si el resultado de aplicar dicha Ley es equivalente al que se hubiera alcanzado de haberse observado las normas españolas de Derecho internacional privado, el reconocimiento será posible («teoría de las equivalencias»). Estos Convenios suelen exigir, igualmente, el control, mediante criterios específicos, de la «competencia judicial internacional del juez de origen». La autoridad extranjera ante la que se constituyó la adopción debe haber sido una autoridad «internacionalmente competente».

Estos Convenios exigen que el reconocimiento de la resolución extranjera de adopción no vulnere el «orden público internacional» español.

Los Convenios firmados con Alemania y Austria permiten la aplicación de la normativa de producción interna (art. 9.5 Código Civil) si el reconocimiento es más sencillo a través de dicha normativa que mediante el régimen de tales Convenios.

§9.3

2. El acuerdo bilateral entre España y Bolivia en materia de adopciones.- Son precisas, finalmente, algunas consideraciones en relación con el Acuerdo bilateral entre el Reino de España y la República de Bolivia en materia de adopciones, hecho en Madrid el 29 octubre 2001, y que entró en vigor para España el 29 octubre 2001. Este Acuerdo regula aspectos de procedimiento de las adopciones internacionales, pero no establece criterios de competencia judicial para la constitución de las mismas ni criterios sobre la Ley aplicable a la adopción internacional, ni tampoco regula los efectos jurídicos en España de las adopciones constituidas en Bolivia ni viceversa. Por ello, la repercusión de dicho Acuerdo en la práctica registral española es escasa. Además, debe tenerse presente que Bolivia es ya Estado parte en el Convenio de La Haya de 29 de mayo de 1993, lo que implica la «activación» de la Disposición Final primera del Acuerdo hispano-boliviano, cuyo texto indica que: «Una vez que Bolivia haya ratificado la Convención de La Haya relativa a la Protección del

Niño y a la Cooperación en Materia de Adopción Internacional, y existiendo común acuerdo entre las Partes contratantes, los principios y preceptos de dicha Convención, regirán para la mejor aplicación del presente Acuerdo».

3. El protocolo sobre adopciones internacionales entre España y Filipinas.– También procede indicar, ahora en relación con el Protocolo sobre adopción internacional entre el Reino de España y la República de Filipinas, hecho en Manila el 12 noviembre de 2002 (BOE núm. 21, de 24 de enero de 2003), cuya entrada en vigor provisional se produjo el 12 diciembre 2002 y entrada en vigor definitiva el 14 de octubre de 2003, que entre las finalidades de dicho Protocolo se encuentra la de «conseguir el reconocimiento recíproco de las adopciones plenas realizadas en el marco del presente Protocolo, de conformidad con las legislaciones de ambos países» (art. 1).

Sin embargo, el Protocolo no instaura ningún sistema o mecanismo legal para el reconocimiento recíproco de adopciones entre ambos países. En efecto, el artículo 7 del Protocolo afirma que «la Autoridad Central del Estado de recepción garantizará, de acuerdo con su legislación, el cumplimiento de todos los requisitos necesarios para el reconocimiento de la plena adopción, e informará de ello a la Autoridad Central del Estado de origen, enviándole la documentación pertinente». Igualmente, el artículo 8 del Protocolo citado se limita a afirmar que «cuando, en el curso del procedimiento de adopción, se compruebe la existencia de cualquier impedimento, como por ejemplo que, en consideración al interés superior del niño, no resulte apropiado reconocer la adopción, la Autoridad Central que aprecie dicho impedimento lo comunicará inmediatamente a la Autoridad Central del otro Estado con objeto de determinar de mutuo acuerdo las medidas más adecuadas para salvaguardar los derechos del niño».

§9.3

Pero en todo caso, los requisitos para el reconocimiento de adopciones serán los fijados en «las legislaciones de ambos países» (art. 1). Siendo tanto España como Filipinas, Estados partes en el Convenio de La Haya de 29 de mayo de 1993, éste es el instrumento legal aplicable para el reconocimiento recíproco de adopciones en ambos países, cuyo régimen jurídico ha sido ya expuesto en relación con la inscripción en los Registros públicos españoles de las adopciones constituidas por autoridades extranjeras.

§9.4. Instrucción de 25 de octubre de 2022, de la Dirección General de Seguridad Jurídica y Fe Pública, sobre el derecho de opción a la nacionalidad española establecido en la disposición adicional octava de la Ley 20/2022, de 19 de octubre, de Memoria Democrática

La Ley 20/2022, de 19 de octubre, de Memoria Democrática (BOE de 20 de octubre) establece, en su disposición adicional octava, la posibilidad de adquirir la nacionalidad española para los nacidos fuera de España de padre o madre, abuelo o abuela, que originariamente hubieran sido españoles, y que, como consecuencia de haber sufrido exilio por razones políticas, ideológicas o de creencia o de orientación e identidad sexual, hubieran perdido o renunciado a la nacionalidad española; para los hijos e hijas nacidos en el exterior de mujeres españolas que perdieron su nacionalidad por casarse con extranjeros antes de la entrada en vigor de la Constitución de 1978; y para los hijos e hijas mayores de edad de aquellos españoles a quienes les fue reconocida su nacionalidad de origen en virtud del derecho de opción de acuerdo a lo dispuesto en la presente ley o en la disposición adicional séptima de la Ley 52/2007, de 26 de diciembre, por la que se reconocen y amplían derechos y se establecen medidas a favor de quienes padecieron persecución o violencia durante la Guerra Civil y la Dictadura.

La entrada en vigor de la disposición adicional citada ha llevado a este Centro Directivo, en uso de las facultades que tiene atribuidas, a dictar, mediante la presente Instrucción, las siguientes directrices sobre el ejercicio y alcance de este derecho, así como las normas de procedimiento precisas para agilizar la tramitación de solicitudes en las Oficinas del Registro Civil.

Las posibles dudas que se planteen a los Encargados de las Oficinas del Registro Civil español en cuanto al alcance e interpretación del ámbito de aplicación de la mencionada disposición adicional octava, sobre los supuestos incluidos o excluidos de la misma, o sobre los requisitos que deben reunir los solicitantes, se resolverán con arreglo al cuerpo de doctrina que se contiene en las siguientes directrices:

Primera. Conforme a la disposición adicional octava de la Ley 20/2022, podrán optar a la nacionalidad española:

a) Los nacidos fuera de España de padre o madre, abuelo o abuela, que originariamente hubieran sido españoles, y que, como consecuencia de haber sufrido exilio por razones políticas, ideológicas o de creencia o de orientación e identidad sexual, hubieran perdido o renunciado a la nacionalidad española.

b) Los hijos e hijas nacidos en el exterior de mujeres españolas que perdieron su nacionalidad por casarse con extranjeros antes de la entrada en vigor de la Constitución de 1978.

c) Los hijos e hijas mayores de edad de aquellos españoles a quienes les fue reconocida su nacionalidad de origen en virtud del derecho de opción de acuerdo a lo dispuesto en la presente ley o en la disposición adicional séptima de la Ley 52/2007, de 26 de diciembre.

En todos los supuestos indicados, será necesario que los interesados formalicen la declaración de opción en el plazo de dos años desde la entrada en vigor de la disposición adicional octava de la Ley de Memoria Democrática, sin perjuicio de la posibilidad de prórroga de dicho plazo, por un año más, mediante Acuerdo del Consejo de Ministros.

Segunda. La solicitud-declaración de opción se presentará por los interesados ajustada a los modelos oficiales previstos en los anexos I, II, III y IV de esta Instrucción, junto con la documentación acreditativa de los requisitos legales exigidos en cada caso.

§9.4

Tercera. La solicitud-declaración se presentará ante el Encargado de la Oficina General o Consular del Registro Civil que corresponda, conforme a las reglas de competencia para el ejercicio de la opción contenidas en el criterio III de la directriz séptima de esta Instrucción.

Cuarta. Los modelos de actas y diligencias quedan aprobados en los términos que figuran en los anexos I a VII de esta Instrucción. Los asientos de inscripción de nacimiento y nacionalidad se extenderán con sujeción a las normas registrales.

Quinta. Excepto en su plazo especial, estas opciones quedan sometidas a las condiciones exigidas por los artículos 20 y 23 del Código Civil, salvo a la renuncia a la nacionalidad anterior.

En todo lo relativo a la opción por una vecindad civil común o foral, promesa o juramento de fidelidad al Rey y de obediencia a la Constitución y a las leyes, los Encargados de las Oficinas del Registro Civil que formalicen el acta de opción habrán de tener en cuenta los criterios y las consideraciones jurídicas que se contienen en esta Instrucción.

Sexta. Las personas que, siendo hijos de padre o madre originariamente español y nacido en España, hubiesen optado a la nacionalidad española no de origen en virtud del artículo 20.1.b) del Código Civil, en su redacción dada por la Ley 36/2002, de 8 de octubre y los hijos menores de edad, de quienes adquirieron la nacionalidad española, por aplicación de la Ley 52/2007, que optaron, a su vez, a la nacionalidad española no de origen, en virtud del ejercicio del derecho de opción, previsto en el artículo 20.1.a) del Código Civil, por estar bajo la patria potestad de un español, podrán ahora acogerse igualmente a la opción contemplada en la disposición adicional octava de la Ley 20/2022, a fin de obtener la nacionalidad española de origen sobrevenida, siempre que cumplan con los requisitos establecidos, formalizando para ello una nueva declaración de opción durante el plazo de vigencia de la citada disposición adicional.

§9.4

Estos interesados estarán exentos de aportar la documentación ya presentada que sirvió de base para obtener la nacionalidad española no originaria.

La solicitud de la nacionalidad española de origen, que deberán formular estos interesados, se ajustará al modelo incorporado como anexo IV de esta Instrucción.

Séptima. La aplicación de las anteriores directrices se sujetará a los siguientes criterios:

I. Naturaleza y características del derecho de opción a la nacionalidad española.

La opción es un modo de adquirir la nacionalidad española que requiere la voluntad expresa de la persona interesada, formulada ante el órgano o empleado público designado en la ley, en este caso los Encargados de las Oficinas del Registro Civil español.

El artículo 20 del Código Civil configura el derecho a optar a la nacionalidad española como un modo de adquisición derivativo. No obstante el legislador, en la regulación contenida en disposición adicional séptima de la Ley 52/2007, de 26 de diciembre, por la que se reconocen y amplían derechos y se establecen medidas en favor de quienes padecieron persecución o violencia durante la guerra civil y la dictadura, dispensó un tratamiento jurídico más beneficioso, al atribuir la cualidad de español de origen a quienes adquirieron la nacionalidad española en virtud de lo dispuesto en la citada disposición, quedando dicha interpretación recogida en el criterio primero de la Instrucción de 4 de noviembre de 2008, de la Dirección General de los Registros y del Notariado (actual Dirección General de Seguridad Jurídica y Fe Pública), sobre el derecho de opción a la nacionalidad española establecido en la disposición adicional séptima de la Ley 52/2007, de 26 de diciembre.

Sin embargo, conviene aclarar que estas personas adquirieron, en virtud del ejercicio del derecho de opción previsto en la disposición adicional séptima de la Ley 52/2007, la nacionalidad española «de origen» pero adquirida de forma sobrevenida, esto es, una nacionalidad cuya adquisición se produce en un momento posterior al nacimiento, suponiendo esto que la condición de español de origen se ostenta y, en consecuencia, produce efectos desde su adquisición.

En este mismo sentido se ha pronunciado la Sección Tercera de la Sala de lo Contencioso-Administrativo de la Audiencia Nacional en su sentencia, de fecha 19 de julio de 2022 (núm. de recurso 0001298/2018), disponiendo en su fundamento de derecho segundo que «... Desde el momento en que optó por la nacionalidad española al amparo de la disposición adicional séptima de la Ley 52/2007, el progenitor del recurrente ostenta la nacionalidad española "de origen" pero el título de su adquisición no fue originario (en el sentido de coetáneo al nacimiento), sino sobrevenido. Por lo tanto, a pesar de ser español de origen, no puede ser considerado originariamente español, ya que el reconocimiento de la nacionalidad española en virtud de la disposición adicional séptima de la Ley 52/2007 representa una forma derivativa de nacionalidad española que tiene efectos desde su adquisición, sin carácter retroactivo».

§9.4

Por todo lo anterior y atendiendo a los precedentes históricos de la regulación contenida en la disposición adicional octava de la Ley 20/2022 de Memoria Democrática y al espíritu y finalidad que la inspiran, además de a los términos en que aparece redactada, a resultas de su tramitación parlamentaria, este Centro Directivo considera que se debe aplicar la misma interpretación a quienes adquieran la nacionalidad española, en virtud de lo establecido en esta ley, es decir, se ha de considerar que adquieren la nacionalidad española de origen, pero adquirida de forma sobrevenida, produciendo efectos desde su adquisición.

En consecuencia, la opción regulada en la disposición adicional octava de esta ley presenta notables diferencias respecto a la opción regulada en el artículo 20.1.b) del Código Civil que pueden sintetizarse de la manera siguiente:

a) El derecho de opción regulado en la disposición adicional octava de la Ley 20/2022 confiere la cualidad de español de origen, si bien adquirida de forma sobrevenida, es decir, con efectos desde su adquisición, sin carácter retroactivo.

b) El artículo 20.1.b) limita la posibilidad de optar a la nacionalidad española, al excluir a descendientes de progenitores originariamente españoles que no puedan probar su nacimiento en España, lo que no sucede en la presente regulación.

c) Los supuestos contemplados en la disposición adicional octava contienen un plazo de dos años contados desde la entrada en vigor de la precitada ley, que tendrá lugar al día siguiente de su publicación en el «Boletín Oficial del Estado». Dicho plazo podrá ser prorrogado por Acuerdo del Consejo de Ministros.

d) El derecho de opción regulado en la Ley 20/2022 no requerirá la renuncia a la nacionalidad anterior en los términos establecidos en el artículo 23 del Código Civil.

Por otro lado, cabe destacar que la opción regulada en la disposición adicional octava de la Ley 20/2022 presenta las siguientes notas comunes con la regulada en el artículo 20.1.b) del Código Civil:

a) En ninguna de las dos modalidades se exige un límite de edad para su ejercicio.

b) Para el ejercicio de la opción regulada en el artículo 20.1.b) del Código Civil y la regulada en los supuestos relacionados en la disposición adicional octava analizada, los interesados mayores de edad deben cumplir las condiciones exigidas en los artículos 20 y 23 del Código Civil, salvo la renuncia a la nacionalidad anterior.

II. Personas que pueden ejercitar el derecho de opción a la nacionalidad española reconocido por la disposición adicional octava de la Ley 20/2022.

1.º Párrafo primero del apartado 1 de la disposición adicional octava de la Ley 20/2022.

Se establece que «Los nacidos fuera de España de padre o madre, abuelo o abuela, que originariamente hubieran sido españoles, y que, como consecuencia de haber sufrido exilio por razones políticas, ideológicas o de creencia o de orientación e identidad sexual, hubieran perdido o renunciado a la nacionalidad española, podrán optar a la nacionalidad española, a los efectos del artículo 20 del Código Civil».

Pese a que este párrafo parece dirigirse únicamente a los hijos, hijas, nietos y nietas de exiliados que nacieron después de que sus padres/madres y/o abuelos/abuelas perdieran la nacionalidad española, es posible encontrar una interpretación más acorde con la verdadera voluntad del legislador y el espíritu de la ley, interpretación a la que puede llegarse mediante el análisis conjunto e integrador de la anterior Ley 52/2007 y de la presente.

Así, la disposición adicional séptima de la Ley 52/2007 de 26 de diciembre establecía dos distintos supuestos de opción, y decía:

«1. Las personas cuyo padre o madre hubiese sido originariamente español podrán optar a la nacionalidad española de origen.

2. Este derecho también se reconocerá a los nietos de quienes perdieron o tuvieron que renunciar a la nacionalidad española como consecuencia del exilio.»

Si la presente ley en su disposición adicional 8.ª tenía por objeto ampliar los supuestos de opción frente a los que se contemplaban en la Ley 52/2007 (recoge ahora la posibilidad de opción de los hijos mayores de edad y de los hijos de mujeres que perdieron la nacionalidad por razón de matrimonio, supuestos no contemplados en la anterior ley), parece lógico entender que el legislador no ha querido excluir del ámbito de aplicación de esta ley a los que se encontraban en la situación descrita en el punto primero de la disposición adicional séptima de la Ley 52/2007, sino que ha refundido en un solo párrafo los dos supuestos de la anterior disposición adicional 7.ª de la Ley 52/2007.

§9.4

Así, este primer párrafo, recogería dos supuestos distintos de opción, el de:

«Los nacidos fuera de España de padre o madre, abuelo o abuela, que originariamente hubieran sido españoles.»

y, además, («y que») el de:

«Los nacidos fuera de España de padre o madre, abuelo o abuela, que originariamente hubieran sido españoles, y que, como consecuencia de haber sufrido exilio por razones políticas, ideológicas o de creencia o de orientación e identidad sexual, hubieran perdido o renunciado a la nacionalidad española.»

De modo que, tanto los nacidos fuera de España de padres o abuelos originariamente españoles, como los nacidos fuera de España de padres o abuelos que por el exilio perdieron la nacionalidad española o renunciaron a ella, podrán ejercitar la opción prevista en este párrafo.

2.º Apartado 1.a) de la disposición adicional octava de la Ley 20/2022.

Se establece que, igualmente, podrán adquirir la nacionalidad española «los hijos e hijas nacidos en el exterior de mujeres españolas que perdieron su nacionalidad por casarse con extranjeros antes de la entrada en vigor de la Constitución de 1978».

Este apartado viene a reparar la discriminación sufrida por las mujeres españolas casadas con extranjeros que, por aplicación de la legislación española en materia de nacionalidad anterior a la Constitución Española de 1978, no podían transmitir dicha nacionalidad a sus hijos.

Así, la pérdida de la nacionalidad española por matrimonio con extranjero venía establecida en el artículo 22 del Código Civil en su redacción originaria, «la mujer casada sigue la condición y nacionalidad de su marido» y en el artículo 23.3 del Código Civil en la redacción por Ley de 15 de julio de 1954, al establecerse que perderá la nacionalidad «la española que contraiga matrimonio con extranjero, si adquiere la nacionalidad de su marido», quedando, pues, patente la regla general de transmisión de la nacionalidad española únicamente a través del padre. Solo a partir de la reforma del Código Civil de 1982 —anticipada por su propia eficacia normativa directa por la Constitución de 1978— se comenzó a considerar españoles a los hijos de padre o madre españoles, indistintamente.

3.º Apartado 1.b) de la disposición adicional octava de la Ley 20/2022.

Se establece que, igualmente, podrán adquirir la nacionalidad española «Los hijos e hijas mayores de edad a quienes les fue reconocida su nacionalidad de origen en virtud del derecho de opción de acuerdo a lo dispuesto en la presente ley o en la disposición adicional séptima de la Ley 52/2007, de 26 de diciembre».

Este apartado 1.b) de la disposición adicional octava de la Ley 20/2022, elimina la limitación establecida en la regulación anterior, permitiendo el ejer-

§9.4

cicio del derecho de opción a la nacionalidad española a los hijos e hijas mayores de edad de aquellos a quienes les fue reconocida la opción a la nacionalidad española de origen en virtud de la Ley 52/2007 y también a los hijos e hijas mayores de edad de los que opten a la nacionalidad española de origen en virtud de la Ley 20/2022.

III. Reglas de competencia para el ejercicio de la opción.

La declaración de opción a la nacionalidad española, así como el juramento o promesa, serán formulados ante el Encargado de la Oficina del Registro Civil del domicilio del optante, que procederá a su calificación y, en su caso, a practicar la correspondiente inscripción.

Si el optante ha nacido en el territorio correspondiente a la demarcación de otra Oficina del Registro Civil, se remitirá la solicitud y la documentación presentada a la Oficina del Registro Civil correspondiente al nacimiento.

No obstante, en las Oficinas del Registro Civil en las que sea de aplicación la Ley 20/2011, de 21 de julio, del Registro Civil se estará a lo dispuesto en la distribución de competencias establecida en la «Instrucción de 16 de septiembre de 2021, de la Dirección General de Seguridad Jurídica y Fe Pública, por la que se acuerdan las pautas y criterios para apoyar la entrada en servicio efectiva de la aplicación informática Dicireg, a partir de la entrada en funcionamiento de la primera oficina conforme a las previsiones contenidas en la Ley 20/2011, de 21 de julio, del Registro Civil» (BOE de 23 de septiembre de 2021).

IV. Reglas de procedimiento y documentación que debe aportarse.

1. Solicitud de ejercicio del derecho de opción.

a) La solicitud se realizará mediante los modelos normalizados que se adjuntan como anexos I, II, III y IV de esta Instrucción.

Los interesados podrán obtener las solicitudes incorporadas a los anexos I, II, III y IV por vía telemática en las páginas web del Ministerio de Justicia y del Ministerio de Asuntos Exteriores, Unión Europea y Cooperación, así como por vía presencial en las Oficinas de Registro Civil.

b) La solicitud deberá presentarse personalmente en el registro civil del domicilio del interesado, junto con una fotocopia de dicha solicitud, que será sellada en el registro civil y devuelta al interesado para que le sirva de justificación de haber presentado en plazo la solicitud.

c) Si al presentarse la declaración de opción no se acreditan los requisitos exigidos, el optante estará obligado a completar la prueba en el plazo de trein-

§9.4

ta días naturales, contados desde el requerimiento que, a tal fin, se realice al interesado por parte del Encargado de la correspondiente Oficina del Registro Civil, según anexo VII de esta instrucción.

d) Los encargados de la Oficina General o Consular del Registro Civil que reciban dichas solicitudes darán valor de acta al modelo oficial de solicitud-declaración mediante la incorporación de una diligencia de autenticación, conforme al modelo que figura en el anexo V, sin necesidad de que el interesado se encuentre presente.

Esta diligencia podrá realizarse en el período de dos años de vigencia de la disposición adicional octava de la Ley 20/2022, prorrogable por un año más en virtud de Acuerdo de Consejo de Ministros, o, incluso, en un momento posterior al vencimiento del citado plazo y de su eventual prórroga, siempre que la solicitud-declaración en modelo normalizado se hubiere presentado dentro de dicho plazo o prórroga.

e) Si el Encargado del Registro Civil denegara la opción a la nacionalidad española por no cumplir los requisitos que dispone la Ley 20/2022, se le notificará formalmente al interesado, a los efectos de que pueda interponer el correspondiente recurso ante la Dirección General de Seguridad Jurídica y Fe Pública del Ministerio de Justicia.

2. Documentación que deben aportar los interesados acompañando a la solicitud.

2.1 Documentación común para los tres apartados de la disposición adicional octava:

a) Documento que acredite la identidad del solicitante.

b) Certificación literal de nacimiento del solicitante, expedida por el Registro Civil local en que conste inscrita.

2.2 Documentación adicional para los supuestos del párrafo primero del apartado 1 de la disposición adicional octava de la Ley 20/2022.

a) Certificación literal de nacimiento del padre, madre, abuelo o abuela del solicitante, que originariamente hubieran sido españoles.

b) Si la solicitud se formula como nieto/a de abuelo/a originariamente español, se aportará, además, certificación literal de nacimiento del padre o madre —el que corresponda a la línea del abuelo o abuela españoles— del solicitante.

§9.4

c) La documentación que acredite la condición de exiliado del padre, madre, abuelo o abuela a que se refiere el apartado 3 (prueba de la condición de exiliado).

Las certificaciones registrales españolas a que se refiere este apartado podrán solicitarse, a partir de la fecha de entrada en vigor de la disposición adicional octava, mediante el propio modelo normalizado de solicitud de certificación literal de nacimiento (anexo VI) dirigido al Encargado de la Oficina del Registro Civil correspondiente, o por vía telemática a través de la web del Ministerio de Justicia www.mjusticia.es haciendo constar expresamente que la certificación se solicita a los efectos de ejercicio del derecho de opción previsto en la Ley 20/2022.

En los casos en que no exista inscripción de nacimiento de los padres o abuelos, el interesado podrá aportar la partida de bautismo del archivo parroquial o diocesano, junto con el certificado negativo de inscripción de nacimiento emitido por el Registro correspondiente. De igual modo, podrá promover el expediente de inscripción de nacimiento fuera de plazo previsto en la legislación registral.

2.3 Documentación adicional para los supuestos del apartado 1.a) de la disposición adicional octava de la Ley 20/2022.

a) Certificación literal de nacimiento de la madre española del solicitante.

b) Certificado literal de matrimonio de la madre con extranjero contraído antes del 29 de diciembre de 1978, expedida por el Registro Civil en que conste inscrito.

c) Para matrimonios formalizados entre el 5 de agosto de 1954 y el 28 de diciembre de 1978, ambos incluidos, deberá aportarse, además, documentación que acredite la adquisición por la madre de la nacionalidad del marido y documento acreditativo de la legislación extranjera en materia de adquisición de la nacionalidad por matrimonio vigente en la fecha en que éste tuvo lugar. Estos dos documentos no serán necesarios cuando se trate de matrimonios formalizados antes del 5 de agosto de 1954, puesto que les será de aplicación lo dispuesto en el artículo 22 del Código Civil en su redacción originaria esto es, «la mujer casada sigue la condición y nacionalidad de su marido».

2.4 Documentación adicional para los supuestos del apartado 1.b) de la disposición adicional octava de la Ley 20/2022.

a) Certificación literal española de nacimiento del padre o de la madre de los solicitantes mayores de edad que opten a la nacionalidad española,

§9.4

al haberse reconocido a sus progenitores la nacionalidad española de origen en virtud del derecho de opción de acuerdo a lo dispuesto en la disposición adicional octava de la Ley 20/2022 o en la disposición adicional séptima de la Ley 52/2007, de 26 de diciembre, cuando la solicitud se presente en un Registro Civil distinto a aquel en el que se encuentra inscrito el nacimiento del padre o de la madre.

3. Prueba de la condición de exiliado.

Los interesados en optar por la nacionalidad española según el párrafo primero del apartado 1 de la disposición adicional octava podrán acreditar la condición de exiliado de su padre, madre, abuelo o abuela mediante la aportación de alguno de los siguientes documentos:

a) Documentación que acredite haber sido beneficiario de las pensiones otorgadas por la Administración española a los exiliados que prueba directamente y por sí sola el exilio.

b) Documentación de la Oficina Internacional de Refugiados de Naciones Unidas y de las Oficinas de Refugiados de los Estados de acogida que asistieron a los refugiados españoles y a sus familias.

c) Certificaciones o informes expedidos por partidos políticos, sindicatos o cualesquiera otras entidades o instituciones, públicas o privadas, debidamente reconocidas por las autoridades españolas o del Estado de acogida de los exiliados, que estén relacionadas con el exilio, bien por haber padecido exilio sus integrantes, o por haber destacado en la defensa y protección de los exiliados españoles, o por trabajar actualmente en la reparación moral y la recuperación de la memoria personal y familiar de las víctimas de la Guerra Civil y la Dictadura.

Los documentos numerados en los apartados b) y c) anteriores constituirán prueba del exilio si se presentan en unión de cualquiera de los siguientes documentos:

1. Pasaporte o título de viaje con sello de entrada en el país de acogida.

2. Certificación del registro de matrícula del Consulado español.

3. Certificaciones del Registro Civil Consular que acrediten la residencia en el país de acogida, tales como inscripción de matrimonio, inscripciones de nacimiento de hijos, inscripciones de defunción, entre otras.

4. Certificación del Registro Civil local del país de acogida que acredite haber adquirido la nacionalidad de dicho país.

§9.4

5. Documentación de la época del país de acogida en el que conste el año de la llegada a dicho país o la llegada al mismo por cualquier medio de transporte.

d) A los efectos del ejercicio del derecho de opción reconocido en el párrafo primero del apartado 1 de la disposición adicional octava de la Ley 20/2022:

Se presumirá la condición de exiliado respecto de todos los españoles que salieron de España entre el 18 de julio de 1936 y el 31 de diciembre de 1955. En estos supuestos, deberá acreditarse, la salida del territorio español mediante cualquiera de los documentos enumerados en este punto.

Si la salida de España se produjo entre el 1 de enero de 1956 y el 28 de diciembre de 1978 deberá acreditarse la condición de exiliado.

Finalmente, a salvo de lo dispuesto en los tratados internacionales, las certificaciones registrales extranjeras, presentadas junto con la solicitud-declaración de opción de cualquiera de los supuestos contemplados en la disposición adicional octava de la Ley 20/2022, deberán entregarse debidamente legalizadas y/o apostilladas. De igual modo, deberá aportarse traducción oficial efectuada por órgano o funcionario competente en caso de documentos no redactados en español.

Octava. La presente instrucción entrará en vigor el día siguiente a su publicación en el «Boletín Oficial del Estado».

§9.4

ANEXO I
Modelo de solicitud de la nacionalidad española por opción

(Apartado 1, párrafo primero, disposición adicional 8.ª de la Ley 20/2022)

AL SR. ENCARGADO DEL REGISTRO CIVIL DE:

Nombre:	Apellido del padre:
Apellido de la madre:	Nacionalidad:
Estado Civil:	Pasaporte:
Domicilio:	
Provincia:	País:
Telf. Contacto:	E-mail:

Por este escrito solicita la tramitación del procedimiento para la adquisición de la nacionalidad española por OPCIÓN, según lo dispuesto en el apartado 1 párrafo primero de la Disposición adicional octava de la Ley 20/2022. Además de las menciones de identidad y datos antes señalados, se hace constar lo siguiente:

NACIONALIDAD DE ORIGEN DE SU PROGENITOR/A O ABUELO/A ES:

QUE DE ACUERDO CON LO DISPUESTO EN EL ART. 15 DEL CÓDIGO CIVIL, DECLARA OPTAR POR LA VECINDAD CIVIL:

☐ Común	☐ D.º Civil de Islas Baleares	☐ D.º Civil Foral de Navarra
☐ Foral del País Vasco	☐ D.º de Galicia	☐ Fuero del Baylío
☐ D.º Civil de Cataluña	☐ D.º Civil de Aragón	☐ Tierra de Ayala

QUE PRESTA JURAMENTO O PROMESA DE FIDELIDAD AL REY Y DE OBEDIENCIA A LA CONSTITUCIÓN Y A LAS LEYES ESPAÑOLAS.

QUE LA PRESENTE SOLICITUD DE NACIONALIDAD ESPAÑOLA SE FUNDAMENTA EN QUE EL/LA SOLICITANTE ES HIJO/A DE PADRE O MADRE, O NIETO/A DE ABUELO/A ORIGINARIAMENTE ESPAÑOL O ES HIJO/A DE PADRE O MADRE, O NIETO/A DE ABUELO/A ORIGINARIAMENTE ESPAÑOL QUE PERDIERON O RENUNCIARON A LA NACIONALIDAD ESPAÑOLA COMO CONSECUENCIA DEL EXILIO.

Con el presente escrito se aportan los documentos probatorios de los hechos mencionados.

En virtud de lo expuesto, se solicita la admisión del escrito y los documentos adjuntos y la incoación del oportuno procedimiento, al que se dará el trámite legal pertinente, según los artículos 20 y 23 del Código Civil.

§9.4

§9.5. Instrucción de 5 de noviembre de 2024, de la Dirección General de Seguridad Jurídica y Fe Pública, por la que se modifica la Instrucción de 25 de septiembre de 2023, de la Dirección General de Seguridad Jurídica y Fe Pública, sobre el derecho de opción a la nacionalidad española establecido en la disposición adicional octava de la Ley 20/2022, de 19 de octubre, de Memoria Democrática

La instrucción de 25 de octubre de 2022 sobre el derecho de opción a la nacionalidad española establecido en la disposición adicional octava de la Ley 20/2022, de 19 de octubre, de Memoria Democrática (BOE núm. 257 de 26 de octubre y núm. 38 de 14 de febrero de 2023 de corrección de errores), vino a establecer las directrices sobre el ejercicio y alcance del citado derecho de opción así como las normas de procedimiento precisas para agilizar la tramitación de solicitudes en las Oficinas del Registro Civil.

Teniendo en cuenta que la legislación actual está encaminada al desarrollo de una Administración electrónica que facilite la tramitación de los procedimientos a los interesados, resulta conveniente posibilitar, con las debidas garantías, la presentación de solicitudes de cita previa a través de herramientas telemáticas que permitan a las Oficinas Consulares, principales receptoras de la documentación, gestionar de manera más ágil y garantista las peticiones de nacionalidad por opción que se realicen, con independencia del momento en el que se produzca la comparecencia presencial de la persona interesada en la Oficina Consular para presentar la documentación original.

A través de herramientas telemáticas puestas a disposición para ello por las Oficinas Consulares, las personas interesadas podrán solicitar una cita presencial para ejercer su derecho de opción a la nacionalidad española. Estas herramientas telemáticas deberán garantizar el carácter personal de la solicitud de cita, así como la fecha de presentación de la misma.

A las personas solicitantes se les facilitará un acuse de recibo que les permitirá acreditar que han solicitado cita dentro del plazo de vigencia de

§9.5

la disposición adicional octava, con independencia de que obtengan su cita para presentar la documentación original de forma presencial en un momento posterior. Las propias herramientas generarán registros y acuses de recibo. Deberán respetar el orden cronológico de la presentación de solicitudes de cita de conformidad con la Ley de Procedimiento Administrativo Común.

A tal efecto, se hace necesaria la modificación de la directriz séptima en su criterio IV «Reglas de procedimiento y documentación que debe aportarse» en sus apartados 1.b) y c) que establece la forma de presentación de la solicitud de ejercicio del derecho de opción.

En virtud de lo anterior, de conformidad con lo previsto en el artículo 26 de la Ley 20/2011, de 21 de julio, del Registro Civil, dispongo:

Primero. Modificación de los apartados 1.b) y c) de la directriz séptima, Criterio IV.

Uno. Se modifica el apartado 1.b) al que se añade un nuevo párrafo que queda redactado de la siguiente forma:

«Respecto a las Oficinas Consulares, para todos aquellos casos en los que la cita para ejercer el derecho de opción a la nacionalidad conforme a la disposición adicional octava de la Ley no pueda ser atendida en los plazos previstos en la misma, pero se haya solicitado a través de herramientas telemáticas diseñadas al efecto que garanticen la identidad del solicitante y generen un justificante que permita acreditar que la solicitud de cita se ha producido dentro del plazo de vigencia previsto en la disposición adicional octava, las personas interesadas podrán presentar su solicitud personalmente con posterioridad a dicho plazo, en la fecha en la que sean citadas, acompañando el precitado justificante.»

Dos. Se modifica el apartado 1.c) al que se añade un nuevo párrafo que queda redactado del siguiente modo:

«El procedimiento y los plazos de subsanación previstos en el párrafo anterior serán igualmente aplicables a las solicitudes de nacionalidad presentadas en citas obtenidas a través de las herramientas telemáticas facilitadas por las Oficinas Consulares.»

Segundo. Entrada en vigor.

La presente instrucción entrará en vigor el día siguiente a su publicación en el «Boletín Oficial del Estado»".

§10. FILIACIÓN Y APELLIDOS[2]

§10.1. Instrucción de 5 de octubre de 2010, de la Dirección General de los Registros y del Notariado, sobre régimen registral de la filiación de los nacidos mediante gestación por sustitución

La Ley 14/2006 de 26 de mayo, sobre Técnicas de Reproducción Humana Asistida, establece en su artículo 10.1 que será nulo de pleno derecho el contrato por el que se convenga la gestación, con o sin precio, a cargo de una mujer que renuncia a la filiación materna a favor del contratante o de un tercero. Para estos casos, en el párrafo segundo de dicho precepto se prevé que la filiación de los hijos nacidos por gestación de sustitución será determinada por el parto. Queda a salvo la posible acción de reclamación de la paternidad respecto del padre biológico, conforme a las reglas generales.

Esta previsión legal contempla la posibilidad de atribuir la paternidad del nacido mediante esta técnica, por los medios ordinarios regulados en nuestra legislación, permitiendo la inscripción del menor en el Registro Civil. En efecto, el artículo 10.3 de la Ley 14/2006, sobre Técnicas de Reproducción Asistida, permite el ejercicio tanto de la acción de reclamación de la paternidad correspondiente al hijo como la de reclamación por parte del padre biológico de la filiación paterna. Las acciones a las que se refiere el precepto referido son las generales de determinación legal de la filiación, reguladas en los artículos 764 y siguientes de la LEC, siendo competentes los Tribunales españoles, en virtud de los criterios sobre competencia judicial internacional fijados en el 22 de la Ley Orgánica del Poder Judicial.

Pese a que, como se ha indicado, la legislación española regula otras vías legales que permiten la atribución de paternidad del nacido, ante esta Dirección General ciudadanos españoles han interpuesto recurso contra resoluciones de distintos encargados de Registros civiles consulares, que deniegan la ins-

---

[2] Se incluyen estas Instrucciones a título informativo y en tanto pudieran ser de utilidad para interpretar y aplicar la vigente Ley 20/2011, del Registro Civil.

cripción del nacimiento de niños nacidos en el extranjero de madres gestantes que, en virtud de un contrato de gestación de sustitución, han renunciado a su filiación materna.

Esta Dirección General ya dictó una Resolución fechada el 8 de febrero de 2009 en la que se ordenaba la inscripción en el Registro Civil de un nacido como consecuencia de un contrato de gestación por sustitución. La inscripción registral practicada en ejecución de la referida Resolución ha sido recurrida en sede judicial.

Atendiendo a la finalidad de dotar de plena protección jurídica el interés superior del menor, así como de otros intereses presentes en los supuestos de gestación por sustitución, resulta necesario establecer los criterios que determinen las condiciones de acceso al Registro Civil español de los nacidos en el extranjero mediante esta técnica de reproducción asistida. Dicha protección constituye el objetivo esencial de la presente Instrucción, contemplado desde una perspectiva global, lo que comporta, al menos, abordar tres aspectos igualmente importantes: en primer lugar, los instrumentos necesarios para que la filiación tengan acceso al Registro Civil español cuando uno de los progenitores sea de nacionalidad española, como vía de reconocimiento a efectos registrales de su nacimiento; en segundo lugar, la inscripción registral en ningún caso puede permitir que con la misma se dote de apariencia de legalidad supuestos de tráfico internacional de menores y; en tercer lugar, la exigencia de que no se haya vulnerado el derecho del menor a conocer su origen biológico, según se expresa en el artículo 7, número 1, de la Convención sobre los Derechos del Niño de 20 de noviembre de 1989, artículo 12 de la Ley 54/2007, de 28 de diciembre, de Adopción Internacional, así como en Sentencia del Tribunal Supremo de 21 de septiembre de 1999.

§10.1

Junto a los del menor, deben valorarse otros intereses presentes en los contratos de gestación por sustitución, especialmente la protección de las mujeres que se prestan a dicha técnica de reproducción, renunciando a sus derechos como madres.

Dentro de las competencias de ordenación y dirección que ostenta la Dirección General de los Registros y del Notariado sobre los Registros civiles en virtud de las atribuciones que le confiere el artículo 9 de la Ley del Registro Civil y 41 del Reglamento del Registro Civil, mediante la presente Instrucción se fijan las directrices para la calificación de los Encargados del Registro Civil en

361 Filiación y apellidos

relación con las solicitudes de inscripción de nacimiento formuladas por ciudadanos españoles, de los menores nacidos en el extranjero como consecuencia del uso de técnicas de gestación por sustitución. A estas directrices deberá ajustarse la práctica registral en esta materia en beneficio de su conveniente uniformidad y de la deseable seguridad jurídica.

Para garantizar la protección de dichos intereses, la presente Instrucción establece como requisito previo para la inscripción de los nacidos mediante gestación por sustitución, la presentación ante el Encargado del Registro Civil de una resolución judicial dictada por Tribunal competente. La exigencia de resolución judicial en el país de origen tiene la finalidad de controlar el cumplimiento de los requisitos de perfección y contenido del contrato respecto del marco legal del país donde se ha formalizado, así como la protección de los intereses del menor y de la madre gestante. En especial, permite constatar la plena capacidad jurídica y de obrar de la mujer gestante, la eficacia legal del consentimiento prestado por no haber incurrido en error sobre las consecuencias y alcance del mismo, ni haber sido sometida a engaño, violencia o coacción o la eventual previsión y/o posterior respeto a la facultad de revocación del consentimiento o cualesquiera otros requisitos previstos en la normativa legal del país de origen. Igualmente, permite verificar que no existe simulación en el contrato de gestación por sustitución que encubra el tráfico internacional de menores.

El requisito de que la atribución de filiación deba basarse en una previa resolución judicial tiene su fundamento en la previsión contenida en el artículo 10.3 de la Ley 14/2006 de 26 de mayo, sobre técnicas de reproducción asistida humana que, a través de la remisión a las reglas generales sobre determinación de la filiación, exige el ejercicio de acciones procesales y la consecuente resolución judicial para la determinación de la filiación paterna de los menores nacidos como consecuencia de gestación por sustitución. Con la presente Instrucción se protege el interés del menor, facilitando la continuidad transfronteriza de una relación de filiación declarada por Tribunal extranjero, siempre que tal resolución sea reconocida en España.

§10.1

En relación con el reconocimiento de la resolución que determina la filiación del menor, dictada por Tribunal extranjero, la presente Instrucción incorpora la doctrina plenamente consolidada por el Tribunal Supremo. De acuerdo a esta doctrina, serán de aplicación los artículos 954 y siguientes de la LEC 1881, preceptos que mantuvieron su vigencia tras la entrada en vigor de la LEC 2000, en virtud de los cuales, será necesario instar el exequátur de la decisión ante los Juzgados de Primera Instancia, tal y como señala el artículo 955 de la LEC 1881 tras la reforma operada por la Ley 62/2003, de 30 de diciembre de medidas, fiscales, administrativas y del orden social. No obstante, en aquellos casos en los que la resolución judicial derive de un procedimiento equiparable a un procedimiento español de jurisdicción voluntaria, el Tribunal Supremo ha proclamado en numerosas ocasiones, que su inscripción no queda sometida al requisito del exequátur, bastando a tales efectos con el reconocimiento incidental de la resolución como requisito previo a su inscripción.

En definitiva, si el encargado del Registro Civil considera que la resolución extranjera fue dictada en el marco de un procedimiento jurisdiccional de naturaleza contenciosa, denegará la inscripción de la resolución, al requerirse previamente el exequátur de ésta de acuerdo a lo establecido en la LEC. Por el contrario, si estima que la resolución extranjera tiene su origen en un procedimiento análogo a uno español de jurisdicción voluntaria controlará incidentalmente si la resolución puede ser reconocida en España, como requisito previo a su inscripción.

En los casos en los que se solicite la inscripción del nacido en el extranjero mediante gestación por sustitución sin que se presente una resolución que determine la filiación, reconocible incidentalmente o por exequátur, el encargado del Registro Civil denegará la inscripción. Ello no impedirá que el solicitante pueda intentar dicha inscripción por los medios ordinarios regulados en el artículo 10.3 de la Ley 14/2006 de 26 de mayo, sobre técnicas de reproducción humana y artículos 764 y siguientes de la LEC.

§10.1

En consecuencia, esta Dirección General, en ejercicio de las competencias que le vienen atribuidas por el artículo 9 de la Ley del Registro Civil, 41 de su Reglamento y 7 del Real Decreto 1125/2008, de 4 de junio, ha acordado establecer y hacer públicas las siguientes directrices:

Primera.– 1. La inscripción de nacimiento de un menor, nacido en el extranjero como consecuencia de técnicas de gestación por sustitución, sólo podrá realizarse presentando, junto a la solicitud de inscripción, la resolución judicial dictada por Tribunal competente en la que se determine la filiación del nacido.

2. Salvo que resultara aplicable un Convenio internacional, la resolución judicial extranjera deberá ser objeto de exequátur según el procedimiento contemplado en la Ley de Enjuiciamiento Civil de 1881. Para proceder a la inscripción de nacimiento deberá presentarse ante el Registro Civil español, la solicitud de la inscripción y el auto judicial que ponga fin al mencionado procedimiento de exequátur.

3. No obstante lo anterior, en el caso de que la resolución judicial extranjera tuviera su origen en un procedimiento análogo a uno español de jurisdicción voluntaria, el encargado del Registro Civil controlará incidentalmente, como requisito previo a su inscripción, si tal resolución judicial puede ser reconocida en España. En dicho control incidental deberá constatar:

a) La regularidad y autenticidad formal de la resolución judicial extranjera y de cualesquiera otros documentos que se hubieran presentado.

b) Que el Tribunal de origen hubiera basado su competencia judicial internacional en criterios equivalentes a los contemplados en la legislación española.

c) Que se hubiesen garantizado los derechos procesales de las partes, en particular, de la madre gestante.

d) Que no se ha producido una vulneración del interés superior del menor y de los derechos de la madre gestante. En especial, deberá verificar que el consentimiento de esta última se ha obtenido de forma libre y voluntaria, sin incurrir en error, dolo o violencia y que tiene capacidad natural suficiente.

e) Que la resolución judicial es firme y que los consentimientos prestados son irrevocables, o bien, si estuvieran sujetos a un plazo de revocabilidad conforme a la legislación extranjera aplicable, que éste hubiera transcurrido, sin que quien tenga reconocida facultad de revocación, la hubiera ejercitado.

Segunda.– En ningún caso se admitirá como título apto para la inscripción del nacimiento y filiación del nacido, una certificación registral extranjera o la simple declaración, acompañada de certificación médica relativa al nacimiento del menor en la que no conste la identidad de la madre gestante.

Madrid, 5 de octubre de 2010.– La Directora General de los Registros y del Notariado, María Ángeles Alcalá Díaz.

§10.1

§10.2. Instrucción de 23 de mayo de 2007, de la Dirección General de los Registros y del Notariado, sobre apellidos de los extranjeros nacionalizados españoles y su consignación en el Registro Civil español

Esta Dirección General de los Registros y del Notariado ha tenido conocimiento oficial, a través de comunicación procedente de la Comisaría General de Extranjería y Documentación de la Dirección General de la Policía y de la Guardia Civil, así como de otras comunicaciones procedentes de diversos órganos registrales, del hecho de que algunos Registros Civiles están practicando inscripciones de nacimiento respecto de ciudadanos extranjeros nacionalizados españoles con un solo apellido, incluso tratándose de ciudadanos de origen de países extracomunitarios, así como de la expedición subsiguiente de certificaciones literales de nacimiento para la obtención del Documento Nacional de Identidad (vid. Instrucción D.G.R.N. de 7 de febrero de 2007) que incluyen un solo apellido entre los datos de filiación del inscrito, hechos que por no ajustarse al Ordenamiento jurídico español han de ser corregidos y evitados en la práctica registral, en lo posible, en el futuro. La importancia de esta materia se subraya a la vista del hecho de que durante los últimos años se viene experimentando en España un incremento muy notable del número de extranjeros que adquieren la nacionalidad española. El acelerado ritmo al que se ha producido este fenómeno he respondido a diversas causas, entre las cuales cabe citar de forma muy destacada la fuerte inmigración de ciudadanos de otras nacionalidades que, una vez adquirida residencia legal en España, acceden a la nacionalidad española por la prolongación de su residencia en nuestro país en las condiciones y durante los plazos que establece el artículo 22 del Código civil. El objeto de la presente Instrucción es clarificar las dudas existentes en esta materia del régimen legal de los apellidos de los ciudadanos extranjeros que adquieren la nacionalidad española, fijando los criterios y directrices a que habrá de ajustarse la práctica registral, en beneficio de la conveniente uniformidad y de la deseable seguridad jurídica en una materia tan sensible como lo es la debida identificación de los españoles. En su virtud, esta Direc-

§10.2

ción General, en ejercicio de las competencias que le vienen atribuidas por el artículo 9 de la Ley del Registro Civil, 41 de su Reglamento y 4 del Real Decreto 1475/2004, de 18 de junio, ha acordado establecer y hacer públicas las siguientes directrices:

Primera.- Aplicación de la ley española a la determinación de los apellidos de los extranjeros nacionalizados españoles.

1.º Para el extranjero con filiación determinada que adquiere la nacionalidad española han de consignarse, en principio, en su inscripción de nacimiento en el Registro Civil español los apellidos fijados por tal filiación, según las leyes españolas, que se sobreponen a los usados de hecho (cfr. art. 213, regla 1.ª, R.R.C.). Por esto ha de reflejarse en la inscripción de nacimiento dichos apellidos, primero del padre y primero de los personales de la madre, aunque sea extranjera (cfr. art. 194 R.R.C.), según resulten de la certificación extranjera de nacimiento acompañada. En caso de que la filiación no determine otros apellidos, o cuando resulte imposible acreditar la identidad de los progenitores del interesado, se mantendrán los apellidos que viniere usando. En ambos casos, si el interesado sólo ostentaba o usaba un apellido, éste se duplicará a fin de cumplir la exigencia legal de duplicidad de apellidos (cfr. art. 55-V L.R.C.).

2.º En efecto, el nombre y apellidos de la persona física ha venido desempeñando históricamente una función de control público de la identidad del individuo. Por ello, en Derecho Internacional Privado ha habido autores que han sostenido la aplicación de la Lex Fori al nombre de las personas físicas, ya que, se trataba de una materia muy vinculada al Derecho Público o «regulada por leyes de policía o seguridad» en razón de su aludida funcionalidad. Sin embargo, y sin necesidad de negar la función identificadora o individualizadora del nombre y apellidos, función que hoy se mantiene (vid. art. 12 R.R.C.), en la actualidad está claramente asentada en la doctrina la consideración del nombre y apellidos como un derecho subjetivo de carácter privado vinculado a toda persona. Esta postura es la que sigue el art. 7 de la Convención de los derechos del niño: «el niño. tendrá derecho desde que nace a un nombre», y en el mismo sentido se pronuncia el art. 24.2 Pacto Internacional de Derechos Civiles y Políticos de 16 diciembre 1966.

3.º En función de esta caracterización jurídica del derecho al nombre y a los apellidos éstos reciben el trato común de los derechos vinculados al estatuto personal en la mayor parte de los países de nuestro entorno europeo, y así

§10.2

en el caso concreto del Derecho español quedan sometidos a la ley nacional del individuo, conforme al artículo 9 n.º 1 del Código civil. Por ello el nombre y los apellidos de los españoles se hayan regulados por la ley española, básicamente integrada en la materia por los artículos 109 del Código civil y 55 de la Ley del Registro Civil y sus concordantes del Reglamento del Registro Civil. Así resulta también de lo dispuesto por el Convenio n° 19 de la Comisión Internacional del Estado Civil, hecho en Munich, el 5 de septiembre de 1980 (en vigor para España desde el 1 de enero de 1990), sobre la ley aplicable a los apellidos y los nombres, quiso establecer reglas comunes de Derecho Internacional Privado en la materia y sometió la determinación de los apellidos y de los nombres de una persona a la ley (incluido el Derecho Internacional Privado), del Estado del que es natural.

4.º La aplicación de la ley española que resulta de lo antes expresado no impide que si en el país extranjero de la anterior nacionalidad del interesado los apellidos del mismo tienen terminaciones distintas masculinas o femeninas según el sexo, deba consignarse la variante respectiva, en función del sexo del nuevo nacional español, en su inscripción de nacimiento, con independencia del sexo del progenitor que se lo transmite (cfr. art. 200 R.R.C. y Resolución de 23-3.ª de diciembre de 2002).

Segunda.- Determinación de los apellidos de los españoles plurinacionales. El caso de los ciudadanos comunitarios.

1.º Esta regla de la aplicación de la ley personal rige también en los casos de plurinacionalidad. En efecto, al respecto, y dada la ausencia hasta la fecha actual de Tratados internacionales en la materia, se han sostenido diversas soluciones. De entre ellas la acogida oficialmente por esta Dirección General de los Registros y del Notariado consiste en la aplicación del art. 9.9, párrafo segundo Código civil. Este precepto lleva a preferir, en todo caso, la nacionalidad española cuando el sujeto ostenta varias nacionalidades y una de ellas es la nacionalidad española (vid. Resoluciones de 15 febrero 1988, 19 noviembre 2002 y 27-1.ª febrero 2003, entre otras muchas), de forma que el orden de atribución de los apellidos se rige por la ley española, aunque el nacido tenga otra nacionalidad distinta, porque en las situaciones de doble nacionalidad de hecho, no previstas en las leyes españolas, prevalece siempre la nacionalidad española (cfr. art. 9-9 C.c.).

§10.2

Se trata, además, de una solución que viene a coincidir con la asumida por el artículo 3 del Convenio de La Haya de 12 de abril de 1930, sobre conflictos de ley en materia de nacionalidad, según el cual «un individuo que posea dos o más nacionalidades podrá ser considerado por cada uno de los Estados de los que posee su nacionalidad como ciudadano propio». Esta tesis presenta, sin embargo, el inconveniente de que el interesado se ve abocado a una situación en la que es identificado con apellidos distintos según el Estado de que se trate. Los inconvenientes derivados de tal situación, se ha afirmado, dificultan la libertad de circulación de los individuos que ostentan la ciudadanía de la Unión Europea, esto es, nacionales de un Estado miembro.

2.º Este planteamiento de la cuestión ha sido objeto de enjuiciamiento por la Sentencia del Tribunal de Justicia de la Unión Europea de 2 octubre 2003, en el asunto García Avello, habiendo fallado el Tribunal en el sentido de estimar contraria al Derecho Comunitario (arts. 17 y 18 TCE) la normativa del Estado belga que establecía que en caso de doble nacionalidad de un belga, debía prevalecer siempre la nacionalidad belga a efectos de imposición de los apellidos (coincidente, pues, en este punto con la ley española). En el supuesto de dicha sentencia, dos menores hispano-belgas fueron obligados a inscribirse en el Registro Civil belga con los apellidos que establecía el Derecho belga (García Avello, patronímico del padre), desestimándose la petición del padre español que había solicitado que se inscribiesen con los apellidos que les correspondían según el Derecho español (García como primer apellido paterno y Weber como primero materno). Esta jurisprudencia impide que se aplique sistemáticamente el artículo 9.9 del Código civil, y que se impongan al doble nacional hispano-comunitario los apellidos correspondientes según la Ley española. Habrá que dejar a los sujetos «libertad» para elegir la Ley estatal que desean que rija los nombres y apellidos de los dobles nacionales comunitarios. Con ello se llega a una solución que ya había sido postulada por parte de la doctrina moderna en un sentido favorable a la denominada «autonomía del la voluntad conflictual», por virtud de la cual se reconoce a los interesados plurinacionales, o a sus representantes legales, el derecho de elegir libremente cualquiera de las leyes nacionales concurrentes como fuero electivo, sin necesidad siquiera de que la ley elegida coincida con la nacionalidad más efectiva (de hecho en el caso García Avello la elegida es la nacionalidad no coincidente con la residencia habitual).

§10.2

3.º Esta libertad de elección para los ciudadanos comunitarios se ha de canalizar a través de los expedientes registrales de cambio de apellidos regulados por los artículos 57 y siguientes de la Ley del Registro Civil, cuya competencia resolutiva corresponde al Ministerio de Justicia y que son instruidos por el Encargado del Registro Civil del domicilio del promotor. En efecto, lo anteriormente indicado en el apartado 1.º de esta directriz, no implica que la jurisprudencia registral antes citada se haya visto afectada por la sentencia del Tribunal de Justicia, ya que, a diferencia del Derecho belga que impidió el cambio de apellidos solicitado de «García Avello» a «García Weber», este cambio en España sí hubiese sido posible al pertenecer ambos apellidos legítimamente al hijo del matrimonio interesado. En efecto, frente a la negativa de las autoridades belgas a acceder a la modificación de los apellidos solicitados, en España cuando el interesado está inscrito en otro Registro Civil extranjero de su nacimiento con otros apellidos, se admite que este hecho, que afecta al estado civil de un español según una ley extranjera, pueda ser objeto de anotación registral conforme al artículo 38-3.º de la Ley del Registro Civil. Esta anotación sirve para poner en relación el contenido de los Registros español y extranjero y para disipar dudas en cuanto a la identidad del interesado, máxime si como resultado de esta anotación se expide a los interesados el certificado plurilingüe de diversidad de apellidos previsto en el Convenio n.º 21 de la C.I.E.C. hecho en La Haya en 1982. Igualmente queda a salvo la posibilidad, y este aspecto es fundamental, de que los interesados promuevan el oportuno expediente de cambio de apellidos de la competencia del Ministerio de Justicia. Con ello se salvan los inconvenientes a los que la rigidez del sistema belga conduce y que la citada Sentencia del Tribunal de Justicia de la Comunidad Europea comentada pretende evitar. Todo ello sin perjuicio de la necesidad de interpretar las normas que rigen los expedientes registrales de cambio de apellidos en España (arts. 57 y siguientes de la Ley del Registro Civil) en forma tal que en ningún caso cabrá denegar el cambio pretendido cuando ello se oponga a la doctrina sentada por la citada sentencia del Tribunal de Justicia de la Comunidad Europea, incluyendo, como después se verá, la posibilidad de que como resultado de dicho cambio el interesado pase a ostentar un único apellido. De hecho ésta es la interpretación oficial de la Dirección General de los Registros y del Notariado expuesta en contestación de 22 de abril de 2004 a la consulta formulada por la Dirección General de Política Legislativa y Cooperación Jurídica Internacional del propio Ministerio de Justicia, y que de hecho ya ha generado una nueva práctica administrativa por la que se vienen concediendo sin dificultad alguna la autorización para la modificación de los

§10.2

apellidos en los casos citados de binacionalidad (siempre que se trate de personas con ciudadanía de la Unión Europea), en aplicación de los citados criterios, habiéndose resuelto a fecha de hoy diversos expedientes de cambios de apellidos de niños que ostentan la doble nacionalidad española y portuguesa.

Tercera.- La facultad de conservación de los apellidos fijados por el anterior estatuto personal. La excepción de orden público.

1.º El Convenio de Munich de 1980 antes citado no prevé el tema del conflicto móvil, esto es, los efectos derivados sobre los apellidos del cambio sobrevenido de la nacionalidad de la persona. La solución a esta laguna legal no está directamente contemplada, lo que ha dado lugar a la aparición de dos tesis antagónicas sobre la materia. La primera, que puede calificarse como «tesis de la irretroactividad», postula la solución de entender que el apellido permanece tal y como se fijó con arreglo a la Ley nacional anterior y no debe ser cambiado aunque el sujeto adquiera una nueva nacionalidad. Plantea esta tesis el inconveniente de que hijos de los mismos padres pueden ostentar apellidos diferentes, pero presenta la ventaja de la continuidad de la denominación del sujeto. La segunda, designada como «tesis de la retroactividad», llega a la conclusión contraria entendiendo que el sujeto que cambia de nacionalidad debe cambiar de apellido para adecuarlo a su nueva Ley nacional. Es ésta la tesis que ha encontrado acogida en la doctrina oficial de la Dirección General de los Registros y del Notariado (cfr. Resoluciones de 5 de marzo de 1997, 10-2.ª de septiembre de 2003, etc).

2.º Ciertamente esta interpretación presenta el inconveniente de que da lugar a un cambio forzoso de los apellidos de la persona que ha visto modificado su estatuto nacional. Para evitar ese inconveniente, la nueva Ley nacional puede establecer mecanismos para conservar los apellidos ostentados con arreglo a la Ley nacional anterior, con el fin de evitar los efectos indeseados de un cambio forzoso de apellidos. Exactamente esto es lo que hace en nuestro Derecho el artículo 199 del Reglamento del Registro Civil, habilitando un plazo de caducidad de dos meses siguientes a la adquisición de la nacionalidad española para manifestar la voluntad de conservar los apellidos. Se trata de un caso de ultra-aplicación de la ley nacional anterior que prolonga su aplicación en el tiempo respecto de un sujeto que pierde la nacionalidad anterior al adquirir la española.

§10.2

3.º En efecto, dispone el artículo 199 del Reglamento del Registro Civil que «El que adquiere la nacionalidad española conservará los apellidos en forma distinta de la legal, siempre que así lo declare en el acto de adquirirla, o dentro de los dos meses siguientes a la adquisición o a la mayoría de edad». Dos son los requisitos que se deben examinar para apreciar la procedencia de la aplicación de la opción de conservación que prevé esta disposición: la tempestividad del ejercicio de la misma, esto es, el cumplimiento del plazo fijado, y la no contrariedad con el orden público del resultado de dicha declaración de conservación. Y así como el primero de tales requisitos no ofrece particulares dificultades interpretativas (cfr. Resolución de 23-4.ª de mayo de 2007), por el contrario el segundo, al estar basado en un concepto jurídico indeterminado, aconseja ciertas precisiones a fin de permitir lograr el objetivo de su aplicación uniforme en la práctica registral.

4.º El trascrito artículo 199 del Reglamento del Registro Civil que, como se ha indicado, permite al extranjero que adquiere la nacionalidad española conservar los apellidos que le venían identificando según su anterior estatuto personal, debe entenderse, no obstante, sin perjuicio de excepcionar la regla general que establece en los casos en que el resultado de su aplicación hubiere de parar en perjuicios al orden público internacional español en materia de apellidos. Esta excepción la ha aplicado este Centro Directivo, al menos, en relación con dos principios jurídicos rectores de nuestro Ordenamiento jurídico en materia de apellidos, cuales son:

a) El principio de la duplicidad de apellidos de los españoles. Hay que recordar que es doctrina constante de este Centro Directivo que, en todo caso, han de consignarse dos apellidos de acuerdo con el sistema español de identificación de las personas (cfr. arts. 53 y 55 L.R.C. y 194 R.R.C.), porque el extranjero, al adquirir la nacionalidad española, queda sujeto desde entonces a esta legislación que es la que ha de regular su estado civil (cfr. art. 9.1 C.c.), sin que esta norma pueda excepcionarse por la vía de la aplicación del mecanismo previsto en el artículo 199 del Reglamento del Registro Civil toda vez que hay que estimar que el principio de que cada español ha de ser designado legalmente por dos apellidos es un principio de orden público que afecta directamente a la organización social y que no es susceptible de variación alguna —a salvo de lo que para los binacionales españoles-comunitarios resulta del Derecho comunitario a que se refiere la directriz segunda de esta Instrucción—, so pena de consagrar un privilegio para determinada categoría

§10.2

de españoles que atentaría, al carecer de justificación objetiva suficiente, al principio constitucional de igualdad de todos los españoles ante la Ley (vid. Resoluciones de 7 de octubre de 1991, 29-1.ª de noviembre de 1995 y 4 de mayo de 2002).

Por ello, aunque el artículo 199 del Reglamento del Registro Civil obedezca a la finalidad de evitar a quienes adquieren la nacionalidad española eventuales perjuicios en su identificación al quedar sujetos al régimen español sobre apellidos, no puede interpretarse en el sentido de permitir la conservación de un solo apellidos. El precepto faculta al extranjero naturalizado español para mantener, si así lo solicita en determinado plazo, «los apellidos» (en plural) que ostente de forma distinta de la legal española. Otra interpretación, además de vulnerar la letra del artículo, iría en contra de las normas legales sobre imposición de los apellidos. b) El principio de la infungibilidad de las líneas. Nuestra legislación de apellidos está basada, además de en la regla de la duplicidad de apellidos, en el principio concurrente de duplicidad de líneas, con arreglo al denominado principio de infungibilidad de las líneas paterna y materna, en caso de determinación bilateral de la filiación por ambas líneas, principio que no se excepciona ni siquiera en el ámbito de los expedientes registrales de cambio de apellidos de la competencia de este Ministerio de Justicia (vid. art. 59 n.º3 L.R.C.), por lo cual resulta contrario a nuestro orden público la transmisión exclusiva de los dos apellidos por una sola de las líneas, sea la paterna o la materna (cfr. Resolución de 23-4.ª de mayo de 2007). 5.º Por otra parte, el citado artículo 199 del Reglamento del Registro Civil que, como se ha indicado, permite al extranjero que adquiere la nacionalidad española conservar los apellidos que le venían identificando según su anterior estatuto personal, no es aplicable a los casos que no se refieren en rigor a un ciudadano extranjero que se haya naturalizado español, sino a un español que ha consolidado la nacionalidad española por la vía del artículo 18 del Código civil (Resolución 23-4.ª febrero 2006).

Cuarta.- Incompatibilidad entre la facultad de conservación de los apellidos anteriores a la nacionalización y el ejercicio posterior de la facultad de inversión de su orden.

Conforme reiterada doctrina de este Centro Directivo (vid. por todas la Resolución de 23-2.ª de diciembre de 2002) existe una incompatibilidad entre el ejercicio de la facultad de conservación de los apellidos anteriores a la ad-

§10.2

quisición de la nacionalidad española, determinados con arreglo a su anterior estatuto personal, en virtud del artículo 199 del Reglamento del Registro Civil, y la facultad de invertir el orden de los apellidos que concede a todo español mayor de edad el artículo 109 del Código civil. La razón fundamental para esta conclusión negativa se encuentra en que, una vez que una persona ha hecho uso de la posibilidad de alterar sus apellidos por la vía del artículo 199 del Reglamento y no ha escogido la aplicación de la ley española, no es posible que una simple declaración de voluntad prive de eficacia a la conservación de apellidos libremente solicitada, porque, del mismo modo que no es posible desdecirse de la inversión de apellidos del artículo 109 del Código civil, tampoco ha de ser posible, por identidad de razón y atendiendo a la estabilidad y fijeza de los apellidos, cuya composición ha de estar sustraída, salvo excepciones legales muy limitadas, al principio de la autonomía de la voluntad, que esta sola voluntad pueda producir un nuevo cambio de apellidos.

Madrid, 23 de mayo de 2007.- La Directora General de los Registros y del Notariado, Pilar Blanco-Morales Limones.

§10.3. Instrucción de 24 de febrero de 2010, de la Dirección General de los Registros y del Notariado, sobre reconocimiento de los apellidos inscritos en los Registros Civiles de otros países miembros de la Unión Europea

§10.3

El Tribunal de Justicia (Gran Sala) de las Comunidades Europeas, en el asunto C-353/06 (Grunkin-Paul), cuestión prejudicial planteada conforme al artículo 234 CE por el Amtsgericht de Flensburg (Alemania), ha dictado Sentencia de 14 de octubre de 2008 en la que declara que «el artículo 18 CE se opone, en circunstancias como las del litigio principal, a que las autoridades de un Estado miembro, aplicando el Derecho nacional, denieguen el reconocimiento del apellido de un niño tal como ha sido determinado e inscrito en otro Estado miembro en el que ese niño nació y reside desde entonces, y quien al igual que sus padres sólo posee la nacionalidad del primer Estado miembro».

Hay que recordar que la autoridad de las decisiones prejudiciales adoptadas por el Tribunal de Luxemburgo, en atención a la finalidad particular de estos procedimientos dirigidos a proporcionar una interpretación auténtica que asegure la uniformidad en la aplicación del Derecho comunitario en el Conjunto de la Unión Europea, tienen fuerza obligatoria y vinculan, en el marco del procedimiento principal, no sólo al juez de reenvío y a los demás órganos jurisdiccionales que deban intervenir en dicho procedimiento principal en vía de recurso, sino que, además, tienen un alcance general respecto de todos los órganos jurisdiccionales del conjunto de los Estados miembros (cfr. CJCE 27.3.1963, Da Costa, as. 28 a 30/62), sin perjuicio de la posible revisión de su doctrina que el Tribunal de Luxemburgo pueda realizar en virtud de un nuevo reenvío (9.7.1969, Portelange, as. 10/69). Por tanto, la interpretación dada por el Tribunal forma un cuerpo con la propia norma interpretada.

Además, en función de la naturaleza puramente declarativa de la decisión prejudicial, la interpretación contenida en la sentencia tiene eficacia «ex tunc». Así lo ha declarado el propio Tribunal al afirmar que «la interpretación que, en el ejercicio de su competencia prejudicial, da el Tribunal de Justicia del Derecho comunitario aclara y precisa, cuando es necesario, el significado y el alcance de esta regla tal como la misma debe o habría debido ser comprendida y aplicada desde el momento de su puesta en vigor. De ello resulta que la regla así interpretada debe ser aplicada por todos los jueces de la Comunidad, incluso para unas relaciones jurídicas surgidas y constituidas antes de la sentencia que decide sobre la demanda de interpretación» (CJCE, 27.3.1980, Denkavit, as. 61/79), sin perjuicio de la excepción que, en atención al principio de seguridad jurídica, ha reconocido el propio Tribunal en los casos en que la aplicación retroactiva de su interpretación provocaría graves consecuencia económicas o sociales.

§10.3

Con arreglo al principio de primacía del Derecho comunitario, la doctrina sentado por la Sentencia del Tribunal de Luxemburgo de 14 de octubre de 2008 en el caso Grunkin-Paul debe prevalecer frente a la aplicación de las normas del Derecho interno español, con arreglo a las cuales el nombre y los apellidos de los españoles, aún cuando tengan además otra nacionalidad, se hayan regulados por la ley española (cfr. art. 9 n.º 1 y n.º 9 del Código civil), básicamente integrada en la materia por los artículos 109 del Código civil y 55 de la Ley del Registro Civil y sus concordantes del Reglamento del Registro Civil (así resulta también de lo dispuesto por el Convenio n.º 19 de la Comisión

Internacional del Estado Civil, hecho en Munich, el 5 de septiembre de 1980, en vigor para España desde el 1 de enero de 1990, sobre la ley aplicable a los apellidos y los nombres).

El objeto de la presente Instrucción es clarificar las dudas que puedan plantearse en la aplicación práctica de la doctrina surgida de la citada Sentencia, fijando los criterios y directrices que habrán de orientar la práctica registral en la referida materia, en beneficio de la conveniente uniformidad y de la deseable seguridad jurídica en el ámbito de la actuación de los Encargados de los Registros Civiles españoles.

I. Mediante la cuestión prejudicial del asunto Grunkin-Paul el Tribunal remitente planteaba el interrogante de si «dada la prohibición de discriminación contenida en el artículo 12 CE y habida cuenta del derecho a la libre circulación que confiere el artículo 18 CE a todos los ciudadanos de la Unión, es compatible con dichas disposiciones la regla alemana en materia de conflicto de leyes prevista por el artículo 10 de la EGBGB, en la medida en que vincula las normas que regulan el apellido de una persona exclusivamente a la nacionalidad», lo que en el terreno práctico se traduce en cuestionar si los citados artículos 12 y 18 CE se oponen a que las autoridades competentes de un Estado miembro denieguen el reconocimiento del apellido de un niño tal como ha sido determinado e inscrito en otro Estado miembro en el que el niño ha nacido y reside desde entonces, y quien al igual que sus padres sólo posee la nacionalidad del primer Estado miembro.

II. El Tribunal de Justicia reconoce que en el estado actual del Derecho comunitario las normas que rigen el apellido de una persona son competencia de los Estados miembros pero, al tiempo, advierte que éstos deben respetar el Derecho comunitario al ejercer dicha competencia cuando se trata de situaciones que, no siendo meramente internas, presenten algún vínculo con el Derecho comunitario. El Tribunal ya había declarado la existencia de este vínculo comunitario en el caso de los niños que, siendo nacionales de un Estado miembro, residen legalmente en el territorio de otro Estado miembro (vid. Sentencia de 2 de octubre de 2003, caso García Avello, C- 148/02). De nuevo ahora, en la Sentencia de 14 de octubre de 2008, caso Grunkin-Paul, vuelve el Tribunal ha declarar la existencia de un vínculo con el Derecho comunitario a pesar de que en este asunto, a diferencia del antes citado, no concurre ninguna situación de binacionalidad, puesto que tanto el padre y la madre como el hijo tienen una única nacionalidad (la alemana). En

§10.3

este sentido enfatiza que, desde el punto de vista de la salvaguardia del principio de libre circulación y residencia en el territorio de otro Estado miembro, resulta indiferente que las dificultades derivadas de la diversidad de apellidos, que pueden producir una restricción sobre aquel principio, sean consecuencia de la doble nacionalidad de los interesados (caso García Avello), o de la circunstancia de que en el Estado miembro de nacimiento y residencia la determinación del apellido se vincule a la residencia, como sucede en Dinamarca, en tanto que en el Estado del que los interesados son nacionales dicha determinación se vincule a la nacionalidad, como sucede en Alemania (caso Grunkin-Paul).

III. El Tribunal de Justicia considera que «el hecho de estar obligado a llevar en el Estado miembro del que es nacional el interesado un apellido diferente del ya atribuido e inscrito en el Estado miembro de nacimiento y de residencia puede obstaculizar el ejercicio del derecho garantizado por el artículo 18 CE a circular y residir libremente en el territorio de los Estados miembros», cuando de la diversidad de apellidos se desprendan graves inconvenientes para los interesados, tanto de orden profesional como privado, como consecuencia de las dificultades de prueba de su identidad que de tal situación se deriven. Estos graves inconvenientes se aprecian en el caso del litigio principal en que el niño cuyo apellido se debate mantiene vínculos estrechos tanto con Dinamarca (país en que sigue residiendo), como con Alemania (país de su nacionalidad y en el que reside su padre).

IV. El Tribunal entiende que una restricción a la libre circulación como la indicada, que deriva de la regla del Derecho alemán —ampliamente compartida por otros Estados miembros— de vincular de forma exclusiva la determinación del apellido a la nacionalidad del individuo, sólo podría justificarse en base a consideraciones objetivas y de forma proporcionada al objetivo perseguido, descartando que cumplan tales requisitos las alegaciones formuladas por el Gobierno alemán, basadas en la idea de asegurar que el apellido de la persona quede determinado de forma cierta y continuada, ya que esta finalidad queda incumplida al obligar al interesado a cambiar de apellidos cada vez que cruza la frontera. Otras alegaciones formuladas por el Gobierno alemán, como la relativa al criterio del mantenimiento de la unidad de apellidos entre hermanos, es refutado como elemento determinante en el presente caso por no plantearse el problema en el litigio principal. Finalmente destaca el Tribunal que no se ha

§10.3

invocado en el procedimiento ningún motivo de orden público que se pueda oponer al reconocimiento por las autoridades alemanas del apellido atribuido e inscrito en Dinamarca.

En base a estas consideraciones el Tribunal declara que el Derecho comunitario «se opone, en circunstancias como las del litigio principal, a que las autoridades de un Estado miembro, aplicando el Derecho nacional, denieguen el reconocimiento del apellido de un niño tal como ha sido determinado e inscrito en otro Estado miembro en el que ese niño nació y reside desde entonces, y quien al igual que sus padres sólo posee la nacionalidad del primer Estado miembro».

En consecuencia, esta Dirección General, en ejercicio de las competencias que le vienen atribuidas por el artículo 9 de la Ley del Registro Civil, 41 de su Reglamento y 7 del Real Decreto 1125/2008, de 4 de junio, ha acordado establecer y hacer públicas las siguientes directrices:

Primera.– Los españoles que nazcan fuera de España en el territorio de un Estado miembro de la Unión Europea cuyo nacimiento se haya inscrito en el Registro Civil local del país del nacimiento con los apellidos que resulten de la aplicación de las leyes propias de este último, siempre que en el mismo tenga fijada su residencia habitual al menos uno de los progenitores del nacido/a, podrán inscribirse con esos mismos apellidos en el Registro Civil Consular español competente.

Segunda.– La regla anterior será aplicable aún cuando los apellidos con que figure inscrito el nacido/a en el Registro Civil extranjero del país del nacimiento no se correspondan con los resultarían de la aplicación de la ley española por regir en el país del nacimiento como punto de conexión para la determinación de los apellidos no la ley de la nacionalidad, sino la ley de la residencia habitual, y aún cuando el nacido/a no tenga, además de la española, la nacionalidad del país en que ha nacido.

Tercera.– La inscripción del nacimiento en el Registro Civil español con los apellidos determinados e inscritos en el Registro Civil extranjero queda condicionada a la concurrencia de los siguientes requisitos:

1.º Que el nacimiento haya tenido lugar fuera de España pero dentro del territorio de algún otro Estado miembro de la Unión Europea.

§10.3

2.º Que ambos progenitores, o al menos uno de ellos en caso de determinación bilateral de la filiación por ambas líneas, o el único progenitor cuya filiación esté determinada, tenga su residencia habitual fijada en el país en que el hijo/a haya nacido.

3.º Que la legislación sobre Derecho Internacional Privado del Estado del nacimiento vincule la determinación de los apellidos al criterio de la residencia habitual.

4.º Que en el acta de nacimiento del niño/a en el Registro Civil del país del nacimiento se hayan consignado los apellidos que correspondan conforme a las leyes materiales de dicho país, sin admitir el reenvío que sus normas de conflicto puedan hacer a leyes distintas de las españolas (cfr. art. 12 n.º 2 C.c.).

5.º Que la opción por los apellidos determinados conforme a la ley del país del nacimiento sea solicitada por ambos progenitores o por uno de ellos con el consentimiento del otro, conforme al principio general sentado en el párrafo primero del artículo 156 del Código Civil, salvo que uno de los progenitores haya sido privado o suspendido del ejercicio de la patria potestad.

Cuarta.– Por excepción, no procederá la aplicación de la regla contenida en la directriz primera de esta Instrucción, aún cuando se cumplan los requisitos antes indicados, en los siguientes casos:

1.º Cuando los apellidos determinados conforme a la ley extranjera del país del nacimiento resulten contrarios al orden público español. Son supuestos en que procede la aplicación de la excepción de orden público en la materia los previstos en la directriz tercera de la Instrucción de este Centro Directivo de 23 de mayo de 2007 sobre apellidos de los extranjeros nacionalizados españoles, y cualquier otro en que puede producirse una violación de los valores superiores del ordenamiento jurídico español.

§10.3

2.º Cuando la aplicación de la regla de la directriz primera produjera como resultado una infracción al principio de la homopatronimia entre hermanos de doble vínculo por diferir los apellidos consignados en el Registro Civil local extranjero de los que ya ostente legalmente otro hijo mayor de idéntica filiación (cfr. art. 55 de la Ley del Registro Civil).

Quinta.– Cuando la solicitud de opción por los apellidos correspondientes a la ley del lugar del nacimiento se formalice ante el encargado del Registro Civil Consular español en un momento posterior a la inscripción del nacimiento del niño/a en el citado Registro, y siempre que el nacido mantenga su residencia habitual en el país de su nacimiento, habrá de tramitarse a través del cauce procedimental de los expedientes registrales de cambio de apellidos regulados por los artículos 57 y siguientes de la Ley del Registro Civil, pero debiendo aplicarse en su resolución los criterios materiales de la Sentencia del Tribunal de Luxemburgo de 14 de octubre de 2008 que resultan de esta Instrucción, que prevalecen sobre los requisitos materiales fijados en la citada Ley.

Sexta.- Los supuestos de diversidad de apellidos derivados de los conflictos de leyes generados por razón de la plurinacionalidad de los niños/as nacidos en España, cuando se trate de españoles que posean además concurrentemente la nacionalidad de otro país miembro de la Unión Europea, se resolverán en la forma prevista en la Instrucción de este Centro Directivo de 23 de mayo de 2007, sobre apellidos de los extranjeros nacionalizados españoles y su consignación en el Registro Civil español.

Madrid, 24 de febrero de 2010.– La Directora General de los Registros y del Notariado, María Ángeles Alcalá Díaz.

§10.4. Resolución-Circular de la Dirección General de Seguridad Jurídica y Fe Pública, de 19 de abril de 2021, sobre cambio de criterio interpretativo del Artículo 200 del Reglamento del Registro civil

§10.4

Según lo dispuesto en el artículo 109 del Código Civil (CC), «Si la filiación está determinada por ambas líneas, el padre y la madre de común acuerdo podrán decidir el orden de transmisión de su respectivo primer apellido, antes de la inscripción registral. Si no se ejercita esta opción, regirá lo dispuesto en la ley», añadiendo que «El orden de apellidos inscrito para el mayor de los hijos regirá en las inscripciones de nacimiento posteriores de sus hermanos del mismo vínculo». De igual modo, la Ley de 8 de junio de 1957 sobre el Registro Civil (LRC) establece en el párrafo tercero de su artículo 55 que «El orden de los apellidos establecido para la primera inscripción de nacimiento determina el orden para la inscripción de los posteriores nacimientos con idéntica filiación». En este sentido, cabe destacar que lo establecido en los artículos anteriores resulta, igualmente, aplicable en los casos de plurinacionalidad, de manera que la atribución de apellidos se rige por la legislación española, aunque el nacido tenga, además, otra nacionalidad, toda vez que la legislación extranjera no puede condicionar la aplicación de las normas españolas. Por otro lado, el artículo 200 del Decreto de 14 de noviembre de 1958 por el que se aprueba el Reglamento de la Ley del Registro Civil (RRC) dispone que «En la inscripción de nacimiento constará la forma masculina o femenina del apellido de origen extranjero cuando en el país de procedencia se admite la variante, acreditándose ésta, si no es conocida por el Encargado, en virtud de testimonio del Cónsul en España, del Cónsul de España en el país o de Notario español que la conozca. Los hijos de españoles fijarán tales apellidos en la forma que en el uso haya prevalecido. Al margen se podrán anotar las versiones de apellidos extranjeros cuando se acredite igualmente que son usuales».

Al amparo de lo señalado en los artículos anteriores, hasta la fecha, el criterio de esta Dirección General ha sido el de considerar que el artículo 200 RRC no era de aplicación automática ni cabía interpretarlo aisladamente, puesto que, en el caso de menores de igual filiación, nacidos españoles de origen por ser hijos de un ciudadano español, al ser la ley personal aplicable, según los dispuesto en el artículo 9.9 CC, la española, debía siempre prevalecer el principio de homopatronimia entre hermanos de igual filiación y, en consecuencia, los apellidos inscritos al nacido en primer lugar resultarían los apellidos a inscribir al nacido posteriormente, sin importar si este era varón o mujer.

La justificación del criterio mantenido, hasta ahora, se basaba en que este Centro consideraba que la identidad de apellidos entre hermanos del mismo vínculo, establecida en normas de rango legal (artículos 109 CC y 55 LRC), no admitía quiebra y, en consecuencia, prevalecía sobre la regla del artículo 200 RRC, que debía interpretarse en el sentido de que la variante masculina o femenina inscrita al mayor de los hijos determinaba la forma que ha de adoptar el apellido de los sucesivos. Sin embargo, la frecuencia con la que se plantean controversias relativas a la interpretación de estos artículos, e incluso las recomendaciones efectuadas por el Defensor del Pueblo con ocasión de alguna queja de particulares en ese sentido, han llevado a este Centro Directivo a revisar el criterio hasta ahora aplicado. En este sentido, esta Dirección General considera que no cabe ignorar los cambios sociales experimentados en las

§10.4

últimas décadas como resultado de los movimientos migratorios y el estableci-miento en nuestro país de un número considerable de ciudadanos extranjeros, con el consiguiente aumento de los vínculos de estos con nacionales españoles a través de la formación de unidades familiares mixtas y el incremento en el número de nacionalizaciones. Por otra parte, si bien la homopatronimia entre hermanos menores del mismo vínculo es, como se ha dicho, un principio de orden público del sistema español, lo cierto es que el apellido que se atribuye en aplicación de la regla prevista en el artículo 200 RRC es en realidad el mismo, ya se trate de mujeres o varones, pues no hay una variación sustancial entre uno y otro caso, sino únicamente una pequeña modificación en su termi-nación. De hecho, este centro ha autorizado en ocasiones cambios mínimos de apellidos siempre que se cumplan los requisitos legales necesarios en función del tipo de petición planteada. Por todo lo expuesto, este Centro Directivo considera que no puede mantenerse, actualmente, la negativa sistemática a variar la terminación del apellido de origen extranjero de un menor en función de su sexo si tal es el deseo de los progenitores, siempre que se acredite convenientemente la existencia de dicha variante en el país del que se trate y, en consecuencia, ha acordado modificar el criterio interpretativo actual del artículo 200 RRC y establecer las siguientes directrices:

Primera.- Conforme al artículo 9.1 del Código Civil, los nombres y apellidos de los españoles están regulados por la ley española y, en consecuencia, si la filiación está determinada por ambas líneas, los apellidos de un español son el primero del padre y el primero de los personales de la madre, en el orden elegido por los progenitores de común acuerdo. Esta regla es aplicable también en los casos de plurinacionalidad, de manera que la atribución de apellidos se rige por la legislación española, aunque el nacido tenga, además, otra nacio-nalidad.

§10.4

Segunda.- En aplicación de la nueva interpretación expuesta en esta Re-solución-Circular, cuando el apellido atribuido a hermanos del mismo vínculo tenga terminaciones distintas, masculinas o femeninas, en el país del que el progenitor es nacional, se podrá autorizar la adecuación de la variante que corresponda en cada caso, según el sexo de los menores, considerando que este cambio no implica un cambio de apellido sino una pequeña modificación de un apellido que legalmente pertenece a los menores afectados.

Tercera.- No obstante, cabe destacar que, como el artículo 200 RRC deja claro que los hijos de españoles fijarán los apellidos en la forma que en el uso haya prevalecido, la regla para la atribución inicial de los mismos no varía, debiendo, en consecuencia, acceder a esta modificación en la terminación del apellido que corresponda, una vez hecha la inscripción inicial en Registro Civil, según lo establecido en la legislación española, mediante un expediente distinto de la competencia general atribuida al Ministerio de Justicia en esta materia y hoy, por delegación (Orden JUS/987/2020, de 20 de octubre) a la Dirección General de Seguridad Jurídica y Fe Pública.

Cuarta.- La autorización de este tipo de modificaciones en un apellido no exigirá la necesidad de acreditar el cumplimiento del primero de los requisitos generales de los artículos 57 LRC y 205 RRC, no obstante, sí deberá quedar debidamente acreditado que la forma pretendida es la que corresponde al inscrito según el país del que el progenitor es nacional.

§10.4. Instrucción de 28 de abril de 2025, de la Dirección General de Seguridad Jurídica y Fe Pública, sobre actualización del régimen registral de la filiación de los nacimientos mediante gestación por sustitución

La Ley 14/2006, de 26 de mayo, sobre técnicas de reproducción humana asistida, establece en su artículo 10 que será nulo de pleno derecho el contrato por el que se convenga la gestación, con o sin precio, a cargo de una mujer que renuncia a la filiación materna a favor del contratante o de un tercero. La filiación de los hijos nacidos por gestación de sustitución será la determinada por el parto, quedando a salvo la posible acción de reclamación de la paternidad respecto del padre biológico, conforme a las reglas generales.

Esta previsión legal contempla la posibilidad de atribuir la paternidad de los nacimientos mediante esta práctica por los medios ordinarios de determinación legal de la filiación, permitiendo así la inscripción del nacido/a en el Registro Civil a través del ejercicio de la acción de reclamación de la paternidad por parte del padre biológico y la de reclamación de la paternidad correspondiente al hijo. El procedimiento se regula en los artículos 764 y siguientes

§10.4

de la Ley de Enjuiciamiento Civil y son competentes los tribunales españoles en virtud de los criterios sobre competencia judicial internacional fijados en el artículo 22 de la Ley Orgánica del Poder Judicial.

A pesar de la regulación legal descrita, lo cierto es que se dan casos de personas de nacionalidad española que acuden a países en los que la técnica de la gestación subrogada está permitida y, una vez ocurrido el nacimiento, solicitan su inscripción en el Registro Civil español con la filiación derivada del contrato celebrado en el país extranjero, bien solicitando la transcripción de la certificación de inscripción que consta en el registro extranjero o bien invocando el contenido de una resolución judicial extranjera que determina la filiación respecto de las personas españolas reclamantes.

Ante esta situación, la Dirección General de los Registros y del Notariado (actual Dirección General de Seguridad Jurídica y Fe Pública) dictó la Instrucción de 5 de octubre de 2010 en la que se establecían los criterios para determinar las condiciones de acceso al Registro Civil español de los nacimientos ocurridos en el extranjero mediante gestación subrogada cuando uno de los progenitores es de nacionalidad española. El propósito de aquella instrucción iba encaminado, fundamentalmente, a dotar de plena protección jurídica al interés superior de los menores, así como a proteger otros intereses concurrentes en esos supuestos de gestación por sustitución. Así, dejaba claro que en ningún caso se puede permitir que la inscripción registral dote de apariencia de legalidad a supuestos de tráfico internacional de menores y exigía que no resultara vulnerado en ningún caso el derecho del menor a conocer su origen biológico, según recogen el artículo 7, número 1, de la Convención sobre los Derechos del Niño de 20 de noviembre de 1989, el artículo 12 de la Ley 54/2007, de 28 de diciembre, de adopción internacional y la sentencia del Tribunal Supremo de 21 de septiembre de 1999.

Para garantizar la protección de los intereses mencionados, la Instrucción de 2010 requería, como requisito previo e imprescindible para la inscripción de los nacimientos mediante gestación subrogada, la presentación de una resolución judicial dictada por un tribunal competente que permitiera garantizar la plena capacidad jurídica y de obrar de la mujer gestante, la eficacia legal del consentimiento prestado, el pleno respeto a los requisitos previstos en la normativa del país de origen y que no existiera simulación en el contrato de gestación por sustitución que encubriera una situación de tráfico internacional de menores. Y, en relación con el reconocimiento de la resolución que determina la filiación dictada por un tribunal extranjero, la Instrucción requería la obtención del exequatur de esa sentencia extranjera. No obstante, de acuerdo con la doctrina establecida por el Tribunal Supremo, cuando la resolución judicial derivara de un procedimiento equiparable a uno español de jurisdicción voluntaria, no sería necesario el requisito del exequatur, bastando a esos efectos el reconocimiento incidental de la resolución por parte de la persona encargada del registro como requisito previo a la inscripción.

En definitiva, quedaba establecido que cuando se solicitara una inscripción de nacimiento ocurrido en el extranjero mediante gestación por sustitución sin aportar una resolución que determinara la filiación reconocible incidentalmente o por exequatur, la inscripción debía ser denegada, sin perjuicio de que los solicitantes pudieran intentar la inscripción a través de los medios ordinarios regulados en el artículo 10.3 de la Ley 14/2006, de 26 de mayo, sobre técnicas de reproducción humana asistida y artículos 764 y siguientes de la Ley de Enjuiciamiento Civil.

Posteriormente, la Instrucción de 18 de febrero de 2019 de la Dirección General de los Registros y del Notariado sobre el mismo asunto, aunque estableció algunas precisiones adicionales, mantuvo la posibilidad de practicar la inscripción siempre que constara la existencia de una sentencia de las autoridades judiciales del país correspondiente firme y dotada de exequatur o que hubiera superado el debido control incidental en los términos previstos en la Instrucción de 5 de octubre de 2010.

Pues bien, la situación ha cambiado a partir de la publicación de la sentencia de la Sala Primera (Pleno) del Tribunal Supremo 1626/2024, de 4 diciembre, que ratifica la denegación del reconocimiento de efectos a una sentencia extranjera en un caso de gestación subrogada. El Tribunal declara, en su fundamento de Derecho quinto, que la concreción de lo que en cada caso constituye el interés del menor no debe hacerse conforme a los intereses de los comitentes de la gestación subrogada, sino tomando en consideración los valores asumidos por la sociedad como propios, contenidos tanto en las reglas legales como en los principios que inspiran la legislación nacional y las convenciones internacionales sobre estado civil e infancia. La sentencia advierte a continuación que (...) la protección de los menores no puede lograrse aceptando acríticamente las consecuencias del contrato de gestación por sustitución suscrito por los recurrentes (...) La protección del interés de los menores no puede fundarse en la existencia de un contrato de gestación por sustitución

§10.4

y en la filiación a favor de los padres intencionales que prevé la legislación [extranjera], sino que habrá de partir (...) de la ruptura de todo vínculo de los menores con la mujer que los gestó y alumbró, la existencia de una filiación biológica paterna y de un núcleo familiar en que estén integrados los menores. Por tanto, la protección que ha de otorgarse (...) ha de partir de las previsiones de las leyes y convenios aplicables en España y de la jurisprudencia que los interpreta y aplica, tomando en consideración su situación actual, estableciendo la relación de filiación mediante la determinación de la filiación biológica paterna, la adopción o permitiendo la integración de los menores en un núcleo familiar mediante la figura del acogimiento familiar. Esta solución satisface el interés superior del menor, valorado en concreto, (...) pero a la vez intenta salvaguardar los derechos fundamentales (...) que resultarían gravemente lesionados si se potenciara la práctica de la gestación subrogada comercial (...).

Además, el Tribunal Supremo reitera, como ya afirmaba en sus sentencias 835/2013, de 6 de febrero de 2014, y 277/2022, de 31 de marzo, que el contrato de gestación subrogada es contrario al orden público, cosifica tanto a la mujer gestante como al menor y vulnera principios fundamentales reconocidos en nuestro ordenamiento jurídico. Así, la Ley Orgánica 1/2023, que modifica la Ley Orgánica 2/2010, de salud sexual y reproductiva y de la interrupción voluntaria del embarazo, considera, tanto en su preámbulo como en su articulado, que la gestación por sustitución es una forma de violencia contra las mujeres y en el mismo sentido se pronuncia la Resolución del Parlamento Europeo de 17 de diciembre de 2015 sobre el informe anual sobre los derechos humanos y la democracia en el mundo y la política de la Unión Europea al respecto.

§10.4

Atendiendo a la interpretación efectuada por el Tribunal Supremo y para asegurar la adecuación del tratamiento registral en casos de gestación por sustitución a nuestro ordenamiento y a las normas internacionales en materia de derechos de los menores y de las mujeres gestantes,

Esta Dirección General acuerda establecer y hacer públicas las siguientes directrices:

Primera.

Dejar sin efecto las Instrucciones de 5 de octubre de 2010 y de 18 de febrero de 2019 de la Dirección General de los Registros y del Notariado, sobre régimen registral de la filiación de los nacidos mediante gestación por sustitución.

Segunda.

En ningún caso se admitirá por las personas encargadas de los Registros Civiles, incluidos los Registros Civiles Consulares, como título apto para la inscripción del nacimiento y filiación de los nacidos mediante gestación subrogada una certificación registral extranjera, o la simple declaración acompañada de certificación médica relativa al nacimiento del menor, ni sentencia firme de las autoridades judiciales del país correspondiente.

Tercera.

Las solicitudes pendientes de inscripción de la filiación de menores nacidos mediante gestación subrogada a la fecha de la publicación de la presente Instrucción en el «Boletín Oficial del Estado» no se practicarán.

Cuarta.

Los solicitantes podrán obtener de las autoridades locales, si procede, el pasaporte y permisos correspondientes para que los menores puedan viajar a España y, una vez aquí, la determinación de la filiación se efectuará a través de los medios ordinarios previstos en el ordenamiento español: filiación biológica, en su caso, respecto de alguno de los progenitores de intención y filiación adoptiva posterior cuando se pruebe la existencia de un núcleo familiar con suficientes garantías.

§10.4

§11. MATRIMONIO

§11.1. Resolución-Circular de 29 de julio de 2005, de la Dirección General de los Registros y del Notariado, sobre matrimonios civiles entre personas del mismo sexo
(BOE 8/8/2005)
(Tol 675851)

I. Introducción y marco jurídico español

1. Vistos los artículos 1, 3, 6, 44, 45, 58, 66, 67, 73 y 74 del Código civil; 245 y 247 del Reglamento del Registro Civil; las Sentencias del Tribunal Europeo de Derechos Humanos de 27 de septiembre de 1990, de 25 de marzo de 1992, 30 de julio de 1998 y 11 de julio de 2002; las Sentencias del Tribunal Supremo de 2 de julio de 1987, 15 de julio de 1988, 3 de marzo de 1989 y 19 de abril de 1991, y las Resoluciones de 21 de enero de 1988, 2 de octubre de 1991 y 8 de enero de 2000 y 31 de enero de 2001, y 24-3.ª de enero de 2005.

2. La cuestión que se plantea en esta consulta es la de si pueden válidamente contraer matrimonio entre sí dos personas del mismo sexo siendo una de ellas española y la otra extranjera y si, en caso afirmativo, tienen competencia para ello no sólo las autoridades españolas previstas en el artículo 57 del Código civil en caso de celebración del matrimonio en España, sino también los Encargados de los Registros Civiles Consulares de España en el extranjero.

3. La reciente Ley 13/2005, de 1 de julio, por la que se modifica el Código civil en materia de derecho a contraer matrimonio, en el marco de los principios constitucionales de igualdad, no discriminación y libre desarrollo de la personalidad (cfr. arts. 9.2, 10.1 y 14 de la Constitución) y en el contexto de la actual realidad social española que acoge diversos modelos de convivencia de pareja, ha introducido en nuestro Ordenamiento jurídico la innovación de permitir que el matrimonio sea celebrado entre personas del mismo sexo,

con plenitud de igualdad, superando con ello la concepción tradicional de la diferencia de sexos como uno de los fundamentos del reconocimiento de la institución matrimonial por nuestro Derecho. Así resulta de lo dispuesto en el párrafo segundo que se añade al artículo 44 del Código, conforme al cual «El matrimonio tendrá los mismos requisitos y efectos cuando ambos contrayentes sean del mismo o de diferente sexo». Ahora bien, la citada Ley 13/2005 no ha introducido ninguna modificación en las normas del Derecho Internacional Privado español, lo que suscita el interrogante de cuál será la ley aplicable a los matrimonios mixtos de español/a y extranjero/a en materia de capacidad matrimonial, en particular por lo que se refiere al posible impedimento de identidad de sexo, o dicho en otros términos, si la permisión de la ley española respecto de los matrimonios integrados por personas del mismo sexo se extiende también en presencia de elementos personales de extranjería, esto es, cuando uno o ambos contrayentes sean de nacionalidad extranjera.

II. La ley aplicable en materia de capacidad matrimonial

1. La capacidad matrimonial se ha de regir, conforme al Derecho conflictual español, por la ley personal del individuo, esto es, la determinada por su nacionalidad (cfr. art. 9 n.º 1 Cc), siendo así que el contenido de tal Ley puede mantener como requisito esencial del matrimonio la condición heterosexual de sus miembros, como ha sucedido en España hasta la entrada en vigor de la Ley 13/2005.

En efecto, no puede caber duda sobre el sometimiento de la capacidad matrimonial al estatuto personal determinado por la nacionalidad de la persona, en tanto que ley aplicable, a la vista del artículo recién citado de nuestro Código civil. Así lo confirman, además, las siguientes consideraciones: a) el artículo 9 n.º 1 del Código civil, en cuanto que expresión de un principio general en la reglamentación de la ley aplicable a las materias tradicionalmente incluidas en la categoría de estatuto personal, queda sujeta a algunas excepciones en materia de capacidades especiales —por ejemplo la capacidad para adoptar (cfr. art. 9 n.º 5 Cc)—, pero es lo cierto que entre tales excepciones no se encuentra la capacidad para contraer matrimonio; b) la regla de conflicto del Derecho español en esta materia coincide, además, con la acogida por el Convenio n.º 20 de la Comisión Internacional del Estado Civil, firmado en Munich el 5 de septiembre de 1980, relativo a la expedición de un certificado de capacidad

§11.1

matrimonial (cfr. art. 1), y con el contenido de la Recomendación de la misma Comisión Internacional del Estado Civil, adoptada en Viena el 8 de septiembre de 1976, relativa al derecho al matrimonio, y que parte de la premisa previa de la competencia de los Estados miembros para regular los requisitos, capacidad e impedimentos para contraer matrimonio; c) recientemente, en la misma línea apuntada, el artículo 9 de la Carta de Derechos Fundamentales de la Unión Europea (LCEur 2000/3480), firmada el 7 de diciembre de 2000, proclama que «el derecho a casarse y el derecho a fundar una familia están garantizados según las Leyes nacionales que rigen su ejercicio», admitiendo, pues, su consideración como derechos de configuración legal, correspondiendo la competencia legislativa en la materia a los respectivos Estados miembros sobre sus propios nacionales. Así lo ha sostenido también reiteradamente el Tribunal Supremo (vid. Sentencias de 29 de mayo de 1970 y 22 de noviembre de 1977) y esta Dirección General de los Registros y del Notariado (vid. Resoluciones de 6-1.ª de noviembre de 2000, 24-3.ª de mayo de 2002 o, más recientemente, en la de 24-3.ª de enero de 2005, entre otras muchas).

2. Dentro de la categoría de «capacidad matrimonial» se engloban, además de la capacidad natural para prestar el consentimiento matrimonial, la ausencia de impedimentos matrimoniales. Y es que si bien el derecho a contraer matrimonio es reconocido, en principio, a todas las personas (cfr. arts. 44 del Código civil, 32 de la Constitución española, 16 de la Declaración Universal de Derechos Humanos, 23.2 del Pacto Internacional de Derechos Civiles y Políticos y 12 del Convenio de Roma para la Protección de los Derechos Humanos), no se trata de un derecho sin limitaciones o incondicionado. Así, la Constitución establece en el precepto citado que la Ley regulará «la edad y capacidad» para contraerlo, mandato constitucional desarrollado por el Código civil que establece especiales requisitos de capacidad a través de los denominados impedimentos matrimoniales, en particular en sus artículos 46 y 47. Unos y otros tienen carácter dirimente en el sentido de que si se contrae un matrimonio a pesar de la existencia de un impedimento, el matrimonio será nulo.

§11.1

Tales impedimentos han sido tradicionalmente clasificados en dos grupos según que imposibiliten la celebración del matrimonio con cualquier persona, denominados por ello absolutos o unilaterales, o sólo con respecto a determinadas personas, conocidos como relativos o bilaterales. Entre estos últimos se citan los impedimentos de edad y de ligamen, y entre los primeros los de parentesco y el de muerte dolosa del cónyuge de cualquiera de ellos. Es en esta categoría, por su carácter relativo y no absoluto, en la que parte de la doctrina científica viene incluyendo el impedimento de identidad de sexo.

La consecuencia que se derivaría de esta calificación desde el punto de vista del Derecho conflictual a efectos de determinar la ley aplicable es que, frente a la aplicación distributiva de las leyes personales de ambos contrayentes propia de los impedimentos unilaterales, en este caso la solución al conflicto de leyes que se produce al concurrir en el supuesto de los matrimonios mixtos las leyes nacionales de los contrayentes de diferente nacionalidad es la de su aplicación cumulativa. En cualquier caso, lo anterior supone que la validez del matrimonio queda condicionada a que ambos contrayentes respeten su respectivo estatuto personal, esto es, que cumplan los requisitos de capacidad impuestos por sus correspondientes leyes nacionales. En definitiva, sucede en sede de matrimonio lo mismo que en relación con cualquier otro negocio jurídico: el defecto de capacidad en uno sólo de los contratantes vicia de nulidad todo el negocio, y ello sin perjuicio de los efectos que se hayan de reconocer al matrimonio putativo. No corresponde a este Centro Directivo valorar si la opción del legislador a favor de la conexión «estatuto personal» presenta más ventajas (evitación de fraude de ley y de matrimonios claudicantes y prevención del denominado «turismo matrimonial») o mayores inconvenientes (imposición de la ley más severa, solución contraria al «favor matrimonii»), sino la de interpretarla en el marco del conjunto del Ordenamiento jurídico español, teniendo presente a tales efectos que en sede de matrimonios entre personas del mismo sexo, dada la fecha de redacción del vigente artículo 9 n.º 1 del Código civil procedente de la reforma de su Título Preliminar aprobada por Real Decreto 1836/74, de 31 de mayo, la reciente admisión de los citados matrimonios operada por la Ley 13/2005 supone la posible existencia de una laguna axiológica en la materia, extremo sobre el que después se volverá.

§11.1

III. Supuestos de validez del matrimonio entre español/a extranjero/a del mismo sexo con arreglo al criterio del estatuto personal

Con arreglo a lo hasta ahora expuesto, y presupuesta la concurrencia de los demás requisitos legales, no cabe duda de la validez, a los efectos del Ordenamiento jurídico español, del matrimonio entre personas del mismo sexo, en los siguientes supuestos internacionales:

a) matrimonio entre dos contrayentes españoles, aun contraído en el extranjero, y ello tanto si el país de celebración admite el matrimonio entre personas del mismo sexo o no (ello siempre que se respeten los requisitos de «forma» en cuanto a la celebración y de competencia de la autoridad que lo autorice);

b) matrimonio celebrado en España entre contrayente español y contrayente extranjero cuando su nacionalidad sea la de un país cuya legislación permita el matrimonio entre personas del mismo sexo (en la actualidad, éste sería el caso de Holanda, Bélgica y Canadá);

c) matrimonio en España entre contrayente español y contrayente extranjero nacional de un país cuyas leyes materiales no permiten el matrimonio entre personas del mismo sexo, pero cuyas normas de Derecho Internacional Privado fijen puntos de conexión en materia de requisitos para la celebración del matrimonio distintos al de la lex patriae del contrayente y que supongan que la Ley aplicable resulte ser la española. Dicho en otros términos, el matrimonio será válido cuando la norma de conflicto extranjera del país que corresponda a la nacionalidad del consorte extranjero reenvíe a la ley española, por fijar como punto de conexión en los supuestos internacionales en materia de capacidad matrimonial bien el domicilio de los contrayentes y hallarse éstos domiciliados en España (este sería el caso, por ejemplo, de Inglaterra, Gales y Escocia), bien el lugar de celebración del matrimonio y éste tenga lugar en España (este sería el caso de Suiza, Australia o Islandia); debiendo entenderse que este reenvío cumple las exigencias del artículo 12 n.º 2 del Código civil, conforme al cual «La remisión al Derecho extranjero se entenderá hecha a su ley material, sin tener en cuenta el reenvío que sus normas de conflicto puedan hacer a otra ley que no sea la española», que consagra el denominado reenvío de retorno o de primer grado. Mayor dificultad presenta el caso en el que la norma reenviada sea la de un país, distinto de España, que también admita el matrimonio entre personas del mismo sexo, si bien la interpretación de que el reenvío de retorno autorizado por el artículo 12 n.º 2 del Código civil es un «reenvío materialmente orientado» en el sentido de favorecer la solución dada al caso por la Ley española, y el resultado contrario al «favor matrimonii» que se derivaría de excluir la aplicación de la norma extranjera receptora del reenvío materialmente coincidente con la Ley española en la materia, deben de llevar a la conclusión en este punto de la validez del matrimonio en tales casos;

§11.1

d) matrimonio celebrado en el extranjero entre español y extranjero cuando la ley aplicable a la capacidad matrimonial de este último sea, conforme a sus normas de conflicto, bien por acudir al criterio del domicilio de los contrayentes bien por regirse por la del lugar de celebración, la de un país cuya legislación sustantiva autorice el matrimonio entre personas del mismo sexo;

e) respecto de los matrimonios entre personas del mismo sexo en que uno o los dos contrayentes sean españoles plurinacionales, han de ser considerados válidos a los efectos del Ordenamiento jurídico español, y ello a pesar de que las leyes materiales correspondientes a la otra u otras nacionalidades del sujeto no admitan el matrimonio de personas del mismo sexo, por cuanto, a salvo lo dispuesto en los Tratados internacionales, en los supuestos de doble nacionalidad de facto ha de prevalecer en todo caso la nacionalidad española (cfr. art. 9 n.º 9 del Código civil). La misma solución debe entenderse extensiva respecto de los apátridas o de las personas con nacionalidad indeterminadas, cuando tuvieren su residencia habitual en España, por aplicación de lo dispuesto por los artículos 12 n.º 1 del Convenio de Nueva York, de 28 de septiembre de 1954 sobre Estatuto de los Apátridas, y 9 n.º 10 del Código civil, respectivamente;

f) finalmente, a la lista anterior, cabe adelantar ahora, se ha de añadir el supuesto de los matrimonios celebrados entre extranjeros del mismo sexo residentes en España, incluso en el caso de que ninguna de sus respectivas leyes nacionales permitan tales matrimonios, y ello en base a criterios distintos de los vinculados al estatuto personal de los contrayentes, según se desprende de las consideraciones que después se harán.

IV. Supuesto de matrimonios entre españoles y extranjeros del mismo sexo en los que las normas de conflicto conduzcan a una ley material aplicable que no admita tales clases de matrimonio

§11.1

Como consecuencia de lo antes expuesto, las dudas quedan reducidas a los supuestos de matrimonios entre españoles y extranjeros del mismo sexo en los que las normas de conflicto conduzcan a una ley material aplicable que no admita tales clases de matrimonios.

Las dudas indicadas están centradas, en lo que ahora interesa, en tres extremos: a) la consecuencia de la nulidad de tales matrimonios derivada de la aplicación de las leyes extranjeras materialmente prohibitivas en la materia sería compatible con el orden público internacional español o no; b) tal consecuencia de nulidad constituiría, en su caso, un trato discriminatorio entre españoles y extranjeros atentatorio al principio de igualdad consagrado por el artículo 14 de la Constitución o, dicho en otros términos, la entrada en vigor de la Ley 13/2005, de 1 de julio, ha supuesto o no la inconstitucionalidad parcial y sobrevenida del artículo 9 n.º 1 del Código civil, como sugiere el escrito de una de las diversas consultas elevadas a este Centro Directivo sobre la materia; c) realmente la identidad de sexo, desde el punto de vista de la calificación a los efectos de determinar la norma de conflicto aplicable es un impedimento que afecta a la capacidad para contraer matrimonio, o por el contrario debe ser considerado como un requisito objetivo de la institución matrimonial en aquellos países que mantienen la heterosexualidad como condición necesaria, y no subjetivo de la persona de los contrayentes.

V. El orden público internacional español en materia de capacidad matrimonial

En cuanto a la primera de las dudas enunciadas, ha de recordarse que la aplicación de la Ley extranjera puede y debe ser rechazada cuando su aplicación resulte contraria al orden público internacional español. En concreto, se rechaza la aplicación de la Ley extranjera cuando tal aplicación produzca una vulneración de los principios esenciales, básicos e irrenunciables del Derecho español. Cuando la Ley extranjera incurre en tales vulneraciones dicha Ley no debe ser aplicada por los Tribunales españoles (art. 12.3 Cc.), que en su lugar han de aplicar la Ley española, como lex fori. Ahora bien, debe igualmente recordarse el carácter restrictivo del orden público internacional, de tal forma que no todos los valores incorporados a nuestro Ordenamiento jurídico ordinario pueden alcanzar tal calificación de superiores, esenciales e irrenunciables, siendo así que esta calificación requiere consagración constitucional y alcance internacional, dada la importancia que tiene el método comparatista y trasnacional como instrumento de decantación de los principios jurídicos protegidos por la cláusula de orden público internacional por su condición de principios esenciales comunes a una pluralidad de países. Hay que destacar que la cláusula del orden público internacional ha sido aplicada con frecuencia en nuestro Derecho, y en particular, en la doctrina de esta Dirección General de los Registros y del Notariado, en materia de capacidad matrimonial. Así, se

§11.1

ha rechazado la aplicación de la ley extranjera alegando excepción de orden público en los siguientes casos:

a) leyes extranjeras que admiten los matrimonios poligámicos, no reconociendo capacidad nupcial a las personas ya ligadas por anterior matrimonio no disuelto (cfr. Resoluciones de 14 de diciembre de 2000 y 4-7.ª de diciembre de 2002, entre otras);

b) leyes extranjeras que prohíben contraer matrimonio entre personas de distintas religiones, en particular respecto de las leyes que limitan el derecho de la mujer musulmana a contraer matrimonio con varón no musulmán (cfr. Resoluciones de 7 de junio de 1992 y 10-1.ª de junio de 1999);

c) leyes extranjeras que impiden el matrimonio entre transexual con persona de su mismo sexo biológico, pero distinto sexo legal por no reconocer el cambio de sexo declarado judicialmente en España (vid. Resolución de 24-3.ª de enero de 2005);

d) leyes extranjeras que admiten el matrimonio entre niños, es decir, respecto de menores que no hayan alcanzado la edad a partir de la cual el impedimento de edad es dispensable (vid. «a sensu contrario» Resolución de 15-3.ª de junio de 2004).

e) finalmente, se ha de añadir a esta lista la cita de la reciente Resolución de este Centro Directivo de 7-1.ª de julio de 2005 relativa a las leyes extranjeras que autorizan el matrimonio sin necesidad de la voluntad libre y real prestada por cada uno de los contrayentes o aún en contra de la voluntad de los mismos.

La Dirección General de los Registros y del Notariado no ha tenido ocasión de pronunciarse sobre el supuesto de una posible intervención del orden público internacional español ante la hipótesis de matrimonio entre personas del mismo sexo de nacionalidad extranjera en caso de que, por adquisición sobrevenida de la nacionalidad española de una de ellas, dicho matrimonio, anterior a la entrada en vigor de la reciente Ley 13/2005, de 1 de julio, hubiese pretendido su acceso al Registro Civil español. No obstante, parece clara la improcedencia de la excepción de orden público en tales casos, aun antes de la entrada en vigor de la citada Ley, dada la amplia admisión en nuestro Derecho de la figura de las uniones estables de pareja entre homosexuales desde la aprobación de la Ley catalana 10/1998, de 15 de julio, posteriormente seguida de otras muchas leyes autonómicas, siendo así que el concepto de or-

§11.1

den público internacional español, por su propia naturaleza, debe considerarse indivisible y único para el conjunto de España.

No obstante, y aun con todo, tampoco resulta fácil la invocación del orden público en sentido contrario, esto es, para excluir la aplicación de las leyes extranjeras que desconocen o impiden el matrimonio entre personas del mismo sexo, a tenor de la jurisprudencia sentada en tal materia por el Tribunal Constitucional. Así en concreto, el auto 222/1994, de 11 de julio, del Tribunal Constitucional, ha afirmado que la unión matrimonial entre personas del mismo sexo biológico no es una institución respecto de la que exista un derecho constitucional a su establecimiento, a diferencia del matrimonio entre hombre y mujer que es un derecho constitucional (STC 184/1990). Se trata de una institución que se fundamenta en los valores constitucionales de la igualdad efectiva de los ciudadanos, en el libre desarrollo de su personalidad (artículos 9.2 y 10.1 de la Constitución) y en el principio de no discriminación por razón de sexo, opinión o cualquier otra condición personal o social (artículo 14 de la Constitución) —vid. preámbulo de la Ley 13/2005—, pero cuyo establecimiento, según la consideración del Tribunal Constitucional, debe ser objeto de consideración y decisión por parte del legislador ordinario, delegación axiológica que remitiría a este último la protección de aquel valor. Tampoco coadyuva a alcanzar una conclusión concluyente la jurisprudencia del Tribunal Europeo de Derechos Humanos que en sus sentencias de 17 de octubre de 1986 y 27 de septiembre de 1990 ha declarado que no permitir el matrimonio entre personas del mismo sexo no implica violación del artículo 12 del Convenio de Roma, por entender que la regulación y garantía del ius nubendii entre personas del mismo sexo queda remitida a la facultad que tienen los Estados contratantes de regular mediante Leyes el ejercicio del derecho de casarse. Ahora bien, el hecho de que el legislador español, en base a tal remisión, haya regulado mediante la Ley 13/2005 el ius connubii de forma tal que acoge en el mismo la posibilidad del matrimonio entre personas del mismo sexo, pone de manifiesto una situación en la que resulta patente el paralelismo y similitud con los supuestos en que esta Dirección General ha invocado la excepción del orden público para excluir la aplicación de leyes extranjeras que impiden el matrimonio entre personas de distinta religión (disparitas cultus) o de aquellas otras que, por no reconocer un cambio legal de sexo judicialmente declarado, impiden el matrimonio de un transexual extranjero por persona de su mismo sexo cromosómico, pero distinto sexo legal, similitud que debe conducir a

§11.1

acoger la misma solución de la exclusión en la aplicación de la ley extranjera en el caso ahora considerado por razones de analogía.

La conclusión anterior se refuerza a la luz de la consideración de que el Encargado del Registro Civil español no debe operar, desde el punto de vista de las funciones que tiene atribuida, como «guardián» del sistema legal extranjero por lo que no debe negar la posibilidad de contraer matrimonio en España a personas del mismo sexo por la sola razón de que en el país del que son nacionales los cónyuges, dicho matrimonio no producirá efectos. Son las autoridades extranjeras las que deben decidir si el matrimonio contraído en España entre personas del mismo sexo surte efectos en tal país extranjero o no los surte por resultar contrario a su orden público internacional. En definitiva esta tesis parece la más correcta ante el silencio de la Ley 13/2005 en relación con los supuestos internacionales de matrimonios entre personas del mismo sexo.

VI. El principio constitucional de igualdad y su alcance respecto de los extranjeros residentes en España

En cuanto a la posible vulneración del principio de igualdad del artículo 14 de la Constitución por razón del distinto trato dado en materia de matrimonio entre españoles y extranjeros, ha de recordarse la jurisprudencia constitucional sobre la materia. A este respecto se debe destacar la Sentencia de la Sala 2.ª del Tribunal Constitucional de 23 de noviembre de 1984 (n.º 107/1984, rec. 576/1983), conforme a cuya doctrina «cuando el art. 14 de la Constitución proclama el principio de igualdad, lo hace refiriéndose con exclusividad a «los españoles». Son éstos quienes, de conformidad con el texto constitucional, «son iguales ante la Ley», y no existe prescripción ninguna que extienda tal igualdad a los extranjeros. La inexistencia de declaración constitucional que proclame la igualdad de los extranjeros y españoles no es, sin embargo, argumento bastante para considerar resuelto el problema, estimando que la desigualdad de trato entre extranjeros y españoles resulta constitucionalmente admisible ... Y no es argumento bastante porque no es únicamente el art. 14 de la Constitución el que debe ser contemplado, sino que, junto a él, es preciso tener en cuenta otros preceptos sin los que no resulta posible determinar la posición jurídica de los extranjeros en España.

En efecto, a tenor del artículo 13 de la Constitución «los extranjeros gozarán en España de las libertades públicas que garantiza el presente título en los términos que establezcan los tratados y la Ley». Ello supone —a juicio del Alto Tribunal— que «el disfrute de los derechos y libertades reconocidos en el Título I de la Constitución se efectuará en la medida en que lo determinen los tratados internacionales y la Ley interna española, y de conformidad con las condiciones y el contenido previsto en tales normas, de modo que la igualdad o desigualdad en la titularidad y ejercicio de tales derechos y libertades dependerá, por propia previsión constitucional, de la libre voluntad del tratado o la Ley». Ahora bien, ello no supone, como advierte el Tribunal, que se haya querido desconstitucionalizar la posición jurídica de los extranjeros relativa a los derechos y libertades públicas, de modo que los derechos y libertades reconocidos a los extranjeros siguen siendo derechos constitucionales y, por tanto, dotados —dentro de su específica regulación— de la protección constitucional, pero son todos ellos sin excepción en cuanto a su contenido derechos de configuración legal. De modo que esta configuración puede: a) prescindir de tomar en consideración, como dato relevante para modular el ejercicio del derecho, la nacionalidad o ciudadanía del titular, produciéndose así una completa igualdad entre españoles y extranjeros, como la que efectivamente se da respecto de aquellos derechos que pertenecen a la persona en cuanto tal y no como ciudadano, tales como el derecho a la vida, a la integridad física y moral, a la intimidad, la libertad ideológica, etc., corresponden a los extranjeros por propio mandato constitucional, y no resulta posible un tratamiento desigual respecto a ellos en relación a los españoles; b) puede también, sin embargo, introducir la nacionalidad como elemento para la definición del supuesto de hecho al que ha de anudarse la consecuencia jurídica establecida, y en tal caso, como es obvio, queda excluida «a priori» la aplicación del principio de igualdad como parámetro al que han de ajustarse en todo caso las consecuencias jurídicas anudadas a situaciones que sólo difieren en cuanto al dato de la nacionalidad.

§11.1

En consecuencia, el problema de la igualdad en el ejercicio de los derechos, según nuestra jurisprudencia constitucional, depende del derecho afectado. Así hay derechos que corresponden por igual a españoles y extranjeros, otros que en ningún caso pertenecen a los extranjeros (cfr. art. 23 CE), y finalmente otros que «pertenecerán o no a los extranjeros según lo que dispongan los Tratados y las Leyes, siendo entonces admisible la diferencia de trato con los españoles en cuanto a su ejercicio». A la vista de lo afirmado por el propio Tribunal Constitucional en su auto 222/1994, de 11 de julio, antes referido, a esta tercera categoría debe asimilarse el derecho al matrimonio. Así resultaría también del hecho de la ubicación sistemática del artículo 32 en la Sección 2.ª del Capítulo segundo del Título Primero de la Constitución, esto es, entre los «derechos y deberes de los ciudadanos», y no en la Sección 1.ª reservada para los «Derechos fundamentales y las libertades públicas». En consecuencia, no se puede sostener la tesis de una inconstitucionalidad sobrevenida y parcial del artículo 9 n.º 1 del Código civil por atentar contra el principio constitucional de igualdad al determinar un trato distinto para los españoles y los extranjeros en función de la utilización del criterio de conexión «estatuto personal» con la eventual consecuencia de privar de acceso al derecho al matrimonio entre personas del mismo sexo a los extranjeros cuyo estatuto personal no se lo permita.

VII. La calificación de la diversidad/identidad de sexo respecto de la institución matrimonial. Existencia de una laguna legal en nuestro derecho internacional privado y criterios para su integración

Finalmente, hemos de volver a examinar la consideración que ha de merecer el requisito de la diversidad de sexos desde la perspectiva de su calificación a efectos de determinar la norma de conflicto aplicable, lo cual en este caso es determinante por cuanto que nuestro Derecho Internacional Privado no cuenta con una regla conflictual que fije la ley aplicable a todos los requisitos del matrimonio, a modo de lex matrimonii, ni tampoco dispone de una específica norma consagrada a señalar la ley aplicable a la «capacidad matrimonial», por lo que la reconducción de dicha materia al estatuto personal de la ley nacional no deja de ser el resultado de un silogismo interpretativo, bien que ampliamente extendido en la doctrina científica y en la oficial de este Centro Directivo.

A este respecto no debe olvidarse que tal «calificación» se ha de realizar con arreglo a la Ley española (cfr. art. 12 n.º 1 Cc). En tal sentido no es ocioso recordar cómo los impedimentos matrimoniales vienen recogidos en los artículos 46 y 47 del Código civil, alusivos respectivamente a los absolutos o unilaterales y a los relativos o bilaterales, respectivamente, siendo así que en ninguno de ellos se menciona el impedimento de identidad de sexo. De otro lado, una parte significativa de nuestra doctrina científica al tratar de los requisitos subjetivos del matrimonio abordan separada y diferencialmente los impedimentos, la incapacidad o falta de aptitud para prestar el consenti-

§11.1

miento matrimonial y, finalmente, el requisito de la diversidad de sexo, que vienen a considerar como elemento constitutivo o esencial del propio derecho «a contraer matrimonio». Se traen a colación estas opiniones doctrinales no para someterlas al contraste con el Derecho positivo vigente hoy en España, tras la entrada en vigor de la Ley 13/2005, sino para subrayar la idea de que la «diversidad de sexos», en la concepción tradicional, o la posible «identidad de sexos», en la concepción legal ahora vigente, es elemento vinculado directamente con la propia naturaleza del derecho a contraer matrimonio y, por extensión, de la institución matrimonial, y no necesariamente con la capacidad nupcial subjetivamente considerada. De hecho, como destaca el Preámbulo de la reiterada Ley 13/2005 «la regulación del matrimonio en el Derecho civil contemporáneo ha reflejado los modelos y valores dominantes en las sociedades europeas y occidentales. Su origen radica en el Código civil francés de 1804, del que innegablemente trae causa el español de 1889. En este contexto, el matrimonio se ha configurado como una institución, pero también como una relación jurídica que tan sólo ha podido establecerse entre personas del mismo sexo; de hecho, en tal diferencia de sexo se ha encontrado tradicionalmente uno de los fundamentos del reconocimiento de la institución por el Derecho del Estado y por el Derecho canónico. Por ello, los Códigos de los dos últimos siglos, reflejando la mentalidad dominante, no precisaban prohibir, ni siquiera referirse, al matrimonio entre personas del mismo sexo, pues la relación entre ellas en forma alguna se consideraba que pudiera dar lugar a una relación jurídica matrimonial». Claramente se aprecia en este texto la idea, vigente en España hasta la reciente reforma, de la diversidad de sexos como elemento estructural, constituyente de la propia institución, más que como requisito subjetivo de capacidad de sus miembros.

En este sentido el desconocimiento por parte de numerosos Ordenamientos jurídicos extranjeros actuales del matrimonio como institución abierta a las parejas del mismo sexo y la paralela inexistencia de norma de conflicto específica en nuestro Derecho sobre los requisitos del matrimonio ajenos a su concepción tradicional y a la capacidad subjetiva de los contrayentes, son factores que puestos en conexión determinan la existencia de una laguna legal al respecto en nuestro Derecho conflictual, lo que supone la necesidad de activar los mecanismos legales de la interpretación integradora con objeto de cubrir tal laguna. Y desde este punto de vista el artículo 9 n.º 1 del Código civil constituye la expresión de un principio general del Derecho que, en cuanto tal,

§11.1

no puede actuar de forma excluyente, sino en concurrencia con otros principios y valores jurídicos, que en conjunto y no aisladamente deben actuar para decantar la solución aplicable al caso.

Y la solución a tal laguna no puede ser otra que la de acudir a la aplicación de la ley material española, según resulta de la concurrencia de los siguientes argumentos a su favor: a) la analogía con la figura de las «parejas de hecho homosexuales» reconocidas y reguladas por un amplio número de leyes autonómicas españolas que, bien como criterio de conexión bien como elemento delimitador de su ámbito de aplicación, acuden preferentemente a la vecindad administrativa, concepto vinculado a la residencia habitual de sus miembros; b) la proximidad forumius; c) el principio general de nuestro Derecho civil del favor matrimonii; d) la consideración del ius nubendii como derecho fundamental en nuestro Ordenamiento constitucional (art. 32) puesto en conexión con la extensión de la prohibición de toda discriminación a las ejercidas por razón de «orientación sexual», acogida novedosamente por la Carta de los Derechos Fundamentales de la Unión Europea de 7 de diciembre de 2000 en su artículo 21 como categoría autónoma y distinta de la prohibición de discriminación por razón de sexo, que la jurisprudencia del Tribunal Europeo de Derechos Humanos había asociado tradicionalmente a las discriminaciones de género (Sentencias de 17 de octubre de 1986 —Caso Rees contra Reino Unido—, de 27 de septiembre de 1990 —Caso Cossey contra Reino Unido—, de 27 de septiembre de 1999 —Caso Smith y Grady contra Reino Unido—), hasta su Sentencia de 21 de diciembre de 1999 —Caso Salgueiro da Silva Mouta contra Portugal— y 31 de julio de 2000 —Caso A.D.T. contra Reino Unido— en que se afirma la existencia de violación de los artículos 8 y 14 del Convenio, por apreciar la existencia de una discriminación por razón de «orientación sexual»; e) la vinculación del ejercicio efectivo del derecho al matrimonio con el principio del libre desarrollo de la personalidad reconocido en el artículo 10.1 de la Constitución; e) la necesidad de interpretar las leyes con arreglo a la «realidad social del tiempo en que han de aplicarse» (art. 3 Cc), siendo así que en la actualidad en España se viven de forma coetánea los fenómenos del reconocimiento social de muy diversas formas de convivencia familiar y el de una intensa inmigración, cuya integración reclama la ampliación de los espacios jurídicos de reconocimiento del estatuto personal basado en la residencia habitual, como pone de manifiesto la reciente reforma del artículo 107 del Código civil operada por Ley 11/2003, de 29 de septiembre,

§11.1

en materia de ley aplicable a la separación y el divorcio; f) finalmente, ésta fue también la solución que alumbró la jurisprudencia de nuestro Tribunal Supremo durante los años de vigencia de la Ley del divorcio de 2 de marzo de 1932 para permitir el divorcio de españoles casados con extranjeros nacionales de países que no reconocían en la época esta institución (vid. Sentencias de 27 de enero de 1933, 10 de julio de 1934 y 4 de diciembre de 1935).

Todo ello conduce a la obligada conclusión de que el matrimonio celebrado entre español y extranjero o entre extranjeros residentes en España del mismo sexo será válido, por aplicación de la ley material española, aunque la legislación nacional del extranjero no permita o no reconozca la validez de tales matrimonios, y ello tanto si la celebración ha tenido lugar en España como en el extranjero, sin perjuicio en este último caso del obligado cumplimiento de los requisitos de forma y competencia a que se refiere el siguiente apartado.

VIII. Competencia de la autoridad española para celebrar el matrimonio

Según lo dispuesto en el artículo 57 del Código civil, redactado conforme a la Ley 35/1994, de 23 de diciembre, la competencia para autorizar el matrimonio civil en España incumbe al Juez, Alcalde o funcionario correspondiente al domicilio de cualquiera de los contrayentes. Con independencia de quién celebre el matrimonio —juez, alcalde o concejal— la instrucción del expediente de matrimonio corresponde siempre al Juez del domicilio de cualquiera de los contrayentes.

Dos extranjeros pueden contraer matrimonio en España siempre que, al menos, uno de los contrayentes tenga su domicilio en territorio español (Resolución DGRN 29-8-92).

Por lo tanto, esta regla de competencia de autoridades, que no ha sido alterada por la Ley 13/2005, constituye un primer filtro para evitar la celebración en España de matrimonios entre personas que no tengan ninguna vinculación con el ordenamiento español. No obstante, la regulación de la competencia no resuelve todos los problemas relacionados con el fuero de conveniencia. Con dicha regulación se puede prevenir el «forum shopping». Sin embargo, no es suficiente para dar respuesta a todos los supuestos en que —admitida que la competencia de la autoridad española no es exorbitante y no fomenta el fenómeno del «turismo matrimonial»— aparece un elemento de extranjería.

§11.1

Como es sabido, cuando dos personas, españolas o extranjeras, desean celebrar matrimonio entre sí, es preciso, como regla general, instruir un «expediente matrimonial» previo. Para el matrimonio en forma civil, evangélica y hebraica, en dicho expediente se deben acreditar, al menos, estos extremos: a) las «menciones de identidad» de los contrayentes; b) los requisitos de capacidad nupcial legalmente exigidos, que son, básicamente, la edad, la no concurrencia de impedimentos matrimoniales, y el sexo; c) que no concurre ningún otro «obstáculo legal» para la celebración del matrimonio (art. 246 RRC), lo que, en la práctica, incluye también la autenticidad «anticipada» del consentimiento matrimonial, al objeto de evitar la celebración de «matrimonios de complacencia» (RDGRN [4.ª] de 26 de enero de 2005). El instructor oye reservada y separadamente a los contrayentes y dicta un «auto» que autoriza o deniega la celebración del matrimonio.

En el caso de matrimonio a celebrar en España en forma civil, hebraica o evangélica, es necesario instruir el expediente matrimonial previo ante autoridades civiles españolas (RDGRN [2.ª] 15 de septiembre de 2004). Tales autoridades son las siguientes:

a) Autoridades civiles españolas en España. El instructor puede ser el juez Encargado del Registro civil, el Alcalde o Concejal del municipio donde se celebre el matrimonio, u otro funcionario designado reglamentariamente. Pero para que el expediente matrimonial pueda instruirse ante autoridades civiles españolas en España, es preciso que alguno de los contrayentes tenga su domicilio en España y, en concreto, en la demarcación que corresponde al instructor del expediente matrimonial (Consulta DGRN 23 diciembre 2004). Si ninguno de los contrayentes tiene domicilio en España, no existe autoridad competente para instruir el expediente matrimonial previo y el matrimonio no puede celebrarse en España (Consulta DGRN 23 de diciembre de 2004).

§11.1

b) Funcionarios diplomáticos o consulares españoles acreditados en el extranjero. Esta opción sólo es posible en el caso de contrayentes domiciliados en el extranjero. Finalizado con éxito el expediente, los cónyuges pueden solicitar una delegación en favor de una autoridad civil española ante la que se desea prestar el consentimiento, como un Alcalde o Juez español (Consulta DGRN de 9 de junio de 2004).

En definitiva, la intervención de las autoridades españolas, tanto en España como en el extranjero, a efectos de instruir o de autorizar un matrimonio, excepción hecho de las supuestos de delegación, requiere como elemento determinante del reconocimiento de competencia a favor de dichas autoridades que el domicilio de alguno de los contrayentes esté fijado en España o en la respectiva Demarcación consular. En los demás casos, la hipótesis de un matrimonio entre personas, extranjeras, del mismo sexo, a celebrar en España, es un problema inexistente desde el punto de vista del Derecho Internacional Privado español, ya que al faltar el presupuesto legal de la competencia a favor de alguna autoridad española carece de sentido interrogarse acerca del problema de la ley aplicable.

IX. Requisitos especiales de los matrimonios mixtos entre personas del mismo sexo celebradas en el extranjero ante autoridad española. La especialidad del matrimonio consular

Respecto de los matrimonios celebrados en el extranjero entre español/a y extranjero/a o entre españoles, en el caso de que no se opte por la forma prevista por la ley del lugar de celebración, sino por las formas civiles prescritas por el Derecho español (cfr. art. 49 n.º 1 Cc), el matrimonio podrá celebrarse ante la Autoridad consular española correspondiente, lo que da lugar al denominado matrimonio consular. El matrimonio consular es un matrimonio civil celebrado ante el Encargado del Registro Civil Consular, especialmente previsto por el artículo 51 n.º 3 del Código civil, conforme al cual será también competente para autorizar un matrimonio civil «el funcionario diplomático o consular encargado del Registro Civil en el extranjero».

En tal caso, la celebración válida del matrimonio está sujeta a los siguientes requisitos especiales:

1.º Al menos uno de los contrayentes ha de ser nacional español. En tal sentido se ha de recordar que, según resulta claramente del artículo 49 del Código civil, los Cónsules de España en el extranjero carecen de facultades para autorizar el matrimonio de dos extranjeros (Consulta DGRN de 18 de marzo de 2002). En consecuencia, tampoco resulta posible que se instruya en el Consulado español el expediente previo para la celebración del matrimonio civil de dos extranjeros, por más que éstos pretendan contraer matrimonio en España o en otro país extranjero por delegación a favor de Juez, Alcalde o funcionario diplomático de otra población (arts. 57 Cc y 250 RRC). Esta conclusión, como puso de manifiesto esta Dirección General de los Registros y del Notariado en la Consulta antes aludida, está respaldada, además, por los principios gene-

§11.1

rales de la actuación registral de los Encargados de los Registros Consulares, pues esta actuación está limitada al caso de que el hecho en cuestión afecte a españoles (arts. 15 LRC y 250 RRC).

2.º Al menos uno de los contrayentes debe estar domiciliado en la Demarcación consular correspondiente, según se deduce del artículo 51.3 y 57 del Código civil, pues este último atribuye la competencia para la celebración del matrimonio al funcionario «correspondiente al domicilio de cualquiera de los contrayentes», por lo que faltando el vínculo del domicilio falta el presupuesto legal de la competencia para autorizar el matrimonio.

3.º Finalmente, el Estado receptor del Cónsul no debe oponerse a que éste celebre matrimonios en su territorio. En efecto, la competencia reconocida en general a los Cónsules de España en el extranjero para autorizar el matrimonio civil de cualquier español (arts. 49, 51 y 57 Cc), cesa cuando se oponen a esta actividad de funcionario del Registro Civil las leyes y reglamentos del Estado receptor, conforme resulta del art. 5, f) del Convenio de Viena de Relaciones Consulares, ratificado por España. Lo anterior supone que:

a) En los países cuyas leyes no reconocen facultades a los Cónsules extranjeros acreditados en los mismos para autorizar matrimonios en ningún caso, o bien condicionadamente a que uno de los contrayentes sea de la nacionalidad de dicho país, los Cónsules españoles deben abstenerse de autorizar tales matrimonios aunque el otro contrayente sea español (Resolución DGRN de 15 de septiembre de 1995).

b) Por el mismo motivo la Instrucción de esta Dirección General de los Registros y del Notariado de 6 de febrero de 1995 recuerda que, si bien por aplicación de los artículos 57 n.º 2 del Código civil y 250 del Reglamento del Registro Civil es posible, a petición de los contrayentes, que, una vez concluido favorablemente el expediente previo para la celebración del matrimonio civil, la prestación del consentimiento tenga lugar, por delegación del instructor, ante el Encargado del un Registro Civil Consular, la competencia de éste no es absoluta, sino limitada por el obligado respeto a las leyes y reglamentos del Estado receptor (art. 5, f) del Convenio de Viena de 1963), por lo que acordó comunicar a todos los Jueces Encargados de los Registros Civiles municipales que «deben abstenerse de delegar la autorización del matrimonio en los Encargados de los Registros Consulares cuando las normas del Estado en que está acreditados no permiten a los Cónsules españoles autorizar matrimonios civiles en ningún caso. Esto es lo que sucede para las representaciones consulares

§11.1

acreditadas en Austria, Dinamarca, Reino Unido, Suiza, Uruguay, Venezuela y Guatemala, de modo que la delegación no debe realizarse a favor de Encargados de Registros Consulares en los países mencionados». La misma conclusión se ha de aplicar respecto de todos aquellos otros países en que la citada restricción funcional respecto de los Cónsules españoles se imponga limitadamente para los supuestos de matrimonios de español con extranjero nacional del país receptor del Cónsul (Resolución DGRN de 8 de enero de 1987). Esta prohibición podrá revestir la forma de limitación expresa y específicamente referida a la competencia de los Cónsules acreditados en el país, o bien presentarse bajo la modalidad de vulneración a las exigencias formales impuestas en tales países a los matrimonios. Esto es lo que sucede precisamente en España que considera nulos por aplicación del artículo 73 n.º 3 del Código civil los matrimonios celebrados en las Representaciones Diplomáticas y Consulares acreditadas en España entre un extranjero/a y un español/a, a diferencia de los matrimonios entre extranjeros perfectamente válidos cuando así lo permite la ley personal de cualquiera de ellos (cfr. art. 50 Cc y Resolución DGRN de 1-1.ª de junio de 2005, entre otras muchas), por lo que recíprocamente ha de aceptarse una restricción similar en el ejercicio de las funciones de las Oficinas Consulares españolas en el extranjero.

Finalmente, y como consecuencia de la misma limitación impuesta por el artículo 5, f) del Convenio de Viena de 24 de abril de 1963 sobre Relaciones Consulares que impide, como se ha dicho, que las funciones consulares se ejerzan en oposición a las leyes y reglamentos del Estado receptor, lo que sujeta a las Representaciones Consulares españolas en el extranjero a un deber de respeto y no vulneración del Ordenamiento jurídico del país de acogida, los Cónsules españoles deben abstenerse, por falta de competencia, de autorizar matrimonios entre personas del mismo sexo en caso de que a ello se opongan las leyes del Estado receptor.

§11.1

No obstante, los inconvenientes derivados de las limitaciones competenciales de los Cónsules españoles en el extranjero pueden obviarse mediante el mecanismo de la delegación que permite el artículo 57 n.º 2 del Código civil. Así se deduce de la doctrina de esta Dirección General de los Registros y del Notariado al estimar que en los casos en que el Encargado del Registro Consular español no esté facultado, por oponerse a ello las leyes del país receptor, para autorizar un matrimonio entre un nacional de dicho país y un español (cfr. art. 5 del Convenio de Viena de relaciones consulares), sí tiene competencia para instruir, como Encargado del Registro civil del domicilio del promotor (cfr. art. 238 RRC), el expediente previo para la celebración del matrimonio, de tal modo que la prestación del consentimiento, por delegación del instructor, se realice ante el Encargado en España de otro Registro Civil —aplicando las previsiones de los artículos 57, II, Cc y 250 RRC (Resoluciones DGRN de 15 de septiembre de 1995 y 10-4.ª de julio de 2002 e Instrucción n.º 304 de 28 de agosto de 1990 de la Dirección General de Asuntos Consulares).

X. El reconocimiento en España de los matrimonios celebrados en el extranjero entre españoles o entre españoles/as y extranjeros/as del mismo sexo antes de la entrada en vigor de la ley 13/2005, de 1 de julio

Finalmente resta por examinar la cuestión de la situación jurídica en que se encuentran los matrimonios entre personas del mismo sexo celebrados por ciudadanos españoles con anterioridad a la entrada en vigor de la Ley 13/2005 en países extranjeros que a la fecha de su celebración permitían dichos matrimonios.

Se plantea pues en este punto la cuestión de la aplicación de la nueva norma no ya en el espacio, sino en el tiempo, partiendo en este caso de la omisión en la nueva Ley no de una regla de conflicto, como antes se ha examinado, sino de una norma transitoria que de base a una extensión retroactiva del nuevo régimen legal a hechos pretéritos. Y ya se puede avanzar que la solución a fin de cubrir la falta de expresa previsión normativa al respecto no ha de diferir de la que se ha mantenido a fin de cubrir la laguna legal en materia conflictual. El dato esencial del que se ha de partir en la interpretación de la cuestión es la de que la diversidad/identidad de sexos está ligada a la propia concepción del matrimonio, forma parte constitutiva de su propia naturaleza institucional, por lo que no se ha de abordar el problema desde la perspectiva de la capacidad matrimonial, lo que podría suponer la apreciación de un vicio de nulidad no convalidable por falta de capacidad en tales matrimonios. Buena prueba de que tal planteamiento no es el correcto es la de que si se repasan exhaustivamente las causas de nulidad del matrimonio recogidas en el artículo 73 del Código civil no se encontrará en dicho elenco ninguna vinculada a la identidad de sexos de los contrayentes. Por ello la cuestión hace tránsito a la del reconocimiento por España de una institución, la del matrimonio de personas del mismo sexo, legalizada antes que en España en otros tres países

§11.1

(Holanda, Bélgica y Canadá), y que ha de afectar a las relaciones jurídico-matrimoniales constituidas al amparo de la legislación de alguno de estos países antes de la entrada en vigor para España de la Ley 13/2005, y ello incluso en el caso de que ninguno de sus contrayentes fuere español. En definitiva, si es patente que España reconoce el divorcio vincular como causa de disolución del matrimonio obtenido por resolución judicial extranjera anterior a la admisión del divorcio en España por la reforma del Código civil introducida por la Ley 30/1981, de 7 de julio, igualmente se ha de reconocer el matrimonio entre personas del mismo sexo celebrado ante autoridad extranjera antes de la entrada en vigor de la Ley 13/2005.

No puede oponerse a lo anterior la falta de eficacia retroactiva de las leyes que no dispongan lo contrario (cfr. art. 2 n.º 3 Cc), ya que el problema no es el de una aplicación retroactiva de la nueva norma, sino el del reconocimiento actual de una institución antes desconocida en España, la del matrimonio de personas del mismo sexo. Pero es que, además, no resulta impertinente en esta materia hacer una aplicación analógica de la Disposición transitoria primera del Código civil en su redacción originaria, ya que siendo así que el derecho al matrimonio entre personas del mismo sexo se introduce *ex novo* en nuestro Ordenamiento jurídico por la Ley 13/2005, por referencia a la situación legislativa inmediatamente anterior, ello supone que, aplicando analógicamente la citada Disposición transitoria primera del Código civil en su redacción originaria, tal derecho «tendrá efecto desde luego», aunque el hecho —en este caso la celebración del matrimonio— que lo origine se verificara bajo la legislación anterior, aplicación analógica que ya había sostenido este Centro Directivo en otra materia vinculada al estado civil de las personas, en concreto con ocasión de la interpretación del alcance retroactivo de la reforma del Código civil en materia de nacionalidad operada por Ley 36/2002, de 8 de octubre (cfr. Resolución de 25-2.ª de abril de 2005). El principio del *favor matrimonii*, la consideración del *ius connubii* como derecho fundamental, y la propia resistencia de nuestra legislación civil a desconocer la eficacia de los matrimonios incluso nulos, reconociendo efectos al matrimonio putativo, permitiendo la convalidación de ciertas causas de nulidad o salvando de la nulidad radical los supuestos de vicio de incompetencia (vid. arts. 79, 76 y 53 del Código civil) no hacen sino abundar en la conclusión anterior.

§11.1

Por el contrario, no puede extenderse dicho reconocimiento como tales matrimonios a figuras jurídicas que en sus propios países de origen, con arre glo a cuya legislación se han constituido, no tienen la consideración de matrimonios, sino que, desde el punto de vista de su calificación a los efectos del Derecho Internacional Privado español (art. 12 n.º 1 Cc), deben reconducirse a la figura de las parejas de hecho o uniones estables de pareja reguladas por numerosas leyes autonómicas españolas, por más que aquellas figuras, como estas, reconozcan a sus miembros un régimen jurídico de derechos y deberes en muchos casos paralelos a los del propio matrimonio, en los ámbitos patrimonial, sucesorio, fiscal, etc., e incluso previendo el establecimiento de vínculos de parentesco entre cada uno de los miembros de la pareja y los familiares del otro, que con ser propio no es efecto exclusivo del matrimonio. Y siendo así que en el estadio normativo actual de nuestra legislación del Registro Civil no está previsto el acceso a los libros de tal Registro las propias parejas de hecho constituidas con arreglo a las leyes españolas (cfr. art. 1 LRC), tampoco podrán obtener tal acceso tabular las diversas figuras que en los países de nuestro entorno están configuradas de forma similar a las citadas uniones estables de pareja españolas, sin perjuicio del contenido variable de las diversas legislaciones en la materia que oscila por lo general entre el modelo puramente contractual y el modelo del cuasi estado civil.

Madrid, 29 de julio de 2005.- La Directora General, Pilar Blanco-Morales Limones.

§11.2. Instrucción de 31 de enero de 2006, de la Dirección General de los Registros y del Notariado, sobre los matrimonios de complacencia

(BOE 17/2/2006)

(Tol 814018)

§11.2

I. El fenómeno social de los «matrimonios de complacencia»

Los llamados «matrimonios complacencia» son una realidad en creciente aumento en nuestro país. El número de resoluciones dictadas por este Centro Directivo en relación con tales matrimonios es incontable, especialmente desde el año 1995. Parece oportuno, por tanto, elaborar una serie de directrices en la materia que puedan ayudar a los Encargados de los Registros Civiles españoles tanto en España como en el extranjero, a la hora de abordar el tratamiento jurídico de este fenómeno.

Conviene detenerse en la realidad social de estos «matrimonios de complacencia». Estos enlaces se celebran, frecuentemente, a cambio de un precio: un sujeto —frecuentemente, aunque no siempre, un ciudadano extranjero—, paga una cantidad a otro sujeto —normalmente, aunque no siempre, un ciudadano español—, para que éste último acceda a contraer matrimonio con él, con el acuerdo, expreso o tácito, de que nunca habrá «convivencia matrimonial auténtica» ni «voluntad de fundar y formar una familia», y de que, pasado un año u otro plazo convenido, se instará la separación judicial o el divorcio.

La preocupación ante la extensión de este fenómeno, cuyo propósito, en claro fraude de ley, no es sino el de beneficiarse de las consecuencias legales de la institución matrimonial en el campo de la nacionalidad y de la extranjería, llevó a este Centro Directivo a aprobar la Instrucción de 9 de enero de 1995, sobre normas relativas al expediente previo al matrimonio cuando uno de los contrayentes está domiciliado en el extranjero. Desde entonces son cientos los casos de que tiene conocimiento anualmente esta Dirección General que son calificados de matrimonios simulados. La preocupación por luchar contra estos supuestos de fraude de ley ha sido también afrontada por la Unión Europea a través de la Resolución del Consejo de 4 de diciembre de 1997 sobre las medidas que deberán adoptarse en materia de lucha contra los matrimonios fraudulentos (Diario Oficial n.º C 382 de 16 de diciembre de 1997). En el mismo plano internacional, la preocupación por la extensión que se observa en este fenómeno de los matrimonios de complacencia ha llevado a la Comisión Internacional del Estado Civil a acordar recientemente (Asamblea General de Edimburgo, septiembre de 2004) la constitución de un Grupo de Trabajo específico para intercambiar las experiencias y medidas adoptadas para combatir tal fenómeno en los distintos países miembros, que pretende complementar en el ámbito de los matrimonios de complacencia la Recomendación (n.º 9), adoptada en Estrasburgo el 17 de marzo de 2005, relativa a la lucha contra el fraude documental en materia de estado civil. En la misma línea se ha de citar la reciente iniciativa adoptada en Francia a través de la Circular relativa a la lucha contra los matrimonios simulados, adoptada en París el 2 de mayo de 2005 por el Ministerio de Justicia de la República francesa, en desarrollo de

§11.2

la modificación introducida en el «Code civil» por la Ley número 2003-1119, de 26 de noviembre de 2003, relativa a la ordenación de la inmigración, la residencia de los extranjeros y la nacionalidad, que reforma el artículo 47 del Código Civil e introduce el trámite de audiencia previa para evitar matrimonios de complacencia.

Esta iniciativa se enmarca en un contexto más general que se observa en todos los países miembros de la Comisión Internacional del Estado Civil de preocupación por consecuencia del creciente fraude observado que tiende a la obtención indebida de la nacionalidad o la residencia legal, utilizando para ello mecanismos de falsificación documental o simulación de matrimonios o reconocimientos falsos de filiación, y que ha dado lugar a la adopción de diversas medidas de reacción por parte de los Estados, además de la ya indicada: así, en Bélgica adopción del nuevo Código de Derecho Internacional Privado, en Holanda nuevo procedimiento de verificación y control de los documentos de estado civil extranjeros, en Suiza atribución de mayores poderes a los Encargados de los Registros Civiles para poder denegar las inscripciones de documentos que consideren fraudulentos, en Reino Unido mayor especialización de los Encargados con el mismo objeto, etc.

II. Descripción de los «matrimonios de complacencia»

El verdadero objetivo de estos matrimonios de complacencia es obtener determinados beneficios en materia de nacionalidad y de extranjería. Los objetivos más usuales de estos matrimonios son los siguientes:

1.º Adquirir de modo acelerado la nacionalidad española. En efecto, el cónyuge del ciudadano español goza de una posición privilegiada para la adquisición de la nacionalidad española (art. 22.2 Código Civil): basta un año de residencia en España por parte del sujeto extranjero (art. 22.2 Código Civil), siempre que sea una residencia «legal, continuada e inmediatamente anterior a la petición» (art. 22.3 Código Civil).

2.º Lograr un permiso de residencia en España. En efecto: el extranjero que ostenta la nacionalidad de un tercer Estado no miembro de la Unión Europea ni del Espacio Económico Europeo y que sea cónyuge de un ciudadano español, goza del derecho a residir en España, siempre que los cónyuges no están «separados de derecho», como indica el art. 2 a) del Real Decreto 178/2003, de 14 de febrero, sobre entrada y permanencia en España de nacionales de Estados

§11.2

miembros de la Unión Europea y de otros Estados parte en el Acuerdo sobre el Espacio Económico Europeo (BOE núm. 46 de 22 febrero 2003), no siendo preciso que tales extranjeros «mantengan un vínculo de convivencia estable y permanente» con sus cónyuges españoles, tal y como detalló la STS, Sala Tercera, de 10 de junio de 2004 (BOE núm. 203 de 23 de agosto de 2004). Dichos extranjeros deben obtener una tarjeta de residencia renovable que tendrá cinco años de vigencia (art. 8.4 del citado Real Decreto 178/2003, de 14 de febrero). Estos extranjeros deben presentar una documentación relacionada en el art. 11 del Real Decreto 178/2003, de 14 de febrero, y entre la que se encuentra el «visado de residencia». No obstante, dicho visado podrá eximirse por las autoridades competentes al resolver la solicitud de tarjeta de residencia, siempre que no exista mala fe en el solicitante y, en el caso de extranjeros que sean cónyuges de español, siempre que no se encuentren separados de derecho. No es preciso acreditar, para obtener la exención de visado, la «convivencia en España al menos durante un año», como declaró la STS, Sala Tercera, de 10 de junio de 2004 (BOE núm. 203 de 23 de agosto de 2004).

3.º Lograr la reagrupación familiar de nacionales de terceros Estados. En efecto, el cónyuge extranjero del ciudadano extranjero puede ser «reagrupado», pues el artículo 39.1 del Real Decreto 2393/2004, de 30 de diciembre, por el que se aprueba el Reglamento de la Ley Orgánica 4/2000, de 11 de enero, sobre derechos y libertades de los extranjeros en España y su integración social (BOE núm. 6 de 7 de enero de 2005), indica que: «[e]l extranjero podrá reagrupar con él en España a los siguientes familiares: a) Su cónyuge, siempre que no se encuentre separado de hecho o de derecho y que el matrimonio no se haya celebrado en fraude de ley...».

Por ello, los matrimonios que se analizan aquí han sido acertadamente denominados «matrimonios de complacencia» (mariage de complaisance o marriage of convenience) o «matrimonios blancos», como hace la doctrina francesa. Con ello se indica que estos matrimonios son, realmente, matrimonios simulados celebrados normalmente entre extranjeros y españoles, o entre extranjeros. Son «matrimonios» en los que no concurre un verdadero «consentimiento matrimonial». Por tanto, no son «verdaderos matrimonios», sino negocios jurídicos simulados o «matrimonios meramente aparentes», pues no existe un verdadero consentimiento matrimonial, ya que son sólo el medio a través del cual se procuran obtener ventajas legales en el sector del Derecho de extranjería y de la nacionalidad.

§11.2

III. El matrimonio como negocio jurídico y el consentimiento como elemento esencial del mismo

El matrimonio, como acto o matrimonio «in fieri», es aquel negocio jurídico bilateral que da lugar a la relación jurídica matrimonial, o matrimonio «in facto esse». En tanto que negocio jurídico la declaración de voluntad de los contrayentes es el elemento básico del matrimonio «in fieri» por constituir la fuente de la relación jurídica, relación tipificada por el fin práctico definido para la misma por el ordenamiento jurídico, lo cual supone que el objeto y la causa del matrimonio están fijados de forma invariable y estricta por la Ley. Que el consentimiento de los esposos es el elemento esencial del matrimonio, que éste presenta un carácter intrínsecamente consensual, es cuestión pacífica en nuestra doctrina y ampliamente extendida en el Derecho comparado (en el que los autores que afirman el carácter de acto de Derecho público del matrimonio son minoritarios).

Así era ya en la tradición canónica («matrimonium facit partium consensos», can. 1057 Codex Iuris Canonici) y romana («matrimonium inter invitos non contrahitur», cfr. Celso, Digesta, Corpus Iuris Civiles, 23.2.22), y así se mantuvo tras el proceso de secularización del ordenamiento matrimonial. La Constitución francesa de 1791 afirmaba que el matrimonio es un «contrato» y el Código napoleónico en su artículo 146 dispone que «no hay matrimonio cuando no hay consentimiento». A su vez, la Declaración Universal de los Derechos afirma que el matrimonio no puede ser concluido sino con el libre y pleno consentimiento de los futuros esposos (art. 16.2).

En la versión originaria del Código Civil español el carácter esencial del consentimiento se entendía implícita, en especial en el artículo 100 conforme al cual «el Juez municipal, después de leídos los artículos 56 y 57 de este Código, preguntará a cada uno de los contrayentes si persiste en la resolución de celebrar el matrimonio, y si efectivamente lo celebra; y, respondiendo ambos afirmativamente, extenderá el acta». La reforma introducida por la Ley 30/1981, de 7 de julio, da nueva redacción al artículo 45 del Código haciéndose ahora explícito aquél carácter esencial del consentimiento, al reproducir en su párrafo primero la fórmula del Código francés afirmando que «No hay matrimonio sin consentimiento matrimonial».

El consentimiento ha de ser, además, puro pues «la condición, término o modo del consentimiento se tendrá por no puesta» (art. 45-II Código Civil). Y

§11.2

esto es así porque, a diferencia de otros negocios jurídicos, especialmente en el ámbito del Derecho patrimonial en que el principio de la autonomía de la voluntad se expande a la regulación del contenido de la relación en todo aquello en que la regulación legal presente carácter dispositivo, en el matrimonio la autonomía de la voluntad de los contrayentes no entra a fijar las reglas de la relación constituida, ya que el régimen del matrimonio está directamente tipificado por la Ley, salvo en lo relativo al aspecto económico del consorcio conyugal, pero en tal caso estas determinaciones dan lugar a otro negocio jurídico distinto, bien que accesorio del matrimonio: las capitulaciones matrimoniales.

Es por la estricta tipificación legal del contenido de la relación jurídica matrimonial por lo que el artículo 45 exige no un consentimiento cualquiera, sino precisamente un «consentimiento matrimonial», esto es, un consentimiento dirigido a crear una comunidad de vida entre los esposos con la finalidad de asumir los fines propios y específicos de la unión en matrimonio, esto es, el fin práctico de los contrayentes no puede ser otro que el de formar un «consortium omnis vitae» (Modestino, D.23,2,1). Por tanto, el consentimiento matrimonial es existente, auténtico y verdadero, cuando los contrayentes persiguen, con dicho enlace, fundar una familia. Aunque el Código Civil español no detalla cuál es la finalidad del matrimonio, sí contiene una «determinación legal» de los «derechos y deberes de los esposos», de modo que es claro que cuando los cónyuges contraen matrimonio deben querer asumir tales derechos y deberes. Por tanto, cuando los contrayentes se unen en matrimonio excluyendo asumir las finalidades, propiedades o efectos esenciales del matrimonio, el consentimiento matrimonial declarado es «simulado» y el matrimonio es nulo por falta de consentimiento matrimonial.

IV. El concepto de matrimonio simulado. Nulidad jurídica de los mismos.

§11.2

Así, el matrimonio simulado, tal y como ha sido caracterizado por la doctrina científica más autorizada, es aquel cuyo consentimiento se emite, por una o ambas partes, en forma legal pero mediante simulación, esto es, sin correspondencia con un consentimiento interior, sin una voluntad real y efectiva de contraer matrimonio, excluyendo el matrimonio mismo en la finalidad y en los derechos y obligaciones prefijados por la Ley, o bien un elemento o propiedad esencial del mismo. En el matrimonio simulado se da, por tanto, una situación en que la declaración de voluntad emitida no se corresponde con la real voluntad interna. Cosa diferente es la dificultad de la prueba y la relevancia que en relación con la misma tiene el juego de las presunciones basadas en hechos objetivos. Así ocurre en el caso de los matrimonios de complacencia en los en que el verdadero objetivo pretendido por una o ambas partes es el de obtener determinados beneficios en materia de nacionalidad y de extranjería o el estipendio recibido o prometido a uno de los contrayentes.

Los matrimonios simulados son inválidos, conforme al artículo 45.1 y 73 n.º 1 del Código Civil que declara nulo «cualquiera que sea la forma de su celebración el matrimonio celebrado sin consentimiento matrimonial», siendo claro e incontrovertido que el precepto se refiere al consentimiento interno y al matrimonio con sus elementos y propiedades esenciales. Por ello, y conforme a los principios de legalidad, básico en el ordenamiento jurídico registral español (cfr. arts. 2 y 27 LRC) y de concordancia del Registro y la realidad (cfr. art. 24 y 97 LRC), aquella nulidad impide que pueda inscribirse o autorizarse por parte de los Encargados de los Registros Civiles españoles, como autoridades del foro, los matrimonios celebrados o que pretendan celebrarse bien contra la voluntad de uno o de ambos contrayentes, bien sin el consentimiento real de los mismos o de alguno de ellos, como sucede en los supuestos de simulación, pues la caracterización legal del consentimiento como «matrimonial» determina la exclusión en nuestro Derecho en esta materia de una suerte de consentimiento abstracto, descausalizado o desconectado de toda relación con la finalidad institucional del matrimonio, evitándose con ello que esta institución sea utilizada como instrumento de un fraude de ley a las normas rectoras en materia de nacionalidad, extranjería o a otras de diversa índole (prestaciones sociales, tributos, etc.) —vid. art. 6 n.º 4 del Código Civil.

Pero con ser esto último importante, siendo de interés público evitar la instrumentalización fraudulenta del matrimonio, no es lo determinante para denegar la autorización o inscripción del matrimonio de complacencia, sino el hecho de que un consentimiento simulado supone una voluntad matrimonial inexistente, en la medida en que la voluntad declarada, como se ha indicado, no se corresponde con la interna, produciéndose en tales casos una divergencia consciente cuyo efecto es la nulidad absoluta, «ipso iure» e insubsanable del matrimonio celebrado (cfr. art. 73 n.º 1 Código Civil), y ello cualquiera sea la «causa simulationis», o propósito práctico pretendido «in casu», que actúa como agente de una ilicitud civil incompatible con la protección jurídica que de la que es propia del «ius nubendi» se desprende en favor de la verdadera

§11.2

voluntad matrimonial. A la misma conclusión de nulidad de pleno derecho del matrimonio simulado se llega si se parte de la idea, grata para un importante sector de la civilística moderna, de que el significado de la simulación se vincula al concepto de «causa falsa» (art. 1276 Código Civil), no en el sentido de haberse incurrido en error respecto de la causa (art. 1301 Código Civil), sino en el de causa fingida o disfrazada, como resulta también de diversas resoluciones del Tribunal Supremo (Sentencia de 31 de octubre de 1865: «son contrarios a la ley los contratos simulados, o sea, celebrados con causa falsa»; también en las de 30 de junio de 1931, 7 de abril de 1960, 28 de octubre de 1964, etc). Por ello, al margen de que la finalidad de fraude acompaña con frecuencia a la simulación, de lo que la práctica refleja abundantes ejemplos en el ámbito de los matrimonios simulados, la raíz jurídica de la nulidad, desde este punto de vista, deviene no ya de la ilicitud, sino de la inexistencia o falsedad de la causa (arts. 1261, 1275 y 1276), aunque tal inexistencia o falsedad haya de probarse. Se trata, además, de un supuesto de simulación absoluta («simulatio nuda») en la que lo único que existe es la mera apariencia de un matrimonio, en realidad no querido.

Finalmente, repárese en que esta nulidad se produce no sólo en los casos en que el vicio o discordancia consciente entre las voluntades interna y externa sea bilateral (haya o no un previo «consilium simulationis» entre los contrayentes) sino también en los casos en que la ausencia de verdadero consentimiento matrimonial se produzca en uno sólo de ellos.

En definitiva, por faltar el elemento esencial del consentimiento, y también, según se ha visto, la causa, la ineficacia que deriva de la nulidad declarada por el artículo 73 n.º 1 del Código Civil presenta los caracteres de «ipso iure», es decir, se produce automáticamente sin perjuicio de su declaración judicial, insubsanable, ya que no cabe su convalidación por el transcurso del tiempo ni por confirmación, y absoluta, pues no produce ningún efecto, salvo los excepcionales que la Ley otorga al matrimonio putativo. Por ello, ningún funcionario puede autorizar un acto que de autorizarse sería nulo (cfr. art. 247 RRC) y, aunque exista la apariencia de su existencia por haberse celebrado ya el matrimonio, no puede autorizar su acceso al Registro (cfr. arts. 27 LRC y 63 párrafo segundo y 65 Código Civil).

§11.2

V. El derecho fundamental de la persona al matrimonio no ampara los matrimonios simulados por ser falsos matrimonios

En el tratamiento jurídico de los matrimonios de complacencia deben conjugarse dos factores que sólo aparentemente son contrapuestos.

En primer lugar, debe siempre respetarse el «ius connubii», o «derecho a contraer matrimonio libremente». Se trata de un derecho subjetivo de toda persona, español o extranjero, recogido en la Constitución española (art. 32 CE). Este «ius connubii» o «ius nubendi» también se recoge en ciertos textos y Convenios internacionales vigentes en Derecho español. Entre ellos cabe citar los siguientes: a) Art. 16 de la Declaración Universal de los Derechos Humanos adoptada y proclamada por la Resolución de la Asamblea General, de 10 diciembre 1948, cuyo texto indica que «1. Los hombres y las mujeres, a partir de la edad núbil, tienen derecho, sin restricción alguna por motivos de raza, nacionalidad o religión, a casarse y fundar una familia, y disfrutarán de iguales derechos en cuanto al matrimonio, durante el matrimonio y en caso de disolución del matrimonio».; b) Art. 23.2 del Pacto internacional de derechos civiles y políticos, adoptado y abierto a la firma, ratificación y adhesión por la Asamblea General en su resolución 2200 A (XXI), de 16 de diciembre de 1966, cuyo texto indica: «2. Se reconoce el derecho del hombre y de la mujer a contraer matrimonio y a fundar una familia si tienen edad para ello»; c) Art. 12 del Convenio para la protección de los derechos humanos y de las libertades fundamentales (Consejo de Europa) hecho en Roma el 4 de noviembre de 1950 (BOE núm. 243 de 10 de octubre de 1979), cuyo texto precisa que «[a] partir de la edad núbil, el hombre y la mujer tienen derecho a casarse y a fundar una familia según las leyes nacionales que rijan el ejercicio de este derecho»; d) Art. 9 de la Carta de Derechos fundamentales de la UE (DOUE C364 de 18 diciembre 2000), cuyo texto indica que «[s]e garantizan el derecho a contraer matrimonio y el derecho a fundar una familia según las leyes nacionales que regulen su ejercicio». Por tanto, toda persona goza del derecho subjetivo a contraer matrimonio de manera libre con la persona que desee, dentro de los límites marcados por la Ley, que en este punto, son más bien escasos (limitación de matrimonios entre parientes muy cercanos, imposibilidad de matrimonio poligámico, limitaciones por razón de edad, etc.).

§11.2

Sin embargo, en segundo lugar, resulta deseable erradicar estos matrimonios de complacencia por varias razones de naturaleza diversa. Así, desde una perspectiva de estricto Derecho Privado, estos matrimonios de complacencia son «falsos matrimonios». No son válidos, sino «nulos de pleno derecho», porque estos «matrimonios de complacencia» alteran el sentido de la institución matrimonial, pues no hay verdadera voluntad de constituir un matrimonio como «unión conyugal y comunidad de vida entre los esposos dirigida a formar una familia». Se vulnera el art. 16.2 de la Declaración Universal de los Derechos Humanos, que expresa que «sólo mediante libre y pleno consentimiento de los futuros esposos podrá contraerse el matrimonio». Se infringe asimismo el artículo 1 n.º 1 de la Convención relativa al consentimiento para el matrimonio, edad mínima para contraerlo y registro de los mismos hecha en Nueva York el 10 de diciembre de 1962, conforme al cual «No podrá contraer legalmente matrimonio sin el pleno y libre consentimiento de ambos cónyuges». Por tanto, ya que los «matrimonios de complacencia» están afectados por una causa de nulidad de pleno derecho se debe evitar primero su celebración y, en caso de que hayan sido celebrados, impedir su inscripción en el Registro Civil, pues lo contrario supondría «dar efectos» a un «matrimonio nulo de pleno derecho». Ello generaría problemas de enorme envergadura en el campo del Derecho Privado: podría crearse una sociedad de gananciales entre personas que no tienen ninguna relación personal, sociedad que algún día habrá que disolver; surgen obligaciones entre los cónyuges, como los alimentos, que pueden ser reclamadas por un cónyuge a otro, la paternidad de los hijos de la esposa se atribuye, «ex lege», al marido en virtud de la «presunción de paternidad sobre los hijos matrimoniales» que suelen establecer todas las legislaciones civiles, etc. Por ello, es conveniente que estos «matrimonios de complacencia» no accedan al Registro Civil y que no se beneficien, a través de ello, de la «presunción de legalidad» de los actos inscritos en el Registro Civil (art. 2 LRC).

Además, desde una perspectiva de Derecho Público (Derecho de la Nacionalidad y Derecho de Extranjería), estos «matrimonios de complacencia» potencian el fraude a las normas de nacionalidad y extranjería, como indica la Resolución del Consejo de las Comunidades Europeas de 4 de diciembre de 1997 (DOCE C 382 de 16 de diciembre de 1997). En efecto, admitir la validez y/o la inscripción registral de estos matrimonios equivaldría a admitir un fraude de ley respecto de las normas que regulan los permisos de residencia en España, la «reagrupación familiar y la nacionalidad española». Igualmente, desde esta segunda perspectiva de Derecho Público, estos «matrimonios de complacencia» fomentan la inmigración ilegal, pues propician la entrada en España de sujetos

§11.2

que evitan las restricciones de entrada, estancia y residencia en España fijadas para los extranjeros en la normativa administrativa de extranjería.

La consecuencia de lo anterior es la de que el «ius connubi» no debe ser indebidamente coartado y, simultáneamente, se debe evitar que al amparo de este derecho fundamental se produzcan indebidamente atentados o fraudes contra la ordenación legal de inmigración o la nacionalidad o se genere la apariencia de matrimonios falsos o viciados por causas de nulidad absoluta. Tratar de lograr este doble objetivo constituye el objeto de la presente Instrucción.

VI. Tratamiento jurídico de los matrimonios de complacencia desde la perspectiva del Derecho Internacional Privado

Los problemas que plantea el tratamiento jurídico de los matrimonios de complacencia, desde la perspectiva del Derecho Internacional Privado, son fundamentalmente los que siguen: a) Es necesario precisar la Ley estatal aplicable a los mismos, pues en la inmensa mayoría de los supuestos, se trata de casos en los que se halla implicado un ciudadano extranjero, con lo que el supuesto contiene «elementos extranjeros», de modo que las normas españolas de Derecho Internacional Privado deberán precisar la Ley estatal aplicable a estos matrimonios;

b) Una vez concretada cuál es la Ley estatal aplicable a la formación del matrimonio, y en el caso de que dicha Ley sea la Ley española, es necesario precisar los criterios adecuados para probar o demostrar que, en su caso, el matrimonio que se pretende celebrar y/o inscribir en el Registro Civil español, es un «matrimonio simulado», «nulo de pleno derecho», un «falso matrimonio».

En los casos «internacionales» —casos con elementos extranjeros y/o que producen efectos internacionales—, para que el matrimonio sea válido, y en su caso, inscribible en el Registro Civil español, en atención al principio de legalidad por el que se rige (vid. arts. 2, 3, 4 y 27 LRC), deben concurrir diversos requisitos legales. Ahora bien, precisamente por tratarse de casos «internacionales» y porque la normativa registral española exige un «control de la Ley aplicada al matrimonio», la primera cuestión a resolver es determinar «qué Ley estatal» es la encargada de fijar cuáles son dichos requisitos de validez del matrimonio. Es un problema de «conflicto de Leyes» que se plantea, bien a la hora de autorizar el matrimonio, o bien al hilo de un problema de «validez extraterritorial de decisiones extranjeras» cuando se insta la inscripción de un

§11.2

matrimonio celebrado en país extranjero y que se documenta en una certificación registral expedida por autoridad extranjera, o por la vía de un expediente registral supletorio (cfr. arts. 23 LRC y 256 y 257 RRC).

En Derecho Internacional Privado español no existe una «Lex Matrimonii» o una sola y única Ley estatal que determina cuáles son los requisitos para que el matrimonio, en los casos internacionales, sea válido y pueda acceder, en su caso, al Registro Civil español. Las normas de conflicto deben determinar separadamente: a) La Ley aplicable a la capacidad matrimonial; b) La Ley aplicable al consentimiento matrimonial; c) La Ley aplicable a la forma de celebración del matrimonio. Pues bien, en el problema de los matrimonios de complacencia, debe analizarse si el consentimiento es válido o no lo es, con arreglo a la Ley estatal que regula, según las normas de conflicto españolas, el «consentimiento matrimonial».

Sin embargo, en Derecho Internacional Privado español no existe una norma de conflicto que indique, específicamente, la Ley aplicable al consentimiento matrimonial. Esta falta de previsión del legislador ha provocado dudas en la doctrina. No obstante, la posición mayoritaria de los autores, descartando la tesis de la «Lex Auctoritatis» (asumida en el Derecho comparado por algunos países como Suiza, Holanda, algunos States de los Estados Unidos de América y Australia), considera que en el Derecho Internacional Privado español, es el artículo 9 n.º 1 del Código civil el precepto aplicable, de modo que el consentimiento matrimonial debe regirse por la Ley personal de cada contrayente, entendiendo por ley personal, salvo excepciones (vid. art. 9.10 Código Civil), la ley nacional de cada contrayente. Esta tesis aparece avalada por el hecho de que el consentimiento matrimonial afecta al «estado civil», al que se refiere expresamente el artículo 9 n.º 1 Código Civil. Además en la actualidad este precepto del Código Civil sigue constituyendo la norma general reguladora de todos los aspectos relacionados con el «estatuto personal» en el Derecho Internacional Privado español, por lo que, en defecto de una «norma especial», el artículo 9 n.º 1 del Código Civil es aplicable para fijar la Ley reguladora del consentimiento matrimonial. Por lo demás, esta interpretación, como ha señalado la doctrina, sin incurrir en el vicio del «legeforismo», evita el «Forum Shopping», ya que aunque los contrayentes acudan a países con legislaciones muy permisivas en materia de consentimiento matrimonial, dicho consentimiento se regirá siempre por la misma Ley, su respectiva Ley nacional. Finalmente, esta tesis, propia también de alguno de los países de nuestro entorno

§11.2

como Francia y Bélgica, ha sido asumida reiteradamente por este Centro Directivo en numerosas ocasiones (vid. Resoluciones de 26-1.ª noviembre 2001, 24-1.ª mayo 2002, 11-2.ª septiembre 2002, 11-3.ª septiembre 2002, 11-4.ª septiembre 2002, 26-3.ª febrero 2003, 2-4.ª junio 2004, 27-1.ª octubre 2004, Consulta de 2 diciembre 2004, 13 junio 2005) [1].

[1] Por otra parte, es la tesis seguida en Francia (Sent. Cour Appel Paris 8 junio 1993, Sent. Cour Appel Paris 14 enero 1994, Sent. Cour Appel Paris 9 junio 1995, Sent. Tribunal civile Seine 7 enero 1948), y también en Bélgica (Cour Cassation Bélgica 1ère Ch. 23 febrero 1995), cuya reciente Ley de 6 de julio de 2004 (Ley conteniendo el Código de Derecho Internacional Privado) indica en su art. 46 que «sin perjuicio del art. 47 [que se refiere a la forma del matrimonio], las condiciones de validez del matrimonio se rigen, para cada uno de los esposos, por el Derecho del Estado cuya nacionalidad ostentan en el momento de celebración del matrimonio».

Como consecuencia de lo anterior debe procederse a una aplicación distributiva de las Leyes nacionales de los cónyuges: el consentimiento matrimonial de cada cónyuge se regirá por la Ley nacional de cada uno de ellos en el momento de la celebración del matrimonio. La Ley personal de cada contrayente determinará si el consentimiento es aparente o real, los vicios del consentimiento (violencia, error sobre las cualidades esenciales del otro contrayente, etc.), los efectos del consentimiento viciado o simulado, el plazo para el ejercicio de las acciones y las personas legitimadas. En definitiva, la Ley nacional de cada contrayente determinará si el consentimiento prestado o a prestar por dicho contrayente es un auténtico consentimiento matrimonial.

Partiendo de este planteamiento, cabe diferenciar dos situaciones distintas:

§11.2

a) La primera se refiere a los supuestos en que uno de los contrayentes es español y el otro es extranjero, debiendo investigarse la «verdadera intención matrimonial» a través del análisis del consentimiento de dicho contrayente español con arreglo al Derecho español, y el consentimiento del contrayente extranjero con arreglo al Derecho extranjero correspondiente a la nacionalidad del mismo. Ahora bien, dado que para que exista matrimonio, el consentimiento de ambos cónyuges debe ser válido con arreglo a sus respectivas Leyes personales, cabe llevar a cabo una operación de «economía conflictual», de modo que basta analizar exclusivamente si el consentimiento del contrayente español es un auténtico consentimiento matrimonial, lo que deberá realizarse con arreglo al Derecho material español (art. 9.1 Código Civil). Si el consentimiento correspondiente al contrayente español no es un auténtico consentimiento matrimonial, puede considerarse que el matrimonio no es válido.

b) La segunda situación se refiere a los casos en que ambos contrayentes son extranjeros, en los que, rigiéndose la autenticidad de su consentimiento por la Ley nacional respectiva (art. 9.1 Código Civil), en principio, resulta improcedente aplicar la Ley española a este supuesto (vid. Resolución de 27-1.ª de octubre de 2004). Por ello, en tales casos el Encargado del Registro Civil español deberá cerciorarse, con arreglo al Derecho extranjero correspondiente a la nacionalidad de los contrayentes, de que el consentimiento es válido o de que no lo es. El canon de validez será, pues, el Derecho extranjero. El Encargado del Registro Civil puede oponerse a la inscripción de un matrimonio celebrado entre extranjeros y que, a su juicio, es un «matrimonio de complacencia». Pero para ello tiene que oponerse con fundamentos jurídicos extraídos del Derecho extranjero correspondiente a la nacionalidad de los contrayentes.

Ahora bien, cuando una Ley extranjera admita la validez del matrimonio a pesar de que el consentimiento es ficticio o simulado, dicha Ley no se aplicará por las autoridades españolas por resultar contraria al orden público internacional español (art. 12 n.º 3 Código Civil) y, en su lugar, se aplicará el Derecho material español (cfr. Resoluciones de 4-2.ª de marzo, 13-3.ª de junio, 7-1.ª de julio y 2-1.ª y 6-4.ª de septiembre de 2005).

En efecto, el sometimiento de la capacidad y consentimiento matrimonial al estatuto personal del contrayente/s extranjero/s no debe llevar a la conclusión de que la ley extranjera que integre el citado estatuto personal se haya de aplicar siempre y en todo caso, sino que, en ejecución de la regla de excepción del orden público internacional español, deberá dejar de aplicarse la norma foránea cuando deba concluirse que tal aplicación pararía en la vulneración de principios esenciales, básicos e irrenunciables de nuestro ordenamiento jurídico. Y a este propósito no es vano reiterar la doctrina de este Centro Directivo en el sentido de que el consentimiento matrimonial real y libre es cuestión que por su carácter esencial en nuestro Derecho (cfr. art. 45 Código Civil) y en el Derecho Internacional Convencional y, en particular, el Convenio relativo al consentimiento para el matrimonio, hecho en Nueva York el 10 de diciembre de 1962 (BOE del 29 de mayo de 1969), cuyo artículo primero exige para la validez del matrimonio el pleno y libre consentimiento de ambos contrayentes, debe ser considerada de orden público.

§11.2

VII. Prueba de la simulación en el expediente matrimonial previo a la autorización del matrimonio

a) Para evitar que se celebren matrimonios de complacencia debe aplicarse la Instrucción de 9 de enero de 1995 sobre expediente previo al matrimonio cuando uno de los contrayentes está domiciliado en el extranjero (BOE núm. 21 de 25 enero 1995). La celebración del matrimonio civil, o en las formas religiosas de las iglesias evangélicas (Ley 24/1992, de 10 de noviembre), la forma hebraica (Ley 25/1992) y la forma islámica (Ley 26/1992) —en este último caso como requisito no de autorización pero sí de inscripción— exige, cuando uno de los contrayentes es español y el consentimiento se va a prestar ante autoridad española, un expediente previo para acreditar la capacidad nupcial del mismo y su verdadera intención de contraer matrimonio, expediente que tiene por objeto verificar la concurrencia de todos los requisitos legales necesarios para la validez del matrimonio y, entre ellos, la existencia de un verdadero consentimiento matrimonial (cfr. arts. 56, p. primero, Código Civil y 245 y 247 RRC). En la instrucción del citado expediente ha de practicarse, conforme al artículo 246 del Reglamento del Registro Civil, un trámite de audiencia de cada uno de los contrayentes por separado y «de modo reservado» en el que el instructor del expediente puede y debe interrogar a los contrayentes para cerciorarse de la «verdadera intención matrimonial» de los mismos o, en su caso, descubrir posibles fraudes.

La importancia de este trámite fue subrayada por la citada Instrucción de 9 de enero de 1995, en la que esta Dirección General de los Registros y del Notariado señaló cómo «un interrogatorio bien encauzado [que] puede llegar a descubrir la intención fraudulenta de una o de las dos partes», de modo que dicho interrogatorio «debe servir para que el Instructor se asegure del verdadero propósito de los comparecientes y de la existencia en ambos de verdadero consentimiento matrimonial». El instructor podrá preguntar, por ejemplo, sobre las intenciones de vida en común de los contrayentes, hijos que desearían tener, desde cuándo dura la relación, cómo piensan organizar la convivencia común, etc. Son datos que permiten revelar si los contrayentes desean «formar una familia» o, con otras palabras, «asumir los derechos y deberes del matrimonio». El interrogatorio efectuado por la Autoridad española debe ser lo más completo posible. Un interrogatorio puramente formulario, de escasa entidad cuantitativa y cualitativa no es suficiente para inferir la existencia de

§11.2

un matrimonio simulado. Nuevamente hay que insistir en que esta audiencia es un trámite fundamental, esencial, del que no se debe prescindir ni cumplir de manera formularia ni rutinaria, lo que ha obligado a este Centro Directivo en diversas ocasiones a ordenar la retroacción de actuaciones con objeto de cumplir de forma adecuada el citado trámite (cfr. Resoluciones 15 de febrero de 2005-3.ª, 4 de mayo de 2005-2.ª, etc.).

A este respecto se ha de recordar que, en sede de actuaciones registrales presenta una importante influencia el principio inquisitivo, de modo que en materia de carga de la prueba el Encargado no queda desatendido de la misma, ya que conforme al artículo 351 del Reglamento «la certeza de los hechos será investigada de oficio», sin perjuicio de la carga de la prueba que incumba a los particulares, como tributo del principio de concordancia del Registro con la realidad extrarregistral (arts. 24 y 97 LRC).

Por tanto, la citada Instrucción de este Centro Directivo de 9 de enero de 1995 debe emplearse como un medio de «control preventivo y previo» no sólo de la «capacidad matrimonial», sino también del «consentimiento matrimonial» de los contrayentes. Facultad de control previo que reconoce a los Estados miembros de la Unión Europea la Resolución del Consejo de 4 de diciembre de 1997 sobre las medidas que deberán adoptarse en materia de lucha contra los matrimonios fraudulentos (DOCE C 382 de 16 diciembre 1997), que expresamente hace la salvedad de que «la presente Resolución no menoscaba la facultad de los Estados miembros para comprobar en su caso, antes de celebrarse un matrimonio, si se trata de un matrimonio fraudulento».

Ahora bien, este control preventivo no permite erradicar todo matrimonio de complacencia, y ello por varias razones. En primer lugar, sólo es necesario instruir el expediente matrimonial previo en España cuando el matrimonio se va a celebrar en España (Resolución de 15 septiembre 2004-2.ª), y son millares los «matrimonios de complacencia» que se celebran en el extranjero sin haber instruido un expediente previo ante autoridad española. En segundo lugar, el «expediente matrimonial previo» está concebido, fundamentalmente, como un mecanismo de control de la capacidad nupcial de los contrayentes y de su aptitud para manifestar su consentimiento, y no es tan sencillo controlar, a través de dicho expediente, la autenticidad del consentimiento matrimonial en sí mismo (arts. 246-247 RRC). En numerosas ocasiones no habrá pruebas directas de la intención de los contrayentes de celebrar un «matrimonio simulado». El instructor debe deducir de las respuestas dadas a las preguntas formuladas

§11.2

en la audiencia reservada, si existe «intención de formar una familia» o si tal «intención» no existe.

Por otra parte, debe recordarse que el control preventivo de la autenticidad del consentimiento matrimonial a prestar por los contrayentes no debe realizarse como un control sistemáticamente uniforme para todos los matrimonios con nacionales de terceros países, sino que la intensidad del mismo y el contenido y extensión de las audiencias que debe realizarse por el Encargado del Registro Civil español dependerán de las circunstancias concretas del caso, debiendo extremarse el celo cuando se detecten datos indiciarios que puedan indicar que se está ante un futuro matrimonio de complacencia.

b) Finalmente, se ha de recordar que cuando un español desea contraer matrimonio en el extranjero con arreglo a la forma establecida por la ley del lugar de celebración y esta ley exige la presentación de un certificado de capacidad matrimonial (cfr. art. 252 RRC), el expediente previo para la celebración del matrimonio ha de instruirse conforme a las reglas generales (cfr. Instrucción de 9 de enero de 1995, norma 5.ª), siendo, pues, trámite imprescindible la audiencia personal, reservada y por separado de cada contrayente, que debe efectuar el instructor para cerciorarse de la inexistencia del impedimento de ligamen o de cualquier otro obstáculo legal para la celebración (cfr. art. 246 RRC), incluida la eventual simulación del consentimiento.

VIII. Prueba de la simulación en la inscripción del matrimonio en el Registro Civil español cuando el matrimonio ha sido celebrado en el extranjero

Cuando el matrimonio se ha celebrado en el extranjero, se puede proceder a su inscripción en el Registro Civil español a través de dos mecanismos registrales alternativos. Bien a través de la certificación extranjera en la que conste la celebración del matrimonio, lo que constituye la regla general siempre que el Encargado del Registro Civil español no albergue dudas de la «realidad del hecho» ni de su «legalidad conforme a la ley española», bien, en su defecto, a través de un expediente registral para acreditar la legalidad del matrimonio y la certeza de su celebración (cfr. arts. 73 LRC y 257 RRC y Resolución de 11-1.ª de febrero de 2003).

Pues bien, como se ha dicho, el Encargado ha de realizar un control de la «legalidad del hecho con arreglo a la ley española». Dicho control de legali-

§11.2

dad tiene un alcance muy extenso porque sólo así se garantiza que accedan al Registro actos válidos y eficaces, según exige la «presunción de legalidad» y el principio de «concordancia con la realidad» que se deriva del artículo 2 de la Ley del Registro Civil. Este control incluye también la verificación de la legalidad del acto en cuanto a los «requisitos subjetivos» del mismo y no sólo los objetivos. Así se desprende del artículo 256 del Reglamento del Registro Civil que, al no prever ninguna restricción a dicho control, incluye en el mismo, en consecuencia, una verificación de la capacidad nupcial de los contrayentes, de la existencia y validez del consentimiento matrimonial prestado ante autoridad extranjera y de la forma de celebración del matrimonio con arreglo a la Ley, española o extranjera, que resulte aplicable a dichos extremos según las normas de conflicto españolas.

En cuanto a los instrumentos formales de que habrá de servirse el Encargado para llevar a cabo dicho control, ya vimos que la Instrucción de 9 de enero de 1995 antes citada recuerda la importancia que en el expediente previo a la celebración del matrimonio, cuando uno de los contrayentes está domiciliado en el extranjero, tiene el trámite de la audiencia personal, reservada y por separado, de cada contrayente (cfr. art. 246 RRC), como medio para apreciar cualquier obstáculo o impedimento para el enlace (cfr. arts. 56, I, Código Civil y 245 y 247 RRC), entre ellos, la ausencia de consentimiento matrimonial. Pues bien, análogas medidas deben adoptarse cuando se trata de inscribir en el Registro Consular o en el Central un matrimonio ya celebrado en la forma extranjera permitida por la «lex loci». El Encargado debe comprobar si concurren los requisitos legales —sin excepción alguna— para la celebración del matrimonio (cfr. art. 65 Código Civil) y esta comprobación, si el matrimonio consta por «certificación expedida por autoridad o funcionario del país de celebración» (art. 256-3.ª RRC), requiere que por medio de la calificación de ese documento y «de las declaraciones complementarias oportunas» se llegue a la convicción de que no hay dudas «de la realidad del hecho y de su legalidad conforme a la ley española».

§11.2

Aquellas «declaraciones complementarias» son precisamente las realizadas por los contrayentes con ocasión de la audiencia personal, reservada y por separado que igualmente se ha de practicar en estos casos de matrimonios celebrados en el extranjero. Así se desprende del artículo 256 del Reglamento, siguiendo el mismo criterio que, para permitir otras inscripciones sin expediente y en virtud de certificación de un Registro extranjero, establecen los artículos 23, II, de la Ley y 85 de su Reglamento. Esta extensión de las medidas tendentes a evitar la inscripción de matrimonios simulados, por más que hayan sido celebrados en el extranjero, viene siendo propugnada por la doctrina de este Centro Directivo a partir de la Resolución de 30 de mayo de 1995, debiendo denegarse la inscripción cuando existan una serie de hechos objetivos, comprobados por las declaraciones de los propios interesados y por las demás pruebas presentadas, de las que deba deducirse, según las reglas del criterio humano (cfr. art. 386 LEC), que el matrimonio es nulo por simulación.

Ahora bien, como en el caso de los expedientes matrimoniales previos a la autorización del matrimonio, deben distinguirse dos situaciones.

a) La primera se refiere a los supuestos en que uno de los contrayentes es español y el otro es extranjero, en los cuales debe investigarse la «verdadera intención matrimonial» analizando el consentimiento de dicho contrayente español con arreglo al Derecho español, y el consentimiento del contrayente extranjero con arreglo a el Derecho extranjero. Ahora bien, dado que para que exista matrimonio el consentimiento de ambos cónyuges debe ser válido con arreglo a sus respectivas Leyes personales, es suficiente un análisis jurídico del consentimiento del contrayente español, que se realizará, naturalmente (art. 9 n.º 1 Código Civil), con arreglo al Derecho material español. Si dicho consentimiento no es un auténtico consentimiento matrimonial, se debe considerar que el matrimonio no es válido, y se denegará la inscripción registral. Se sigue con ello el criterio general que informa las actuaciones registrales de economía procedimental, en este caso en su vertiente conflictual, que se impone el artículo 354 párrafo segundo del Reglamento del Registro Civil.

§11.2

b) La segunda hace referencia a los casos en que ambos contrayentes son extranjeros, en los que la Ley que rige la autenticidad de su consentimiento es la Ley nacional respectiva (art. 9 n.º 1 Código Civil), como este Centro Directivo ha venido reiterando (Resoluciones de 26-1.ª noviembre 2001, 24-1.ª mayo 2002, 29-5.ª junio 2002, 11-2.ª septiembre 2002, 14-1.ª enero 2003, 26-3.ª febrero 2003, 9-1.ª septiembre 2003, 10-4.ª octubre 2003, 13-1.ª noviembre 2003, 4-2.ª octubre 2004, 23-4.ª febrero 2005). Aplicar la Ley española a este supuesto es improcedente (vid. especialmente la 27-1.ª octubre 2004). También en este caso se ha de destacar que, no obstante lo anterior, cuando una Ley extranjera admite la validez del matrimonio a pesar de que el consentimiento es ficticio o simulado, dicha Ley no se aplicará por las autoridades españolas por resultar contraria al orden público internacional español (art. 12

n.º 3 Código Civil) y en su lugar se aplicará el Derecho material español (cfr. Resoluciones de 13-3.ª de junio, 7-1.ª de julio, 2-1.ª y 6-4.ª de septiembre de 2005).

IX. Las presunciones como medio para acreditar la existencia de un «matrimonio simulado»

Los Encargados del Registro Civil deben controlar la legalidad y autenticidad del «consentimiento matrimonial» con arreglo a la Ley española cuando uno de los contrayentes sea español o, cuando siendo extranjeros ambos, deba igualmente ser aplicada en ejecución de la cláusula de orden público por admitir la Ley extranjera los matrimonios simulados. Cuestión distinta es la de la forma en que se deba proceder a realizar dicho control en el marco de la Ley material española, lo que, respecto de los matrimonios de complacencia, obliga a analizar la difícil cuestión de la prueba de la simulación.

La normativa española guarda silencio sobre la cuestión. En efecto, en relación con estos casos de potenciales matrimonios celebrados sin un verdadero consentimiento matrimonial, no existen «normalmente pruebas directas de la voluntad simulada» de los contrayentes (vid. Resoluciones de 1 de octubre de 1993, 18 de julio de 1996, 20 de septiembre de 1996, de 18 de octubre de 1996). Procede, pues, acudir, al sistema de las «presunciones judiciales» (cfr. art. 386 LEC 1/2000), como se ha venido haciendo hasta ahora (vid. Resolución de 9 de octubre de 1993). Como indica el mencionado artículo 386 de la Ley de Enjuiciamiento Civil «a partir de un hecho admitido o probado», se puede «presumir la certeza» (...), de otro hecho, si entre el admitido o demostrado y el presunto existe un enlace preciso y directo según las reglas del criterio humano».

La aplicación a las actuaciones registrales (expedientes y calificación) del artículo 386 de la Ley de Enjuiciamiento Civil encuentra apoyo genérico en el artículo 4 de la misma Ley que sienta el principio de la aplicación supletoria de la Ley de Enjuiciamiento Civil en los «procesos no civiles». Más específicamente avala tal aplicabilidad la previsión expresa del artículo 16 del Reglamento del Registro Civil que, coherentemente con la naturaleza de jurisdicción voluntaria que la Exposición de Motivos del Reglamento atribuye a la actividad registral, declara de aplicación supletoria a la misma, en defecto de previsión de la específica reglamentación registral, las normas de la jurisdicción volun-

§11.2

taria, respecto de las cuales, a su vez, son supletorias las del procedimiento ordinario.

Las «presunciones homini» constituyen, en defecto de pruebas directas, un mecanismo legal que permite deducir, a partir de ciertos datos o indicios (hecho base), la existencia de un «hecho presunto», en el caso que ahora nos interesa la concurrencia o no concurrencia de un auténtico consentimiento matrimonial según la Ley española, esto es, si la voluntad de los contrayentes se dirige a crear una comunidad de vida entre los esposos con la finalidad de cumplir, como se ha dicho antes, los fines propios y específicos de la unión en matrimonio, asumiendo los derechos y deberes consustanciales a tal unión con arreglo a la caracterización de los mismos predeterminada por la Ley.

Los «datos de hecho objetivos» (hechos base) que deben emplearse para acreditar la existencia o inexistencia de auténtico consentimiento matrimonial a través de las «presunciones», pueden desprenderse de las declaraciones de los contrayentes y/o de terceras personas, de cualquier otra información escrita y de cualesquiera otros datos obtenidos durante una investigación. La determinación y valoración de estos «hechos objetivos» se ha de realizar en forma que permita compatibilizar un doble objetivo: por un lado se ha de garantizar el pleno respeto al «ius nubendi» como derecho fundamental de las personas y, de otro lado, se ha de evitar que la falsa apariencia de matrimonio que resulta en los casos en que el consentimiento matrimonial se simula pueda acceder al Registro Civil como si de una verdadera unión matrimonial se tratase.

Con la finalidad de facilitar la consecución de este doble objetivo por parte de los Encargados de los Registros Civiles españoles, esta Dirección General de los Registros y del Notariado ha acordado hacer públicas las siguientes orientaciones prácticas:

§11.2

I. Los datos básicos de los que cabe inferir la simulación del consentimiento matrimonial son dos: a) el desconocimiento por parte de uno o ambos contrayentes de los «datos personales y/o familiares básicos» del otro y b) la inexistencia de relaciones previas entre los contrayentes. En cuanto a la valoración de ambos elementos se han de tomar en cuenta los siguientes criterios prácticos:

a) Debe considerarse y presumirse que existe auténtico «consentimiento matrimonial» cuando un contrayente conoce los «datos personales y familiares básicos» del otro contrayente (vid. Resoluciones de 2-2.ª noviembre 2002,

4-6.ª diciembre 2002, 27-3.ª octubre 2004, 19-3.ª octubre 2004, entre otras muchas). Si los contrayentes demuestran conocer suficientemente los datos básicos personales y familiares mutuos, debe presumirse, conforme al principio general de presunción de la buena fe, que el matrimonio no es simulado y debe autorizarse o inscribirse, según los casos.

Para acreditar la existencia de un conocimiento suficiente de los datos personales básicos mutuos de los contrayentes, deben tenerse presentes estas reglas:

1.ª El Encargado dispone de un necesario margen de apreciación para ajustar las normas jurídicas a los caracteres, circunstancias y rasgos del caso concreto, ponderando necesariamente la equidad en la aplicación de las normas jurídicas (art. 3 n.º 2 Código Civil).

2.ª No puede fijarse una «lista cerrada» de datos personales y familiares básicos cuyo conocimiento es exigido, pues ello puede depender de las circunstancias del caso concreto. Sí puede, sin embargo, proporcionarse una «lista de aproximación» con los datos básicos personales y familiares mutuos más frecuentes que los contrayentes deberían conocer el uno del otro, utilizando, entre otros, los elementos que proporciona la Resolución del Consejo de las Comunidades Europeas, de 4 diciembre 1997, sobre las medidas que deberán adoptarse en materia de lucha contra los matrimonios fraudulentos (DOCE C 382 de 16 de diciembre de 1997). Tales datos son: fecha y lugar de nacimiento, domicilio, profesión, aficiones relevantes, hábitos notorios, y nacionalidad del otro contrayente, anteriores matrimonios, número y datos básicos de identidad de los familiares más próximos de uno y otro (hijos no comunes, padres, hermanos), así como las circunstancias de hecho en que se conocieron los contrayentes. Sin embargo, como se ha dicho, estos datos pueden ser exigidos en ciertos casos pero no en otros. La equidad ha de ponderarse por la Autoridad española en la valoración del grado de conocimiento recíproco de los datos personales y familiares básicos de los contrayentes en cada supuesto concreto.

§11.2

3.ª El conocimiento de los datos básicos personales de un contrayente por el otro contrayente debe ser un conocimiento del «núcleo conceptual» de dichos datos, sin que sea preciso descender a los detalles más concretos posibles. Por ejemplo, un contrayente demostrará no conocer los datos básicos del otro contrayente si afirma que éste reside habitualmente en Madrid o en Barcelona, pero desconoce el nombre exacto de la calle o el piso en que se encuentra la vivienda. Se ha de exigir un «conocimiento suficiente», no un «conocimiento exhaustivo» de tales datos.

4.ª En su caso el «desconocimiento» de los datos personales y familiares básicos de un contrayente respecto del otro debe ser claro, evidente y flagrante. Por tanto, el desconocimiento de un solo, singular y aislado dato personal o familiar básico del otro contrayente no es relevante para inferir automáticamente la existencia de un matrimonio simulado. Debe, por tanto, llevarse a cabo una valoración de conjunto del conocimiento o desconocimiento de un contrayente respecto del otro.

5.ª Existen otros «datos personales» del contrayente que son meramente «accesorios» o «secundarios». Pues bien, el conocimiento o desconocimiento de tales datos personales accesorios no es relevante en sí mismo (vid. Resolución de 17-1.ª de febrero de 2003). Entre tales «datos personales accesorios» cabe citar: conocimiento personal de los familiares del otro contrayente (no de su existencia y datos básicos de identidad, como nombres o edades) y hechos de la vida pasada de ambos contrayentes. El conocimiento o desconocimiento de estos datos personales «no básicos» es sólo un elemento que puede ayudar a la Autoridad española a formarse una certeza moral sobre la simulación o autenticidad del matrimonio, especialmente en casos dudosos, pero debe subrayarse categóricamente que en ningún caso estos datos personales «no básicos» pueden ser determinantes por sí solos para inferir exclusivamente de los mismos la existencia o inexistencia de un matrimonio simulado.

b) Aun cuando los contrayentes puedan desconocer algunos «datos personales y familiares básicos recíprocos», ello puede resultar insuficiente a fin de alcanzar la conclusión de la existencia de la simulación, si se prueba que los contrayentes han mantenido relaciones antes de la celebración del matrimonio, bien personales, o bien por carta, teléfono o Internet que por su duración e intensidad no permita excluir toda duda sobre la posible simulación (vid. Resoluciones de 6-3.ª noviembre 2002, 13-2.ª noviembre 2002, 23-2.ª noviembre 2002, 28-1.ª noviembre 2002, 21-3.ª diciembre 2002, 23 enero 2003, 3-3.ª febrero 2003, 26-4.ª febrero 2003, 3-2.ª marzo 2003, 29-1.ª abril 2003, 29-2.ª abril 2003, entre otras muchas).

§11.2

Para acreditar la existencia de auténticas y verdaderas relaciones entre los contrayentes, deben tenerse presentes estas reglas:

1.ª Las relaciones entre los contrayentes pueden referirse a relaciones habidas antes o después de la celebración del matrimonio. En este segundo caso, a fin de evitar los supuestos de preconstitución de la prueba, las relaciones deberán presentar un tracto ininterrumpido durante un cierto lapso de tiempo.

2.ª Las relaciones entre los contrayentes pueden ser relaciones personales (visitas a España o al país extranjero del otro contrayente), o bien relaciones epistolares o telefónicas o por otro medio de comunicación, como Internet.

3.ª El hecho probado de que los contrayentes conviven juntos en el momento presente o tienen un hijo común es un dato suficiente que acredita la existencia de «relaciones personales».

4.ª El hecho de que los contrayentes no hablen una lengua que ambos comprenden es un mero indicio de que las relaciones personales son especialmente difíciles, pero no imposibles. Por tanto, de ese mero dato no cabe inferir, por sí solo, que las relaciones personales no existen o no han existido. Será un dato más que el Encargado del Registro Civil español tendrá presente para valorar, junto con otros datos y hechos, la presencia o ausencia de «relaciones personales» entre ambos contrayentes.

5.ª El hecho de que el historial de uno de los cónyuges revele matrimonios simulados anteriores es un poderoso indicio de que no existen auténticas relaciones personales entre los contrayentes, sino relaciones meramente figuradas.

6.ª El hecho de que se haya entregado una cantidad monetaria para que se celebre el matrimonio, siempre que dicho dato quede indubitadamente probado, es, también, un poderoso indicio de que no existen relaciones personales entre los contrayentes, ni verdadera voluntad matrimonial. Quedan exceptuadas las cantidades entregadas en concepto de dote, en el caso de los nacionales de terceros países en los cuales la aportación de una dote sea práctica normal.

c) De forma complementaria a lo anterior, se ha de señalar que los datos o hechos relativos al matrimonio que no afectan al conocimiento personal mutuo de los contrayentes, ni a la existencia de relaciones previas entre los contrayentes, no son relevantes para inferir de los mismos, aisladamente, la existencia de un matrimonio simulado, sin perjuicio de que en concurrencia con las circunstancias antes enumeradas pueda coadyuvar a formar la convicción del Encargado en sentido positivo o negativo respecto de la existencia de verdadera voluntad matrimonial. Aunque tampoco puede proporcionarse una «lista cerrada» de hechos por sí solos no relevantes, sí pueden enumerarse los más frecuentes de entre ellos:

§11.2

1.º El hecho de que el contrayente extranjero resida en España sin la documentación exigida por la legislación de extranjería. De este dato no se puede inferir, automáticamente, la intención simulatoria de los contrayentes en la celebración del matrimonio, como ya ha sido declarado en varias ocasiones por este Centro Directivo (vid. Resoluciones de 27-3.ª octubre 2004, 19-3.ª octubre 2004).

2.º El hecho de que los contrayentes no convivan juntos o nunca hayan convivido juntos cuando existan circunstancias que lo impidan, como la imposibilidad de viajar por razones legales o económicas.

3.º El hecho de que un contrayente no aporte bienes o recursos económicos al matrimonio, mientras que sea el otro contrayente el que aporte el cien por cien de tales recursos, pues en sí mismo, este dato nada dice de una posible intención simulatoria de los contrayentes o de la autenticidad del consentimiento matrimonial.

4.º El hecho de que los contrayentes se hayan conocido pocos meses o semanas antes del enlace tampoco dice nada, en sí mismo, sobre la intención simulatoria de los contrayentes. Es diferente el caso de que los cónyuges hayan contraído matrimonio sin haberse conocido de forma personal previamente, es decir, cuando se conocen el mismo día o pocos días antes de la fecha en la que contraen matrimonio.

5.º El hecho de que exista una diferencia significativa de edad entre los contrayentes tampoco dice nada por sí sólo acerca de la autenticidad y realidad del consentimiento matrimonial, por lo que es un dato que no puede utilizarse, de ningún modo, para inferir nada al respecto, salvo que concurra con otras circunstancias, ya enumeradas, de desconocimiento o falta de relación personal.

§11.2

II. En todo caso, es oportuno fijar algunas reglas de funcionamiento adicionales de las «presunciones»:

1.º Tanto por la presunción general de buena fe como porque el «ius nubendi» es un derecho fundamental de la persona, es necesario que el Encargado del Registro Civil alcance una «certeza moral plena» de hallarse en presencia de un matrimonio simulado para acordar la denegación de la autorización del matrimonio o de su inscripción.

En efecto, si bien no puede exigirse que el Encargado adquiera una conciencia de «verdad material absoluta» o «evidencia total» —imposible en el ámbito de las presunciones, ya que con ellas el Juez, en este caso el Encargado del Registro, no tiene un conocimiento directo ni indirecto del objeto de la prueba (hecho presunto), sino que deduce ese conocimiento de la prueba de otro hecho distinto (hecho base o indicio) con él unido de forma precisa y directa, «según las reglas del criterio humano que no son otras que las del raciocinio lógico» (vid. Sentencia del Tribunal Supremo de 25 de octubre de 1986) —, sí es necesario que el Encargado del Registro alcance un convencimiento o convicción plena en el sentido de concluir la valoración del conjunto de la prueba y de las audiencias practicadas (vid. Sentencia del Tribunal Supremo de 8 de noviembre de 1986) con un juicio conclusivo de probabilidad cualificada en grado de «certeza moral plena» sobre la veracidad del hecho de haber mediado un consentimiento simulado, descartando los casos de mera verosimilitud y los de duda o simple probabilidad. Y todo ello con arreglo a los criterios de la sana crítica, esto es, con arreglo a criterios valorativos racionales y a las máximas de experiencia común. Por ello, si la convicción de la simulación no es plena, el matrimonio deberá autorizarse o, en su caso, inscribirse.

En tales casos, como antes se ha recordado, queda siempre la posibilidad de que, si surgen posteriormente más datos o hechos que hagan dudar de la existencia y autenticidad del consentimiento matrimonial, se inste judicialmente la nulidad del matrimonio, a través del proceso judicial correspondiente (art. 74 Código Civil) por el Ministerio Fiscal, los cónyuges o cualquier persona con interés directo y legítimo (vid. Resolución de 6 de julio de 1998, Consulta DGRN 1 de junio de 2004, Consulta DGRN 28 de octubre de 2004).

2.º En todo caso, el Encargado del Registro Civil que aplica las presunciones judiciales debe incluir en su resolución, de modo expreso, el razonamiento en virtud del cual dicha Autoridad ha establecido la presunción, evitando la utilización de modelos formularios que, por su generalidad y falta de referencia a las concretas circunstancias particulares del caso concreto, no alcanzan a llenar el requisito imprescindible de la motivación de la resolución (cfr. art. 386 n.º 2 LEC).

§11.2

3.º Frente a la formulación de una presunción judicial, cualquiera de los contrayentes u otra persona legitimada puede practicar una prueba en contrario, la cual puede estar dirigida a demostrar la inexistencia del indicio tomado en cuenta por la Autoridad española y/o demostrar la inexistencia del nexo de inferencia entre tal indicio y la situación de matrimonio simulado (art. 386.3 y 385.2 LEC).

III. Finalmente, resulta oportuno recordar de nuevo, por la importancia de este dato, que si se rechaza la autorización o la inscripción del matrimonio al existir sospechas de simulación en el matrimonio, siempre es posible instar posteriormente la inscripción del matrimonio si surgen nuevos datos relevantes, pues en el ámbito del Registro Civil no rige el principio de «cosa juzgada» (vid. Resolución de 10-1.ª enero 2005).

Madrid, 31 de enero de 2006.- La Directora General, Pilar Blanco-Morales Limones.

§11.3. Instrucción de 10 de enero de 2013, de la Dirección General de los Registros y del Notariado, sobre lugar de celebración de matrimonios civiles por los alcaldes
(BOE 14/2/2013)
(Tol 3006166)

I. La Instrucción de 26 de enero de 1995, de esta Dirección General de los Registros y del Notariado, sobre autorización del matrimonio civil por los Alcaldes, se dicta como consecuencia de los problemas prácticos derivados de la entrada en vigor de la Ley 35/1994, de 23 de diciembre, que modificó varios artículos del Código civil con la finalidad de atribuir competencia para la autorización del matrimonio a todos los Alcaldes, o Concejales delegados, de los municipios españoles y no solo como antes a los de las poblaciones con Juzgados de Paz. La Instrucción señala que el expediente registral ha de ser tramitado, como hasta entonces, ante el órgano registral correspondiente al domicilio de cualquiera de los contrayentes, de modo que las Corporaciones locales carecen de competencia para tal tramitación y las especialidades surgen en el momento final de la celebración, una vez aprobado el expediente con auto firme favorable, si los interesados han manifestado durante la tramitación su voluntad de que el enlace sea autorizado por órgano distinto del instructor. A continuación, las reglas segunda y tercera de la Instrucción

§11.3

distinguen, según el matrimonio vaya a celebrarse en la misma población o en población distinta: caso este último en el que, para evitar que los expedientes circulen por los Ayuntamientos sin intervención del Encargado que ha de incorporarlos al legajo de la Sección correspondiente (art. 259 RRC), se prevé que el expediente y la delegación se remitan por el instructor al Registro Civil en cuya demarcación va a celebrarse el matrimonio. La Instrucción añade que, en los supuestos de delegación del Alcalde en un Concejal, no es necesaria la comprobación registral de esta delegación, por más que ésta haya de hacerse constar en el acta de celebración, y termina recordando que es innecesaria la intervención del Secretario del Ayuntamiento (cfr. Resolución de 25 de enero de 1989) en la autorización del matrimonio.

II. En relación con el lugar de celebración de los matrimonios civiles, en los casos en que los contrayentes hayan manifestado su voluntad de que la autorización del matrimonio se realice por el Alcalde o Concejal de la misma población correspondiente al Juez Encargado o de Paz que, correspondiendo al domicilio de cualquiera de los contrayentes, haya realizado la instrucción registral del expediente, la citada Instrucción de 26 de enero de 1995 se limita a establecer en su directriz segunda que el Alcalde, a la vista de la relación de los datos relativos a los contrayentes remitidos por el órgano registral que instruyó el expediente previo, «fijará día y hora para la ceremonia, la cual deberá celebrarse en el local del Ayuntamiento debidamente habilitado para este fin». La misma regla se establece en la directriz tercera respecto de los casos de autorización del matrimonio por Alcalde o Concejal de una población distinta.

III. En el mismo sentido, la Instrucción de 28 de noviembre de 1985, previa a la reforma introducida por la citada Ley 35/1994, disponía en parecidos términos que «el acto [del matrimonio] se habrá de celebrar precisamente en el local del Ayuntamiento que previamente haya sido habilitado a este fin».

§11.3

La misma Instrucción preveía, respecto de los municipios en que resida el Juez Encargado del Registro Civil, la posibilidad de que el matrimonio fuese autorizado «no sólo en la propia Oficina del Registro, sino también en otro local del Ayuntamiento especialmente habilitado a estos fines y el cual tendrá la consideración de Oficina Registral a los exclusivos efectos de la celebración del matrimonios», posibilidad que la Instrucción subordinaba al previo acuerdo entre el Juez y la Corporación Municipal, que ha de «recaer sobre un local adecuado y único para todos los casos».

IV. Esta exigencia (local previamente habilitado a tales fines) pretendía hacer compatibles las exigencias derivadas de la seguridad jurídica que en una materia de tanta transcendencia para el estado civil de las personas debe observarse, las garantías de operatividad en las funciones registrales asociadas y subsiguientes a la propia autorización del matrimonio (extensión del acta del matrimonio, remisión inmediata de uno de los ejemplares al Registro civil competente para su inscripción y para la entrega del Libro de Familia a los contrayentes —art. 75 de la Ley del Registro Civil y 37 del Reglamento—, y custodia del original), así como las exigencias de adecuación del local al decoro y dignidad que deben acompañar el acto y las propias necesidades organizativas y funcionales del propio Ayuntamiento.

V. Ahora bien, las circunstancias sociales han cambiado desde 1995, y dado que las exigencias legales no excluyen la posibilidad de que los matrimonios civiles autorizados por Alcaldes y Concejales tengan lugar en otros locales distintos de los que hayan sido previamente habilitados, parece conveniente al amparo de la libertad permitida por nuestra legislación no mantener dichas limitaciones.

Lo esencial es que el Ayuntamiento, a través de los órganos competentes, de acuerdo con lo determinado por la legislación de régimen local, se asegure de que los locales donde se vaya a autorizar el matrimonio reúnan las condiciones adecuadas de decoro y funcionalidad, en atención a las circunstancias de cada municipio, de forma que los mismos resulten aptos a fin de permitir celebrar los matrimonios que deban ser autorizados por los respectivos Alcaldes o Concejales.

§11.3

En consecuencia, esta Dirección General, en uso de las facultades que tiene conferidas por la legislación del Registro Civil (cfr. arts. 9 de la Ley y 41 de su Reglamento), ha acordado modificar la directriz segunda y tercera de la Instrucción de 26 de enero de 1995, sobre autorización del matrimonio civil por los Alcaldes, en los términos expresados en los anteriores apartados de la presente Instrucción.

Madrid, 10 de enero de 2013.- El Director General de los Registros y del Notariado, Joaquín José Rodríguez Hernández.

§11.4. Instrucción de 3 de junio de 2021, de la Dirección General de Seguridad Jurídica y Fe Pública, sobre la tramitación del procedimiento de autorización de matrimonio ante notarios (BOE 04/06/2021)

(Tol 8450781)

La completa entrada en vigor de la Ley 20/2011, de 21 de julio, del Registro Civil, ofrece a los ciudadanos la posibilidad de solicitar la previa tramitación de un acta notarial para acreditar el cumplimiento de los requisitos de capacidad y la inexistencia de impedimentos o su dispensa, o cualquier otro obstáculo, de acuerdo con lo previsto en el Código Civil, según postula el artículo 58 de dicha norma legal en cuanto al procedimiento para autorización matrimonial.

Y ello por cuanto la disposición final vigésima primera de la Ley 15/2015, de 2 de julio, de la Jurisdicción Voluntaria establece que en la fecha de la completa entrada en vigor de la Ley 20/2011, lo harán también las modificaciones de los artículos del Código Civil, así como las modificaciones de la referida Ley incluidas en la disposición final cuarta de la Ley 15/2015, relativas a la tramitación y celebración del matrimonio civil, así como las disposiciones de la Sección 1.ª del Capítulo II del Título VII de la Ley de 28 de mayo de 1862 del Notariado, contenidas en la disposición final undécima de la Ley 15/2015, que establecen las normas reguladoras del acta matrimonial y de la escritura pública de celebración del matrimonio.

En tal sentido, la disposición final undécima de la Ley 15/2015 modifica la Ley de 28 de mayo de 1862 del Notariado, estableciendo que el Notario extenderá y autorizará acta en la que se constate el cumplimiento de los requisitos de capacidad de ambos contrayentes, la inexistencia de impedimentos o su dispensa, o cualquier género de obstáculos para contraer matrimonio. La solicitud, tramitación y autorización del acta se ajustará a lo dispuesto en el artículo 58 de la Ley 20/2011 y, en lo no previsto, en la Ley del Notariado. El Notario autorizará escritura pública en la celebración de matrimonio.

§11.4

Resulta oportuno aclarar el silencio del artículo 58 en cuanto a dicha celebración, en función de que el previo procedimiento de autorización matrimonial haya sido resuelto por Notario o por Encargado del Registro Civil, teniendo en cuenta que el espíritu de la Ley 15/2015 plasmado en su Exposición de Motivos, es facilitar al ciudadano el servicio público de Registro Civil ampliando el número de autoridades que podían intervenir en sus trámites. Por otra parte, lo que la Ley no prohíbe expresamente, ha de estimarse permitido, lo que conduce a mantener la actual situación, pues de otra forma se podría producir una interpretación excesivamente restrictiva de la norma que derivaría en una merma de los derechos de los interesados. La modificación introducida por Ley 6/2021, de 28 de abril, por la que se modifica la Ley 20/2011, de 21 de julio, en el apartado segundo de la disposición final segunda de la Ley 20/2011, establece que las referencias que se encuentren en cualquier norma al juez, alcalde, o funcionario que haga sus veces, competentes para autorizar el matrimonio civil, deben entenderse referidas al Notario, Encargado del Registro Civil o funcionario diplomático o consular encargado del Registro Civil, para acreditar el cumplimiento de los requisitos de capacidad y la inexistencia de impedimentos o su dispensa; y al juez de paz, alcalde o concejal en quien éste delegue, Encargado del Registro Civil, Notario, o funcionario diplomático o consular encargado del Registro Civil, para la celebración ante ellos del matrimonio en forma civil. Reforma que viene a aclarar el sentido que ha de orientar esta cuestión.

Según la disposición final primera de la Ley, referida al Derecho supletorio, en todo lo no previsto en relación con la tramitación administrativa de los expedientes regulados en la misma, se aplicará la Ley 39/2015, de 1 de octubre, del Procedimiento Administrativo Común de las Administraciones Públicas. El artículo 88.2 de la Ley 20/2011 hace una remisión directa a las reglas previstas en la Ley 39/2015 para la tramitación del procedimiento en los términos que se desarrollen reglamentariamente. En este aspecto, el cambio es muy importante, toda vez que se ha considerado que la intervención del Ministerio Fiscal en estos procedimientos administrativos de Registro Civil, sin perjuicio de la legitimación activa y función de promotor que expresamente le otorga la Ley, ha de verse limitada a los casos estrictamente necesarios, que se han determinado como los siguientes:

– Los que afecten a personas menores de edad que, por esta circunstancia, precisan de especial protección.

§11.4

– Los que afecten a personas con modificación judicial de la capacidad o, en su momento, medidas judiciales de apoyo a personas con discapacidad.

Pero, como quiera que esta intervención del Ministerio Fiscal siempre ha ido incardinada en el seno de la Administración de Justicia, ofrece dificultades organizativas competenciales para el ámbito notarial que conviene clarificar.

La cuestión sobre la discapacidad se debe poner en relación con el artículo 58 de la Ley 20/2011, y con el artículo 51 de la Ley del Notariado y el artículo 56 in fine del Código Civil, que dispone: «Solo en el caso excepcional de que alguno de los contrayentes presentare una condición de salud que, de modo evidente, categórico y sustancial, pueda impedirle prestar el consentimiento matrimonial pese a las medidas de apoyo, se recabará dictamen médico sobre su aptitud para prestar el consentimiento.» A la vista de los artículos citados y, dado el carácter excepcional de emisión del dictamen, el solicitante que se encuentre en los términos categóricamente expresados de situación de salud, que pueda impedirle prestar el consentimiento, aportará inicialmente o, con posterioridad a petición del Notario autorizante en el trámite de subsanación, informes realizados por su médico de cabecera o médico especialista que realice su seguimiento y que puedan adverar su aptitud o no para prestar dicho consentimiento. En caso de hallarse ante este supuesto excepcional legalmente previsto y, de estimar necesario para corroborar cualquier dato dudoso o la insuficiencia o inconcreción de los informes inicialmente aportados, el Notario en el trámite de prueba de la fase de instrucción, podría acudir al nombramiento de un perito dirimente, de acuerdo a las previsiones contempladas en la Ley del Notariado. Todo ello sin perjuicio de que, cuando se produzca la entrada en vigor de la Ley 8/2021, de 2 de junio, por la que se reforma la legislación civil y procesal para el apoyo a las personas con discapacidad en el ejercicio de su capacidad jurídica, se estudie si es precisa una mayor adaptación de esta Instrucción en esta u otras cuestiones concretas.

§11.4

Por otro lado, la reforma operada por la Ley 6/2021, de 28 de abril, así como las anteriores que la precedieron, ofrece una redacción del artículo 58 de la Ley 20/2011 que puede generar cierta inseguridad en la tramitación, ya que esta última disposición legal establece definitivamente que las plazas de Encargados de Registro Civil serán provistas por Letrados de la Administración de Justicia en servicio activo.

El apartado 5 in fine del artículo 58 de la Ley 20/2011, señala la posibilidad de diligencias sustitutorias, como puede ser la declaración testifical, por la que se opta en el nuevo modelo en detrimento de la anterior previsión del uso de edictos y proclamas en determinadas poblaciones. La práctica de prueba testifical se entiende más respetuosa con la normativa de protección de datos (Ley Orgánica 3/2018 de Protección de Datos de Carácter Personal, en adelante LOPD), de aplicación supletoria al procedimiento registral (para publicidad instrumental no rige LOPD porque hay normas expresas en la Ley). Téngase en cuenta que se disponía que los edictos debían anunciar el casamiento con todas las indicaciones contenidas en el artículo 240 del Reglamento (menciones de identidad, incluso la profesión, datos del cónyuge anterior, etc.). Además, resulta también aconsejable la supresión de edictos porque es un trámite innecesario respecto del objetivo pretendido; el artículo 243 del Reglamento del Registro Civil de 1958 obliga a su publicación en poblaciones en cuya demarcación hubiesen residido o estado domiciliados los interesados en los últimos dos años y que tengan menos de 25.000 habitantes, lo que evidencia un cierto anacronismo entre la norma y la realidad social actual.

La completa entrada en vigor de la Ley 20/2011 posibilita la celebración de matrimonio en peligro de muerte debiendo llevarse a cabo de conformidad con el artículo 52 del Código Civil, con adaptación al nuevo modelo procedimental pergeñado.

Asimismo, los cambios organizativos del nuevo modelo de Registro Civil, que comienza su implantación en esta fecha, hacen necesario ofrecer unas pautas de tramitación por este Centro Directivo, una vez promulgada la reforma legal que implementa el modelo estratégico propuesto, de forma consensuada y por una gran mayoría parlamentaria, máxime teniendo en cuenta que todavía no se ha aprobado un nuevo Reglamento del Registro Civil adaptado a la Ley 20/2011.

§11.4

Existen consideraciones, por tanto, desde el estricto punto de vista de la seguridad jurídica, que han de realizarse en aras a clarificar la aplicación de esta nueva atribución procedimental del Registro Civil al Notariado, en tanto la Ley 20/2011 no sea desarrollada reglamentariamente, pues se atisba que puede entrar en colisión con algunos preceptos del Reglamento del Registro Civil de 1958 y, en tanto el referido artículo 58, puede suponer cierta incongruencia entre sus propios apartados modificados sucesivamente y con los propios artículos reformados en esta última ocasión.

Por todo ello, a tenor de las atribuciones que a esta Dirección General le confiere el artículo 26, 1.ª y 2.ª de la Ley 20/2011, resulta procedente dictar esta Instrucción para fijar la interpretación y ejecución de las normas sobre procedimiento de autorización matrimonial ante Notario.

En su virtud, dispongo:

Primero. *Reglas de competencia para los Notarios, en materia matrimonial.*

a) Procedimiento de autorización matrimonial: Será competente para tramitar el procedimiento de autorización matrimonial el Notario del lugar del domicilio de cualquiera de los contrayentes, al que por turno le corresponda conocer del mismo en virtud de lo establecido en la Circular 1/2021 de 24 de abril del Consejo General del Notariado.

b) Celebración del matrimonio: Una vez obtenida la autorización, la celebración podrá realizarse ante el mismo Notario, o si lo han solicitado los contrayentes, ante otro Notario, Encargado, Juez de Paz, Alcalde o Concejal en quien este delegue. En todo caso, el dato del encargado elegido para celebrar el posterior matrimonio deberá hacerse constar en el acta.

A su vez, siguiendo el actual statu quo, autorizado el matrimonio por Encargado, éste podrá celebrarlo o, a elección de los contrayentes, delegará, como lo viene haciendo en la actualidad, para que la celebración pueda realizarse ante otro Encargado, ante Notario o ante cualquiera otra de las autoridades además del Notario, como son el Juez de Paz, Alcalde o Concejal.

c) Matrimonio en peligro de muerte:

Tramitación de procedimientos de celebración en peligro de muerte: el Notario libremente elegido por ambos contrayentes que sea competente en el lugar de celebración.

Tramitación de procedimiento de autorización posterior a la celebración en peligro de muerte: el Notario que lo celebró.

d) Inscripción del matrimonio: El Notario comunicará la celebración del matrimonio y, en caso de matrimonio en peligro de muerte, la anotación provisional si se solicita y la autorización o denegación posterior del mismo; a la oficina del Registro Civil de su localidad. La comunicación con la oficina del Registro Civil se realizará en la forma en que se viene haciendo actualmente o con los nuevos servicios electrónicos a medida que se disponga de la conexión a las aplicaciones informáticas lo que estará en función del despliegue del nuevo modelo de Registro Civil.

§11.4

Segundo. *Cuando alguno de los solicitantes sea extranjero. Asistencia de Intérprete.*

En el caso de que alguno de los solicitantes sea extranjero y no comprenda el castellano, será necesario que sea asistido por intérprete a los efectos del presente procedimiento de autorización matrimonial. Debe ser traductor jurado o perteneciente a lista, de conformidad con el artículo 50 de la Ley del Notariado, de peritos intérpretes traductores que puedan ser requeridos por el Notario si fuere el caso.

Si no fuera posible, será de aplicación supletoria lo dispuesto el artículo 143 de la Ley 1/2000, de Enjuiciamiento Civil (LEC) sobre intervención de intérpretes. Debe tenerse en cuenta que la Ley 39/2015 tiene carácter supletorio de conformidad con la disposición final primera de la Ley de Registro Civil, de donde resulta la remisión a las normas de la LEC en algunos casos relativos a práctica probatoria (vid. art. 77 de la Ley 39/2015); por lo que también tendría este carácter en relación con la Ley de Registro Civil y para esta cuestión concreta que no se encuentra regulada en la Ley 39/2015 pero sí en el artículo 143 LEC.

En el supuesto de acogerse a la traducción por medio de traductor «habilitado», el Notario habrá de calificar o habilitar al traductor en el procedimiento tras comprobar su idoneidad, no tanto en cuanto al conocimiento de la lengua (desconocida por el Notario), sino por su presunto conocimiento (nacionalidad o título de haber estudiado el idioma), recogiendo la fundamentación de la habilitación en el acta, así como la declaración de no guardar ninguna relación de parentesco o de índole familiar que ponga en riesgo su imparcialidad en la traducción, que habrá de comprometerse a formular fielmente, con apercibimiento, en otro caso, de incursión en las responsabilidades penales y civiles a que haya lugar.

§11.4

Tercero. *Tramitación del procedimiento.*

Una vez designado el Notario conforme a la Circular 1/2021 de 24 de abril del Consejo General del Notariado, se deberá presentar ante el mismo la solicitud de autorización de matrimonio firmada por los dos solicitantes, en la que consten los datos identificativos de ambos, declaración de que no existe impedimento, domicilio, nombre de los testigos y autoridad y lugar elegidos para la celebración. Solicitud cuyo modelo se adjunta como Anexo a esta Instrucción.

Los documentos que deben acompañar a la solicitud, serán los siguientes:

1. De cada contrayente, Documento Nacional de Identidad, o en el caso de ciudadanos extranjeros pasaporte y Numero de Identificación de Extranjero (NIE).

2. Certificaciones literales de nacimiento de ambos contrayentes, si no hay opción a consulta.

3. Certificaciones literales de matrimonio previo, disuelto por divorcio o nulidad si alguno de los futuros cónyuges contrajo otras nupcias con anterioridad.

4. Certificaciones literales de matrimonio previo y defunción del otro cónyuge, en su caso.

5. Certificaciones de empadronamiento de los contrayentes, cuando no haya opción a consulta.

6. Identificación de testigos.

7. Testimonio o copia electrónica de resolución judicial con dispensa de impedimentos, sólo en los casos de dispensa.

8. Datos identificativos de los hijos comunes anteriores al matrimonio, si existiesen.

9. Escritura pública de apoderamiento en caso de celebración de matrimonio por poder.

10. Dictamen médico sobre la aptitud para prestar el consentimiento, para el caso excepcional de que alguno de los contrayentes presentase condiciones de salud especiales que puedan generar dudas sobre si puede o no prestar el consentimiento matrimonial.

Dicha documentación deberá presentarse debidamente actualizada, dándose dicha circunstancia cuando las certificaciones u otro documento se hayan expedido dentro de los seis meses anteriores a la fecha de presentación de la solicitud ante el Notario; o si el documento o certificado señalara expresamente un plazo de validez del mismo, se estará a dicho plazo.

§11.4

La documentación debe ser original o copia auténtica de la misma, y en el caso de documentos extranjeros deben presentarse, de conformidad con el artículo 95 de la Ley 20/2011, debidamente traducidos y legalizados.

– En cuanto a la legalización, se requerirá doble legalización de sus países de origen y de nuestro Ministerio de Asuntos Exteriores, Unión Europea y Cooperación. Se exceptúa de esta obligación de legalización:

a) A los documentos de países de la Unión Europea, con base en lo previsto en el Reglamento (UE) 2016/1191 del Parlamento Europeo y del Consejo, de

6 de julio de 2016, por el que se facilita la libre circulación de los ciudadanos simplificando los requisitos de presentación de determinados documentos públicos en la Unión Europea y por el que se modifica el Reglamento (UE) n.° 1024/2012.

b) En defecto de lo anterior, de los Convenios Internacionales de los que España sea parte, especialmente, el Convenio de Viena número 16 de la CIEC, de 8 de septiembre de 1976 (BOE 200, de 22 de agosto de 1983) sobre certificaciones plurilingües de actas de nacimiento y el Convenio número 20, de la Comisión Internacional del Estado Civil (CIEC) relativo a la expedición de un certificado de capacidad matrimonial, hecho en Múnich el 5 de septiembre de 1980, ratificado por España por instrumento de 10 de febrero de 1988 (BOE núm. 117, de 16 de mayo de 1988).

– En cuanto a la traducción:

a) En los casos de países de la Unión Europea, con base en lo previsto en el Reglamento (UE) 2016/1191, pueden aportarse acompañados del modelo multilingüe o bilingüe que evita la necesidad de traducción.

b) Todos los demás que no procedan de la Unión Europea deben venir traducidos, en su caso, por traductor reconocido por el Ministerio de Asuntos Exteriores, Unión Europea y Cooperación.

Cuarto. *Personas con discapacidad.*

La tramitación de procedimiento de autorización matrimonial por Notarios, en caso de referirse a persona o personas con discapacidad, exista o no sentencia de modificación judicial de la capacidad o resolución judicial disponiendo medidas de apoyo, se sujetará a los siguientes criterios:

Para el caso excepcional de que alguno de los contrayentes presentare una condición de salud que, de modo evidente, categórico y sustancial pueda impedirle prestar el consentimiento matrimonial pese a las medidas de apoyo, por los promotores se aportarán inicialmente acompañando a su solicitud o por requerimiento del Notario autorizante en trámite de subsanación, el informe o los informes, en relación con su aptitud, realizados por su médico de cabecera o médico especialista que le esté tratando y en los que se manifiesten las circunstancias en relación con la aptitud o no para prestar el consentimiento.

Si tras ser requeridos para su subsanación, no aportasen estos documentos, el Notario dictará resolución de inadmisión del procedimiento en el acta

§11.4

por no subsanar la falta de elemento imprescindible para fundar su juicio de capacidad.

En caso de aportarse, el Notario iniciará o continuará el acta de autorización y, en trámite de prueba, hará una valoración de la capacidad de los contrayentes. Si lo estima necesario para corroborar cualquier dato dudoso o paliar la insuficiencia de los informes inicialmente aportados, teniendo en cuenta lo establecido en el artículo 56 párrafo 2.º del Código Civil, solicitará informe pericial médico dirimente sobre la capacidad. Y, en función de los informes recabados resolverá la autorización o no del matrimonio.

El Notario puede elegir libremente el facultativo que emita el dictamen dirimente sin perjuicio de que los Colegios Notariales elaboren una lista de peritos a tal fin por si el Notario considerase oportuno su intervención. Con carácter previo a la elaboración del informe, habrá de consignarse en la oficina notarial el importe de los honorarios del perito designado, presupuestados por éste de forma prudencial y justificada. Los promotores estarán obligados solidariamente a su consignación en el plazo de cinco días desde la comunicación que les dirija el Notario indicándoles que procedan a abonar la cantidad fijada; agotado este plazo sin verificarlo, el Notario les comunicará que transcurridos tres meses se entenderá caducado el procedimiento. En caso de que los promotores no consignasen el importe del dictamen finalizado el mencionado plazo de tres meses, el Notario dictará resolución declarando la caducidad del procedimiento y el archivo del acta; sin perjuicio del derecho de volver a formular solicitud ante cualquiera de las autoridades legalmente habilitadas para la autorización del matrimonio. El importe consignado para los honorarios del informe será abonado por el Notario al perito designado una vez finalice su encargo.

Redactado conforme al Artículo Cuarto de la Instrucción de 9 de julio de 2021, de la Dirección General de Seguridad Jurídica y Fe Pública, sobre la intervención del Ministerio Fiscal en los procedimientos del Registro Civil tras la entrada en vigor de la Ley 20/2011, de 21 de julio, del Registro Civil.

§11.4

Quinto. *Edictos y proclamas.*

Para anunciar el matrimonio no se llevará a cabo la publicación de edictos a la que alude el artículo 243 del Reglamento del Registro Civil de 1958; ya que se entiende más ajustada a la realidad actual y a la necesaria protección de datos según LOPD, de aplicación supletoria, la práctica de otras diligencias, siendo estas, como mínimo, la prueba testifical mediante, al menos, dos testigos mayores de edad conocedores de los contrayentes, cuya declaración versará sobre los hechos en que se basa la petición, relativos a posibles impedimentos o falta de capacidad.

Sexto. *Audiencia reservada.*

Para este trámite de prueba, los Notarios están obligados al cumplimiento de establecido en la Instrucción de la Dirección General de los Registros y del Notariado de 31 de enero de 2006, realizándose la audiencia reservada personalmente por el Notario autorizante, con inmediación y en unidad de acto, entrevistando separadamente a cada solicitante, e impidiendo en la medida de lo posible la comunicación entre ambos en el momento de realizar separadamente la audiencia reservada. Se harán constar el desarrollo de este acto, consignando expresamente las preguntas que se realizan y las respuestas a las mismas, sin que esté sujeto a un cuestionario fijo establecido, sino procurando realizar una entrevista iterativa y que vaya evolucionando en virtud de las respuestas que se obtengan, a fin de aclarar posibles contradicciones u otros rasgos que permitan incidir en el sustento de las presunciones oportunas para poder fundamentar la resolución.

En el caso de que uno de los contrayentes esté fuera de España y le fuere imposible acudir a la realización de la preceptiva audiencia reservada cuando fuere citado a la misma, no podrá continuarse la tramitación notarial del procedimiento, debiendo archivarse el mismo cuando se produzca su caducidad, salvo que se solicitara el desistimiento; dado que no es posible su práctica por auxilio registral en el ámbito del procedimiento de autorización notarial por no resultar de aplicación para los Notarios el artículo 246 del Reglamento de Registro Civil de 1958, en la medida en que la Ley del Notariado se remite exclusivamente a lo previsto en el artículo 58 de la Ley 20/2011 para la tramitación. En este caso, el Notario informará al solicitante de su derecho a iniciar el procedimiento en la oficina del Registro Civil correspondiente dadas las facultades con que sigue contando el Encargado del Registro Civil de solicitar el auxilio registral previsto en el precitado artículo. Además, se considera prevalente la protección del principio de inmediación en estos casos y, en su virtud, que sea el Notario que tramita el procedimiento quien practique directamente dicha prueba de audiencia personal.

§11.4

Séptimo. *Acta que documenta el expediente y Acta que establece la decisión notarial.*

El Notario actuante reflejará en el contenido de las actas los siguientes aspectos:

a) Acta que documenta el expediente: contendrá y será fiel reflejo de la tramitación efectuada del expediente de autorización matrimonial, en especial con la prueba de audiencia reservada, reflejando de forma clara, precisa y separada las preguntas y respuestas dadas por los solicitantes en dicha prueba.

b) Acta de decisión autorizando o no autorizando la celebración del matrimonio:

En caso de autorización se razonará que se consideran cumplidos los preceptos legales y las comprobaciones de la capacidad y la ausencia de impedimentos para contraer matrimonio, así como la autoridad y lugar de celebración del matrimonio.

En caso de no autorización, deberá constar de modo expreso y determinado la fundamentación de la resolución y en base a qué presunciones y/o pruebas se ha llegado a la certeza para la denegación del matrimonio. Y siendo habitual que el razonamiento se base en presunciones derivadas de la actividad probatoria (audiencia reservada, testigos y prueba documental), indicar el enlace lógico que lleva, a través de los indicios que se consideran probados, a la apreciación racional de la falta de los requisitos para proceder a la autorización matrimonial, conforme a lo establecido por la doctrina de la Dirección General de Seguridad Jurídica y Fe Pública y en especial la Instrucción de 31 de enero de 2006 mencionada.

El Notario entregará a los solicitantes copia del acta de decisión. Con independencia del medio utilizado, las notificaciones serán válidas siempre que permitan tener constancia de su envío o puesta a disposición, de la recepción o acceso por el interesado, de sus fechas y horas, del contenido íntegro, y de la identidad fidedigna del remitente y destinatario de la misma. La acreditación de la notificación efectuada se incorporará al expediente. Será especialmente necesaria la notificación, en los presentes términos, en el caso del acta de decisión de no autorización matrimonial.

Los solicitantes tendrán derecho, si así lo solicitan al Notario, a copia del acta de expediente, que podrá ser electrónica.

§11.4

Octavo. *Remisión de actas de autorización matrimonial.*

El Notario actuante, una vez resuelto el procedimiento, se sujetará a las previsiones contenidas en la Circular 1/2021 de 24 de abril del Consejo General del Notariado, con el objeto de que, según dispone el artículo 58.5 de la Ley 20/2011, las actas de procedimiento y de decisión, así como la escritura o el acta de la celebración, queden archivados en el Registro Civil junto con los documentos previos a la inscripción de matrimonio.

Estas comunicaciones harán uso de la conexión con el sistema informático del Registro Civil (DICIREG) en la medida de lo posible y cuando la implantación del nuevo modelo permita su uso.

En cuanto a la remisión de las mismas hasta que sea de aplicación el anterior supuesto, habrán de seguirse las siguientes pautas:

a) En el caso de que la celebración se produzca ante otro Notario, se enviará acta de expediente y acta de decisión por la aplicación notarial Signo al Notario elegido para la celebración del matrimonio; una vez celebrado y levantada escritura de celebración, se remitirán todas ellas al Registro Civil del lugar de celebración para que se proceda a su inscripción.

b) En el caso de que la autoridad que vaya a celebrar el matrimonio no fuera un Notario o Encargado de Registro Civil, se remitirá acta de decisión a la citada autoridad a efectos de la celebración del matrimonio autorizado, remitiéndose por el Notario al Registro Civil del lugar designado para la celebración el acta expediente y acta de decisión para su posterior unión al acta de celebración a efectos de la posterior inscripción de matrimonio.

c) Si la autoridad celebrante fuese el Encargado de Registro Civil, el Notario le remitirá el acta de expediente y acta de decisión, para que proceda a la celebración y posterior inscripción.

Noveno. *Matrimonio en peligro de muerte.*

§11.4

La celebración de matrimonio en peligro de muerte podrá llevarse a cabo de conformidad con el artículo 52 del Código Civil por Notario competente en el lugar de celebración.

Celebrado el mismo, deberá el Notario comunicarlo al Registro Civil a los efectos de anotación de conformidad con lo previsto en el artículo 92 de la Ley 20/2011.

Acto seguido a la celebración, dicho Notario actuante deberá iniciar el correspondiente procedimiento de autorización matrimonial para verificar los requisitos de capacidad, voluntad y ausencia de impedimentos para contraer matrimonio, comunicando la resolución de autorización o no del matrimonio al Registro Civil.

Décimo. *Recursos.*

La resolución que resuelva el procedimiento de autorización matrimonial deberá señalar, de conformidad con el artículo 58.7 de la Ley 20/2011, en relación con el artículo 85.1 que los interesados podrán interponer recurso de alzada previsto en el artículo 121 de la Ley 39/2015 en el plazo de un mes desde la notificación de la resolución del procedimiento de autorización matrimonial ante la Dirección General de Seguridad Jurídica y Fe Publica.

La interposición de un recurso de alzada, por regla general, no suspenderá la ejecutividad y efectos de la resolución recurrida (arts. 38, 39 y 117.1 de la Ley 39/2015).

Undécimo. *Criterios sobre tramitación.*

En todo lo demás no previsto en esta Instrucción, en cuanto sean compatibles y mientras no entre en vigor el nuevo Reglamento del Registro Civil, los Notarios seguirán como referente para la tramitación, por orden de prelación:

a) La Ley del Notariado y las normas del Título IV del Libro Primero del Código Civil.

b) Las reglas de la Ley 20/2011, de 21 de julio.

c) Supletoriamente, la Ley 39/2015, de 1 de octubre.

d) La documentación funcional y procedimental (Manuales, Guías y Hojas de procedimiento) validados por la Dirección General de Seguridad Jurídica y Fe Pública; así como las Circulares y Resoluciones que dicte para regular el despliegue.

e) Las Instrucciones y Resoluciones dictadas por la Dirección General de Seguridad Jurídica y Fe Pública con anterioridad, en lo que no se opongan a la Ley 20/2011.

§11.4

f) Y el Reglamento del Registro Civil de 1958 que, al no estar derogado expresamente por la Disposición derogatoria de la Ley 20/2011, puede considerarse aplicable en cuanto a aquellas normas exclusivamente procedimentales que no se opongan a lo dispuesto en esta Instrucción, en la Ley 20/2011, en la Ley 39/2015 y demás disposiciones mencionadas.

Madrid, 3 de junio de 2021.

La Directora General de Seguridad Jurídica y Fe Pública, Sofía Puente Santiago.

Anexo
Solicitud de matrimonio civil

Los abajo firmantes, conforme dispone el artículo 58 de la Ley 20/2011, de 21 de Julio, del Registro Civil, solicitan contraer matrimonio civil declarando los siguientes datos:

1º.- DATOS DE LOS CONTRAYENTES: (rellenar en mayúscula)

CONTRAYENTE A):

NOMBRE: ....

PRIMER APELLIDO: ....

SEGUNDO APELLIDO: ....

DNI/PASAPORTE/NIE Nº: ....

HIJO DE .... Y DE ....

NACIDO EN: ....

EL DÍA .... DE .... DE ....

NACIONALIDAD: ....

ESTADO CIVIL: ....

DOMICILIO: .... Tf............. Correo electrónico..........

CONTRAYENTE B):

NOMBRE: ....

PRIMER APELLIDO: ....

SEGUNDO APELLIDO: ....

DNI/PASAPORTE/NIE Nº: ....

HIJO DE .... Y DE ....

NACIDO EN: ....

EL DÍA .... DE .... DE ....

NACIONALIDAD: ....

ESTADO CIVIL: ....

DOMICILIO: .... Tf............. Correo electrónico..........

2º.- En su caso, DESCENDIENTES COMUNES (completar los que procedan, añadiendo los mismos datos indicados para tercer descendiente y sucesivos):

NOMBRE: ....

PRIMER APELLIDO: ....

SEGUNDO APELLIDO: ....

LUGAR Y FECHA DE NACIMIENTO: ....

NOMBRE: ....

PRIMER APELLIDO: ....

SEGUNDO APELLIDO: ....

LUGAR Y FECHA DE NACIMIENTO: ....

3º.- TESTIGOS PROPUESTOS:

a) Datos del/de la Testigo del/de la Contrayente A)

NOMBRE: ....

PRIMER APELLIDO: ....

SEGUNDO APELLIDO: ....

LUGAR Y FECHA DE NACIMIENTO: ....

DOCUMENTO IDENTIFICATIVO: DNI/PASAPORTE/NIE. Número del Documen-

to: ....

Domicilio:

Tipo de Vía .... Nombre de la Vía...........................

Número .... Portal/Bloque .... Escalera .... Piso .... Puerta ....

Código Postal .... Población de residencia ....

Nº de Teléfono .... Dirección de correo electrónico ....

b) Datos del/de la Testigo del/de la Contrayente B)

NOMBRE: ....

PRIMER APELLIDO: ....

SEGUNDO APELLIDO: ....

LUGAR Y FECHA DE NACIMIENTO: ....

DOCUMENTO IDENTIFICATIVO: DNI/PASAPORTE/NIE. Número del Documen-

to: ....

Domicilio:

Tipo de Vía .... Nombre de la Vía...........................

Número .... Portal/Bloque .... Escalera .... Piso .... Puerta ....

Código Postal .... Población de residencia ....

Nº de Teléfono .... Dirección de correo electrónico ....

§11.4

4º.- Que no existe entre ellos impedimento legal alguno para la celebración del matrimonio.

5º.- Que solicitan contraer matrimonio otorgando el consentimiento ante

....

6º.- Que autorizan la consulta de sus datos de estado civil, identidad y domicilio, en las bases de datos oficiales donde figuren los mismos. Además, acompañan los siguientes documentos (marcar los que se adjunten):

• Certificación literal de nacimiento de cada uno (traducida y legalizada —en la embajada o Mº Asuntos Exteriores— si alguno es extranjero. Ciudadanos UE consultar régimen específico).

• Certificación de empadronamiento y residencia.

• Fotocopia de DNI/PASAPORTE/NIE.

• Otros: ....

7º.- Medio de notificación preferente (marque lo que proceda):

Correo postal

Notificación electrónica

Y solicitan que se tenga por presentado este escrito con los documentos que se acompañan iniciándose el correspondiente procedimiento y dictándose la oportuna resolución autorizando la celebración del matrimonio previa práctica de los trámites oportunos.

En .... , a .... de .... de 20......

FIRMA CONTRAYENTE A) FIRMA CONTRAYENTE B)

§11.4

§11.BIS. INTERVENCIÓN DEL MINISTERIO FISCAL EN LOS PROCEDIMIENTOS DEL REGISTRO CIVIL

§11.bis.1. Instrucción de 9 de julio de 2021, de la Dirección General de Seguridad Jurídica y Fe Pública, sobre la intervención del Ministerio Fiscal en los procedimientos del Registro Civil tras la entrada en vigor de la Ley 20/2011, de 21 de julio, del Registro Civil

(BOE 20/07/2021)

(Tol 8510906)

El viernes 30 de abril de 2021 entró en vigor la Ley 20/2011, de 21 de julio, con la redacción dada por la última reforma operada por la Ley 6/2021, de 28 de abril. Teniendo en cuenta las consecuencias que dicha entrada en vigor puede suponer en los Registros Civiles y las dudas que se han venido suscitando, procede aclarar una serie de aspectos relativos a la misma con el fin de dotar de mayor seguridad jurídica a la tramitación.

En concreto, esta Instrucción se refiere a la intervención del Ministerio Fiscal en el marco del nuevo modelo de Registro Civil, atendido que la disposición transitoria cuarta de la Ley 20/2011, reformada por la Ley 6/2021, no menciona expresamente dicha intervención durante este periodo transitorio.

Esta cuestión ha sido recogida en el Decreto de la Fiscalía General del Estado de fecha 6 de julio de 2021, en el que se dictan instrucciones a los y las Fiscales para regular los casos en que han de intervenir en las actuaciones ante el Registro Civil a partir de la entrada en vigor de las referidas normas legales.

Por tanto, en virtud de lo anterior, y en ejercicio de las competencias que establece el artículo 26 de la Ley 20/2011, de 21 de julio, del Registro Civil y el artículo 9 de la Ley del Registro Civil de 8 de junio de 1957 en relación con la disposición transitoria cuarta de la Ley 20/2011, este Centro Directivo fija las siguientes directrices.

Primero. *Objeto*.

La presente Instrucción establece indicaciones para los Encargados de los Registros Civiles y personal al servicio de dicho servicio público en cuanto al traslado de expedientes gubernativos e intervención del Ministerio Fiscal en los procedimientos del Registro Civil, con independencia de la situación de puesta en marcha o no de DICIREG en que se encuentren.

Modifica también la Instrucción de esta Dirección General, de 3 de junio de 2021, para adaptarla a esta nueva situación en relación con la referida intervención del Ministerio Fiscal.

Segundo. *Intervención del Ministerio Fiscal en los procedimientos de Registro Civil de la Ley 20/2011*.

En las Oficinas del Registro Civil, a efectos de intervención del Ministerio Fiscal y traslados, se tendrán en cuenta las siguientes reglas:

a) Legitimación activa: El Ministerio Fiscal cuenta con legitimación activa para promover asientos y procedimientos en materia de Registro Civil (arts. 42 y 89 de la Ley 20/2011). Siendo significativa la previsión del apartado 2.º del art. 42: «Las autoridades y funcionarios no comprendidos en el número anterior, a quienes consten por razón de sus cargos los hechos no inscritos, están obligados a comunicarlos al Ministerio Fiscal». En estos procedimientos promovidos por el Ministerio Fiscal, el mismo tendrá intervención desde su fase de iniciación hasta su finalización y, en su caso, recurso/s, pudiendo intervenir en todos los trámites que sean precisos.

b) Intervención en vía de informe: Será oído el Ministerio Fiscal en aquellos procedimientos que, no habiendo sido promovidos por dicha autoridad, su intervención venga prevista expresamente por algún precepto de la Ley 20/2011, del Código Civil o de alguna otra norma legal que disponga o, en un futuro pudiera disponer dicha intervención en sede de procedimiento de Registro Civil (por ejemplo, en reconocimiento de filiación, artículo 44.7, segundo párrafo, Ley 20/2011).

§11.BIS

Tercero. *Disposición transitoria*.

De manera transitoria, la intervención del Ministerio Fiscal en vía de informe en los expedientes, continuará del mismo modo que se había venido desarrollando en todos aquellos procedimientos iniciados con anterioridad al 30 de abril de 2021 y que a la fecha de esta Instrucción no se hubieran finalizado por resolución definitiva, aunque ésta no sea firme.

Los procedimientos iniciados con posterioridad al 30 de abril de 2021, de conformidad con la disposición transitoria cuarta de la Ley 20/2011 y en tanto no se haya dictado la resolución de puesta en marcha de la Oficina con el sistema DICIREG, se sustanciarán de acuerdo con la Ley del Registro Civil de 1957, excepto en lo relativo a la intervención del Ministerio Fiscal en los mismos, en que será de aplicación transitoriamente lo regulado en la disposición Segunda de esta Instrucción.

Cuarto. *Modificación del artículo cuarto de la Instrucción de 3 de junio de 2021, de la Dirección General de Seguridad Jurídica y Fe Pública, sobre la tramitación del procedimiento de autorización de matrimonio ante notarios.*

Se modifica el artículo cuarto de la Instrucción de 3 de junio de 2021, de la Dirección General de Seguridad Jurídica y Fe Pública, sobre la tramitación del procedimiento de autorización de matrimonio ante notarios, quedando redactado en los siguientes términos:

«Cuarto. Personas con discapacidad.

La tramitación de procedimiento de autorización matrimonial por Notarios, en caso de referirse a persona o personas con discapacidad, exista o no sentencia de modificación judicial de la capacidad o resolución judicial disponiendo medidas de apoyo, se sujetará a los siguientes criterios:

Para el caso excepcional de que alguno de los contrayentes presentare una condición de salud que, de modo evidente, categórico y sustancial pueda impedirle prestar el consentimiento matrimonial pese a las medidas de apoyo, por los promotores se aportarán inicialmente acompañando a su solicitud o por requerimiento del Notario autorizante en trámite de subsanación, el informe o los informes, en relación con su aptitud, realizados por su médico de cabecera o médico especialista que le esté tratando y en los que se manifiesten las circunstancias en relación con la aptitud o no para prestar el consentimiento.

Si tras ser requeridos para su subsanación, no aportasen estos documentos, el Notario dictará resolución de inadmisión del procedimiento en el acta por no subsanar la falta de elemento imprescindible para fundar su juicio de capacidad.

En caso de aportarse, el Notario iniciará o continuará el acta de autorización y, en trámite de prueba, hará una valoración de la capacidad de los con-

§11.BIS

trayentes. Si lo estima necesario para corroborar cualquier dato dudoso o paliar la insuficiencia de los informes inicialmente aportados, teniendo en cuenta lo establecido en el artículo 56 párrafo 2.º del Código Civil, solicitará informe pericial médico dirimente sobre la capacidad. Y, en función de los informes recabados resolverá la autorización o no del matrimonio.

El Notario puede elegir libremente el facultativo que emita el dictamen dirimente sin perjuicio de que los Colegios Notariales elaboren una lista de peritos a tal fin por si el Notario considerase oportuno su intervención. Con carácter previo a la elaboración del informe, habrá de consignarse en la oficina notarial el importe de los honorarios del perito designado, presupuestados por éste de forma prudencial y justificada. Los promotores estarán obligados solidariamente a su consignación en el plazo de cinco días desde la comunicación que les dirija el Notario indicándoles que procedan a abonar la cantidad fijada; agotado este plazo sin verificarlo, el Notario les comunicará que transcurridos tres meses se entenderá caducado el procedimiento. En caso de que los promotores no consignasen el importe del dictamen finalizado el mencionado plazo de tres meses, el Notario dictará resolución declarando la caducidad del procedimiento y el archivo del acta; sin perjuicio del derecho de volver a formular solicitud ante cualquiera de las autoridades legalmente habilitadas para la autorización del matrimonio. El importe consignado para los honorarios del informe será abonado por el Notario al perito designado una vez finalice su encargo.»

Quinto. *Entrada en vigor.*

Esta Instrucción entrará en vigor al día siguiente de su publicación en «Boletín Oficial del Estado».

Madrid, 9 de julio de 2021.

La Directora General de Seguridad Jurídica y Fe Pública, Sofía Puente Santiago.

§11.BIS

D) CONVENIOS INTERNACIONALES

§12.1. Convenio de 4 de septiembre de 1958, relativo al Intercambio internacional de información en materia de estado civil, con el Protocolo Adicional de 6 septiembre 1989, que figura en Anexo

Instrumento de adhesión de 31 mayo 1994

(BOE 21/7/1994)

(Tol 57486)

Cumplidos los requisitos exigidos por la legislación española, extiendo el presente Instrumento de adhesión de España al Convenio relativo al intercambio internacional de informaciones en materia de estado civil, hecho en Estambul el 4 de septiembre de 1958, para que, mediante su depósito y de conformidad con lo dispuesto en su artículo 8, España pase a ser parte de dicho protocolo.

En fe de lo cual, firmo el presente Instrumento, debidamente señalado y refrendado por el infrascrito Ministro de Asuntos Exteriores.

CONVENIO RELATIVO AL INTERCAMBIO INTERNACIONAL DE INFORMACIONES EN MATERIA DE ESTADO CIVIL (ESTAMBUL, 4 DE SEPTIEMBRE DE 1958)

Los Gobiernos de la República Federal de Alemania, del Reino de Bélgica, de la República Francesa, del Gran Ducado de Luxemburgo, del Reino de los Países Bajos, de la Confederación Suiza y de la República Turca, miembros de la Comisión Internacional del Estado Civil, deseosos de organizar de común acuerdo un intercambio internacional de informaciones en materia de estado civil, han convenido las disposiciones siguientes:

Art. 1. Todos los encargados del Registro Civil que ejerzan sus funciones en territorio de uno de los Estados contratantes, cuando extiendan o transcriban un acta de matrimonio o de defunción, deberán comunicarlo al encargado del Registro Civil del lugar de nacimiento de cada uno de los cónyuges o del difunto, siempre que dicho lugar esté situado en territorio de uno de los demás Estados contratantes.

No obstante, cada Estado está facultado para subordinar el envío de esa comunicación a la condición de que se refiera a un nacional del Estado destinatario.

Art. 2. La comunicación queda establecida de conformidad con los modelos anejos al presente Convenio.

Las informaciones que han de darse se escribirán en los espacios reservados a este efecto en el modelo, consignando el texto en caracteres latinos, los nombres patronímicos y los nombres de lugar en letras mayúsculas, las fechas con cifras arábigas y los meses con numeración arábiga, según su orden en el año. Si la autoridad que redacte la comunicación no poseyera la información que haya de darse, se tachará el espacio correspondiente.

La comunicación deberá ser firmada y sellada por el encargado del Registro Civil.

Dentro de los ocho días siguientes a la extensión o a la transcripción del acta, dicha comunicación se enviará directamente por correo al encargado del Registro Civil destinatario.

Art. 3. La comunicación será utilizada por el destinatario de conformidad con las Leyes y Reglamentos de su país.

Art. 4. Lo dispuesto en los artículos precedentes no impedirá la transmisión a las autoridades de un Estado contratante, por vía diplomática y otra vía prevista por algún Convenio en concreto, de cualquier acto o decisión relativos al estado civil de una persona nacida en el territorio de ese Estado.

Art. 5. El presente Convenio será ratificado y los instrumentos de ratificación se depositarán en poder del Consejo Federal Suizo.

El mismo informará a los Estados contratantes de todo depósito de instrumentos de ratificación.

Art. 6. El presente Convenio entrará en vigor el trigésimo día siguiente a la fecha del depósito del segundo instrumento de ratificación previsto en el artículo precedente.

§12.1

Para cada Estado signatario que ratifique posteriormente el Convenio, éste entrará en vigor el trigésimo día siguiente a la fecha del depósito de su instrumento de ratificación.

Art. 7. El presente Convenio se aplicará de pleno derecho en toda la extensión del territorio metropolitano de cada Estado contratante.

Todo Estado contratante podrá declarar, en el momento de la firma, de la ratificación, de la adhesión o posteriormente mediante notificación enviada al Consejo Federal Suizo, que las disposiciones del presente Convenio serán aplicables a uno o a varios de sus territorios extrametropolitanos o a Estados o territorios cuyas relaciones internacionales tuviere a su cargo. El Consejo Federal Suizo comunicará dicha notificación a cada uno de los Estados contratantes. Las disposiciones del presente Convenio serán aplicables en el territorio o territorios designados en la notificación el sexagésimo día siguiente a la fecha en que el Consejo Federal Suizo hubiera recibido la mencionada notificación.

Todo Estado que hubiere formulado una declaración, de conformidad con lo dispuesto en el segundo párrafo del presente artículo, podrá declarar posteriormente, en cualquier momento y mediante notificación enviada al Consejo Federal Suizo, que el presente Convenio cesará de ser aplicable a uno o varios de los Estados o territorios designados en la declaración.

El Consejo Federal Suizo informará de la nueva notificación a cada uno de los Estados contratantes.

El Convenio cesará de ser aplicable al territorio correspondiente el sexagésimo día siguiente a la fecha en que el Consejo Federal Suizo hubiere recibido la mencionada notificación.

Art. 8. Todo Estado miembro de la Comisión Internacional del Estado Civil podrá adherirse al presente Convenio. El Estado que desee adherirse notificará su intención mediante un acta que será depositada en poder del Consejo Federal Suizo. Este informará a cada uno de los Estados contratantes de todo depósito de acta de adhesión. El Convenio entrará en vigor, para el Estado adherido, el trigésimo día siguiente a la fecha del depósito del acta de adhesión.

El depósito del acta de adhesión sólo podrá tener lugar después de la entrada en vigor del presente Convenio.

Art. 9. El presente Convenio podrá ser sometido a revisiones.

La propuesta de revisión será presentada ante el Consejo Federal Suizo, el cual la notificará a los diversos Estados contratantes, así como al Secretario general de la Comisión Internacional del Estado Civil.

§12.1

Art. 10. El presente Convenio tendrá una duración de diez años a partir de la fecha indicada en el artículo 6, párrafo primero.

El Convenio será prorrogado tácitamente cada diez años, salvo denuncia.

La denuncia deberá ser notificada, al menos seis meses antes de la expiración del plazo, al Consejo Federal Suizo, el cual la pondrá en conocimiento de todos los demás Estados contratantes.

La denuncia sólo surtirá efecto con respecto al Estado que la hubiere notificado. El Convenio permanecerá en vigor para los demás Estados contratantes.

En fe de lo cual, los infrascritos, debidamente autorizados a tales efectos, han firmado el presente Convenio.

Hecho en Estambul el 4 de septiembre de 1958, en un solo ejemplar, que será depositado en los archivos del Consejo Federal Suizo y del cual será remitida por vía diplomática una copia certificada conforme a cada uno de los Estados contratantes.

ESTADOS PARTE

Países	Firma	Fecha depósito	Instrumento	Entrada en vigor
Alemania (1)	4-9-1959	24-11-1961	(R)	24-12-1961
Austria	-	1-9-1965	(AD)	1-10-1965
Bélgica	4-9-1958	6-2-1975	(R)	8-3-1975
España	-	14-6-1994	(AD)	14-7-1994
Francia (2)	4-9-1958	24-9-1959	(R)	17-4-1961
Italia	-	7-11-1968	(AD)	7-12-1968
Luxemburgo	4-9-1958	7-3-1961	(R) 1	7-4-1961
Países Bajos(3)	4-9-1958	28-3-1962	(R)	27-4-1962
Antillas Holandesas y Aruba	-	28-3-1962	(R)	27-4-1962
Portugal	-	15-10-1980	(AD)	14-11-1980
Turquía	4-9-1958	8-9-1962	(R)	8-10-1962

(R: Ratificación. AD: Adhesión.)

§12.1

Reservas y declaraciones

(1) Alemania, República Federal de: El Convenio se aplica igualmente al land de Berlín.

(2) Francia: El 9 de julio de 1960 Francia declara que en aplicación del artículo 7 extiende las disposiciones del Convenio a los territorios de Ultramar: Islas San Pedro y Miquelón, Costa francesa de los Somalíes, Nueva Caledonia y dependencias, Polinesia francesa, a excepción del archipiélago de las Comoras.

(3) Países Bajos: En el momento de la firma los Países Bajos hicieron la declaración siguiente: En consideración a la igualdad que existe desde el punto de vista del derecho público entre los Países Bajos, Surinam y las Antillas Holandesas, los términos «metropolitano» y «extra-metropolitano», en el Convenio pierden su sentido inicial en lo que concierne al Reino de los Países Bajos, y, por tanto, en lo relativo al Reino, serán considerados con los significados respectivos de «europeo» y «no europeo».

El presente Convenio entró en vigor de forma general el día 17 de abril de 1961 y para España entrará en vigor el 14 de julio de 1994, de conformidad con lo establecido en los artículos 6 y 8 del Convenio.

ANEXO. Protocolo Adicional de 6 septiembre 1989 al Convenio de 4 septiembre 1958, al que se adhirió España por Instrumento de 31 mayo 1994

Cumplidos los requisitos exigidos por la legislación española, extiendo el presente instrumento de adhesión de España al protocolo adicional al Convenio relativo al intercambio internacional de informaciones en materia de estado civil, hecho en Patrás el 6 de septiembre de 1989, para que mediante su depósito y de conformidad con lo dispuesto en su artículo 4, España pase a ser parte de dicho protocolo.

En fe de lo cual, firmo el presente instrumento, debidamente sellado y refrendado por el infrascrito Ministro de Asuntos Exteriores.

Dado en Madrid a 31 de mayo de 1994.

PROTOCOLO ADICIONAL AL CONVENIO RELATIVO AL INTERCAMBIO INTERNACIONAL DE INFORMACIONES EN MATERIA DE ESTADO CIVIL (ESTAMBUL, 4 DE SEPTIEMBRE DE 1958) (PATRÁS, 6 DE SEPTIEMBRE DE 1989)

Los Estados signatarios del presente protocolo, miembros de la Comisión Internacional del Estado Civil y Partes contratantes en el Convenio de 4 de

§12.1

septiembre de 1958, relativo al intercambio internacional de informaciones en materia de estado civil;

Teniendo en cuenta la evolución operada en el campo de la información internacional en materia de estado civil, y deseosos de adaptar a ella las comunicaciones requeridas en virtud del artículo 1 del Convenio de 4 de septiembre de 1958;

Han convenido las disposiciones siguientes:

Art. 1. 1. Respecto de la transmisión de la información relativa a las actas contempladas en el artículo 1 del Convenio de 4 de septiembre de 1958, los Estados podrán utilizar bien los modelos previstos en el artículo 2 de este Convenio, bien los modelos de certificaciones en extracto plurilingües de los Convenios firmados en París el 27 de septiembre de 1956 y en Viena el 8 de septiembre de 1976, bien otros modelos elaborados a tal efecto por la Comisión Internacional del Estado Civil.

2. En caso de utilización de la vía postal, las comunicaciones se transmiten en sobre cerrado.

Art. 2. 1. Cuando se utilicen los modelos previstos en el artículo 2 del Convenio de 4 de septiembre de 1958, éstos deberán ser completados por las traducciones en las lenguas española, griega, inglesa y portuguesa en los modelos de comunicación, tal como figuran en el anejo al presente protocolo.

2. Cuando se utilicen los modelos de certificaciones en extracto plurilingües de los Convenios firmados en París el 27 de septiembre de 1956, y en Viena el 8 de septiembre de 1976, deberá hacerse consignar la siguiente anotación, redactada en las lenguas de los enunciados invariables de la certificación en extracto: «Esta certificación en extracto de acta de matrimonio/ defunción se transmite con valor de comunicación en el sentido del artículo 1 del Convenio de 4 de septiembre de 1958, relativo al intercambio internacional de informaciones en materia de estado civil». La anotación podrá hacerse directamente en el modelo de certificación en extracto plurilingüe utilizado, o bien figurar en una ficha adjunta cosida a la certificación en extracto.

§12.1

Art. 3. El presente protocolo será ratificado, aceptado o aprobado, y los instrumentos de ratificación, aceptación o aprobación se depositarán en poder del Consejo Federal Suizo.

Art. 4. 1. El presente protocolo entrará en vigor el día 1 del tercer mes siguiente al depósito del segundo instrumento de ratificación, aceptación, aprobación o adhesión.

2. Con respecto al Estado que ratifique, acepte, apruebe o se adhiera a él tras su entrada en vigor, el protocolo surtirá efecto el primer día del tercer mes siguiente al del depósito por dicho Estado del instrumento de ratificación, aceptación, aprobación o adhesión.

Art. 5. Todo Estado que haya ratificado, aceptado o aprobado el Convenio de 4 de septiembre de 1958 o que se haya adherido al mismo podrá adherirse al presente protocolo. El instrumento de adhesión se depositará en poder del Consejo Federal Suizo.

Art. 6. Las disposiciones del artículo 7 del Convenio de 4 de septiembre de 1958 son aplicables, «mutatis mutandis», a la determinación de la extensión territorial del presente protocolo.

Art. 7. 1. El presente protocolo permanecerá en vigor sin limitación de tiempo.

2. Para el Estado que denuncie el Convenio de 4 de septiembre de 1958, el presente protocolo cesará de estar en vigor simultáneamente con el Convenio.

Art. 8. 1. El Consejo Federal Suizo notificará a los Estados miembros de la Comisión Internacional del Estado Civil:

a) El depósito de cualquier instrumento de ratificación, de aceptación, de aprobación o de adhesión.

b) Cualquier fecha de entrada en vigor del protocolo.

c) Cualquier declaración relativa a la extensión territorial del protocolo o a su retirada, en la fecha en que la misma deba surtir efecto.

2. El Consejo Federal Suizo comunicará al Secretario general de la Comisión Internacional del Estado Civil cualquier notificación hecha en aplicación del párrafo 1.

3. Después de la entrada en vigor del presente protocolo, será enviada una copia certificada del mismo por el Consejo Federal Suizo al Secretario general de las Naciones Unidas para su registro y publicación, de conformidad con el artículo 102 de la Carta de las Naciones Unidas.

§12.1

En fe de lo cual, los infrascritos, debidamente autorizados a tal efecto, han firmado el presente protocolo.

Hecho en Patrás, el 6 de septiembre de 1989, en un solo ejemplar en lengua francesa que se depositará en los archivos del Consejo Federal Suizo y del que será remitida una copia certificada conforme por vía diplomática a cada uno de los Estados miembros de la Comisión Internacional del Estado Civil. Asimismo, se enviará una copia certificada conforme al Secretario general de la Comisión Internacional del Estado Civil.

ESTADOS PARTE

Países	Firma	Fecha depósito	Instrumento	Entrada en vigor
Alemania	6-9-1989			
Austria	6-9-1989	26-7-1991	(R)	1-10-1991
Bélgica	6-9-1989			
España		14-6-1994	(AD)	1-9-1994
Francia	6-9-1989	11-12-1990	(AP)	1-3-1991
Italia	6-9-1989	20-2-1992	(R)	1-5-1992
Luxemburgo	6-9-1989			
Países Bajos	6-9-1989	9-7-1990	(AC)	1-3-1991
Portugal	6-9-1989			
Turquía	6-9-1989			

R: Ratificación. AC: Aceptación. AP: Aprobación. AD: Adhesión.
El presente protocolo entró en vigor de forma general el día 23 de enero de 1991, y para España entrará en vigor el 1 de septiembre de 1994, de conformidad con lo establecido en el artículo 4 del protocolo.

§12.1

§12.2. Convenio de 4 de septiembre de 1958, relativo a los cambios de apellidos y de nombres
Instrumento de adhesión de 20 de julio de 1976
(BOE 18/1/1977)
(Tol 24702)

Los Gobiernos de la República Federal de Alemania, del Reino Unido de Bélgica, de la República Francesa, del Gran Ducado de Luxemburgo, del Reino de los Países Bajos, de la Confederación Suiza y de la República Turca, miembros de la Comisión Internacional del Estado Civil, deseosos de fijar de común acuerdo unas reglas relativas a los cambios de apellidos y de nombres, han convenido en las disposiciones siguientes:

1. El presente Convenio concierne a los cambios de apellidos y de nombres concedidos por la Autoridad pública competente, con exclusión de aquellos que resultaren de una modificación del estado de las personas o de la rectificación de un error.

2. Cada Estado contratante se obliga a no conceder cambios de apellidos o de nombres a los súbditos de otro Estado contratante, salvo en el caso de que fueren igualmente súbditos suyos.

3. Serán ejecutivas de pleno derecho en el territorio de cada uno de los Estados contratantes, a reserva de que las mismas atentaren contra el orden público respectivo, las resoluciones definitivas recaídas en uno de tales Estados y que concedieren un cambio de apellidos o de nombres, bien a sus súbditos, bien a apátridas o a refugiados en el sentido del Convenio de Ginebra de 28 de julio de 1951,cuando los mismos tuvieren su domicilio o, en defecto de domicilio, su residencia en su territorio.

Tales resoluciones serán, sin más formalidad, anotadas al margen de las actas de estado civil de las personas a las cuales concernieren.

4. Las disposiciones del artículo precedente serán aplicables a las resoluciones que anularen o revocaren un cambio de apellidos o de nombres.

5. Sin perjuicio de lo dispuesto en los artículos 3 y 4, todo Estado contratante podrá subordinar a condiciones especiales de publicidad y a un derecho de oposición, cuyas modalidades determinará, los efectos que en su territo-

§12.2

rio surtieren las resoluciones recaídas en otro Estado contratante cuando las mismas concernieren a personas que fueren igualmente súbditos suyos en el momento en que tales resoluciones hubieran llegado a ser definitivas.

6. El presente Convenio será ratificado, y los instrumentos de ratificación serán depositados en poder del Consejo Federal Suizo.

Éste informará a los Estados contratantes de todo depósito de instrumento de ratificación.

7. El presente Convenio entrará en vigor el día trigésimo subsiguiente a la fecha del depósito del segundo instrumento de ratificación previsto en el artículo precedente.

Para cada Estado signatario que ratificare posteriormente el Convenio, éste entrará en vigor el día trigésimo subsiguiente a la fecha del depósito de su instrumento de ratificación.

8. El presente Convenio se aplicará de pleno derecho en toda la extensión del territorio metropolitano de cada Estado contratante. Todo Estado contratante podrá, con ocasión de la firma, de la ratificación, de la adhesión o ulteriormente, declarar por medio de comunicación dirigida al Consejo Federal Suizo, que las disposiciones del presente Convenio sean aplicables a uno o varios de sus territorios extrametropolitanos, a Estados o a territorios cuyas relaciones internacionales tuviere a su cargo. El Consejo Federal Suizo informará de tal comunicación a cada uno de los Estados contratantes. Las disposiciones del presente Convenio pasarán a ser aplicables en el territorio o territorios designados en la notificación el día sexagésimo subsiguiente a la fecha en la cual el Consejo Federal Suizo hubiera recibido dicha notificación.

Todo Estado que hubiere formulado una declaración, de conformidad con las disposiciones de la segunda proposición del presente artículo, podrá con posterioridad declarar en todo momento, por medio de comunicación dirigida al Consejo Federal Suizo, que el presente Convenio cese de ser aplicable a uno o varios de los Estados o territorios designados en la declaración.

El Consejo Federal Suizo informará de la nueva notificación a cada uno de los Estados contratantes.

El Convenio cesará de ser aplicable al territorio contemplado el día sexagésimo subsiguiente a la fecha en la cual el Consejo Federal Suizo hubiere recibido dicha comunicación.

§12.2

9. Todo Estado miembro de la Comisión Internacional del Estado Civil podrá adherirse al presente Convenio. El Estado que deseare adherirse comunicará su

intención por medio de in acta, que será depositada en poder del Consejo Federal Suizo. Éste informará a cada uno de los Estados contratantes de todo depósito de acta de adhesión. El Convenio entrará en vigor, para el Estado adherido, el día trigésimo subsiguiente a la fecha del depósito del acta de adhesión.

El depósito del acta de adhesión no podrá tener lugar más que después de la entrada en vigor del presente Convenio.

10. El presente Convenio podrá ser sometido a revisiones.

La propuesta de revisión será presentada ante el Consejo Federal Suizo, el cual la comunicará a los diversos Estados contratantes, así como al Secretario general de la Comisión Internacional del Estado Civil.

11. El presente Convenio tendrá una duración de diez años, a partir de la fecha indicada en el artículo 7, primer párrafo.

El Convenio será prorrogado tácitamente de diez en diez años, salvo denuncia.

La denuncia deberá ser comunicada seis meses por lo menos antes de la expiración del plazo, al Consejo Federal Suizo, el cual la pondrá en conocimiento de todos los demás Estados contratantes.

La denuncia no surtirá efecto más que para con el Estado que la hubiere notificado. El Convenio permanecerá en vigor para los demás Estados contratantes.

En fe de lo cual, los representantes infrascritos, debidamente autorizados a tal efecto, han firmado el presente Convenio.

Hecho en Estambul, el 4 de septiembre de 1958, en un solo ejemplar, que será depositado en los archivos del Consejo Federal Suizo y del cual será remitida por vía diplomática una copia certificada a cada uno de los Estados contratantes.

El presente Convenio entrará en vigor el 15 de enero de 1977, treinta días después de la fecha de depósito del Instrumento de adhesión de España, de conformidad con lo establecido en su artículo 9.

§12.2

§12.3. Convenio número 6 de la Comisión Internacional del Estado Civil, de 12 de septiembre de 1962, relativo a la determinación de la filiación
Instrumento de adhesión de 27 de enero de 1984
(BOE 17/4/1084)
(Tol 74483)

Cumplidos los requisitos exigidos por la Legislación española, extiendo el presente Instrumento de Adhesión de España al Convenio número 6 de la Comisión Internacional del Estado Civil (CIEC), relativo a la determinación de la filiación materna de hijos no matrimoniales, hecho en Bruselas el 12 de septiembre de 1962, para que, mediante su depósito y de conformidad con lo dispuesto en su artículo 9, España pase a ser Parte en dicho Convenio.

En fe de lo cual, firmo el presente debidamente sellado y refrendado por el infrascrito Ministro de Asuntos Exteriores.

Convenio número 6 de la Comisión Internacional del Estado Civil (CIEC) relativo a la determinación de la filiación materna de hijos no matrimoniales, firmado en Bruselas el 12 de septiembre de 1962.

La República Federal de Alemania, La República de Austria, el Reino de Bélgica, la República Francesa, el Reino de Grecia, la República Italiana, el Gran Ducado de Luxemburgo, el Reino de los Países Bajos, la Confederación Suiza y la República Turca, miembros de la Comisión Internacional del Estado Civil, deseosos de armonizar las reglas referentes a la determinación de la filiación materna de hijos no matrimoniales, han convenido las disposiciones siguientes:

Art. 1. Cuando una persona es designada en la inscripción del nacimiento de un hijo no matrimonial como madre de éste, la filiación materna quedará determinada por tal designación. Sin embargo, esta filiación podrá ser impugnada.

§12.3

Art. 2. Cuando la madre no ha sido designada en la inscripción de nacimiento, tendrá aquélla la facultad de hacer una declaración de reconocimiento ante la autoridad competente de cada uno de los Estados contratantes.

Art. 3. Cuando la madre ha sido designada en la inscripción de nacimiento y justifica que, no obstante, es necesaria una declaración de reconocimiento para satisfacer las exigencias de la Ley de un Estado no contratante, aquélla tendrá la facultad de hacer tal declaración entre la autoridad competente de cada uno de los Estados contratantes.

Art. 4. Las disposiciones de los artículos 2 y 3 no prejuzgarán la validez del reconocimiento.

Art. 5. Las disposiciones del artículo 1.º sólo afectan, para cada Estado contratante, a los nacimientos posteriores a la entrada en vigor del presente Convenio.

Art. 6. El presente Convenio será ratificado y los instrumentos de ratificación serán depositados en poder del Consejo Federal Suizo.

Este informará a los Estados contratantes y al Secretario general de la Comisión Internacional del Estado Civil de cualquier depósito de un Instrumento de ratificación.

Art. 7. El presente Convenio entrará en vigor el día trigésimo subsiguiente a la fecha del depósito del segundo Instrumento de ratificación previsto en el artículo precedente.

Para cada Estado signatario que ratificare posteriormente el Convenio, éste entrará en vigor el día trigésimo subsiguiente a la fecha del depósito de su Instrumento de ratificación.

Art. 8. El presente Convenio se aplicará de pleno derecho en toda la extensión del territorio metropolitano de cada Estado contratante. Todo Estado contratante podrá, con ocasión de la firma, de la ratificación, de la adhesión o ulteriormente declarar, por medio de comunicación dirigida al Consejo Federal Suizo, que las disposiciones del presente Convenio sean aplicables a uno o varios de sus territorios extrametropolitanos, a Estados o a territorios cuyas relaciones internacionales tuviere a su cargo. El Consejo Federal Suizo informará de tal comunicación a cada uno de los Estados contratantes y al Secretario de la Comisión Internacional del Estado Civil. Las disposiciones del presente Convenio pasarán a ser aplicables en el territorio o territorios designados en la notificación el día sexagésimo subsiguiente a la fecha en la cual el Consejo Federal Suizo hubiera recibido dicha notificación.

§12.3

Todo estado que hubiere formulado una declaración, de conformidad con las disposiciones de la segunda proposición del presente artículo, podrá con posterioridad declarar en todo momento por medio de comunicación dirigida al Consejo Federal Suizo, que el presente Convenio cesa de ser aplicable a uno o varios de los Estados o territorios designados en la declaración.

El Consejo Federal Suizo informará de la nueva notificación a cada uno de los Estados contratantes y al Secretario de la Comisión Internacional del Estado Civil.

El Convenio cesará de ser aplicable al territorio contemplado el día sexagésimo subsiguiente a la fecha en la cual el Consejo Federal Suizo hubiere recibido dicha comunicación.

Art. 9. Todo estado miembro del Consejo de Europa o de la Comisión Internacional del Estado Civil podrá adherirse al presente Convenio. El Estado que deseare adherirse comunicará su intención por medio de un acta, que será depositada en poder del Consejo Federal Suizo. Este informará a cada uno de los Estados contratantes y al Secretario de la Comisión Internacional del Estado Civil de todo depósito de acta de adhesión. El Convenio entrará en vigor, para el Estado adherido, el día trigésimo subsiguiente a la fecha del depósito del acta de adhesión.

Art. 10. El presente Convenio permanecerá en vigor sin limitación de plazo. Cada uno de los Estados contratantes tendrá, sin embargo, la facultad de denunciarle en todo tiempo por medio de comunicación dirigida por escrito el Consejo Federal Suizo, el cual informará de ello a los demás Estados contratantes y al Secretario general de la Comisión Internacional del Estado Civil.

Esta facultad de denuncia no podrá ser ejercida antes de la expiración de un plazo de cinco años, a contar de la fecha de la ratificación o de la adhesión.

La denuncia surtirá efecto seis meses después de la fecha en que el Consejo Federal Suizo hubiere recibido dicha comunicación.

En fe de lo cual, los representantes infrascritos, debidamente autorizados a este efecto, han firmado el presente Convenio.

Hecho en Bruselas el 12 de septiembre de 1962 en un solo ejemplar, que será depositado en los archivos del Consejo Federal Suizo y del cual será remitida por vía diplomática una copia certificada a cada uno de los Estados contratantes y al Secretario general de la Comisión Internacional del Estado Civil.

§12.3

ESTADOS PARTE

Alemania, República Federal de (El Convenio se aplica también al land de Berlín.).-24 de junio de 1965 (R).

España.-15 de febrero de 1984 (AD).

Grecia.-22 de junio de 1979 (R).

Luxemburgo.-29 de mayo de 1981 (AD).

Países Bajos (2).-24 de marzo de 1964 (R).

(2) En lo que concierne al Reino de los Países Bajos los términos «Territorio metropolitano» y «Territorios extrametropolitanos», utilizados en el texto del Convenio, significan «Territorio europeo» y «Territorio no europeo», dada la igualdad que existe desde el punto de vista del Derecho Público entre los Países Bajos, Surinam y las Antillas Neerlandesas.

Suiza.-5 de enero de 1963 (R).

Turquía.-13 de febrero de 1965 (R).

(R) Ratificación.-(AD) Adhesión.

Declaraciones: El Instrumento de Adhesión fue depositado el 15 de febrero de 1984. El presente Convenio entró en vigor con carácter general el 23 de abril de 1964 y para España entra en vigor el 16 de marzo de 1984, de conformidad con lo dispuesto en su artículo 9.

§12.4. Convenio relativo a las disposiciones rectificativas de actas de Estado Civil, firmado en París, el 10 de septiembre de 1964
Instrumento de Adhesión de 8 de octubre de 1976
(BOE 13/01/1977; corrección de errores en BOE núm. 78, de 1/4/1977)
(Tol 74961)

§12.4

La República Federal de Alemania, la República de Austria, el Reino de Bélgica, la República Francesa, el Reino de Grecia, la República Italiana, el Gran

Ducado de Luxemburgo, el Reino de los Países Bajos, la Confederación Suiza y la República Turca, miembros de la Comisión Internacional del Estado Civil, deseando asegurar la eficacia y la ejecución, en el territorio de sus Estados, de las disposiciones dictadas en materia de rectificación de actas del Estado Civil, convienen lo siguiente:

1. Con arreglo al presente Convenio, los términos «disposición rectificativa» designarán cualquier disposición de la autoridad competente que, sin estatuir acerca de una cuestión relativa al estado de las personas o acerca del derecho a una calificación nobiliario u honorífica, subsane un error que figure en un acta del Estado Civil.

2. La autoridad de uno de los Estados contratantes competente para dictar una disposición rectificativa de un acta del Estado Civil extendida en el territorio de dicho Estado y en la que figure un error, será igualmente competente para rectificar, en virtud de dicha disposición, el mismo error que se hubiere producido en un acta relativa a la misma persona o a sus descendientes, extendida ulteriormente en el territorio de otro Estado contratante.

Dicha disposición será ejecutoria sin formalidad alguna en el territorio de ese otro Estado.

A este efecto, la autoridad competente del Estado en que se haya dictado la disposición estará obligada a enviar una copia auténtica de dicha disposición y una copia auténtica del acta rectificada a la autoridad competente del Estado en que dicha disposición deba asimismo ejecutarse.

3. Cuando una disposición rectificativa de un acta del Estado Civil se haya dictado por la autoridad competente de uno de los Estados contratantes, las transcripciones o menciones de dicha acta en los registros del Estado Civil de otro Estado contratante se rectificarán en la forma correspondiente, mediante la simple presentación de una copia auténtica de la disposición rectificativa y de una copia auténtica.

4. Cuando la rectificación exceda de los límites del presente Convenio o constituya ella misma un error, su ejecución, mediante derogación de lo dispuesto en los artículos 2.º y 3.º, podrá denegarse por resolución motivada de

§12.4

la autoridad judicial o de la autoridad administrativa superior designada en el anejo correspondiente por cada Estado contratante.

Dicha negativa se notificará a la autoridad del Estado en que se haya dictado la disposición rectificativa.

5. Las autoridades habilitadas para enviar o recibir las transmisiones o las notificaciones se designarán, para cada Estado contratante, en un anejo al presente Convenio. Dichas autoridades podrán corresponder directamente.

6. Los Estados contratantes notificarán al Consejo Federal Suizo el cumplimiento de los trámites de procedimiento exigidos por sus Constituciones para que se aplique en sus territorios el presente Convenio.

El Consejo Federal Suizo dará cuenta, a los Estados contratantes y al Secretario general de la Comisión Internacional del Estado Civil, de cualquier notificación a que se refiere el apartado anterior.

7. El presente Convenio entrará en vigor a partir del trigésimo día siguiente a la fecha del depósito de la segunda notificación y surtirá efectos a partir de dicha fecha entre los dos Estados que hayan cumplido dicha formalidad.

Para cada Estado signatario que cumpla posteriormente la formalidad prevista en el artículo anterior, el presente Convenio surtirá efectos a contar del trigésimo día siguiente a la fecha del depósito de su notificación.

8. El presente Convenio se aplicará «ipso jure» en toda la extensión del territorio metropolitano de cada Estado contratante.

Cualquier Estado contratante podrá, en el momento de la firma de la notificación prevista en el artículo 6.º de la adhesión o ulteriormente, declarar, mediante notificación dirigida al Consejo General Suizo, que las disposiciones del presente Convenio se aplicarán a uno o varios de sus territorios extrametropolitanos, de los Estados o de los territorios cuya responsabilidad internacional asuma.

El Consejo Federal Suizo dará cuenta de esta última notificación a cada uno de los Estados contratantes y al Secretario general de la Comisión Internacional del Estado Civil. Las disposiciones del presente Convenio resultarán aplicables, en el territorio o en los territorios designados en la notificación, el sexagésimo día siguiente a la fecha en que el Consejo General Suizo haya recibido dicha notificación.

§12.4

Cualquier Estado que haya hecho una declaración, conforme a lo dispuesto en el apartado dos del presente artículo, podrá posteriormente declarar en cualquier momento, mediante notificación dirigida al Consejo General Suizo, que el presente Convenio cesará de aplicarse a uno o a varios de los Estados o territorios designados en la declaración.

El Consejo Federal Suizo dará cuenta de la nueva notificación a cada uno de los Estados contratantes y al Secretario general de la Comisión Internacional del Estado Civil.

El Convenio cesará de aplicarse al territorio mencionado el sexagésimo día siguiente a la fecha en que el Consejo General Suizo haya recibido dicha notificación.

9. Cualquier Estado miembro del Consejo de Europa o de la Comisión Internacional del Estado Civil podrá adherirse al presente Convenio. El Estado que quiera adherirse manifestará su intención mediante un acta que se depositará en poder del Consejo Federal Suizo. Este dará cuenta a cada uno de los Estados contratantes y al Secretario general de la Comisión Internacional del Estado Civil de cualquier depósito de acta de adhesión. El Convenio entrará en vigor, para el Estado adherente, el trigésimo día siguiente a la fecha del depósito del acta de adhesión.

El depósito del acta de adhesión no podrá tener lugar antes de la entrada en vigor del presente Convenio.

10. El presente Convenio continuará en vigor sin limitación de duración. Cada uno de los Estados contratantes tendrá, sin embargo, la facultad de denunciarlo en cualquier momento, mediante una notificación dirigida por escrito al Consejo General Suizo, que informará de ella a los demás Estados contratantes y al Secretario general de la Comisión Internacional del Estado Civil.

Dicha facultad de denuncia no podrá ejercerse antes de la expiración de un plazo de cinco años, a contar desde la fecha de la notificación prevista en el artículo 6.º de la adhesión.

La denuncia surtirá efectos a partir de un plazo de seis meses después de la fecha en que el Consejo Federal Suizo haya recibido la notificación prevista en el apartado primero del presente artículo.

§12.4

En fe de lo cual los representantes infrascritos debidamente autorizados al efecto, firman el presente Convenio.

Hecho en París el 10 de septiembre de 1964, en un ejemplar único, que se depositará en los archivos del Consejo Federal Suizo; una copia certificada conforme del mismo se remitirá por la vía diplomática a cada uno de los Estados contratantes y al Secretario general de la Comisión Internacional del Estado Civil.

§12.5. Convenio número 10 de la Comisión Internacional del Estado Civil, de 14 de septiembre de 1966, relativo a la constatación de ciertas defunciones

Instrumento de ratificación de 11 de diciembre de 1979 (BOE 22/3/1980) (Tol 74477)

Con el fin de dar cumplimiento a lo estipulado en el artículo 9 del Convenio sobre constatación de ciertas defunciones (Convenio núm. 10 de la CIEC), firmado en Atenas el 14 septiembre de 1966, extiendo la presente Acta de Adhesión para que, mediante su depósito, España pase a ser parte de dicho Convenio.

CONVENIO NÚMERO 10 DE LA CIEC SOBRE
CONSTATACIÓN DE CIERTAS DEFUNCIONES

(Firmado en Atenas el 14 de septiembre de 1966).

La República Federal de Alemania, la República de Austria, el Reino de Bélgica, la República Francesa, el Reino de Grecia, la República Italiana, el Gran Ducado de Luxemburgo, el Reino de los Países Bajos, la Confederación Suiza, la República Turca, miembros de la Comisión Internacional del Estado Civil, animados por el deseo de permitir la constatación de ciertas defunciones, han convenido las disposiciones siguientes:

§12.5

Artículo 1. Cuando el cuerpo de una persona desaparecida no ha podido ser encontrado, y sin embargo, a la vista del conjunto de las circunstancias, la defunción puede ser estimada como cierta, la autoridad judicial o la autoridad administrativa habilitada a este efecto tiene competencia para declarar esa defunción:

Bien cuando la desaparición ha sobrevenido sobre el territorio de Estado del que depende aquella autoridad o en el curso del viaje de un buque o de una aeronave matriculados en este Estado.

Bien cuando el desaparecido era súbdito de ese Estado o tenía su domicilio o su residencia en el territorio de dicho Estado.

Artículo 2. En caso de defunción cierta sobrevenida fuera del territorio de los Estados contratantes, si no se ha practicado ninguna inscripción o no puede producirse, la autoridad judicial o la autoridad administrativa habilitada a este efecto tiene competencia para declarar esa defunción:

Bien cuando la defunción ha sobrevenido en el curso del viaje de un buque o de una aeronave matriculados en el Estado del que depende aquella autoridad.

Bien cuando el difunto era súbdito de este Estado o tenía su domicilio o su residencia en el territorio de dicho Estado.

Artículo 3. Las decisiones previstas en los arts. 1 y 2 serán adoptadas a instancia de la autoridad competente o de cualquier parte interesada. En defecto de conocimiento preciso de la fecha del fallecimiento, ésta deberá ser señalada teniendo en cuenta todas las pruebas o indicios sobre las circunstancias o época de la muerte.

Artículo 4. La parte dispositiva de las decisiones previstas en los arts. 1 y 2 se transcribirá en el Registro Civil del Estado en el que han sido adoptadas.

La inscripción practicada tiene, de pleno derecho, valor de inscripción de defunción en los Estados contratantes.

Artículo 5. El presente Convenio no excluye la aplicación de disposiciones que faciliten más la constatación de la defunción.

§12.5

Artículo 6. Los Estados contratantes notificarán al Consejo Federal Suizo el cumplimiento de los procedimientos requeridos por su Constitución para hacer aplicable en su territorio el presente Convenio.

El Consejo Federal Suizo comunicará a los Estados contratantes y al Secretario general de la Comisión Internacional del Estado Civil cualquier notificación incluida en el párrafo anterior.

Artículo 7. El presente Convenio entrará en vigor a contar desde el trigésimo día siguiente a la fecha del depósito de la segunda notificación y producirá desde entonces efecto entre los dos Estados que hayan cumplido esta formalidad.

Para cada uno de los Estados firmantes que cumplan posteriormente la formalidad prevista en el artículo anterior, el presente Convenio producirá efecto a contar desde el trigésimo día siguiente a la fecha del depósito de su notificación.

Artículo 8. El presente Convenio se aplica de pleno derecho en toda la extensión del territorio metropolitano de cada uno de los Estados contratantes.

Todo Estado contratante podrá, en el momento de la firma de la notificación prevista en el art. 6, de la adhesión o ulteriormente, declarar por notificación dirigida al Consejo Federal Suizo que las disposiciones del presente Convenio serán aplicables a uno o varios de sus territorios extrametropolitanos o a los Estados o territorios cuya responsabilidad internacional asume.

El Consejo Federal Suizo comunicará esta última notificación a cada uno de los Estados contratantes y al Secretario general de la Comisión Internacional del Estado Civil. Las disposiciones del presente Convenio llegarán a ser aplicables en el territorio o territorios designados en la notificación al sexagésimo día siguiente a la fecha en la cual el Consejo Federal Suizo haya recibido dicha notificación.

Todo Estado que haya hecho una declaración, conforme a las disposiciones del párrafo segundo del presente artículo, podrá declarar en cualquier momento posterior, por notificación dirigida al Consejo Federal Suizo, que el presente Convenio cesará de ser aplicable a uno o varios de los Estados o territorios designados en la declaración.

El Consejo Federal Suizo comunicará la nueva notificación a cada uno de los Estados contratantes y al Secretario general de la Comisión Internacional del Estado Civil.

El Convenio cesará de ser aplicable a los territorios indicados el sexagésimo día siguiente a la fecha en la cual el Consejo Federal Suizo haya recibido dicha notificación.

§12.5

Artículo 9. Todo Estado miembro del Consejo de Europa o de la Comisión Internacional del Estado Civil podrá adherirse al presente Convenio. El Estado que así lo desee notificará su intención por un acta que se depositará en el Consejo Federal Suizo. Este comunicará a cada uno de los Estados contratantes y al Secretario general de la Comisión Internacional del Estado Civil cualquier depósito del acta de adhesión. El Convenio entrará en vigor, para el Estado que se adhiera, el trigésimo día siguiente a la fecha del depósito del acta de adhesión.

El depósito del acta de adhesión no podrá tener lugar más que después de la entrada en vigor del presente Convenio.

Artículo 10. El presente Convenio permanecerá en vigor sin límite de duración. Cada uno de los Estados contratantes tendrá, no obstante, la facultad de denunciarlo en cualquier tiempo por medio de una notificación dirigida por escrito al Consejo Federal Suizo, el cual informará de la misma a los otros Estados contratantes y al Secretario general de la Comisión Internacional del Estado Civil.

Esta facultad de denuncia no podrá ejercitarse antes de que expire un plazo de cinco años a contar desde la fecha de la notificación prevista en el art. 6 o desde la adhesión.

La denuncia producirá efecto a contar desde un plazo de seis meses después de la fecha en la cual el Consejo Federal Suizo haya recibido la notificación prevista en el párrafo primero del presente artículo.

En fe de lo cual, los representantes abajo firmantes, debidamente autorizados a este efecto, han firmado el presente Convenio.

Hecho en Atenas el día 14 de septiembre de 1966, en un solo ejemplar, que será depositado en los archivos del Consejo Federal Suizo, y del cual una copia certificada conforme será remitida a cada uno de los Estados contratantes y al Secretario general de la Comisión internacional del Estado Civil.

Estado Parte	Firma	Ratificación o adhesión	Entrada en vigor
España	-	11-2-1980 (A)	12-3-1980
Francia	14-9-1966	-	-
Grecia	14-9-1966	1-7-1977	31-7-1977
Países Bajos	14-9-1966	9-11-1978	9-12-1978

§12.5

Estado Parte	Firma	Ratificación o adhesión	Entrada en vigor
Suiza	14-9-1966	-	
Turquía	14-9-1966	24-8-1972	31-7-1977

Declaración hecha por los Países Bajos.

En el momento de la firma: En lo que respecta al Reino de los Países Bajos, los términos «territorio metropolitano» y «territorios extrametropolitanos» utilizados en el texto del Convenio significan, dada la igualdad que existe desde el punto de vista del Derecho público entre los Países Bajos, Surinam y las Antillas Neerlandesas, «territorio europeo» y «territorios no europeos».

En el momento de la ratificación: El Gobierno de los Países Bajos declaró que el Convenio se aplicaba en el territorio del Reino de los Países Bajos (Países Bajos y Antillas Neerlandesas).

Asimismo, los Países Bajos confirmaron la declaración hecha en el momento de la firma.

El presente Convenio entra en vigor el 12 de marzo de 1980, trigésimo día siguiente a la fecha del depósito del Acta de Adhesión española, de conformidad con el art. 9 de dicho Convenio.

§12.6. Convenio número 16 de la Comisión Internacional del Estado Civil, sobre expedición de certificaciones plurilingües de las actas del Registro civil, hecho en Viena el 8 de septiembre de 1976

Instrumento de ratificación de 30 de enero de 1980

(BOE 22/8/1983)

(Tol 645178)

Por cuanto el día 8 de septiembre de 1976 el Plenipotenciario de España, nombrado en buena y debida forma al efecto, firmó en Viena el Convenio número 16 de la Comisión Internacional del Estado Civil, sobre expedición de certificaciones plurilingües de las actas del Registro Civil;

§12.6

Vistos y examinados los 18 artículos de dicho Convenio; aprobado su texto por las Cortes Generales y, por consiguiente, autorizado para su ratificación,

Vengo en aprobar y ratificar cuanto en él se dispone, como en virtud del presente lo apruebo y ratifico, prometiendo cumplirlo, observarlo y hacer que se cumpla y observe puntualmente en todas sus partes, a cuyo fin, para su mayor validación y firmeza, mando expedir este Instrumento de Ratificación firmado por Mí, debidamente sellado y refrendado por el infrascrito Ministro de Asuntos Exteriores.

CONVENIO NÚMERO 16 DE LA COMISIÓN INTERNACIONAL DEL ESTADO CIVIL (CIEC) SOBRE EXPEDICIÓN DE CERTIFICACIONES PLURILINGÜES DE LAS ACTAS DEL REGISTRO CIVIL

Los Estados firmantes del presente Convenio, deseosos de mejorar las normas sobre expedición de certificaciones plurilingües de ciertas actas del Registro Civil, especialmente cuando están destinadas a surtir efecto, en el extranjero, convienen en las siguientes estipulaciones:

Art. 1. Las certificaciones de las actas de nacimiento, matrimonio o defunción serán extendidas de conformidad con los modelos A, B y C anejos al presente Convenio, a solicitud de parte interesada o cuando su utilización requiera una traducción.

En cada Estado contratante tales certificaciones sólo se expedirán a las personas que estén legitimadas para obtener certificaciones literales.

Art. 2. Las certificaciones se extenderán según lo que resulte de las inscripciones principales y de los asientos ulteriores.

Art. 3. Los Estados contratantes tendrán facultad de completar los modelos adjuntos al presente Convenio mediante casillas y símbolos que indiquen otros datos o menciones del acta, a condición de que su enunciado haya sido previamente aprobado por la Asamblea General de la Comisión Internacional del Estado Civil.

Sin embargo, cualquier Estado contratante estará facultado para añadir una casilla destinada a reflejar un número de identificación.

§12.6

Art. 4. Todos los datos que hayan de extenderse en los modelos se escribirán en caracteres latinos de imprenta; podrán además escribirse en los caracteres del idioma que haya sido utilizado en las inscripciones a que se refieran.

Art. 5. Las fechas se escribirán en cifras arábigas que indiquen sucesivamente, bajo los símbolos Jo, Mo y An, el día, mes y año. El día y el mes se indicarán con dos cifras y el año con cuatro. Los nueve primeros días del mes y los nueve primeros meses del año se indicarán mediante cifras que vayan de 01 al 09.

El nombre de cualquier localidad que se mencione en una certificación irá seguido del nombre del Estado en que dicha localidad esté situada, si no es el mismo en que aquella se haya expedido.

El número de identificación irá precedido del nombre del Estado que lo haya asignado.

Para indicar el sexo se utilizarán exclusivamente los símbolos siguientes: M = masculino y F = femenino.

Para indicar el matrimonio, la separación personal, el divorcio, la anulación del matrimonio, la defunción del titular del acta de nacimiento, así como la defunción del marido o de la mujer, serán exclusivamente utilizados los símbolos siguientes: Mar = matrimonio; Sc = separación personal; Div = divorcio; A = anulación; D = defunción; Dm =defunción del marido; Df = defunción de la mujer. Estos símbolos irán seguidos de la fecha y lugar en que haya acontecido el hecho. El símbolo Mar irá seguido, además, de los apellidos y nombre propio del cónyuge.

Art. 6. En el anverso de cada certificación los rótulos invariables, con exclusión de los símbolos previstos en el artículo 5, en lo referente a las fechas, se imprimirán en dos idiomas, como mínimo, a saber: En uno de los idiomas oficiales del Estado en que se expida la certificación y en idioma francés.

Deberá indicarse el significado de los símbolos por lo menos en el idioma oficial o en uno de los idiomas oficiales de cada uno de los Estados que en el momento de la firma del Convenio sean miembros de la Comisión Internacional del Estado Civil o estén vinculados por el Convenio de París de 27 de septiembre de 1956, sobre expedición de ciertas certificaciones de actas del Registro Civil destinadas al extranjero, así como también en idioma inglés.

En el reverso de cada certificación deberán figurar: Una referencia al Convenio, en los idiomas indicados en el segundo párrafo del presente artículo; la

§12.6

traducción de los rótulos invariables, en los idiomas indicados en el segundo párrafo del presente artículo, si esos idiomas no han sido utilizados ya en el anverso; un resumen de los artículos 3, 4, 5 y 7 del Convenio, al menos en el idioma de la autoridad que expide la certificación.

Los Estados que se adhieran al presente Convenio comunicarán al Consejo Federal Suizo, en el momento del depósito de su acta de adhesión, la traducción en su idioma o idiomas oficiales de los rótulos invariables y del significado de los símbolos.

Esta traducción será transmitida por el Consejo Federal Suizo a los Estados contratantes y al Secretario general de la Comisión Internacional del Estado Civil.

Los Estados contratantes estarán facultados para añadir dicha traducción a las certificaciones que expidan sus autoridades.

Art. 7. Si el texto del acta no permite rellenar una casilla o una parte de la casilla de la certificación, esta casilla o parte de la casilla será inutilizada con rayas.

Art. 8. Las certificaciones llevarán la fecha da su expedición y estarán refrendadas con la firma y el sello de la autoridad que las haya expedido. Tendrán el mismo valor que las certificaciones expedidas conforme a las normas de derecho interno en vigor en el Estado en que tengan su origen.

Serán aceptadas sin legalización ni formalidades equivalentes en el territorio de cada uno de los Estados vinculados por el presente Convenio.

Art. 9. A reserva de los acuerdos internacionales relativos a la expedición gratuita de certificaciones de actas del Registro Civil, las certificaciones expedidas en aplicación del presente Convenio no podrán dar lugar a la percepción de derechos más elevados que las certificaciones en extracto extendidas en aplicación de la legislación interna en vigor en el Estado en que tengan su origen.

Art. 10. El presente Convenio no constituirá un obstáculo para la obtención de certificaciones literales de las actas del Registro Civil extendidas de conformidad con las normas del derecho interno del país en el que esas actas hayan sido redactadas o transcritas.

§12.6

Art. 11. Los Estados contratantes podrán, en el momento de la firma de la notificación prevista en el artículo 12 o de la adhesión, declarar que se reservan la facultad de no aplicar el presente Convenio a las certificaciones de actas de nacimiento relativas a hijos adoptivos.

Art. 12. Los Estados contratantes notificarán al Consejo Federal Suizo el cumplimiento de los procedimientos que exija su Constitución para hacer aplicable en su territorio el presente Convenio.

El Consejo Federal Suizo comunicará a los Estados contratantes y al Secretario general de la Comisión Internacional del Estado Civil toda notificación en el sentido del párrafo anterior.

Art. 13. El presente Convenio entrará en vigor a partir del trigésimo día que siga al depósito de la quinta notificación, y surtirá efecto desde entonces entre los cinco Estados que hayan cumplido estas formalidades.

Para todo Estado contratante que cumpla posteriormente la formalidad prevista en el artículo precedente, el presente Convenio entrará en vigor a partir del trigésimo día siguiente a la fecha de su notificación.

Una vez que entre en vigor el presente Convenio, el Gobierno depositario transmitirá el texto a la Secretaría de las Naciones Unidas para su registro y publicación, de conformidad con el artículo 102 de la Carta de las Naciones Unidas.

Art. 14. El Convenio relativo a la expedición de ciertas certificaciones de actas del Registro Civil destinadas al extranjero, firmado en París el 27 de septiembre de 1956, dejará de ser aplicable entre los Estados en los cuales haya entrado en vigor el presente Convenio.

Art. 15. La reserva prevista en el artículo 11 podrá en todo momento ser retirada total o parcialmente. La retirada deberá ser comunicada al Consejo Federal Suizo.

El Consejo Federal Suizo comunicará a los Estados contratantes y al Secretario general de la Comisión Internacional del Estado Civil toda notificación en el sentido del párrafo anterior.

Art. 16. El presente Convenio se aplicará de pleno derecho en toda la extensión del territorio metropolitano de cada Estado contratante.

§12.6

En el momento de la firma, de la notificación, de la adhesión o ulteriormente, todo Estado podrá declarar por notificación dirigida al Consejo Federal

Suizo que las disposiciones del presente Convenio serán aplicables a uno o varios de sus territorios extrametrapolitanos, Estados o territorios de los que asuma la responsabilidad internacional. El Consejo Federal Suizo informará de esta última notificación a cada uno de los Estados contratantes y al Secretario general de la Comisión Internacional del Estado Civil. Las disposiciones del presente Convenio se aplicarán en el territorio o territorios designados en la notificación a partir del sexagésimo día siguiente a la fecha en que el Consejo Federal Suizo haya recibido la referida notificación.

Todo Estado que haya hecho una declaración, de conformidad con las disposiciones del párrafo segundo del presente artículo, podrá ulteriormente declarar en cualquier momento, por notificación dirigida al Consejo Federal Suizo, que el presente Convenio cesará de ser aplicable a uno o varios de los Estados o territorios designados en la declaración.

El Consejo Federal Suizo informará de la nueva notificación a cada uno de los Estados contratantes y al Secretario general de la Comisión Internacional del Estado Civil.

El Convenio dejará de ser aplicable al territorio en cuestión, en el día sexagésimo a partir de la fecha en que el Consejo Federal Suizo haya recibido la mencionada notificación.

Art. 17. Cualquier Estado podrá adherirse al presente Convenio después de su entrada en vigor. El acta de adhesión será depositada ante el Consejo Federal Suizo. Este informará a cada uno de los Estados contratantes y al Secretario general de la Comisión Internacional del Estado Civil de todo depósito de un acta de adhesión. El Convenio entrará en vigor para el Estado adherido el trigésimo día a partir de la fecha del depósito del acta de adhesión.

Art. 18. El presente Convenio permanecerá en vigor indefinidamente. Los Estados contratantes tendrán, sin embargo, la facultad de denunciarlo en cualquier momento por medio de una comunicación dirigida al Consejo Federal Suizo, el cual informará a los otros Estados contratantes y al Secretario general de la Comisión Internacional del Estado Civil.

Esta facultad de denuncia no podrá ser ejercitada por ningún Estado antes de la expiración del plazo de un año a contar desde la fecha en que el Convenio haya entrado en vigor en su territorio.

§12.6

La denuncia surtirá efecto a partir de un plazo de seis meses después de la fecha en que el Consejo Federal Suizo haya recibido la notificación prevista en el párrafo primero del presente artículo.

En fe de lo cual los representantes infrascritos, debidamente autorizados al efecto, firman el presente Convenio.

Hecho en Viena el día 8 de septiembre de 1976 en un solo ejemplar que será depositado en los archivos del Consejo Federal Suizo y del que se enviará una copia certificada conforme por vía diplomática a cada uno de los Estados contratantes y al Secretario general de la Comisión Internacional del Estado Civil.

Estados parte	Ratificación	Entrada vigor
Austria	12-3-1981	30-7-1983
España	25-3-1980	30-7-1983
Italia	14-8-1979	30-7-1983
Luxemburgo	28-4-1978	30-7-1983
Portugal	30-6-1983	30-7-1983

El presente Convenio ha entrado en vigor el 30 de julio de 1983, de conformidad con lo establecido en el artículo 13 del mismo.

§12.7. Convenio número 17 de la Comisión Internacional del Estado Civil, de 15 de septiembre de 1977, sobre dispensa de legalización de ciertos documentos
Instrumento de ratificación de 27 de enero de 1981
(BOE 11/5/1981)
(Tol 74479)

Por cuanto el día 15 de septiembre de 1977, el Plenipotenciario de España, nombrado en buena y debida forma al efecto, firmó en Atenas el Convenio número 17 de la Comisión Internacional el Estado Civil, sobre dispensa de legalización de ciertos documentos.

§12.7

Vistos y examinados los doce artículos de dicho Convenio,

Concedida por las Cortes Generales la autorización prevista en el artículo 94.1 de la Constitución,

Vengo en aprobar y ratificar cuanto en él se dispone, como en virtud del presente lo apruebo y ratifico, prometiendo cumplirlo, observarlo y hacer que se cumpla y observe puntualmente en toda sus partes, a cuyo fin, para su mayor validación y firmeza mando expedir este Instrumento de Ratificación firmado por Mí, debidamente sellado y refrendado por el infrascrito Ministro de Asuntos Exteriores.

CONVENIO NÚMERO 17 DE LA CIEC SOBRE DISPENSA DE LEGALIZACIÓN DE CIERTOS DOCUMENTOS

Los Estados firmantes del presente Convenio, miembros de la Comisión Internacional del Estado Civil, animados por el deseo de dispensar, entre los Estados Partes de este Convenio, a ciertos documentos de la legalización o de cualquier formalidad equivalente, han convenido las disposiciones siguientes:

Art. 1. La legalización, en el sentido del presente Convenio, sólo comprende la formalidad destinada a comprobar la autenticidad de la firma puesta en un documento, la calidad en la que ha obrado el firmante del documento y, en su caso, la identidad del sello que lleve el documento.

Art. 2. Cada uno de los Estados contratantes aceptará sin legalización o formalidad equivalente, con la condición de que estén fechados y firmados, y en su caso, sellados por la autoridad de otro Estado contratante que los haya expedido:

1. Los documentos que se refieren al estado civil, a la capacidad o a la situación familiar de las personas físicas, a su nacionalidad, domicilio o residencia, cualquiera que sea el uso al que estén destinados.

2. Cualquier otro documento que haya sido extendido para la celebración del matrimonio o para la formalización de un acto del estado civil.

Art. 3. Cuando uno de los documentos contemplados en el artículo 2 no haya sido transmitido por vía diplomática o por otra vía oficial, la autoridad a la cual se presenta aquél podrá, en caso de duda grave, relativa a la auten-

$12.7

ticidad de la firma, a la identidad del sello o a la competencia del firmante, proceder a su comprobación por la autoridad que lo ha expedido.

Art. 4. La petición de comprobación podrá hacerse por medio de una fórmula plurilingüe, cuyo modelo figura como anejo al presente Convenio. Esta fórmula se enviará, en doble ejemplar directamente a la autoridad que expidió el documento que debe comprobarse, acompañada de éste.

Art. 5. La comprobación se realizará gratuitamente y la respuesta se devolverá con el documento lo más rápidamente posible, ya directamente, ya por vía diplomática.

Art. 6. El presente Convenio será ratificado, aceptado o aprobado y los instrumentos de ratificación, aceptación o aprobación se depositarán en el Consejo Federal Suizo.

Art. 7. El presente Convenio entrará en vigor el primer día del tercer mes siguiente al del depósito del segundo instrumento de ratificación, aceptación o aprobación.

Respecto del Estado firmante que lo haya ratificado, aceptando o aprobado después de su entrada en vigor, el Convenio surtirá efecto el primer día del tercer mes siguiente al del depósito por este Estado del Instrumento de ratificación, aceptación o aprobación.

Art. 8. Todo Estado miembro de la Comisión Internacional del Estado Civil que no haya firmado el presente Convenio y todo Estado miembro del Consejo de Europa podrá adherirse al presente Convenio después de su entrada en vigor. El instrumento de adhesión se depositará en el Consejo Federal Suizo.

El Convenio surtirá efecto, para el Estado que se adhiera, el primer día del tercer mes siguiente al del depósito del instrumento de adhesión.

Art. 9. No se admite ninguna reserva al presente Convenio.

Art. 10. Todo Estado, en el momento de la firma, de la ratificación, de la aceptación, de la aprobación, de la adhesión o en cualquier otro momento posterior podrá declarar que el presente Convenio se extenderá al conjunto

§12.7

de territorios cuyas relaciones aseguran en el plano internacional, o a uno o varios de entre ellos.

Esta declaración se notificará al Consejo Federal Suizo y la extensión surtirá efecto en el momento de la entrada en vigor del Convenio para dicho Estado o, posteriormente, el primer día del tercer mes siguiente al de la recepción de la notificación.

La declaración de extensión podrá ser retirada por notificación dirigida al Consejo Federal Suizo y el Convenio cesará de ser aplicable al territorio designado el primer día del tercer mes siguiente al de la recepción de dicha notificación.

Art. 11. El presente Convenio permanecerá en vigor sin límite de duración. Todo Estado Parte del presente Convenio tendrá, sin embargo, la facultad de denunciarlo en cualquier momento después de que expire el plazo de un año a contar desde la entrada en vigor del Convenio para él. La denuncia se notificará al Consejo Federal Suizo y surtirá efecto el primer día del sexto mes siguiente al de la recepción de esta notificación. El Convenio quedará en vigor entre los otros Estados.

Art. 12. El Consejo Federal Suizo notificará a los Estados miembros de la Comisión Internacional del Estado Civil y a cualquier otro Estado que se haya adherido al presente Convenio.

a) El depósito de todo instrumento de ratificación, aceptación, aprobación o adhesión.

b) Toda fecha de entrada en vigor del Convenio.

c) Toda declaración relativa a la extensión territorial del Convenio o su retirada, con la fecha en la cual surtirá efecto.

d) Toda denuncia del Convenio y la fecha en la que surtirá efecto.

El Consejo Federal Suizo comunicará al Secretario general de la Comisión Internacional del Estado Civil, cualquiera notificación hecha en aplicación del primer párrafo.

Desde la entrada en vigor del presente Convenio, una copia certificada conforme se transmitirá por el Consejo Federal Suizo al Secretario general de las Naciones Unidas con el fin de su registro y publicación, con arreglo al art. 102 de la Carta de las Naciones Unidas.

§12.7

En fe de lo cual, los abajo firmantes, debidamente autorizados a este efecto, han firmado el presente Convenio.

Hecho en Atenas el 15 de septiembre de 1977 en un solo ejemplar, en lengua francesa, que se depositará en los archivos del Consejo Federal Suizo, y una copia certificada conforme del mismo se remitirá, por la vía diplomática, a cada uno de los Estados miembros de la Comisión Internacional del Estado Civil y a los Estados que se adhieran. Igualmente una copia certificada conforme se dirigirá al Secretario general de la Comisión Internacional del Estado Civil.

Por la República Federal de Alemania, por el Reino de Bélgica, por el Reino de España, por la República Francesa, por la República Helénica, por la República Italiana, por el Gran Ducado de Luxemburgo, por el Reino de los Países Bajos, por la República Portuguesa, por la confederación Suiza, por la República Turca. (Siguen las firmas).

Países Parte.

Ratificación: España, 19 de febrero de 1981. Entrada en vigor: 1 de mayo de 1981.

Ratificación: Países Bajos, 9 de junio de 1978. Entrada en vigor: 1 de mayo de 1981.

El presente Convenio entrará en vigor el 1 de mayo de 1981, de conformidad con su artículo 7 de dicho Convenio.

§12.8. Convenio número 19 de la Comisión Internacional del Estado Civil, de 5 de septiembre de 1980, relativo a la ley aplicable a los nombres y apellidos

Instrumento de ratificación de 26 de julio de 1989
(BOE 19/12/1989)
(Tol 51145)

§12.8

Por cuanto el día 5 de septiembre de 1980, el Plenipotenciario de España, nombrado en buena y debida forma al efecto, firmó en Munich el Convenio número 19 de la Comisión Internacional del Estado Civil (CIEC) relativo a la Ley aplicable a los nombres y apellidos, hecho en Munich el 5 de septiembre de 1980.

Vistos y examinados los doce artículos de dicho Convenio,

Concedida por las Cortes Generales la autorización prevista en el artículo 94.1 de la Constitución.

Vengo en aprobar y ratificar cuanto en él se dispone, como en virtud del presente lo apruebo y ratifico, prometiendo cumplirlo, observarlo y hacer que se cumpla y observe puntualmente en todas sus partes, a cuyo fin, para su mayor validación y firmeza, mando expedir este Instrumento de Ratificación, firmado por Mí, debidamente sellado y refrendado por el infrascrito Ministro de Asuntos Exteriores.

CONVENIO RELATIVO A LA LEY APLICABLE A LA LOS NOMBRES Y LOS APELLIDOS

Texto adoptado por la Asamblea General en Cesme el 6 de septiembre de 1979

Los Estados signatarios del presente Convenio miembros de la Comisión Internacional del Estado Civil, queriendo fomentar la unificación del derecho relativo a los nombres y apellidos, mediante normas comunes de Derecho Internacional Privado, convienen en lo siguiente:

Art. 1. 1. Los nombres y apellidos de una persona se determinarán por la ley del Estado del cual dicha persona sea nacional. Sólo a este efecto, las situaciones de que dependan los nombres y apellidos se apreciarán según la ley de dicho Estado.

2. En caso de cambio de nacionalidad, se aplicará la ley del Estado de la nueva nacionalidad.

Art. 2. La ley indicada en el presente Convenio se aplicará incluso aunque se trate de la ley de un Estado no contratante.

Art. 3. Las certificaciones en extracto de acta de nacimiento deberán indicar los nombres y apellidos de la criatura.

§12.8

Art. 4. La ley indicada por el presente Convenio solamente podrá dejar de aplicarse si fuera manifiestamente incompatible con el orden público.

Art. 5. 1. Si el encargado del Registro Civil, se encontrare, al extender un acta en la imposibilidad de conocer el derecho aplicable para determinar los nombres y apellidos de la persona interesada aplicará su ley interna e informará al respecto a la autoridad de la que dependa.

2. El acta así extendida deberá poder rectificarse mediante un procedimiento gratuito que cada Estado se obliga a establecer.

Art. 6. 1. En el momento de la firma, de la ratificación de la aprobación o de la adhesión, cualquier Estado podrá declarar que se reserva la aplicación de su ley interna si la persona interesada tiene su residencia habitual en su territorio.

2. La determinación de los nombres y apellidos con arreglo a dicha ley solamente será válida para el Estado contratante que haya hecho la reserva.

3. No se admitirá ninguna otra reserva.

4. Cualquier Estado parte en el presente Convenio podrá en cualquier momento retirar, en su totalidad o en parte, la reserva que haya hecho. La retirada se notificará al Consejo Federal Suizo y surtirá efecto el día primero del tercer mes siguiente al de la recepción de dicha notificación.

Art. 7. El presente Convenio se ratificará, se aceptará o se aprobará y los instrumentos de ratificación, de aceptación o de aprobación se depositarán en poder del Consejo Federal Suizo.

Art. 8. 1. El presente Convenio entrará en vigor el día primero del tercer mes siguiente al del depósito del tercer instrumento de ratificación, de aceptación, de aprobación o de adhesión.

2. Con respecto al Estado signatario que ratifique, acepte, apruebe o se adhiera después de su entrada en vigor el Convenio surtirá efecto el día primero del tercer mes siguiente al del depósito, por dicho Estado, del instrumento de ratificación, de aceptación, de aprobación o de adhesión.

Art. 9. Cualquier Estado podrá adherirse al presente Convenio después de su entrada en vigor. El instrumento se depositará en poder del Consejo Federal Suizo.

§12.8

Art. 10. 1. Cualquier Estado en el momento de la firma de la ratificación, de la aceptación, de la aprobación de la adhesión, o en cualquier otro momento posterior podrá declarar que el presente Convenio se extenderá al conjunto de los territorios de cuyas relaciones en el plano internacional sea responsable, o a uno o a varios de dichos territorios.

2. Dicha declaración se notificará al Consejo Federal Suizo y la extensión surtirá efecto en el momento de la entrada en vigor del Convenio para dicho Estado o, ulteriormente, el día primero del tercer mes siguiente al de la recepción de la notificación.

3. Cualquier declaración de ampliación podrá retirarse mediante notificación dirigida al Consejo Federal Suizo y el Convenio cesará de aplicarse al territorio designado el día primero del tercer mes siguiente al de la recepción de dicha notificación.

Art. 11. 1. El presente Convenio permanecerá en vigor sin limitación de tiempo.

2. Cualquier Estado parte en el presente Convenio tendrá sin embargo la facultad de denunciarlo en cualquier momento después de la expiración de un plazo de un año a partir de la fecha de entrada en vigor del Convenio para dicho Estado. La denuncia se notificará al Consejo Federal Suizo y surtirá efecto el día primero del sexto mes siguiente al de la recepción de dicha notificación. El Convenio continuará estando en vigor entre los demás Estados.

Art. 12. 1. El Consejo Federal Suizo notificará a los Estados miembros de la Comisión Internacional del Estado Civil y a cualquier otro Estado que se haya adherido al presente Convenio:

a) El depósito de cualquier instrumento de ratificación, de aceptación, de aprobación o de adhesión;

b) Cualquier fecha de entrada en vigor del Convenio;

c) Cualquier declaración relativa a las reservas o a su retirada;

d) Cualquier declaración referente a la ampliación territorial del Convenio o a su retirada, con la fecha en que la misma tenga efecto;

e) Cualquier denuncia del Convenio y la fecha en que la misma tenga efecto.

§12.8

2. El Consejo Federal Suizo dará cuenta al Secretario General de la Comisión Internacional del Estado Civil de cualquier notificación hecha en aplicación del párrafo 1.

3. Desde la entrada en vigor del presente Convenio, el Consejo Federal Suizo enviará una copia certificada conforme al Secretario General de las Naciones Unidas para su registro y publicación, conforme al artículo 102 de la Carta de las Naciones Unidas.

En fe de lo cual los infrascritos, debidamente autorizados al efecto, firman el presente Convenio.

Hecho en Munich el 5 de septiembre de 1980, en un ejemplar único, en lengua francesa, que se depositará en los archivos del Consejo Federal Suizo; una copia certificada conforme del mismo se enviará, por la vía diplomática, a cada uno de los Estados miembros de la Comisión Internacional del Estado Civil y a los Estados adheridos. Se dirigirá asimismo una copia certificada conforme al Secretario General de la Comisión Internacional del Estado Civil.

ESTADOS PARTE

España: 12 de agosto de 1985. Ratificación.
Italia: 24 de abril de 1985. Ratificación.
Países Bajos: 10 de octubre de 1989. Aceptación para el Reino de Europa.

El presente Convenio entrará en vigor de forma general y para España el 1 de enero de 1990, de conformidad con lo establecido en el artículo 8 (1) del mismo.

§12.9. Convenio de 5 de septiembre de 1990, sobre reconocimiento y actualización de los libros del estado civil
Instrumento de ratificación de 10 de abril de 1992
(BOE 27/5/1992)
(Tol 8403105)

Por cuanto el día 5 de septiembre de 1990, el Plenipotenciario de España, nombrado en buena y debida forma al efecto, firmó en Madrid el Convenio

§12.9

sobre reconocimiento y actualización de los libros de estado civil, hecho en el mismo lugar y fecha,

Vistos y examinados los catorce artículos de dicho Convenio,

Concedida por las Cortes Generales la autorización prevista en el artículo 94.1 de la Constitución,

Vengo en aprobar y ratificar cuanto en él se dispone, como en virtud del presente lo apruebo y ratifico, prometiendo cumplirlo, observarlo y hacer que se cumpla y observe puntualmente en todas sus partes, a cuyo fin, para su mayor validación y firmeza, mando expedir este Instrumento de Ratificación firmado por Mí, debidamente sellado y refrendado por el infrascrito Ministro de Asuntos Exteriores, con la siguiente declaración:

«España, de conformidad con el artículo 11 del Acuerdo, declara que sus encargados del Registro Civil no efectuarán las actualizaciones que no se hallen previstas por su ley interna o cuyo contenido sea contrario a su orden público.»

CONVENIO SOBRE RECONOCIMIENTO Y ACTUALIZACIÓN DE
LOS LIBROS DE ESTADO CIVIL, APROBADO POR LA ASAMBLEA
GENERAL EL 7 DE SEPTIEMBRE DE 1989 EN PATRAS

Los Estados signatarios del presente Convenio, miembros de la Comisión Internacional del Estado Civil, deseosos de promover el reconocimiento y la actualización de sus libros de estado civil, han convenido las disposiciones siguientes:

Art. 1. 1. A efectos del presente Convenio, por libro de estado civil se entenderá un documento expedido, en virtud de la ley, por un encargado del Registro Civil y destinado a recoger el contenido de las inscripciones originarias y de los asientos ulteriores de las actas del Registro Civil relativas al nacimiento, el matrimonio y la defunción.

2. Las inscripciones y asientos del Registro Civil consignados en esos libros irán provistos de la fecha, firma y sello o timbre de la autoridad que los haya consignado.

$12.9

Art. 2. Cada Estado contratante reconocerá, sin legalización ni formalidad equivalente, a los libros a que se refiere el artículo 1.º y expedidos en otro

Estado contratante, el valor probatorio que reconoce a las certificaciones en extracto de actas del Registro Civil expedidas en dicho Estado.

Art. 3. Cuando los libros se ajusten al modelo anexo al Convenio sobre creación de un libro de familia internacional, firmado en París el 12 de septiembre de 1974, o contengan los códigos correspondientes a una codificación aprobada por la Comisión Internacional del Estado Civil, no podrá exigirse su traducción; en su defecto, la autoridad ante la que se exhiban podrá pedir su traducción.

Art. 4. Cuando el encargado del Registro Civil de uno de los Estados contratantes extienda un acta del Registro Civil, actualizará, sobre la base de esa acta, cuando se le presenten, los libros expedidos por el encargado del Registro Civil de otro Estado Contratante.

Art. 5. 1. En caso de duda sobre la fecha, la firma, el sello, el timbre o la condición del firmante, la autoridad a la que se presente un libro podrá hacer que la autoridad que haya expedido o actualizado dicho libro proceda a las comprobaciones necesarias.

2. La solicitud de comprobación podrá hacerse por medio del formulario plurilingüe cuyo modelo figura en anexo al presente Convenio.

3. Este formulario será enviado directamente a la autoridad que haya expedido o actualizado el libro que deba comprobarse o a la autoridad central que, en su caso, indique el Estado signatario, e irá acompañado de una copia del libro o, en caso necesario, del original del mismo.

4. La comprobación se efectuará gratuitamente y la respuesta podrá remitirse directamente, en su caso, con el libro original. Esta respuesta se remitirá con la mayor rapidez posible.

Art. 6. Para la aplicación del presente Convenio quedarán asimilados a los nacionales de un Estado contratante los refugiados y los apátridas cuyo estatuto personal se rija por la ley de ese Estado.

Art. 7. 1. En el momento de la firma, de la ratificación, de la aceptación, de la aprobación o de la adhesión, cada Estado contratante elaborará, si procede, la lista de los documentos que expide y a los que será aplicable el presente Convenio.

§12.9

2. Cualquier lista confeccionada con posterioridad o cualquier modificación introducida en una lista será notificada al Consejo Federal Suizo.

Art. 8. El presente Convenio será ratificado, aceptado o aprobado, y los instrumentos de ratificación, aceptación o aprobación se depositarán en poder del Consejo Federal Suizo.

Art. 9. 1. El presente Convenio entrará en vigor el primer día del tercer mes siguiente al del depósito del segundo instrumento de ratificación, aceptación, aprobación o adhesión.

2. Con respecto del Estado que ratifique, acepte, apruebe o se adhiera a él después de su entrada en vigor, el Convenio empezará a surtir efecto el primer día del tercer mes siguiente al del depósito por ese Estado del instrumento de ratificación, aceptación, aprobación o adhesión.

Art. 10. Podrá adherirse al presente Convenio todo Estado miembro de la Comisión Internacional del Estado Civil, de las Comunidades Europeas o del Consejo de Europa. El instrumento de adhesión se depositará en poder del Consejo Federal Suizo.

Art. 11. Cada Estado contratante podrá declarar, en el momento de la firma, de la ratificación a que se refiere el artículo 8, o de la adhesión, que sus encargados del Registro Civil no efectuarán las actualizaciones:

a) no previstas por su ley interna o
b) cuyo contenido sea contrario a su orden público.

Art. 12. 1. Todo Estado podrá declarar, en el momento de la firma, de la ratificación, de la aceptación, de la aprobación o de la adhesión, o en cualquier otro momento posterior, que el presente Convenio será extensivo al conjunto de los territorios de cuyas relaciones internacionales esté encargado, o a uno o varios de ellos.

2. Esta declaración será notificada al Consejo Federal Suizo y la extensión surtirá efecto en el momento de la entrada en vigor del Convenio respecto de dicho Estado o, con posterioridad, el primer día del tercer mes siguiente al de la recepción de la notificación.

3. Toda declaración de extensión podrá ser retirada mediante notificación dirigida al Consejo Federal Suizo y el Convenio dejará de ser aplicable al te-

§12.9

rritorio designado el primer día del tercer mes siguiente al de la recepción de dicha notificación.

Art. 13. 1. El plazo de vigencia del presente Convenio será ilimitado.

2. Todo Estado parte en el presente Convenio gozará, no obstante, de la facultad de denunciarlo en cualquier momento tras la expiración de un plazo de un año a partir de la fecha de la entrada en vigor del Convenio respecto al mismo. La denuncia será notificada al Consejo Federal Suizo y surtirá efecto el primer día del tercer mes siguiente al de la recepción de esa notificación. El Convenio permanecerá en vigor entre los demás Estados.

Art. 14. 1. El Consejo Federal Suizo notificará a los Estados miembros de la Comisión Internacional del Estado Civil y a cualquier otro Estado que se haya adherido al presente Convenio:

a) el depósito de todo instrumento de ratificación, aceptación, aprobación o adhesión;

b) toda fecha de entrada en vigor del Convenio;

c) toda declaración relativa a la extensión territorial del Convenio o a su retirada, con la fecha en que la misma surtirá efecto;

d) toda denuncia del Convenio y la fecha en que la misma surtirá efecto;

e) las listas de los documentos a los que se aplicará el Convenio y a las que se refiere el artículo 7, y toda modificación realizada en virtud del segundo apartado de este artículo.

2. El Consejo Federal Suizo comunicará al Secretario general de la Comisión Internacional del Estado Civil toda notificación realizada en aplicación del apartado 1.

3. En el momento en que se produzca la entrada en vigor del presente Convenio, el Consejo Federal Suizo transmitirá copia certificada conforme del mismo al Secretario general de las Naciones Unidas con fines de registro y publicación, de conformidad con el artículo 102 de la Carta de las Naciones Unidas.

En fe de lo cual, los infrascritos, debidamente autorizados al efecto, firman el presente Convenio.

Hecho en Madrid, el 5 de septiembre de 1990 en un solo ejemplar, en lengua francesa, que será depositado en los archivos del Consejo Federal Suizo y del que se enviará por conducto diplomático copia certificada conforme a cada

§12.9

uno de los Estados miembros de la Comisión Internacional del Estado Civil y a los Estados adherentes. Asimismo se remitirá copia certificada conforme al Secretario general de la Comisión Internacional del Estado Civil.

...

El presente Convenio entrará en vigor de forma general y para España, el 1 de julio de 1992, según lo establecido en su artículo 9.

Declaración hecha por España en aplicación del artículo 7.º del Convenio: «El Convenio se aplicará exclusivamente al Libro de Familia expedido por el Ministerio de Justicia español».

§12.10. Instrumento de ratificación del Convenio relativo a la expedición de certificados de nacionalidad, hecho en Lisboa el 14 de septiembre de 1999, firmado en Berna el día 23 de julio de 2009
(BOE 9/11/2010)
(Tol 5758398)

JUAN CARLOS I, REY DE ESPAÑA

Por cuanto el día 23 de julio de 2009, el Plenipotenciario de España, nombrado en buena y debida forma al efecto, firmó en Berna (Suiza) el Convenio relativo a la expedición de certificados de nacionalidad, hecho en Lisboa el 14 de septiembre de 1999,

Vistos y examinados el preámbulo, los veintiún artículos y los dos anexos del Convenio,

Concedida por las Cortes Generales la autorización prevista en el Artículo 94.1 de la Constitución,

Vengo en aprobar y ratificar cuanto en el mismo se dispone, como en virtud del presente lo apruebo y ratifico, prometiendo cumplirlo, observarlo y hacer que se cumpla y observe en todas sus partes, a cuyo fin, para su mayor validación y firmeza, mando expedir este Instrumento de Ratificación firmado por Mí, debidamente sellado y refrendado por el infrascrito Ministro de Asuntos Exteriores y de Cooperación, con las siguientes Declaraciones:

«Para el caso de que el presente Convenio se aplique a Gibraltar, España desea formular la siguiente declaración:

1. Gibraltar es un territorio no autónomo de cuyas relaciones exteriores es responsable el Reino Unido y que está sometido a un proceso de descolonización de acuerdo con las decisiones y resoluciones pertinentes de la Asamblea General de las Naciones Unidas.

2. Las autoridades de Gibraltar tienen un carácter local y ejercen competencias exclusivamente internas que tienen su origen y fundamento en la distribución y atribución de competencias efectuadas por el Reino Unido, de conformidad con lo previsto en su legislación interna, en su condición de Estado soberano del que depende el citado territorio no autónomo.

3. En consecuencia, la eventual participación de las autoridades gibraltareñas en la aplicación del presente Convenio se entenderá realizada exclusivamente en el marco de las competencias internas de Gibraltar y no podrá considerarse que produce cambio alguno respecto de lo previsto en los dos párrafos precedentes.

4. El procedimiento previsto en el Régimen relativo a las autoridades de Gibraltar en el contexto de ciertos Tratados internacionales (2007) acordado por España y el Reino Unido el 19 de diciembre de 2007, (junto al «Régimen acordado relativo a las autoridades de Gibraltar en el contexto de los Instrumentos de la UE y CE y Tratados conexos», de 19 de abril de 2000) se aplica al presente Convenio de la Comisión Internacional del Estado Civil nº 28 relativo a la expedición de certificados de nacionalidad, hecho en Lisboa el 14 de septiembre de 1999».

Declaración relativa al artículo 6.1:

«De conformidad con el artículo 6.1 del citado Convenio, las autoridades españolas competentes para expedir el certificado de nacionalidad son el Encargado del Registro Civil municipal o consular del domicilio del interesado».

Declaración relativa al artículo 12.3:

«De conformidad con el artículo 12.3 del citado Convenio, las autoridades españolas competentes para traducir los códigos o proceder a la descodificación del certificado de nacionalidad son los Encargados de los Registros Civiles Municipales y la Dirección General de los Registros y del Notariado».

Dado en Madrid, a 16 de julio de 2010.

§12.10

CONVENIO RELATIVO A LA EXPEDICIÓN DE CERTIFICADOS DE NACIONALIDAD (CONVENIO CIEC N.º 28)
Comisión Internacional del Estado Civil

Convenio relativo a la expedición de certificados de nacionalidad adoptado por la Asamblea General Extraordinaria de Estrasburgo el 25 de marzo de 1999

Los Estados signatarios del presente Convenio, miembros de la Comisión Internacional del Estado Civil,

Deseosos de facilitar la prueba en el extranjero de la nacionalidad de sus nacionales,

Considerando las disposiciones referentes a la expedición de certificados de nacionalidad previstas por el Convenio Europeo sobre Nacionalidad hecho en Estrasburgo el 6 de noviembre de 1997,

Han convenido en las siguientes disposiciones:

Art. 1. A efectos del presente Convenio, el término «nacionalidad» designará el vínculo jurídico entre una persona y un Estado y no indicará el origen étnico de la persona.

Art. 2. Los Estados contratantes se comprometen a expedir certificados de nacionalidad destinados a servir de prueba de la nacionalidad de sus nacionales ante las autoridades de los demás Estados contratantes.

Art. 3. 1. El certificado será expedido a solicitud de la persona cuya nacionalidad certifique. Asimismo será expedido, previa solicitud motivada, a otra persona si justifica un interés jurídico legítimo.

2. Será extendido por la autoridad competente designada por el derecho interno del Estado que lo expida.

3. Si lo pide el solicitante la autoridad que haya extendido el certificado lo enviará directamente a la autoridad del Estado que haya solicitado su presentación.

§12.10

4. El certificado deberá expedirse en un plazo razonable.

Art. 4. 1. Los certificados extendidos de conformidad con el presente Convenio serán reconocidos en todos los Estados contratantes.

2. Deberán ser aceptados en los plazos previstos por la ley o las prácticas administrativas del Estado en que se utilicen.

Art. 5. 1. Los certificados darán fe salvo prueba en contrario.

2. En caso de duda grave sobre la autenticidad del documento o sobre la nacionalidad del interesado, las autoridades del Estado en que se utilice el certificado podrán solicitar a la autoridad que lo haya expedido que les envíe un nuevo certificado o proceder a una comprobación de la nacionalidad. Los intercambios entre esas autoridades se producirán directamente.

Art. 6. 1. En el momento de la firma, ratificación, aceptación, aprobación o adhesión, cada Estado deberá designar las autoridades competentes para expedir el certificado previsto en el presente Convenio.

2. Cualquier modificación posterior de esa designación será notificada al Consejo Federal Suizo.

Art. 7. 1. El certificado se extenderá de conformidad con el modelo que figura en el Anexo 1 del presente Convenio. Se redactará en la lengua de la autoridad que lo expida y en lengua francesa.

2. Todas las inscripciones que deban consignarse en el certificado se escribirán en caracteres latinos de imprenta; podrán también escribirse en los caracteres de la lengua de la autoridad que lo expida.

3. Las fechas se inscribirán en cifras arábigas indicando sucesivamente, con los símbolos Jo, Mo y An, el día, el mes y el año. El día y el mes se indicarán con dos cifras, y el año con cuatro cifras. Los nueve primeros días del mes y los nueve primeros meses del año se indicarán con cifras que vayan de 01 a 09.

4. El nombre de cualquier lugar mencionado en el certificado irá seguido por el nombre del Estado en que esté situado ese lugar.

Art. 8. En el reverso de cada certificado deberán figurar:

a) una referencia al Convenio, al menos en la lengua o una de las lenguas oficiales de cada uno de los Estados que, en el momento de la firma del presente Convenio, sean miembros de la Comisión Internacional del Estado Civil,

$12.10

b) un resumen de los artículos 2, 3, 4, 5, 7 y 12 del Convenio al menos en la lengua de la autoridad que expida el certificado.

Art. 9. Los epígrafes invariables que figuran en el anverso del certificado estarán provistos de códigos numéricos cuya lista figura en el Anexo 2 del presente Convenio.

Art. 10. 1. Cada Estado contratante deberá depositar en poder de la Secretaría General de la Comisión Internacional del Estado Civil la traducción a su o sus lenguas oficiales de los términos incluidos en la lista que figura en el Anexo 2 del presente Convenio. Dicha traducción deberá ser aprobada por la Mesa de la Comisión Internacional del Estado Civil.

2. Cualquier modificación introducida en dicha traducción deberá depositarse en poder de la Secretaría General de la Comisión Internacional del Estado Civil y ser aprobada por la Mesa de la Comisión Internacional del Estado Civil.

Art. 11. 1. La codificación de los epígrafes contenidos en el certificado y la lista de códigos recogidos en el Anexo 2 podrán modificarse mediante resolución votada por mayoría simple por los representantes de los Estados Miembros de la Comisión Internacional del Estado Civil y de los Estados contratantes no miembros. Cualquier modificación deberá tener en cuenta los códigos utilizados en los demás Convenios de la Comisión Internacional del Estado Civil.

2. La resolución a que se refiere el primer apartado se depositará en poder del Consejo Federal Suizo.

Art. 12. 1. Si lo pide el solicitante, la autoridad que expida el certificado unirá la lista de los códigos que figuren en el certificado y su traducción en la lengua oficial o una de las lenguas oficiales del Estado en que será utilizado el certificado, o en las lenguas oficiales de los Estados contratantes. Esta misma autoridad podrá proceder también a la descodificación traduciendo el certificado en la lengua oficial o una de las lenguas oficiales del Estado en que será utilizado.

2. Cualquier interesado podrá solicitar de la autoridad competente del Estado en que se utilice el certificado que traduzca los códigos en la lengua oficial o una de las lenguas oficiales de ese Estado o que proceda a la descodificación del certificado.

§12.10

3. En el momento de la firma, ratificación, aceptación o aprobación del presente Convenio o de la adhesión al mismo, cada Estado contratante designará las autoridades competentes para traducir los códigos o proceder a la descodificación de conformidad con las disposiciones del apartado 2. Cualquier modificación posterior de esas autoridades será notificada al Consejo Federal Suizo.

Art. 13. 1. Los certificados indicarán el nombre y calidad de quien los haya expedido. Irán fechados y provistos de la firma y sello requeridos.

2. Los certificados estarán dispensados de traducción, legalización o cualquier formalidad equivalente.

Art. 14. Las disposiciones del presente Convenio no impedirán la utilización de otros documentos habitualmente admitidos para probar la nacionalidad.

Art. 15. El presente Convenio se ratificará, aceptará o aprobará y los instrumentos de ratificación, aceptación o aprobación se depositarán en poder del Consejo Federal Suizo.

Art. 16. 1. Cualquier Estado miembro de la Comisión Internacional del Estado Civil, de la Unión Europea o del Consejo de Europa podrá adherirse al presente Convenio.

2. Después de su entrada en vigor, cualquier otro Estado podrá adherirse al Convenio. Esa adhesión sólo tendrá efecto en las relaciones entre el Estado adherido y los Estados contratantes que no hayan presentado objeciones al respecto en un plazo de seis meses después de la recepción de la notificación prevista en el apartado 1 del artículo 21. Asimismo, cualquier Estado podrá presentar tal objeción en el momento de la ratificación, aceptación o aprobación del Convenio con posterioridad a dicha adhesión. Esas objeciones serán notificadas al Consejo Federal Suizo.

3. Los instrumentos de adhesión se depositarán en poder del Consejo Federal Suizo.

Art. 17. 1. El presente Convenio entrará en vigor el primer día del cuarto mes siguiente al del depósito del segundo instrumento de ratificación, aceptación, aprobación o adhesión por dos Estados Miembros de la Comisión Internacional del Estado Civil.

2. Con respecto al Estado que lo ratifique, acepte, apruebe o se adhiera después de su entrada en vigor, el Convenio surtirá efecto el primer día del cuarto mes siguiente al del depósito por ese Estado del instrumento de ratificación, aceptación, aprobación o adhesión.

3. La resolución a que se refiere el artículo 11 surtirá efecto, en las relaciones entre los Estados contratantes, a partir del primer día del cuarto mes siguiente a su depósito.

Art. 18. No se admitirá ninguna reserva al presente Convenio.

Art. 19. 1. Cualquier Estado, en el momento de la firma, ratificación, aceptación, aprobación o adhesión o en cualquier otro momento posterior, podrá declarar que el presente Convenio será extensivo al conjunto de los territorios de cuyas relaciones internacionales sea responsable en el plano internacional, o a uno o varios de ellos.

2. Esta declaración será notificada al Consejo Federal Suizo y la extensión surtirá efecto en el momento de la entrada en vigor del Convenio para el mencionado Estado o, posteriormente, el primer día del cuarto mes siguiente al de la recepción de la notificación.

3. Cualquier declaración de extensión podrá ser retirada mediante notificación dirigida al Consejo Federal Suizo y el Convenio dejará de ser aplicable al territorio designado el primer día del cuarto mes siguiente al de la recepción de la mencionada notificación.

Art. 20. 1. El presente Convenio permanecerá en vigor indefinidamente.

2. Cualquier Estado Parte en el presente Convenio tendrá no obstante la facultad de denunciarlo en cualquier momento una vez cumplido el plazo de un año a partir de la fecha de entrada en vigor del Convenio respecto de ese Estado. La denuncia será notificada al Consejo Federal Suizo y surtirá efecto el primer día del sexto mes siguiente al de la recepción de esa notificación. El Convenio seguirá vigente entre los demás Estados.

$12.10

Art. 21. 1. El Consejo Federal Suizo notificará a los Estados Miembros de la Comisión Internacional del Estado Civil y a cualquier otro Estado que se haya adherido al presente Convenio:

a) el depósito de todo instrumento de ratificación, aceptación, aprobación o adhesión;

b) toda fecha de entrada en vigor del Convenio;

c) toda declaración formulada en virtud de los artículos 6 y 12;

d) toda resolución tomada en aplicación del artículo 11 con la fecha en que surtirá efecto;

e) toda objeción hecha en aplicación del artículo 16;

f) toda declaración referente a la extensión territorial del Convenio o su retirada, con la fecha en que surtirá efecto;

g) toda denuncia del Convenio y la fecha en que surtirá efecto.

2. El Consejo Federal Suizo comunicará al Secretario General de la Comisión Internacional del Estado Civil toda notificación hecha en aplicación del apartado 1.

3. En el momento en que entre en vigor el presente Convenio, el Consejo Federal Suizo transmitirá una copia certificada conforme al Secretario General de las Naciones Unidas para su registro y publicación, de conformidad con el artículo 102 de la Carta de las Naciones Unidas.

En fe de lo cual, los infrascritos, debidamente autorizados al efecto, firman el presente Convenio.

Hecho en Lisboa el 14 de septiembre en un único ejemplar, en francés, que se depositará en los archivos del Consejo Federal Suizo, y del que se entregará, por vía diplomática, copia certificada conforme a cada uno de los Estados Miembros de la Comisión Internacional del Estado Civil y a los Estados adheridos. Asimismo, se remitirá copia certificada conforme al Secretario General de la Comisión Internacional del Estado Civil.

República Federal de Alemania (firma).

República de Austria.

Reino de Bélgica.

República de Croacia.

Reino de España (firma).

República Francesa.

República Helénica (firma).

República Italiana (firma).

Gran Ducado de Luxemburgo.

Reino de los Países Bajos.

República de Polonia.

§12.10

República de Portugal.
Reino Unido de Gran Bretaña e Irlanda del Norte.
Confederación Suiza.
República de Turquía (firma).

ANEXO 2. Lista de epígrafes y sus códigos

1-1-2: Autoridad expedidora.
1-1-2-1: Nombre del firmante.
1-1-2-2: Calidad del firmante.
1-6-2: Certificado de nacionalidad.
1-6-2-1: Certifica que con fecha de hoy.
1-6-2-2: tiene la nacionalidad del Estado antes mencionado.
2-1-1: Estado.
2-2-2-9: Lugar de expedición.
2-4: Lugar de nacimiento.
3-4-1: Sexo masculino.
3-4-2: Sexo femenino.
7-: Apellidos.
8-: Nombre.
9-3-1: Firma.
9-3-2: Timbre.
9-3-3: Sello.
9-4-1: Año.
9-4-2: Mes.
9-4-3: Día.
9-5-2-9: Fecha de expedición.
9-7: Fecha de nacimiento.

El presente Convenio entrará en vigor de forma general y para España el 1 de diciembre de 2010, de conformidad con lo establecido en su artículo 17.1.

Lo que se hace público para conocimiento general.

Madrid, 3 de noviembre de 2010.–La Secretaria General Técnica del Ministerio de Asuntos Exteriores y de Cooperación, Rosa Antonia Martínez Frutos.

§12.10

§12.11. Relación de Convenios de doble nacionalidad suscritos por España

Argentina: Convenio de 14 de abril de 1969, ratificado por Instrumento de 2 de febrero de 1970 (BOE núm. 236, de 2 de octubre de 1971). Modificado por el Protocolo Adicional hecho en Buenos Aires el 6 de marzo de 2001 (BOE núm. 88, de 12 de abril de 2001), con entrada en vigor el 1 de octubre de 2002 (BOE núm. 248, de 16 de octubre) *(Tol 73986)*.

Bolivia: Convenio de 12 de octubre de 1961, ratificado por Instrumento de 25 de enero de 1962 (BOE núm. 90, de 14 de abril de 1964). Modificado por el Protocolo Adicional hecho en Madrid el 18 de octubre de 2000 (BOE núm. 46, de 22 de febrero de 2002), con corrección de erratas en BOE núm. 70, de 22 de marzo de 2002) *(Tol 73980)*.

Colombia: Convenio de 27 de junio de 1979, ratificado por Instrumento de 7 de mayo de 1980 (BOE núm. 287, de 29 de noviembre de 1980, con corrección de errores en BOE núm. 32, de 6 de febrero de 1981). Modificado por el Protocolo Adicional hecho en Bogotá el 14 de septiembre de 1998 (BOE núm. 264, de 4 de noviembre de 2002) *(Tol 73991)*.

Costa Rica: Convenio de 8 de junio de 1964, ratificado por Instrumento de 21 de enero de 1965 (BOE núm. 151, de 25 de junio de 1965). Modificado por el Protocolo Adicional hecho en Madrid el 23 de octubre de 1997 (BOE núm. 271, de 12 de noviembre de 1998) *(Tol 73981)*.

Chile: Convenio de 24 de mayo de 1958, ratificado por Instrumento de 28 de octubre de 1958 (BOE núm. 273, de 14 de noviembre de 1958) *(Tol 73982)*.

Ecuador: Convenio de 4 de marzo de 1964, ratificado por Instrumento de 22 de diciembre de 1964 (BOE núm. 11, de 13 de enero de 1965). Modificado por el Protocolo hecho en Quito el 25 de agosto de 1995 (BOE núm. 196, de 16 de agosto de 2000) *(Tol 73983)*.

Francia: Convenio de nacionalidad entre el Reino de España y la República Francesa, hecho en Montauban el 15 de marzo de 2021 *(Tol 8882324)*.

§12.11

Guatemala: Convenio de 28 de julio de 1961, ratificado por Instrumento de 25 de enero de 1962 (BOE núm. 60, de 10 de marzo de 1962). Modificado (su artículo 3) por el Protocolo firmado en Guatemala el 10 de febrero de 1995 (BOE núm. 158, de 1 de julio de 1996), y por el Segundo Protocolo Adicional hecho en Guatemala el 19 de noviembre de 1999 (BOE núm. 88, de 12 de abril de 2001) *(Tol 73984)*.

Honduras: Tratado de 15 de junio de 1966, ratificado por Instrumento de 23 de febrero de 1967 (BOE núm. 118, de 18 de mayo de 1967). Modificado por Canje de notas de 10 de noviembre y 8 de diciembre de 1993 (BOE núm. 289, de 3 de diciembre de 2002, con corrección de errores en BOE núm. 140, de 12 de junio de 2003) y también por el Protocolo Adicional hecho en Tegucigalpa el 13 de noviembre de 1999 (BOE núm. 289, de 3 de diciembre de 2002) *(Tol 73985)*.

Nicaragua: Convenio de 25 de julio de 1961, ratificado por Instrumento de 25 de enero de 1962 (BOE núm. 105, de 2 de mayo de 1962). Modificado por el Protocolo Adicional hecho en Managua el 12 de noviembre de 1997 (BOE núm. 24, de 28 de enero de 1999) *(Tol 73988)*.

Paraguay: Convenio de 25 de junio de 1959, ratificado por Instrumento de 15 de diciembre de 1959 (BOE núm. 94, de 19 de abril de 1960). Modificado por el Protocolo Adicional hecho en Asunción el 26 de junio de 1999 (BOE núm. 89, de 13 de abril de 2001) *(Tol 73979)*.

Perú: Convenio de 16 de mayo de 1959, ratificado por Instrumento de 15 de diciembre de 1959 (BOE núm. 94, de 19 de abril de 1960). Modificado por el Protocolo Adicional hecho en Madrid el 8 de noviembre de 2000 (BOE núm. 282, de 24 de noviembre de 2001) *(Tol 73989)*.

República Dominicana: Convenio de 15 de marzo de 1968, ratificado por Instrumento de 16 de diciembre de 1968 (BOE núm. 34, de 8 de febrero de 1969). Modificado por el Protocolo Adicional hecho en Santo Domingo el 2 de octubre de 2002 (BOE núm. 273, de 14 de noviembre de 2002) *(Tol 73987)*.

§12.11

ÍNDICE ALFABÉTICO